DESCRIPTION
DE
L'ÉGYPTE,

RECUEIL
DES OBSERVATIONS ET DES RECHERCHES

QUI ONT ÉTÉ FAITES EN ÉGYPTE

PENDANT L'EXPÉDITION DE L'ARMÉE FRANÇAISE.

SECONDE ÉDITION

DÉDIÉE AU ROI

PUBLIÉE PAR C. L. F. PANCKOUCKE.

TOME HUITIÈME

ANTIQUITÉS — MÉMOIRES

IMPRIMERIE
DE C. L. F. PANCKOUCKE.

M. D. CCC. XXII.

DESCRIPTION

DE

L'ÉGYPTE.

DESCRIPTION

DE

L'ÉGYPTE

OU

RECUEIL

DES OBSERVATIONS ET DES RECHERCHES

QUI ONT ÉTÉ FAITES EN ÉGYPTE

PENDANT L'EXPÉDITION DE L'ARMÉE FRANÇAISE.

SECONDE ÉDITION

DÉDIÉE AU ROI

PUBLIÉE PAR C. L. F. PANCKOUCKE.

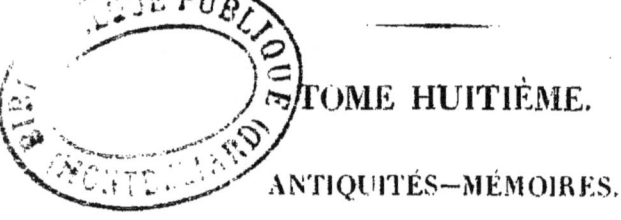

TOME HUITIÈME.

ANTIQUITÉS—MÉMOIRES.

PARIS

IMPRIMERIE DE C. L. F. PANCKOUCKE

M. D. CCC. XXII.

ANTIQUITÉS
MÉMOIRES.

ESSAI D'EXPLICATION
D'UN TABLEAU ASTRONOMIQUE
PEINT AU PLAFOND

DU PREMIER TOMBEAU DES ROIS DE THÈBES,

À L'OUEST DE LA VALLÉE,

SUIVI DE RECHERCHES SUR LE SYMBOLE DES ÉQUINOXES;

Par E. JOMARD.

§. I. *Du tableau astronomique*[1].

Les peintures des tombeaux des rois de Thèbes renferment plusieurs sujets qui ont du rapport avec les phénomènes célestes. Parmi celles que l'on a copiées, il en est une qui couvre en entier le plafond du premier tombeau à l'ouest, et qui est d'un grand intérêt, soit par les scènes qu'elle retrace, soit par l'avantage qu'elle présente de donner lieu à une explication suivie[2].

---

[1] *Voy.* l'explication de la pl. 82, A., vol. II, rédigée d'après les notes fournies par M. Legentil, à qui l'on doit ce précieux dessin.

[2] On a cru devoir, dans cet essai, présenter les raisonnemens et les preuves d'une manière succincte, et l'on prie le lecteur de suppléer aux développemens qu'on a passés sous silence. L'explication sera toujours assez longue, si elle est solide.

ESSAI D'EXPLICATION

On est d'abord prévenu par l'aspect de ce plafond, qui renferme un ciel parsemé d'étoiles, que c'est une composition relative à l'astronomie. Ce qui frappe ensuite, dès qu'on fait attention au tableau du milieu de la partie gauche du plafond [1], c'est d'y voir trois signes du zodiaque, le *Taureau*, le *Lion* et le *Scorpion* : on ne tarde pas à en reconnaître un quatrième, qui est l'*Amphora*, dans le *vase* qui semble soutenir l'animal à tête de porc.

On sait que l'ordre des signes est celui-ci :

Taurus, Gemini, Cancer, *Leo*, Virgo, Libra,
Scorpius, Arcitenens, Caper, *Amphora*, Pisces, Aries.

On sait aussi qu'un équinoxe répondant à l'un des signes, à *Taurus*, par exemple, un des solstices doit répondre à *Leo*, l'autre équinoxe à *Scorpius*, et l'autre solstice à *Amphora*. Ajoutons que, dans le plafond tout entier, l'on ne voit aucun signe du zodiaque, autre que ceux que j'ai fait reconnaître.

Il est donc déjà vraisemblable que ce tableau renferme la peinture des équinoxes et des solstices, et que cette représentation exprime l'époque du monument.

Il ne serait pas naturel de supposer que le *Taureau* désigne un des solstices, ou bien l'équinoxe d'automne, à cause de l'antiquité excessive qui résulterait de ces suppositions. On ne peut donc admettre qu'une hypothèse ; c'est qu'il se rapporte à l'équinoxe du printemps, et par conséquent le *Lion* au solstice d'été, le *Scorpion*

---

[1] C'est-à-dire la scène qui est au bas de la gravure.

à l'équinoxe d'automne, l'*Amphora* au solstice d'hiver : c'est ce que je ferai voir dans un instant.

Je ferai remarquer d'abord que c'est le *Taureau* qui occupe le haut et le milieu de cette scène, et qu'il est placé pour ainsi dire en évidence, comme la figure principale à laquelle toutes les autres se rapportent. Si c'est effectivement un signe équinoxial, il est donc extrêmement probable que tout le tableau a pour objet la représentation d'un équinoxe, c'est-à-dire, des phénomènes et des circonstances qui l'accompagnent.

Or, le *Taureau* pose sur une barre horizontale, et cette barre est la marque des équinoxes [1].

La circonstance d'une figure qui semble soutenir ou prolonger l'*équilibre*, comme pour *fixer* le moment de l'équinoxe, n'est pas moins remarquable.

Mais est-ce l'équinoxe du printemps dont il s'agit? On va en juger. Les œufs de crocodile commencent à éclore vers le solstice d'été : au commencement de l'automne, l'animal a déjà pris une grande croissance; et au printemps suivant, sa taille est devenue énorme, comparée à la petitesse de l'embryon [2]. Or, ce fait d'histoire naturelle est précisément ce que le peintre a figuré dans cette scène. Sous les *pieds du Lion* est un très-petit crocodile, tout replié sur lui-même, comme un embryon qui sort de l'œuf [3]; plus bas que le *Scorpion*, l'on

---

[1] *Voyez*, dans le §. 11, les recherches sur le symbole des équinoxes.

M. Fourier a reconnu le premier que le Taureau, dans cette peinture, indiquait un équinoxe. *Voyez* son Mémoire sur les antiquités astronomiques.

[2] *Voyez* l'article *crocodile* dans les ouvrages d'histoire naturelle. Cet animal est celui dont la taille, quand il est adulte, diffère le plus de sa grandeur originelle.

[3] « Les petits crocodiles sont repliés sur eux-mêmes dans leurs

voit un autre crocodile plus fort et couché; enfin l'on en voit un troisième qui est gigantesque, aussi élevé que le *Taureau*, et qui même élève sa tête plus haut que lui[1]. Voilà donc un trait caractéristique de l'équinoxe du printemps. Voici maintenant un phenomène de la même époque de l'année.

Le printemps, comme on sait, est la saison fatale à l'Égypte : c'est l'époque de l'invasion des sables, que la mythologie égyptienne désignait sous l'emblème de *Typhon;* c'est encore celle des vents du midi et des exhalaisons pernicieuses. On voit alors les rives du Nil toutes garnies de bancs de sable, que le fleuve en baissant a laissés à découvert; alors les crocodiles quittent le fond de l'eau, et l'on voit *leurs têtes et leurs corps s'élever sur ces plages sablonneuses.*

Dans ce tableau, nous voyons aussi une figure typhonienne, celle de Nephthys, qui représentait, comme on le sait, le désert et le terrain sablonneux[2]; sur elle est grimpé un crocodile. Cette peinture est en quelque sorte la traduction fidèle de ce qu'on vient de dire. Mais ce n'est pas tout : examinons l'action de cette figure typhonienne; elle a un bras appuyé sur le *vase*, et sa main s'applique à plat sur l'orifice, de manière à le boucher hermétiquement. C'est encore l'image symbolique de l'équinoxe du printemps. Typhon, qui s'efforce de fer-

---

œufs. » *Histoire naturelle des quadrupèdes ovipares et des serpens*, par M. de Lacépède, in-12, tom. 1, pag. 253.

[1] Le scorpion est dessiné en petit, faute de place. Dans les peintures égyptiennes, la grandeur des figures est souvent déterminée par l'espace : on peut le prouver par les zodiaques, par les papyrus et par d'autres exemples.

[2] *Voyez* Plutarque, *de Iside et Osiride*, et Jablonski, *Pantheon Ægyptiorum*.

mer le *vase* d'où doivent s'épancher les eaux de l'inondation, me semble peindre ingénieusement les vents du midi qui retardent la marche et l'effet des vents septentrionaux [1].

Je ferai remarquer une dernière figure à tête d'épervier, armée d'une lance. Cette figure est comme renversée à terre, et paraît menacer le crocodile et Nephthys. Je crois qu'elle a de l'analogie avec le Sagittaire pour le sens emblématique : on sait que le Sagittaire indique l'époque de la fin du printemps, dans le zodiaque égyptien original [2]. De plus, la tête de l'épervier, oiseau caractéristique du solstice, annonce l'approche de cette époque de l'année.

Une figure de femme également couchée, mais en sens inverse, et placée dans le haut du tableau, au-dessus du Lion, ne porte aucun attribut et n'a aucune action caractérisée. On pourrait supposer qu'elle se rapporte à la *Vierge*, située dans le ciel auprès du *Lion*; mais elle ne serait point ici comme un astérisme.

Je pourrais ajouter encore d'autres preuves déduites de la figure typhonienne qui joue un grand rôle dans ce tableau; mais elles m'entraîneraient trop loin. Les images que renferme cette intéressante peinture sont liées avec une foule de sujets, et jettent du jour sur les questions les plus curieuses des antiquités d'Égypte. Quant aux

[1] Tout le monde sait que, pendant le printemps, il s'établit une espèce de lutte entre les vents du désert et les vents du nord, et que ces derniers poussent vers le tropique les nuages d'où provient la crue du Nil. M. Savigny, dans son *Histoire de l'ibis*, connue de tous les savans, a développé les circonstances de ce phénomène.

[2] M. Lancret a fait le premier la remarque du double visage que porte le Sagittaire dans les zodiaques d'Égypte. Cette double face a

dix personnages placés à droite et à gauche de cette scène, j'en parlerai après avoir expliqué la scène opposée qui occupe le milieu de la droite du plafond.

Ce tableau, qui fait pendant à celui de l'équinoxe du printemps, me paraît exprimer tout aussi clairement le solstice d'été. Le *Lion* est ici la figure principale; le moment où les eaux vont s'épancher est arrivé, et l'homme à tête d'épervier brise le *vase* qui est censé renfermer les eaux du débordement. Ce *vase* est terminé, du côté du *Lion*, par la tête du *Taureau*, qui est ici couchée horizontalement, au lieu d'être posée perpendiculairement comme dans l'autre tableau; différence qui marque le chemin de trois signes, ou 90 degrés, qu'a fait la constellation du *Taureau* à l'époque du solstice. On voit encore que le même personnage qui soutient le Taureau dans l'autre scène, qui annonce et accompagne le signe de l'équinoxe, comme son gardien en quelque sorte, est ici derrière lui, également couché, dans une position qui est à angle droit de la première: cette figure a, dans les deux tableaux, absolument le même costume; et quoiqu'ici elle n'ait qu'un bras, cette différence n'est point à considérer quand on connaît le style des peintures égyptiennes. Le mouvement de trois signes en longitude me paraît là fort bien indiqué. L'image de *Taurus* combinée avec celle d'*Amphora* exprime peut-être l'idée que le phénomène de l'inondation se prépare, ou, en langage symbolique, que *le vase se remplit*, pendant tout le temps qui sépare l'équinoxe du solstice.

été donnée à celui-ci pour marquer la fin d'une année et le commencement de l'autre, ainsi que l'indiquait le *Janus* des Romains.

Un petit crocodile debout, et que Nephthys semble repousser de la main gauche, indique dans ce tableau, comme dans l'autre, le solstice d'été. L'homme qui est sous la tête du Taureau et repousse d'une main le grand crocodile, pendant que de l'autre il s'efforce de soutenir le vase, se lie aussi très-bien avec la représentation des approches de l'été. Nephthys, qui est derrière le Taureau, rappelle encore ici l'époque du printemps; et le jeune crocodile qui s'élève vers sa main, indique à-la-fois l'exhaussement du Nil, qui va s'élever vers les terrains sablonneux, et l'accroissement du crocodile, qui a les mêmes progrès que celui du fleuve; rapport d'autant plus juste, que l'animal lui-même suit le mouvement des eaux et pénètre avec elles dans les canaux intérieurs. Telle est la cause qui a fait choisir le crocodile pour symbole de l'inondation, et l'origine de l'hommage qui lui était rendu [1].

Il resterait à rendre compte d'une figure triangulaire qui est sous le bras droit de Nephthys, et qui soutient l'homme à tête d'épervier; mais j'ignore à quoi elle se rapporte.

Je viens à l'examen des deux suites ou processions de personnages qui occupent chacun des côtés du plafond. J'ai dit que le côté gauche du plafond peignait l'équinoxe du printemps, et le côté droit, le solstice d'été; j'en vais donner de nouvelles preuves.

1°. Chacun de ces côtés est enveloppé d'une grande figure reployée sur elle-même; c'est Isis, l'image de la nature universelle, *embrassant le ciel et la terre*, les

---

[1] *Voyez la Description d'Ombos, A. D., chap. IV, vol. 1, pag. 232.*

phénomènes des astres et ceux de notre globe. Le disque rouge, répété plusieurs fois sur son corps, est l'image de celui du soleil. Mais deux représentations différentes se remarquent devant les parties sexuelles de chacune de ces deux figures. A gauche, c'est un globe rouge ailé, dont les ailes sont jetées en arrière, et marquent le mouvement; à droite, c'est un scarabée, les ailes déployées, roulant devant lui sa boule. Ce dernier symbole est, comme on le sait, celui de la génération [1]; l'époque du solstice d'été est aussi celle de la fécondation qu'opèrent les eaux du Nil, et qui se développe. Le globe ailé du côté gauche marque le mouvement d'élévation du soleil, à l'époque du printemps; en langage égyptien, *c'est Osiris qui revole vers le sein de son épouse* [2].

2°. Toutes les figures qui accompagnent la scène du côté droit, ont la tête recouverte d'un globe rouge, tandis que les autres n'ont rien sur la tête, hors une seule. Rien n'exprime mieux que ce globe répandu partout, l'état du soleil arrivé à son apogée et dardant ses plus grands feux [3].

3°. Une seule figure de la procession du côté gauche,

---

[1] *Voy.* la descript. des hypogées, *A. D.*, ch. *IX*, sect. x, p. 153 et suiv.

[2] Les personnes qui connaissent le précieux Traité de Plutarque, *de Iside et Osiride*, savent qu'il est rempli d'images de cette espèce, et elles me passeront ce langage figuré, qui est dans le goût de l'antiquité, et surtout dans celui des Égyptiens. Les fables grecques ont pris naissance dans les compositions emblématiques de ces peuples.

[3] Le corps d'Isis renferme cinq disques rouges, d'un côté comme de l'autre. Si l'on en fait une objection, je ne crois pas cependant devoir y répondre; d'abord, parce qu'il faut se garder de tout expliquer; ensuite, parce que la différence des deux bandes de figures n'en est pas moins palpable. Quant aux très-petits globes rouges parsemés sur les huit premières figures de la bande inférieure, je ne suis pas éloigné de penser qu'ils concourent, avec tous les emblèmes de cette bande, à dé-

comme on vient de le dire, a un attribut sur la tête ; ce sont deux feuilles, et précisément ces feuilles peignent l'équinoxe du printemps [1].

Il serait facile de proposer des explications, mais plus subtiles que solides, pour les deux personnages placés entre les bras de deux grandes figures d'Isis, et qui tournent le dos à tous les autres [2]. Je me bornerai à faire remarquer que, d'un côté, la procession renferme dix-huit figures, et, de l'autre, vingt ; en tout trente-huit, autant qu'il y a de figures placées dans de petites barques, au grand zodiaque de Denderah. Je ne fais pas de doute que celles-ci ne représentent les *décans*, dont trois répondent à un signe ou à un des mois de l'année, et dont chacun préside à dix jours d'un mois et à une fête ou cérémonie ; ce qui rappelle assez bien les décadis du calendrier de la république française. Mais le nombre de trente-huit, au lieu de trente-six, n'était pas facile à concevoir : ici l'explication se présente d'elle-même ; car il n'y a vraiment que dix-neuf figures en procession dans un côté, et dix-sept dans l'autre, ce qui fait seulement trente-six. On pourrait regarder les deux autres comme se rapportant, l'une à la cérémonie du solstice d'été, connue sous le nom de *fête de Thoth*, l'autre à quelque fête particulière de l'équinoxe du printemps.

Je ne dis rien de la première figure de la procession,

---

signer l'équinoxe du printemps, où le soleil est encore peu élevé, s'il est vrai que les globes plus grands indiquent le solstice d'été.

[1] *Voyez* le paragraphe suivant.
[2] On pourrait hasarder de dire qu'elles marquent, l'une, le jour lui-même de l'équinoxe, et l'autre, celui du solstice, et que chacun de ces jours est déjà avancé, comme si, par exemple, on eût voulu peindre l'instant du midi.

qui paraît tenir un flambeau, parce que je n'ai vu nulle part en Égypte une pareille image, ni des deux premières figures de la procession du solstice, qui tiennent à la main des objets méconnaissables.

La figure placée derrière le Lion du tableau du solstice tient dans la main gauche une tige dont il serait important d'avoir une meilleure figure; il est impossible d'assurer si c'est une branche ou un épi.

On doit beaucoup regretter qu'il n'ait pas été possible de recueillir les hiéroglyphes d'un si précieux tableau. Il me semble que le sens clair et parfait de cette composition ingénieuse eût fourni des données applicables à leur interprétation. Quant au petit nombre de signes que l'on voit au bas de la gravure et sur le vase à tête de taureau, il est fort difficile de les bien reconnaître pour tel ou tel hiéroglyphe.

Pour terminer l'exposé, ou, si l'on veut, l'explication de cette peinture symbolique, j'ajouterai qu'elle a beaucoup de rapport avec le sujet qu'on voit sur une pierre trouvée à Axum, dessinée par Bruce, pl. 7, vol. 1[1]. C'est une *figure d'Horus qui tient de la main gauche un lion par la queue, et, de chacune des deux mains, un scorpion également par la queue.* Dans cette pierre, comme dans notre peinture, on voit deux crocodiles qui occupent le bas du sujet; mais ils sont égaux et croisés en quelque façon l'un sur l'autre.

La pierre d'Axum indique les deux époques de l'équi-

---

[1] M. Marcel en a rapporté du Kaire une à peu près pareille, figurée sur une terre cuite. Elle est gravée à la fin du volume v des planches d'*antiquités*. Il existe beaucoup de pierres analogues dans les cabinets d'antiquités, et notamment au musée de Velletri. Je possède les gra-

noxe d'automne et du solstice d'été, c'est-à-dire, le moment précis où le soleil du solstice représenté par Horus[1], commençant à entrer dans le *Lion*, saisit en quelque sorte les premières étoiles de sa *queue*, et l'instant où le soleil de l'équinoxe est dans les étoiles de la *queue du Scorpion*[2]. La date de cette pierre est ainsi fort bien caractérisée : elle doit remonter à au moins 3863 ans avant Jésus-Christ. Je ne connais rien de plus expressif que cet emblème, qui porte bien le cachet du style égyptien. Tout le temps que le solstice d'été est demeuré dans la constellation de la Vierge, la figure qui la représentait fut le signe du solstice, et, pour ainsi parler, son hiéroglyphe; la chose et le symbole ne faisaient qu'un : enfin peindre l'image de la Vierge, c'était écrire, *solstice d'été*. Lorsque le colure solsticial, continuant de rétrograder, dépassa la tête de la Vierge, il atteignit la queue du Lion[3]; comment mieux exprimer ce phénomène en langage figuré, qu'en peignant la Vierge, c'est-à-dire le solstice, prenant et saisissant la queue du Lion? C'est ce que les Égyptiens ont fait dans leurs zo-

vures de quatre de ces monumens, dont je suis redevable à mon collègue M. du Bois-Aymé.

[1] Macrob. *Saturn.* lib. 1, cap. 18; et Jablonski, *Pantheon Ægyptiorum*, part. 1, pag. 216.

[2] Pour exprimer que l'équinoxe était déjà dans le Scorpion, quand, à la même époque, le solstice ne faisait qu'atteindre la queue du Lion, Horus tient le Lion par l'extrême bout de la queue, et le Scorpion par la base de la queue. En outre, Horus tient deux scorpions, un de chaque main, pour indiquer que l'équinoxe est dans l'intérieur de la constellation, tandis que le solstice ne fait que toucher le Lion.

On ne dit rien ici de deux serpens que tient Horus dans chaque main, ni de l'animal qui est dans sa main droite, en pendant au lion, afin de ne pas hasarder une explication forcée. D'ailleurs, cet animal est si incorrectement figuré, qu'il est méconnaissable.

[3] L'étoile β du Lion.

diaques. Dans la pierre d'Axum, cette queue est aux mains d'Horus, emblème connu du soleil solsticial.

Pareille remarque peut se faire à l'égard de l'équinoxe d'automne. En quittant la constellation du Sagittaire, le soleil équinoxial se porta vers la queue du Scorpion ; et quand il en atteignit la première étoile [1], on ne pouvait mieux écrire ce fait qu'en représentant Horus prenant cet animal par la queue. C'est ce qu'on voit encore dans la pierre d'Axum. Un symbole analogue et non moins expressif, est le Sagittaire *à queue de scorpion* du zodiaque égyptien. Cette queue substituée à celle du cheval n'indique-t-elle pas aussi clairement et d'une manière ingénieuse le passage de l'équinoxe, du Sagittaire dans le Scorpion ? Ces exemples suffisent ici, et ce n'est pas le lieu d'entrer dans plus de développemens.

Il n'est pas possible de fixer pour le tableau des tombeaux des rois une époque aussi précise que pour la pierre d'Axum : tout ce qu'il apprend, c'est qu'alors le Lion était solsticial et signe de l'été, et le Taureau, équinoxial et signe du printemps. Or, le premier de ces phénomènes a eu lieu depuis l'an 3863 jusqu'à l'an 1277 avant Jésus-Christ; et le second, depuis l'an 4078 jusqu'à l'an 1707 [2]. La condition qu'ils soient arrivés en même temps, rapproche un peu les limites et reporte à 1923 ans avant Jésus-Christ l'époque la moins éloignée. Par un milieu, on fixerait cette date à trois mille ans avant l'ère chrétienne. Au reste, ce monument est bien antérieur à ceux de Denderah.

---

[1] L'étoile ι du Scorpion.
[2] On suppose ici la précession équinoxiale d'un degré en $71^{ans},85$ et sans inégalités.

D'UN TABLEAU ASTRONOMIQUE.

Les monumens dans le style égyptien que l'on retrouve en Éthiopie, doivent appartenir à une époque qui est moderne, par rapport à l'origine de l'astronomie des bords du Nil, et à l'idée qu'on peut se faire des premières observations faites par les Éthiopiens; cette époque pourrait fort bien être celle de l'émigration d'une colonie considérable d'Égyptiens, événement rapporté par l'histoire, et qui est postérieur aux temps florissans de Thèbes.

§. II. *Du symbole des équinoxes.*

J'ai remarqué au petit zodiaque de Denderah [1], dans la zone qui environne le planisphère, deux hiéroglyphes complexes, isolés, placés à 180 degrés juste l'un de l'autre, et qui sont, dans toute cette zone, les seuls caractères de cette espèce que l'on voie. Le diamètre qui passe par ces deux points, coupe le *Taureau* et le *Scorpion*. Comme ces deux constellations répondent aux équinoxes dans ce planisphère, comme la ligne qui joint les deux signes hiéroglyphiques passe juste par le centre, et qu'ils sont figurés là manifestement pour déterminer la ligne et les constellations équinoxiales, j'en ai conclu qu'ils devaient avoir nécessairement dans leur composition quelque rapport avec les phénomènes et les circonstances de l'équinoxe. Cette idée vient d'elle-même, quand on est un peu familiarisé avec le mode de représentation symbolique employé par les Égyptiens: ce mode

[1] *Voyez* la pl. f de la collection des monumens astronomiques, ou la pl. 21, *A.*, vol. IV.

est peut-être bien plus simple et bien moins détourné qu'on ne le pense communément, surtout dans ce qui touche à l'astronomie[1]; mais nulle part je n'ai trouvé le sens de leurs symboles plus manifeste qu'il ne l'est ici.

En effet, au premier abord, on découvre une forme commune à ces deux figures, et, dans chacune d'elles, un attribut particulier. Il est naturel de penser que cette forme commune est aussi le symbole commun des deux équinoxes, et que les deux attributs désignent en propre, l'un l'équinoxe du printemps, l'autre l'équinoxe d'automne.

La partie commune à ces deux hiéroglyphes ⊥ offre, d'une manière frappante, la forme générale et essentielle d'une balance, qui consiste dans le fléau et ses deux bras. Elle est elle-même un signe hiéroglyphique[2]; ce qui justifie cette décomposition. Il me paraît certain que cette forme est adaptée à la représentation des équinoxes, parce qu'elle est de nature à indiquer l'égalité des jours et des nuits; ce qui est le propre de la balance astronomique dans le zodiaque. Il serait facile de déduire de là des conséquences intéressantes, soit par rapport à l'origine du zodiaque, soit relativement à la composition du langage hiéroglyphique: mais je dois m'en abstenir pour ne pas trop prolonger cet article, et je placerai ces résultats ailleurs.

Dans les représentations vulgaires des figures du zodiaque, on a coutume de donner à la Balance précisé-

---

[1] Dans l'étude des symboles égyptiens, je me suis particulièrement attaché aux fragmens astronomiques, comme offrant une base certaine, et comme ayant des points de contact avec les idées et les notions des modernes.

[2] *Voyez* pl. 20, *A.*, vol. IV.

ment une forme très-analogue à celle que je viens de signaler ☷. Elle s'est conservée depuis les premiers temps. On la voit dans tous les almanachs d'Europe, et les astronomes en font encore usage.

Mais comment cette forme a-t-elle de la relation avec l'idée de l'égalité? La forme de la première balance a été imitée, selon moi, de l'attitude et de l'action d'un homme qui pèse, les bras étendus. Quand on veut s'assurer de l'égalité de deux poids, l'on ne fait pas autrement que d'étendre les bras de cette manière. Il n'y a pas de *geste* plus familier, plus naturel et plus commun à tous les peuples. C'est de là qu'on donne des *bras* à la balance, et que, dans toutes les langues, c'est un même mot qui désigne les *bras* de l'homme et les deux parties d'un levier de balance.

N'est-ce pas maintenant une chose bien remarquable de trouver, parmi les signes de la langue hiéroglyphique, une figure absolument semblable au signe primitif dont nous parlons, composée de *deux bras humains réunis*, ou placés tout près l'un de l'autre ☷ ☷ ? Ici les bras, l'avant-bras et la main sont distincts. Deux bras égaux et suspendus, deux mains ouvertes à même hauteur, peignent parfaitement l'équilibre de deux choses. C'est la peinture même du *geste* dont j'ai parlé.

Il est donc presque indubitable que cette figure hiéroglyphique est celle de la balance, ou plus généralement le signe de l'équilibre et de l'égalité.

S'il est possible de souhaiter une preuve encore plus palpable, la voici. On remarque, dans la planche a des monumens astronomiques (pl. 79, *A.*, vol. 1), une figure d'homme assise, qui, au lieu de bras, a deux règles horizontales surmontées d'une feuille. Cette figure est d'ailleurs, par sa position dans le zodiaque dont il s'agit, caractéristique de l'équinoxe.

Notre hiéroglyphe est très-souvent accompagné d'une barre en dessous; ce qui rend encore plus sensible l'origine du signe vulgaire de la balance. Il s'est réduit à un simple trait par l'usage de l'écriture cursive, mais sans s'altérer en aucune façon, . Les papyrus écrits en hiéroglyphes sont précieux pour constater ce fait; le plus curieux que l'on puisse consulter à cet égard, est celui que l'on a représenté dans les planches 72 à 75, *A.*, vol. II. On y voit[1] vingt-une colonnes consécutives d'hiéroglyphes, dont le premier en tête est le signe dont je parle, placé à la même hauteur dans les vingt-une séries. Cette distribution, extrêmement remarquable, et dont ce n'est pas ici le lieu de rechercher le sens, existe plusieurs fois dans le même papyrus.

Je passe également sous silence les diverses modifications de cet hiéroglyphe, un des plus fréquens que j'aie vus tracés sur les temples et sur les manuscrits. Il me suffit d'ajouter que souvent il consiste dans une simple barre horizontale , ayant au milieu un coude ou un anneau[2]; et c'est la forme qu'il a sous la figure du *Taureau*, dans le tableau astronomique expliqué ci-dessus[3].

---

[1] *Voyez* pl. 72, *A.*, vol. II.
[2] *Voyez* pl. 20, *A.*, vol. IV.
[3] Je ne veux pas citer ici toutes les figures que j'ai vues dans les monumens d'Égypte, et qui appuieraient merveilleusement les recherches précédentes; j'en ai dit assez pour faire entrevoir le système des représentations égyptiennes. Les nombreux tableaux et bas-reliefs qu'on a figurés dans l'ouvrage, fourniront de grandes ressources à ceux

Ces rapprochemens sont simples, et je les crois capables de satisfaire les esprits difficiles en conjectures. Je viens au second objet de cet article, qui est la distinction des deux espèces d'équinoxes.

Le signe que j'ai fait remarquer dans la planche f des monumens astronomiques (pl. 21, *A.*, vol. IV), couronné d'une figure ovale-allongée et pointue, s'y trouve placé du côté du *Taureau*; l'autre, surmonté d'une feuille, est du côté du *Scorpion*. On sait que le *Taureau* de ce planisphère indique l'*équinoxe du printemps*; et le *Scorpion*, l'*équinoxe d'automne*. Je crois pouvoir avancer, d'après une étude suivie des sculptures égyptiennes, qu'on doit reconnaître dans le dernier signe la feuille du dourah d'Égypte [1]; l'autre signe est évidemment un épi. Or, le dourah appelé *nabary* en Égypte, ou dourah d'automne, parce que sa culture a lieu principalement dans cette saison, se sème en été. A l'équinoxe d'automne, les feuilles sont déjà grandes et élevées. Il était naturel aux Égyptiens de peindre cet instant de l'année par la figure d'une plante qui a toujours été cultivée abondamment, et qui est de la plus grande ressource pour le pays [2]. Sur notre plafond, il est vrai, la figure coiffée de feuilles de dourah est dans la bande du Taureau,

---

qui voudront se livrer à de pareilles recherches. *Voy.* pl. 22, *A.*, vol. I, fig. 4 et 6; pl. 23, fig. 23, 26, 28; pl. 21, *A.*, vol. IV, etc. Voyez aussi le *tableau des hiéroglyphes*, pl. 50, 51 du vol. V des planches d'*antiquités*.

[1] *Holcus sorghum* de Linné, le sorgho d'Italie. Plusieurs tableaux confirment ce fait. Je ne citerai ici que celui de la chasse aux lions, sculptée sur les murs du palais de Medynet-abou à Thèbes, pl. 9, fig. 2, *A.*, vol. II.

[2] Je ne puis déduire ici les raisons qui prouvent que l'usage et la culture du dourah en Égypte datent de la plus haute antiquité; ce serait anticiper sur d'autres travaux qui trouveront place dans l'ouvrage.

consacrée à l'équinoxe de printemps : mais cette objection peut se lever de deux manières; ou en observant que le dourah d'été, dont la culture est propre à la Théhaïde, est en feuilles dans le printemps; ou en considérant que, dans le zodiaque primitif, le Taureau répondait au second mois d'automne. L'emblème de la feuille du dourah a peut-être toujours été, pour ce dernier motif, attaché au Taureau, même lorsque cette constellation est devenue à son tour le signe de l'équinoxe du printemps.

L'*épi* n'est pas moins caractéristique de l'équinoxe du *printemps*, puisque c'est à cette époque que l'on faisait et que l'on fait encore en Égypte, depuis un temps immémorial, la récolte des grains [1].

Je conclus que la forme ⏍, dérivée du signe des deux bras réunis ⏍, est l'hiéroglyphe de l'égalité et de l'équinoxe; que celui-ci est lui-même l'origine du signe vulgaire de la Balance dans nos almanachs modernes, et aussi de la barre ⏍ sur laquelle repose le Taureau équinoxial, dans le plafond astronomique des tombeaux des rois; enfin, que les deux hiéroglyphes complexes ⚱ et ⚱ sont respectivement les symboles de l'équinoxe de printemps et de l'équinoxe d'automne.

[1] *Voyez* Plutarque, *Traité d'Isis et d'Osiris*.

NOTICE

SUR LA BRANCHE CANOPIQUE,

Par feu Michel-Ange LANCRET [1].

Depuis la reconnaissance de la partie orientale de la basse Égypte faite par le général Andréossy, toutes les anciennes branches du Nil étaient connues, à l'exception de la branche Canopique. Cette branche existe cependant d'une manière très-distincte, dans un cours de plus de six lieues; mais elle est privée d'eau pendant presque toute l'année. Les circonstances n'ayant pas permis que je la parcourusse dans son entier, je ne puis indiquer positivement que l'un de ses points, et je donnerai sur le reste les renseignemens que j'ai recueillis.

Le système d'arrosement de la plaine de Damanhour est le même que celui de toutes les autres plaines de la basse Égypte; c'est-à-dire que, pendant le moment de la grande crue du Nil, on soutient les eaux par des digues sur les terres les plus élevées, qui sont ordinairement les bords du fleuve; et lorsque celles-ci ont été suffisamment arrosées, on coupe ces digues, et les eaux s'écoulent sur les terres d'un niveau plus bas. Cette opération se répète plusieurs fois de suite, si la trop petite quantité d'eau ou la grande pente du terrain que l'on veut arroser l'exige.

---

[1] Cette notice a été lue à l'Institut du Kaire, le 21 frimaire an VIII (12 décembre 1799).

La partie de la plaine de Damanhour qui s'étend le long du canal d'Alexandrie, depuis le village de Senhour jusqu'à Rahmânyeh, forme une espèce de bassin dans lequel les eaux de l'inondation séjourneraient beaucoup au-delà du temps propre à l'ensemencement, si les cultivateurs n'ouvraient pas les deux digues du canal pour leur donner un écoulement rapide sur les terres qui sont à sa droite. Ces eaux sont conduites par de petits fossés dans la branche Canopique, et celle-ci les verse dans le lac d'Abouqyr. La plus remarquable des coupures qui se font ainsi chaque année dans les deux digues du canal d'Alexandrie, est celle qu'on appelle *Abou-Gâmous*, auprès du village de Kafr-Mehallet-Dâoud, situé à une lieue de Rahmânyeh. Cette coupure est en quelque façon l'entrée de la branche Canopique; c'est là seulement que l'on commence à la retrouver, et c'est aussi dans cet endroit que je l'ai reconnue. Je me suis avancé environ un demi-quart de lieue dans cet ancien lit du fleuve. Il est aussi large que ceux des branches de Rosette ou de Damiette, profond de près de deux mètres; et dans quelques endroits, ses bords sont encore à pic.

J'ai appris par des informations plusieurs fois répétées, que cet ancien bras du Nil, connu aujourd'hui sous le nom de *Mogaryn*, passait au midi du village de Fycheh, dont la position est bien connue, et qu'ensuite, après avoir traversé environ cinq lieues d'un terrain inculte et sans habitations, il arrivait au lac d'Abouqyr. On peut déterminer un autre point de son cours au moyen d'un itinéraire de M. Bertre, ingénieur géographe. A deux lieues de Birket, et en se dirigeant vers Rosette, on traverse, à peu près à angle droit, un terrain plus bas que la plaine d'environ un mètre, large de près de quatre cents, et qui s'étend indéfiniment à droite et à gauche. Ce terrain est sur-tout remarquable par la grande quantité d'herbages qui le couvrent; car toute la plaine qui l'environne en est absolument dénuée. En rapportant sur une carte les trois points dont je viens de donner les positions, on voit qu'ils sont presque dans la même ligne droite, et que cette ligne passe précisément tout près et à l'est d'Abouqyr, c'est-à-dire, à la bouche Canopique.

Il est remarquable que l'on trouve des restes aussi distincts de cette ancienne branche à la droite du canal d'Alexandrie, et que depuis ce canal jusqu'au Nil, dans l'étendue d'une lieue, on n'en rencontre plus de traces; mais il faut faire attention que, dans cette dernière plaine toujours cultivée, la charrue a travaillé sans cesse à les effacer, tandis que, de l'autre côté, qui est abandonné depuis long-temps, rien n'a pu contribuer à unir le terrain.

Il ne me semble pourtant pas impossible d'assigner parmi les divers canaux qui arrosent les terres entre le canal d'Alexandrie et le Nil, celui qui pourrait être le reste de l'ancienne branche; car il est très-probable qu'on ne l'a pas comblée totalement, et qu'elle a été transformée en un canal d'irrigation. Ainsi, je suis porté à penser que le canal qui, prenant son origine au-dessous du village de Marqâs, se joint à celui de Damanhour, et la partie de ce dernier canal comprise entre le point de jonction et Kafr-Meballet-Dâoud, sont des vestiges de la branche Canopique. Au surplus, on conçoit que sa direction dans une lieue d'étendue ne devait pas différer beaucoup de sa direction générale. D'après cela, on peut poser que le commencement de la branche Canopique, ou, pour parler plus correctement, l'endroit où elle se coudait pour se rendre à Canope, était au-dessus de Rahmânyeh, entre ce village et celui de Marqâs.

Voici comment on peut essayer d'expliquer pourquoi le Nil a cessé de couler dans cet ancien lit. On sait que la branche du Nil qui se rend maintenant à Rosette, n'était d'abord qu'un canal creusé de main d'homme, et dérivé de la branche occidentale, à l'endroit où celle-ci se dirigeait vers Canope. Ce canal, qui portait le nom de fleuve *Tali* au temps de Ptolémée, n'était pas alors aussi considérable qu'il l'est aujourd'hui. Il s'est augmenté peu à peu aux dépens de la branche Canopique, parce qu'il avait une pente plus considérable qu'elle; car la distance de Rahmânyeh au boghâz de Rosette est moindre que celle de Rahmânyeh à Aboûqyr. La quantité et par conséquent la vitesse de l'eau diminuant chaque jour dans cette branche, elle ne tarda pas à se combler; et lorsqu'elle ne reçut plus assez d'eau pour entretenir la navigation dans le canal d'Alexandrie, il fallut prolonger ce canal à travers la branche Canopique jusqu'à celle de Rosette, où il prend actuellement son origine. Les eaux ayant cessé de s'écouler par leur ancienne route, le lac d'Aboûqyr dut se former, ou du moins augmenter beaucoup en étendue; la plaine qui l'environne dut aussi se dépeupler, parce qu'elle n'était plus arrosée suffisamment, et sur-tout parce que les eaux du Nil ne chassant plus comme autrefois celles de la mer, celles-ci se sont infiltrées de toutes parts dans les terres et les ont imprégnées de sel marin, qui empêche entièrement la culture. On remarque en effet que ce sel effleurit sur tout le terrain qui n'est jamais inondé, et qu'il n'y croît aucun végétal. Le fond de la branche Canopique, au contraire, bien qu'il soit aussi imprégné de sel, est couvert de plantes du genre des soudes et des roseaux, dont la végétation est favorisée par l'eau du Nil, qui s'y écoule chaque année durant quinze ou vingt jours au plus.

Ce que je viens de dire sur l'état actuel du terrain compris entre le lac d'Abouqyr et le canal d'Alexandrie, n'est pas tellement général, qu'on n'y rencontre pourtant quelques villages, et par conséquent de l'eau potable; on la puise dans des trous profonds de trois à quatre mètres; mais ce sont là des cas très-particuliers, et qui sont dus, ou à des couches de sable qui permettent aux eaux du Nil de filtrer fort loin sous les terres, ou à des couches argileuses qui rassemblent et retiennent dans un même lieu les eaux des pluies.

ADDITION.

Avant de livrer cet écrit à l'impression, M. Lancret se proposait d'y ajouter plusieurs développemens; mais la mort l'a prévenu dans son dessein. La découverte de la branche Canopique n'en est pas moins exposée dans la notice précédente, de manière à ne point laisser de doute; et cette découverte est d'une assez grande importance quant à la géographie ancienne de l'Égypte, pour que le fait seul donne à la notice un haut intérêt.

On essaiera d'ajouter ici quelques recherches géographiques, afin de compléter la connaissance des lieux ; ce qui servira aussi à confirmer le résultat qui précède.

Le point précis de la bouche Canopique n'a pas été jusqu'à présent, comme il devait l'être, le sujet de l'attention des géographes. Cependant, pour être en état de tracer le cours entier de l'ancienne branche, il faut savoir à quel point de la mer elle aboutissait.

Rien n'a plus changé en Égypte que l'état du pays maritime. Exposées à toutes les chances de la guerre, aux invasions des pirates, les côtes ont été ravagées, les villes détruites et les habitations dépeuplées ; la nature même, si constante partout ailleurs, a subi des altérations considérables. Là où le Nil parvenait jadis, des sables ont pénétré ; les eaux salées ont succédé aux eaux douces, et la côte s'est étendue par les dépôts annuels du fleuve. Les embouchures ont plus changé que tout le reste. Pendant que les unes se sont comblées, les autres ont pris de l'accroissement. La masse des eaux du Nil cessant de se porter dans les premières, la mer a reflué, et a donné naissance à de vastes lacs d'eau amère. Vers les autres bouches, le fleuve charriant toutes les eaux des branches qu'il avait abandonnées, a creusé son lit plus profondément et plus loin dans la mer. D'année en année, le limon s'est déposé sur les rives et a contribué à prolonger les embouchures, tellement que les points de la côte qui jadis s'avançaient le plus, sont maintenant ceux-là même qui sont le plus en arrière ; c'est-à-dire que des golfes ont succédé à des caps, et réciproquement. Ce qui s'explique ainsi par le raisonnement, est démontré avec évidence par la carte du littoral actuel de l'Égypte. On y voit les bouches Canopique, Sebennytique, Pélusiaque, renfoncées profondément, autant que les embouchures Bolbitine et Phatmétique sont aujourd'hui saillantes et allongées. Ainsi la géographie physique de la côte d'Égypte n'a pas moins changé que la géographie civile. Comment donc n'éprouverait-on pas de la difficulté à connaître positivement le lieu des anciennes bouches ?

Quelles sont les autorités que nous avons pour fixer la bouche Canopique ? Strabon, qui assigne entre Alexandrie et ce point une distance de cent cinquante stades, et Pline, qui donne douze *milles* romains au même intervalle. A l'égard de Canope même, nous savons par Ammien Marcellin que cette ville était à douze *milles* d'Alexandrie.

Une ouverture de compas de cent cinquante stades (c'est-à-dire d'environ vingt-sept mille sept cent cinquante mètres, en suivant la supputation la plus certaine pour le stade dont a usé Strabon), étant appuyée, d'un côté, sur l'ancien Heptastade d'Alexandrie, tombe, de l'autre, sur le caravanserail qui est à treize mille mètres des ruines de Canope, et à huit mille mètres au sud-est du Ma'dyeh ou de la bouche du lac d'Abouqyr. Là, il existe aujourd'hui une autre communication avec la mer.

Les douze *milles* de Pline, partant de l'Heptastade, tombent exactement sur l'emplacement de Canope. Apparemment que, pour Pline, Canope et la bouche Canopique ne faisaient qu'un même point. Ce qui le fait penser, ce n'est pas seulement un nom commun, c'est encore parce qu'il a existé un canal tracé parallèlement à la côte, qui communiquait avec la branche Canopique et qui conduisait les eaux jusqu'à la ville de Canope (*Strabon*); il s'y trouvait ainsi en quelque façon une seconde bouche Canopique. Mais voici sur quoi je me fonde principalement, après toutefois l'autorité de Strabon, qui doit passer avant toutes les combinaisons géographiques; c'est que la direction de la branche, telle qu'elle résulte des trois points cités par M. Lancret, cette direction, dis-je, étant prolongée, tombe dans le lac d'Edkou. Si, sur la ligne de Birket à Rosette, on prend une longueur de deux lieues (*voyez* la notice précédente), le point où elle tombe, s'écarte totalement du lac d'Abouqyr, et par conséquent aussi, la direction générale de la branche. Cette direction passe au caravansérail, et c'est là qu'elle doit s'arrêter. Si l'on voulait prolonger au-delà la branche Canopique, on aurait une ligne parallèle à la mer et toute voisine de la côte, dans un espace de huit mille mètres; ce qui serait entièrement contraire à la forme des autres embouchures, lesquelles tombent perpendiculairement dans la Méditerranée. De plus, il est impossible de concevoir, dans les temps anciens, une autre configuration du rivage que celle qui existe actuellement, puisque le rocher se montre à nu sur toute cette côte. Le principal changement qu'elle ait éprouvé, nous l'avons déjà indiqué, c'est que la saillie avancée que formait l'embouchure est maintenant une anse profonde, à cause des terrains d'alluvion qui se sont déposés à l'est et au nord-est, jusqu'à la pointe actuelle où se porte la branche Bolbitine. Suivant cette règle, commune à toutes les branches, il faut donc chercher au fond du golfe, ou aux environs de ce point, l'ancien emplacement de la bouche Canopique. Quelque solide que soit ce raisonnement tiré de la géographie physique, nous serions loin de le préférer aux preuves directes que fournissent les mesures anciennes, s'il ne s'accordait pas avec elles; mais les cent cinquante stades de Strabon tombent juste, comme on l'a dit, sur le caravansérail qui est vers le fond de l'anse.

Cet emplacement de la bouche Canopique explique l'existence d'une ville d'*Heracleum*, située entre elle et Canope. En effet, un intervalle de treize mille mètres suffit et au-delà pour cette position intermédiaire. On explique encore facilement un passage de Pline qui a été corrigé sans nécessité par quelques éditeurs, et que d'Anville a regardé aussi comme vicieux. Après avoir nommé la ville de *Naucratis*, Pline ajoute : *Unde ostium quidam Naucraticum nominant, quod alii Heracleoticum, Canopico, cui proximum est, præferentes* (lib. v, cap. 11). Il faut traduire simplement : « Naucratis, dont le nom a fait appeler par plusieurs *bouche Naucratique* celle que d'autres appellent *Héracléotique*, sans faire mention de la *Canopique*, dont elle est voisine. » On lit même dans un manuscrit, *Canopico, cui* vi *mill. pass. proximum est;* ce qui indiquerait un intervalle de six *milles* entre la bouche Héracléotique et la Canopique. Il est vrai qu'entre Canope, où aboutissait le canal de cette ville, et le caravansérail, on trouve neuf *milles* au lieu de six; mais de ce passage défectueux on ne peut conclure qu'un fait positif, c'est qu'il y avait deux ouvertures du Nil, distantes l'une de l'autre. La bouche Canopique proprement dite, autrement nommée *Héracléotique* ou même *Naucratique*, est donc distincte de l'embouchure du canal de Canope, à laquelle cependant Pline a donné, dans un endroit, le nom d'*ostium Canopicum*, comme à la principale embouchure. Je conclus que l'emplacement de la bouche Canopique était près de l'issue actuelle du lac d'Edkou, non loin du fond du golfe d'Abouqyr. Par là, on met ou plutôt on laisse Pline d'accord avec lui-même en deux points essentiels : l'un, c'est quand il dit qu'il y a douze *milles* d'Alexandrie à la bouche Canopique; l'autre, quand il compte quatre fausses bouches du Nil, outre les sept fameuses embouchures; car nous trouvons ainsi la petite bouche du canal de Canope, les deux fausses bouches de Ptolémée, appelées *Diolcos* et *Pineptimi*, et la *Bucolique* d'Hérodote, inconnue aux autres écrivains. Quant au nom de *Céramique* donné dans Athénée à la bouche la plus voisine de Naucratis, à cause des potiers qui abondaient dans cette ville (lib. xi, pag. 237), on doit plutôt le regarder comme appartenant à l'embouchure Naucratique ou à la Bolbitine que comme le nom d'une bouche particulière. On trouvera ailleurs d'autres éclaircissemens sur les embouchures du Nil.

E. J.

NOTICE
SUR LES RUINES
D'UN

MONUMENT PERSÉPOLITAIN

DÉCOUVERT DANS L'ISTHME DE SUEZ;

Par M. DE ROZIÈRE,

Ingénieur en Chef des Mines

§. I. *Découverte du monument.*

Lorsque l'armée turque, commandée par le grand vizir, s'empara presque inopinément d'el-A'rych; me trouvant à Suez, avec plusieurs membres de la Commission des sciences [1], je profitai d'une reconnaissance que fit le général Boyer, qui commandait la province, pour parcourir avec lui certaines parties peu connues des déserts de l'isthme. Je remets à publier ailleurs les observations que j'ai pu recueillir sur la constitution physique de ces lieux, pour me borner dans cet écrit à celles qui concernent les ruines d'un ancien monument découvertes dans ce voyage. J'ai à regretter que les circonstances difficiles où nous nous trouvions, m'aient empêché de rendre mes observations plus complètes; mais, telles qu'elles sont cependant, j'espère qu'elles pourront encore

[1] MM. Delile, Devilliers, Alibert.

avoir quelque intérêt pour les personnes qui s'occupent de l'ancienne histoire des peuples de l'Orient.

Le chemin que nous suivîmes, paraît n'avoir été tenu par aucun Européen. Après avoir tourné les lagunes qui terminent la mer Rouge, nous continuâmes de nous diriger au nord, déclinant un peu vers l'est; direction qui, prolongée, doit passer à l'ouest de Qatyeh. Un monticule que nous aperçûmes un peu sur notre gauche, après six heures et demie de marche, excita notre curiosité. Dans l'Égypte, c'est souvent l'indice d'une ancienne ruine. En effet, nous trouvâmes sur son sommet plusieurs blocs équarris, les uns d'un poudingue semblable à celui de la célèbre statue vocale de Memnon, les autres en granit de Syène : ces derniers étaient couverts, non-seulement de caractères tout-à-fait étrangers à ce que nous avions vu jusqu'alors en Égypte, mais encore de diverses sculptures emblématiques, d'un travail comparable à celui des plus beaux monumens de la Thébaïde, mais représentant des sujets tout-à-fait différens.

Nul doute que ces différens blocs ne soient les restes d'un monument construit sur l'emplacement même. Dans une telle position, à vingt lieues du pays cultivé, et chaque bloc pesant dix à douze quintaux, leur réunion ne saurait s'attribuer au hasard. Le monticule, que recouvrent maintenant les sables du désert, indique évidemment une ancienne construction, et peut recéler d'autres débris intéressans.

Nous examinions avec surprise ces ruines, qui, dans cette localité, formaient une rencontre tout-à-fait inattendue; nous admirions sur-tout ces caractères singuliers, où nous cherchions, au premier abord, quelque analogie avec les différens systèmes d'écritures anciennes que nous avions remarqués sur les monumens de l'Égypte: mais bientôt nous nous trouvâmes très-éloignés de la troupe, qui, n'étant pas retenue par les mêmes motifs de curiosité, avait continué sa marche. Déjà la nuit s'approchait, et il devenait impossible de s'arrêter dans ce lieu assez long-temps pour dessiner complètement et les inscriptions et les bas-reliefs, malgré l'intérêt que nous pouvions déjà leur soupçonner. Comme il était douteux qu'aucun Français pût désormais les rencontrer, je me décidai à détacher des uns et des autres quelques fragmens propres à bien constater leurs différences de tout ce que l'on avait remarqué jusque-là dans les monumens de l'Égypte, et je me hâtai, en outre, de copier une série de caractères que l'on retrouvera plus bas.

§. II. *Bas-relief représentant un sujet persan.*

Un de ces blocs de granit dont nous venons de parler, est décoré, dans sa partie supérieure, de cet ornement que l'on voit sculpté au-dessus de presque toutes les portes des temples égyptiens, représentant un globe avec deux longues ailes étendues horizontalement. Au caractère de roideur et de symétrie avec lequel toutes les plumes sont disposées, on reconnaîtrait déjà le ciseau des sculpteurs égyptiens, quand même la nature de cet ornement ne le décélerait pas.

Au-dessous du globe ailé, une figure assise, d'environ six décimètres[1] de proportion, attire principalement l'attention ; elle est vêtue d'une longue robe qui descend jusqu'à ses talons, différente de tous les vêtemens que l'on remarque aux figures sculptées sur les monumens égyptiens, et telle que l'on en voit dans les bas-reliefs des anciens monumens de Persépolis. La coiffure de ce personnage principal est formée d'une espèce de turban, ou de toque sans rebord, haute de cinq centimètres, présentant la forme d'un cône tronqué renversé, comme la coiffure des religieux grecs, ou comme celle que portent encore aujourd'hui les Persans, mais avec cette différence seulement que toute la partie supérieure est crénelée. Son menton est garni d'une barbe longue et épaisse, qui tombe jusque sur la poitrine; autre circonstance qui ne se voit jamais dans les bas-reliefs égyptiens, du moins pour les personnages principaux du sujet[2], mais qui est commune dans les sculptures persépolitaines. A la manière des divinités égyptiennes, cette figure tient à la main un long bâton un peu recourbé vers le haut, que termine une tête de chacal très-allongée; ornement qui n'est pas dans le style persan, et qui appartient exclusivement à la théogonie égyptienne. Deux autres figures un peu moins grandes que celle-ci, debout devant elle, semblent lui rendre hommage. Sans

---

[1] Un pied neuf pouces.
[2] On a bien trouvé quelquefois, comme dans les sculptures de Medynet-abou à Thèbes, quelques personnages portant une barbe longue, mais étroite et terminée carrément; et il est manifeste que l'on avait voulu représenter, dans ce cas, des étrangers, probablement des prisonniers de guerre. *Voyez* la Description et les planches de Thèbes, *partie occidentale.*

doute la principale était une divinité, ou au moins un des ministres de la religion.

J'ai détaché de ce bloc de granit la partie sur laquelle était sculptée la tête du principal personnage que je viens de décrire; elle a été gravée avec la plus grande fidélité, et pourra mettre à portée de juger que le caractère de cette figure est absolument dans le style égyptien. Quoique cette tête soit de profil, l'œil est représenté de face, et son coin intérieur est sensiblement trop baissé, comme dans tous les profils du même style. Les lèvres sont grosses, relevées, et la bouche petite. Le corps, la figure et tout le reste de la sculpture offrent, avec la justesse des proportions, le caractère de roideur qui est propre aux ouvrages des Égyptiens. Il est à remarquer, en même temps, que ce bas-relief n'est accompagné d'aucun hiéroglyphe proprement dit.

§. III. *Inscriptions en caractères cunéiformes.*

C'est également sur le granit que se trouvent les inscriptions. Leurs caractères sont semblables à ceux que l'on a trouvés sur les ruines de Babylone et de l'ancienne Persépolis, aujourd'hui Tchéelminar, et qui sont connus des savans sous le nom de *caractères persépolitains* et sous celui d'*écriture cunéiforme* ou *écriture à clous*; c'est la première fois qu'on a rencontré ces inscriptions sur le granit. Elles sont très-soigneusement et très-profondément gravées sur un bloc de près d'un mètre de longueur sur environ soixante-six centimètres de hauteur, dont elles couvrent en totalité une des faces, étant disposées par colonnes ou bandes parallèles au plus petit côté de la pierre, larges chacune de six centimètres, longues de soixante, et séparées les unes des autres par des lignes droites, également tracées en creux. Ces différentes colonnes paraissent former un sens continu.

Parmi l'immense variété d'écritures imaginées jusqu'à ce jour, celle-ci est remarquable par sa composition; un simple trait, en forme de coin, compose tous les caractères, et suffit pour exprimer toutes les lettres de l'alphabet, soit consonnes, soit voyelles, par les différentes manières dont il est groupé avec lui-même.

Ses positions se réduisent à trois, la verticale ainsi figurée ⱴ, l'horizontale ⊱—, et l'oblique, dans laquelle un double trait, disposé en chevron, a ses deux pointes constamment dirigées vers la droite, de cette manière, ⟨, et jamais dans l'autre sens. Le trait horizontal et le trait vertical ont constamment aussi leurs pointes dirigées dans un seul sens, comme l'on voit ci-dessus ; ce qui ne les rend capables par eux-mêmes que d'une seule signification, et diminue beaucoup le nombre et la simplicité des combinaisons dont ils seraient susceptibles. On remarque aussi, à certains intervalles, un trait oblique isolé ; mais on ne doit pas le compter comme un caractère de l'alphabet, parce qu'il paraît n'avoir d'autre emploi que d'indiquer la séparation des mots. Quant à la manière de grouper les caractères, il est important de remarquer que, dans les inscriptions dont nous parlons, ils se succèdent sans jamais se croiser en aucune manière, comme on l'a remarqué dans des inscriptions de ce genre rencontrées ailleurs. Au surplus, la série suivante, que j'ai copiée sur l'une des premières colonnes de l'inscription, mettra suffisamment en état de juger de la forme et de la disposition de ces caractères :

𒀀 𒀀 𒀀 𒀀 𒀀 𒀀 𒀀 𒀀 𒀀 𒀀 𒀀 𒀀 𒀀

Pour peu qu'on vienne à examiner avec quelque attention l'extrême simplicité des élémens et de la marche de ce système d'écriture, on est surpris que l'on ait pu en concevoir l'idée dans des temps aussi anciens : c'est assurément, par sa simplicité, l'une des inventions les plus dignes de remarque dans l'histoire des langues; et, si j'ose m'exprimer de la sorte, elle est, sous ce rapport, aux différentes manières que les hommes ont imaginées pour peindre la parole, ce que l'arithmétique binaire de Leibnitz est aux divers systèmes de numération et de calcul connus jusqu'ici. Ce ne peut être que le fruit d'une civilisation fort avancée, et d'une époque où l'usage des conventions était déjà devenu très-familier : c'est, en quelque sorte, le terme opposé de l'écriture hiéroglyphique, dont le but est d'exprimer les objets et les idées avec le moins de conventions possible [1].

---

[1] On voit combien se sont trompés ceux qui ont supposé quelque analogie d'origine dans ces deux sortes d'écritures. A la vérité, toutes deux paraissent avoir été spécialement consacrées aux mystères du culte et des sciences, ainsi qu'aux objets d'intérêt national dont la connaissance était renfermée entre un petit nombre d'initiés et spécialement parmi les collèges de prêtres. Mais, si elles ont entre elles cette ressemblance d'avoir été toutes deux des écritures mystérieuses, il y a cette différence importante, que l'une, l'hiéroglyphique, ne le devint qu'à la longue et à mesure que des perfectionnemens et des altérations successives, l'amenant graduellement à l'état d'écriture syllabique, firent oublier du vulgaire la méthode de retracer les objets pour

Quoiqu'il n'existe pas en Égypte d'édifice sur lequel on ait remarqué l'écriture cunéiforme, il paraît cependant que quelques-uns des voyageurs qui ont visité cette contrée à des époques antérieures, ont trouvé de petits objets portatifs, décorés de cette sorte de caractères. On en voit même quelques-uns dans les diverses collections de Paris, sur des matières minérales qui semblent avoir appartenu exclusivement à l'Égypte : tel est un vase d'albâtre antique qui existe, je crois, à la Bibliothèque du roi, et quelques petits cylindres en hématite, d'une variété particulière, qui me paraît avoir été exclusivement travaillée en Égypte, et sur laquelle on trouve un assez grand nombre de sujets hiéroglyphiques.

§. IV. *A quel peuple appartient la construction de ce monument.*

Du rapprochement de ces diverses circonstances, on peut conclure, ce me semble, 1°. que ce monument a été construit par l'ordre et sous la direction des Perses ; 2°. qu'indépendamment des inscriptions, le sujet du bas-relief est aussi persan, ainsi que le costume des figures ; 3°. mais que l'exécution en a été confiée aux artistes égyptiens, qui, se laissant guider par leurs anciennes habitudes, ont appliqué à ce sujet étranger le style et quelques-uns des ornemens accessoires qu'ils

en rappeler le souvenir, tandis que l'écriture cunéiforme, inventée postérieurement à d'autres systèmes d'écriture syllabique, ne fut, dès son origine, qu'un moyen de communiquer réservé aux prêtres et aux initiés, surtout un moyen pour eux de transmettre à leurs successeurs les connaissances qu'ils avaient acquises, leurs découvertes, et les événemens dont il importait de conserver le souvenir.

avaient coutume d'employer dans leurs sujets nationaux.

Le globe ailé n'appartient pas exclusivement aux Égyptiens; d'autres peuples de l'Orient ont également connu ce symbole. On le retrouve (à la vérité, moins nettement figuré qu'ici) dans d'autres monumens persans. Quant au bâton à tête de chacal, c'est la seule fois, je crois, qu'on le trouve ailleurs que dans un sujet égyptien; mais vraisemblablement c'est une licence de l'artiste, qui aura donné cette forme au bâton sacré que tenait la figure persane, lequel devait être simplement recourbé en forme de crosse, comme on le remarque fréquemment dans les bas-reliefs de Persépolis, entre les mains de figures qui portent le même costume que celle-ci.

Il serait assez remarquable que les Perses ayant occupé si long-temps l'Égypte, n'y eussent laissé d'autres monumens que celui-ci, et ne s'y fussent point livrés à de grands travaux comme les Égyptiens, lorsque tout semblait les y inviter, eux qui ont construit dans leur propre pays[1] des monumens presque aussi considérables que les plus grands édifices de la Thébaïde. Je crois plus volontiers que la haine que leur portaient les naturels du pays, aura fait détruire tous leurs ouvrages après leur expulsion de l'Égypte, et que les blocs en auront été employés ensuite dans d'autres constructions. Le petit monument de l'isthme de Suez aura probablement été renversé comme les autres; mais ses débris du moins auront échappé à la destruction, à cause de sa position,

[1] Voyez les Voyages de le Bruyn et de Niebuhr.

qui ne permettait guère à des Égyptiens d'en tirer parti. Les Arabes seuls auront pu, à la longue, en détruire quelques-uns, ou les convertir à leur usage; et il n'est pas sans vraisemblance, comme nous l'avons indiqué, que ce monticule en recèle encore plusieurs.

§. V. *Époque de l'érection du monument.*

Je crois n'être contredit par personne, en rapportant la construction de ce monument au temps où les Perses étaient maîtres de l'Égypte; mais il serait plus difficile de déterminer d'une manière satisfaisante quelle époque précise il faut adopter dans le long espace qui s'écoula depuis Cambyse, qui fit la conquête de cette contrée, jusqu'à Darius-Codomanus, qui en fut dépouillé par Alexandre.

A considérer la perfection de la sculpture et son caractère parfaitement semblable à celui des plus beaux bas-reliefs égyptiens, on doit supposer que ces travaux appartiennent aux premiers temps de la domination des Perses, et qu'ils furent exécutés, non pas précisément sous Cambyse, qui, loin d'élever de nouveaux édifices, pilla et saccagea les anciens; mais sous Darius fils d'Hystaspe, son successeur, qui protégea les arts, et entreprit dans l'Égypte beaucoup de travaux utiles. Il est encore une circonstance très-certaine qui donne bien du poids à cette conjecture, c'est que ce même Darius entreprit dans l'intérieur de l'isthme, précisément vers l'endroit où se trouve ce monument, un travail très-important, l'achèvement du canal de communication des deux mers, déjà commencé par les rois égyptiens. Ce canal passait assez près de l'endroit où se trouvent les ruines dont nous parlons : or, il semble bien naturel que l'on ait constaté une entreprise de cette importance par l'érection d'un monument, et qu'on en ait consigné les détails dans des inscriptions faites d'une manière durable.

L'intelligence de ces inscriptions leverait toutes les difficultés; mais on n'a encore sur ces caractères que de faibles données; cependant ce moyen peut encore mériter de n'être pas entièrement négligé.

§. VI. *Essai sur le déchiffrement d'une portion des inscriptions de ce monument.*

Nous avons dit plus haut que ces inscriptions sont en caractères persépolitains, vulgairement dits *écriture à clous*, semblables à ceux que l'on a trouvés sur les ruines de Babylone et celles de Persépolis.

Des trois systèmes d'écriture distingués par M. Niebuhr sur les édifices de Persépolis, un seul a été employé ici, le plus simple.

Nombre de savans se sont déjà exercés sur l'interprétation des caractères persépolitains, et principalement sur cette première espèce, dont la marche simple et régulière laissait plus d'espoir de succès; mais les seuls travaux publiés jusqu'ici qui aient présenté quelques résultats intéressans, sont ceux de M. Münter, et de M. Grotefend, de l'académie de Gottingue. C'est ainsi qu'en a jugé M. de Sacy, à l'opinion duquel donnent tant de poids ses connaissances profondes dans l'histoire et les langues de l'Orient, ainsi que ses propres découvertes sur les anciennes écritures de cette contrée.

J'ai été curieux de faire sur la portion d'inscription que j'avais recueillie, l'application de la méthode de M. Grotefend et des observations de M. de Sacy relatives au déchiffrement de l'écriture persépolitaine; mais, pour bien entendre ce que j'ai à dire, il serait utile que l'on prît connaissance des mémoires de ces deux savans.

Je n'avais recueilli que dix caractères de suite; ils commencent au milieu d'un mot : ce n'est point que les mots n'y soient séparés, comme dans les inscriptions de Persépolis, par un trait oblique; mais alors on n'avait aucune donnée sur la marche de cette singulière écriture. Voici ces dix lettres dans leur ordre, et traduites en caractères romains, d'après les valeurs que leur attribue M. Grotefend :

1.   2.   3.   4.   5.   6.   7.   8.

D.A.R.H . E . U . SCH. TCH. H . E . GH .
  Y   Y

9. 10.

R . É.

1. 2. 3. 4.   5. 6. 7. 8. 9. 10.
H.E.U.SCH. TCH. H.E.GH.R.É

---

[1] *Voyez* surtout la lettre de M. de Sacy à M. Millin, *Magasin encyclopédique*, année VIII. tom. V, pag. 438.

D'UN MONUMENT PERSÉPOLITAIN.

M. Grotefend a essayé de traduire plusieurs inscriptions, et une entre autres où se trouve le nom de Darius fils d'Hystaspe, le même qui fit creuser le canal dont nous avons parlé, et à qui nous avons attribué, par conjecture, l'érection du monument de l'isthme de Suez.

Or, il est très-remarquable que les quatre premiers caractères que j'ai recueillis, soient précisément, d'après les valeurs que leur attribuent M. Grotefend et M. de Sacy, la fin du nom de Darius, ou DARHEUSCH, et le reste, une épithète qui, dans les autres inscriptions, accompagne le nom des princes, ou se trouve immédiatement après la qualification de roi des rois : en langue zende, elle signifie *fort* ou *puissant*[1].

Mais nous devons faire deux observations.

1°. L'u, qui se compose ordinairement d'un chevron et de deux traits verticaux sous un trait horizontal, est privé dans mon inscription d'un des traits verticaux : il est probable que c'est une omission de ma part; omission assez naturelle de la part de celui qui n'entend point la signification des mots qu'il transcrit. L'intervalle un peu trop grand qu'occupe le caractère, appuie cette conjecture.

2°. L'épithète E. CH. R. É., qui se trouve dans les inscriptions déchiffrées par M. Grotefend, est précédée, comme on voit, dans la mienne, par un TCH, et un H ou Y, qui font partie du mot, et qui n'accompagnent point ce même mot dans les autres inscriptions. Il ne

---

[1] L'y placé sous l'h dans les premier et sixième caractères indique la valeur que je crois devoir être substituée à cette aspiration, comme cela sera développé plus bas.

peut y avoir ici erreur de ma part, parce que les caractères sont parfaitement conformés, et qu'en pareil cas il est bien possible d'en omettre, mais non d'en ajouter. Peut-être pourrait-on rendre raison de la présence de ces caractères, en regardant leur addition comme le signe d'un article, d'un augmentatif ou de quelque autre variation grammaticale.

Malgré toute la réserve qu'exigent de pareilles décisions, il me semble que l'on peut admettre l'identité du premier mot de mon inscription avec celui que M. Grotefend lit *Darheusch*. Je me fonde, non pas uniquement sur l'identité de terminaison, un autre mot pourrait aussi l'offrir, mais sur l'épithète qui le suit; car cette épithète indique que c'est là un nom propre, et même un nom de roi.

J'avoue qu'il est peut-être un peu moins vraisemblable que ce soit précisément le nom du prince régnant lors de la construction de l'édifice : le titre de roi qui manque, l'addition d'une lettre dans l'épithète, et la légère irrégularité de l'u, permettent de soupçonner qu'il est là selon l'usage si usité chez les Orientaux, de rappeler le nom du père ou de l'aïeul, ou pour marquer quelque autre rapport de descendance; usage dont plusieurs inscriptions persépolitaines fournissent des exemples.

Un jour peut-être quelque voyageur, guidé par ces indications, parcourra ces déserts, et retrouvera ce monument, que sa situation rend assez facile à découvrir. Deux forts chameaux pourront suffire pour transporter chaque bloc jusqu'à Suez, ou jusqu'au Caire; de là le transport dans quelque lieu civilisé devient facile. Alors il sera possible peut-être d'éclaircir plusieurs questions intéressantes, et surtout le motif de cette construction.

§. VII. *Quelques observations sur l'écriture persépolitaine.*

Afin de donner plus de poids à la lecture du mot *Darheusch*, dont il est si important de s'assurer pour le déchiffrement de l'écriture persépolitaine, M. Grotefend fait remarquer que le texte hébreu nomme ce prince *Daryauech;* mais la valeur de cette preuve dépend du plus ou moins d'autorité que l'on accorde à la prononciation massorétique des noms propres; et en fait de noms étrangers à la langue hébraïque, cette autorité semble en général bien faible. Cette opinion, extrêmement juste en thèse générale, ne serait-elle point, dans ce cas-ci, susceptible de quelque restriction? Je serais porté à le croire; toutefois je ne propose qu'avec défiance mes conjectures à cet égard. Sans doute, lorsqu'un nom propre étranger s'introduit dans la langue d'un peuple, il éprouve presque toujours quelque altération, soit en raison du génie de cette langue qui porte à en changer la désinence, soit en raison de quelque difficulté de prononciation; mais cela suppose que ce peuple forme un corps de nation à part. Si, au contraire, il a été conquis par un prince qui porte le nom dont il est question, et qu'il vive mêlé parmi ses sujets, l'habitude d'entendre prononcer ce mot correctement, la nécessité de le prononcer de même pour se faire entendre, ne permettent d'autre altération que celle qui dérive de l'inflexibilité de l'organe; inflexibilité qui s'affaiblit à mesure que le séjour se prolonge, et qui peut devenir nulle, s'il dure une ou plusieurs générations entières. Or, c'est là ce qui est arrivé au peuple hébreu, pour le cas dont il s'agit ici. On peut donc conjecturer qu'après la prise de Babylone par Cyaxare IV, que Daniel appelle *Darius le Mède*, les Hébreux prononcèrent et écrivirent ce nom comme les Chaldéens, chez lesquels le génie de la langue était d'ailleurs à peu près le même, et dont ils avaient adopté la plupart des mots et même les caractères. Ainsi la restriction que nous avons proposée, s'applique assez bien, ce semble, au nom de Darius, qui rentre presque dans le même cas que les noms propres de la langue hébraïque.

L'altération introduite par la prononciation massorétique devrait avoir lieu principalement vers le milieu du mot, où se trouvent plusieurs voyelles de suite; et cette circonstance est favorable à la lecture de M. Grotefend, qui ne diffère du texte hébreu que par ces mêmes voyelles; mais je suis loin de vouloir trop appuyer sur cette remarque; je croirais même plutôt que l'ı, qui manque chez lui et qui se trouve dans l'hébreu comme dans le grec, est mal remplacé par H. Par bien des raisons, ce caractère ne doit pas être une aspiration, comme l'a très-judicieusement fait observer M. de Sacy dans son Examen des travaux de M. Grotefend.

Sans entrer dans tout le détail des motifs qui me portent à former la conjecture suivante, je dirai que ce doit être plutôt le signe d'une inflexion de voix particulière, ou, si l'on veut, une consonne douce, propre à la langue zende ou au pelhvi, et sinon de même valeur, au moins

D'UN MONUMENT PERSÉPOLITAIN.   43

analogue à nos LL mouillées. Nous la représenterons par y : ainsi, au lieu de *Darheusch,* on aurait *Daryeusch,* presque identique avec l'hébreu, et qui ne diffère du grec qu'autant que le génie des deux langues semble l'exiger. Il était assez naturel que, n'ayant point de caractère particulier pour cette sorte d'articulation, les Grecs le remplaçassent par l'i ou l'y, puisque c'est ce que nous sommes obligés de faire, tout en relevant cette inexactitude [1].

Jusqu'ici je me suis attaché à faire voir l'identité de la première partie de mon inscription avec le mot que M. Grotefend a lu *Darheusch :* il reste à s'assurer si ce mot est véritablement, comme il le croit, le nom de ce prince ; point important pour le déchiffrement de cette écriture, et que le monument de l'isthme de Suez pourrait peut-être éclaircir mieux que tout autre.

Distinguons d'abord, parmi les recherches faites jusqu'ici, le très-petit nombre de données qu'on peut regarder comme certaines ; en cela, je me conformerai exactement à l'opinion établie par M. de Sacy [2].

On est parvenu à s'assurer que ces inscriptions en

---

[1] Ce caractère étant supposé le signe d'une aspiration, la plupart des mots où il se trouve, deviennent presque impossibles à prononcer ; voyez KH. SCH. È. H. I. OHÈ. (*Regum*), qui renferme de suite six caractères, dont quatre voyelles et deux aspirations ; et KH. SCH. È. H. I. O. H. A. H. E. (*Regis*), qui en offre huit : ne serait-ce point porter un peu loin cette abondance de voyelles qu'on attribue à la langue zende ? N'est-il pas aussi naturel de penser que ce signe, au lieu d'obliger à aspirer chaque voyelle, est destiné à faire passer moins rudement de l'une à l'autre ?

Ajoutons à l'appui de nos conjectures, qu'indépendamment de ce que l'hébreu et le grec semblent avoir remplacé ce caractère par i ou par y, sa figure, dans l'écriture persépolitaine, le rapproche infiniment plus de l'i que de toute autre lettre.

[2] *Magasin encyclop.*, année VIII, tom. V, pag. 438.

caractères persépolitains ou cunéiformes renferment presque toutes le titre de roi des rois. Ce titre s'accorde avec les inscriptions sassanides : il se trouve plus anciennement encore sur les médailles des Arsacides ; entre autres, de Phraates, ΒΑΣΙΛΕΟΣ ΒΑΣΙΛΕΩΝ : il est toujours placé dans les inscriptions persépolitaines comme le sens semble l'exiger ; en outre, comme il est formé du même mot répété deux fois, cette composition grammaticale ne permet pas de le confondre avec d'autres phrases, aucune autre un peu fréquente n'offrant cette composition.

Ceci admis, le mot qui précède un pareil titre ne peut être qu'un nom propre et celui d'un roi ; ce qui n'a pas besoin de preuves : le mot qui le suit (et qu'on a lu E. GH. R. É), doit être un titre honorifique donné à tous les rois, conséquemment un adjectif.

Quant à la langue et à l'époque des inscriptions, à la valeur de chaque caractère, aux princes dont il y est fait mention, etc., ce sont autant de points dont une partie est expliquée avec quelque vraisemblance, mais d'après des bases encore trop hypothétiques pour inspirer une entière confiance.

Mais si, par des preuves indépendantes de toute hypothèse, on parvient à justifier la lecture d'un de ces mots, il me semble que le reste pourra difficilement ensuite être contesté ; c'est ce que je vais essayer de faire.

L'Égypte a été soumise aux Perses pendant cent quatre-vingts années ; et si l'on veut ne point compter Cambyse par les raisons que nous avons exposées, et le mage Smerdis, qui, après lui, régna par fraude pendant sept mois, on ne trouvera dans cet intervalle que des rois de Perse de cinq noms différens, plusieurs Darius, Xerxès, Artaxerxès, un Ochus, et un Arsès, qui eut pour successeur Darius-Codomanus, où finit la domination persane.

Le nom d'*Arsès* ne peut être confondu avec celui qu'on a lu *Darheusch*, à cause du nombre différent de caractères, et surtout parce que l'un de ces noms (*Darheusch*) commence par une consonne assez rare, et l'autre par une voyelle fort commune dans toutes les anciennes langues de la Perse.

On peut en dire autant d'*Ochus* et d'*Artaxerxès*. Enfin, dans *Xerxès*, le caractère initial, ou du moins la consonne qui le suit, doit se trouver répétée dans le milieu du mot. Les personnes que ces questions peuvent intéresser, aperçoivent facilement, pour chaque nom, plusieurs autres raisons d'exclusion, sur lesquelles nous croyons inutile de nous appesantir ici.

Parmi les rois de Perse qui se sont succédés pendant l'assujettissement de l'Égypte, il ne reste donc que Darius dont le nom puisse ici convenir, sorte de preuve qu'il n'était point possible de déduire des inscriptions persépolitaines trouvées ailleurs; car on n'a point ailleurs l'avantage de pouvoir ainsi resserrer leur date entre deux époques bien certaines.

La lecture du mot *Daryeusch* justifiée, il n'est plus guère possible de contester celle de plusieurs mots déchiffrés par M. Grotefend [1], puisqu'indépendamment

---

[1] Et notamment du mot *Scheyoye*. Voyez le Mémoire de M. Grotefend sur les inscriptions persépolitaines.

de leur origine persane, et de toutes les autres raisons dont cette lecture est appuyée, ces mots n'offrent qu'un seul caractère étranger au mot *Daryeusch*, ô.

Il en est à peu près de même de l'épithète E. GH. R. É. qui sur quatre lettres en a trois communes avec *Darius*. Mais la lecture du mot *Xerxès* me semble bien moins certaine; un moyen d'épreuve serait de retrouver le nom d'*Artaxerxès*.

Ainsi, tout confirme de plus en plus que cette écriture est antérieure à Alexandre, alphabétique, munie de voyelles, se lisant de gauche à droite. On voit en outre qu'elle a plusieurs mots assez heureusement expliqués, et cinq ou six caractères dont la valeur semble bien constatée.

Il faut cependant avouer que, dans de pareilles matières, on aurait tort de compter sur la certitude de ces preuves, tant qu'on n'est point parvenu à interpréter complétement de longues suites de phrases; mais, sans m'exagérer l'importance de mes observations, il m'a semblé que l'application de la méthode de l'académicien de Gottingue présentait une coïncidence si heureuse avec l'opinion la plus naturelle sur l'origine et la fondation du monument rencontré dans l'isthme de Suez, qu'elles ne seraient peut-être pas sans quelque intérêt pour les savans qui s'occupent de ces questions.

J'ai espéré aussi que les détails assez imparfaits que je publie sur ce monument, pourront stimuler le zèle de quelqu'un des voyageurs qui visiteront l'Égypte, et le déterminer à aller à la recherche de ces ruines, à entreprendre des fouilles sur leur emplacement, et à transporter ces monumens intéressans jusqu'en Europe, ou du moins à en emporter une copie complète et d'une exactitude rigoureuse : mais il faudrait pour cela prendre des empreintes en soufre, ou répéter plusieurs fois la copie d'après ce monument ; car il est extrêmement facile de faire quelques omissions. Il conviendrait aussi, en dessinant les inscriptions, de tracer exactement le contour des cassures, afin d'y pouvoir rapporter les fragmens qui en ont été détachés, et que, dans cette vue, nous avons fait graver dans l'ouvrage de la Commission[1].

[1] *Antiquités.* vol. v, pl. 30.

MÉMOIRE
SUR
LES ANCIENNES BRANCHES DU NIL
ET SES EMBOUCHURES DANS LA MER,

Par M. DU BOIS-AYMÉ,

Correspondant de l'Institut de France, Membre de la Commission des sciences et des arts d'Égypte, de l'Académie des sciences de Turin, etc., ancien Officier supérieur*.

Des embouchures du Nil.

Tous les écrivains de l'antiquité sont d'accord sur le nombre des embouchures du Nil; ils en comptent sept principales, et donnent le nom de *fausse bouche* (ψευδοσομα) aux autres communications de ce fleuve avec la mer, soit parce qu'elles étaient en effet moins considérables que les premières, soit par suite des idées religieuses que les anciens attachaient au nombre sept, ou enfin parce que les poëtes avaient consacré et fixé par leurs chants les divisions du Nil :

Et septemgemini turbant trepida ostia Nili.
Virg. Æneid. lib. vi, v. 800.

Les soins multipliés et sagement conçus que les anciens Égyptiens apportaient à l'irrigation de leurs terres

---

* Ce mémoire a été remis à la Commission d'Égypte, le 31 août 1813.

et à la conduite des eaux dans les grands canaux, pouvaient seuls maintenir dans un état constant les sept branches du Nil à travers la basse Égypte. On s'en convaincra facilement, en songeant à ce que peut un fleuve comme celui-ci, qui, roulant à certaine époque de l'année un énorme volume d'eau, trouve, après avoir été resserré dans une longue vallée, une plaine vaste et basse, sur laquelle il n'existe ni rocher ni colline qui, en lui opposant quelque obstacle, puissent déterminer son cours. Aussi, sous les gouvernemens anarchiques qui se sont succédés en Égypte, depuis la chute de l'empire romain jusqu'à nos jours, les terrains cultivés de la basse Égypte ont-ils diminué considérablement, et le nouveau Delta n'est-il guère que la moitié de l'ancien.

L'ouverture mal entendue de quelques canaux, la négligence que l'on aura mise à nettoyer ceux qui s'obstruaient, auront suffi pour priver des provinces entières des arrosemens dont elles avaient besoin, et faire refluer les eaux de la mer vers l'embouchure de plusieurs des anciennes branches[1], qui bientôt, ne recevant plus les eaux du Nil que dans les grandes crues, et les conservant presque stagnantes dans les autres temps, auront vu leurs lits s'élever et disparaître même en quelques endroits par les dépôts, les éboulemens et les sables que charrient les vents.

De là résultent nécessairement de grandes difficultés

[1] On voit, en jetant un coup d'œil sur la carte de la basse Égypte, que la mer a formé des lacs vers les embouchures des branches que le Nil a abandonnées. Tous ces lacs existent dans des endroits où il n'y en avait point autrefois, ou bien leurs eaux sont devenues salées, de douces qu'elles étaient auparavant.

pour retrouver les anciennes branches du Nil[1], et l'on ne doit pas être surpris si les savans varient de sentiment à cet égard.

D'Anville est celui de tous dont l'opinion se rapproche le plus de la mienne, et cela est déjà d'un augure heureux pour mon travail; mais il me semble que ce célèbre géographe n'a pas bien déterminé le sommet de l'ancien Delta, et qu'il s'est trompé sur l'origine du canal Thermutiaque, attendu qu'il n'existe aucune trace de canaux vers l'endroit où il le place. Il ne sait comment expliquer les contradictions qu'il relève dans les écrits d'Hérodote et de Strabon, concernant la branche Sébennytique. Enfin, il n'ose former aucune conjecture sur la branche Bucolique. J'aime à penser, et mon amour-propre m'y porte sans doute, que, si d'Anville eût eu sous les yeux une carte aussi exacte que celle que nous avons levée récemment en Égypte, son opinion sur les branches du Nil aurait été celle que je vais exposer.

Je commencerai par indiquer les embouchures du fleuve en allant de l'est à l'ouest. Leurs anciens noms sont,

1°. La Pélusiaque,
2°. La Saïtique ou Tanitique,
3°. La Mendésienne,
4°. La Bucolique ou Phatmétique,
5°. La Sébennytique,
6°. La Bolbitine,
7°. La Canopique, ou Héracléotique, ou Naucratique.

[1] On doit regretter que M. le général Andréossy n'ait pas entrepris ce travail: il s'est borné, dans son Mémoire sur le lac Menzaleh, à nous faire connaître les trois branches orientales du Nil; encore s'est-il attaché à déterminer plutôt leur embouchure dans la mer que leur cours entier, et il n'a point discuté ce que présentent de contradictoire les témoignages divers des anciens.

Je prouverai que les noms modernes qui y correspondent sont,

1°. La bouche de Tyneh,
2°. — d'Omm-fâreg,
3°. — de Dybeh,
} par lesquelles le lac Menzaleh communique avec la mer.
4°. — de Damiette,
5°. — du lac Bourlos,
6°. — de Rosette,
7°. — du lac Ma'dyeh ou d'Abouqyr.

Parmi les fausses bouches, Ptolémée nous en fait connaître deux sous les noms de *Pineptimi* et de *Diolcos*. Il les place entre les bouches Phatmétique et Sébennytique; nous les retrouvons en effet entre les bouches de Damiette et de Bourlos. On reconnaît également dans plusieurs petites communications du lac Menzaleh avec la mer quelques-unes des fausses bouches dont parle Strabon.

Les branches du Nil portaient dans l'antiquité les mêmes noms que leurs embouchures; je les désignerai ainsi dans cet écrit; mais il est nécessaire, pour l'intelligence des auteurs anciens, de savoir qu'elles avaient encore d'autres noms; ainsi, dans Ptolémée, le grand fleuve, ou le cours du Nil jusqu'à la bouche Héracléotique, est appelé *Agathos Dæmon*; la branche Bolbitine est nommée *fleuve Tali*, la Sébennytique prend le nom de *Thermutiaque*; et sous les noms d'*Athribitique*, de *Busiritique*, de *Bubastique*, etc., il désigne les bras du Nil qui baignaient les villes d'Athribis, de Busiris, de Bubaste, etc.[1]

---

[1] Ptolem. *Geograph.* lib. iv.

Je ne m'attacherai, au surplus, dans cet écrit, qu'à rechercher quelles étaient les sept principales branches du Nil au temps d'Hérodote, et j'essaierai de concilier son récit avec celui de Strabon. J'entreprends ce travail avec l'espérance du succès, parce que j'ai eu souvent l'occasion de reconnaître sur les lieux avec quelle exactitude l'Égypte a été décrite par ces deux hommes célèbres. Je n'en dirai pas autant de Ptolémée; il faut qu'en réduisant les mesures itinéraires en arcs de cercle, ce géographe se soit trompé plus qu'on ne le croit communément, ou que son ouvrage ait été fort altéré dans les copies qui sont parvenues jusqu'à nous.

De la branche Pélusiaque.

Les branches Pélusiaque et Canopique formaient le sommet du Delta et le bornaient à l'est et à l'ouest [1]. Nous retrouvons la première dans le canal d'Abou-Meneggeh, dont l'origine est sur la rive droite du Nil, à deux myriamètres au nord-nord-est des pyramides de Gyzeh. L'on n'objectera certainement point que c'est faire remonter le Delta trop au sud, si l'on fait attention que, parmi les auteurs anciens, celui qui éloigne le plus de Memphis le sommet du Delta, Pline [2], ne compte que quinze milles ou environ 22,000 mètres entre ces deux points, et que nous avons encore plus de dix-huit milles romains entre les ruines de Memphis [3] et le lieu

---

[1] Herod. *Hist.* lib. II, §. 15 et 17. Strab. *Geograph.* lib. XVII.
[2] Plin. *Hist. nat.* lib. V, cap. 9.
[3] Les ruines les plus remarquables de cette ancienne capitale de l'Égypte sont auprès de Myt-Rahyneh, dans un bois de palmiers. Je les ai parcourues, elles sont immenses;

où j'ai placé l'ancien sommet du Delta. Ajoutons à cela que la ville de *Cercesura*, située en Libye, déterminait le premier point de division du Nil [1], et que nous avons, pour fixer la position de cette ville, celle d'Héliopolis, qui était vis-à-vis sur l'autre rive [2]. Or, les ruines d'Héliopolis sont sous le même parallèle que l'origine du canal d'Abou-Meneggeh. Mais, dira-t-on, l'on trouve dans les auteurs arabes que le canal d'Abou-Meneggeh fut ouvert au commencement du sixième siècle de l'hégire [3] : ainsi l'on ne peut le regarder comme une ancienne branche du Nil, sans faire un anachronisme impardonnable. Je répondrai qu'il est peu probable que l'on ait été creuser un nouveau canal, au lieu de se borner à déblayer le lit de l'ancienne branche Pélusiaque, qui arrosait précédemment la Charqyeh, puisque l'on n'entreprenait ce travail que sur les représentations des habitans de cette province, qui se plaignaient de ce que

---

mais ce ne sont que des décombres et des débris. On n'y voit point, comme dans la haute Égypte, des temples et des palais presque intacts : ici pas une colonne n'est debout ; les obélisques, les colosses, sont renversés ; leurs débris sont épars, et les places publiques, les rues, les monumens, n'ont laissé aucune trace de l'emplacement qu'ils occupaient. Cependant Memphis fut fondée après Thèbes. Oui, mais elle fut plus souvent ravagée par les armées ennemies ; et de tous les agens de destruction répandus dans la nature, nul n'égale la fureur de l'homme. Il paraît d'ailleurs que les principaux monumens de Memphis étaient en granit, ainsi qu'on le remarque dans toutes les villes anciennes de la basse Égypte, et ces riches matériaux ont été successivement transportés à Alexandrie pour embellir la nouvelle capitale. Dans la haute Égypte, au contraire, presque tous les monumens sont en grès siliceux, que les anciens croyaient certainement peu propre aux constructions voisines de la mer ; car on n'en trouve aucun vestige dans la basse Égypte. Ainsi, ce qui semblait devoir assurer une longue durée aux temples, aux palais de Memphis, a été une des causes de leur destruction.

[1] Herodot. *Histor.* lib. II, §. 17. Strab. *Geogr.* lib. XVII.

[2] Strab. *Geogr.* lib. XVII.

[3] El-Maqryzy.

leurs terres n'étaient plus arrosées comme autrefois. Et quant au nom moderne de ce canal, la flatterie ou la reconnaissance des peuples a souvent fait donner à des ouvrages importans le nom de ceux qui n'avaient fait que les restaurer : l'histoire en fournit mille exemples.

L'origine du canal, d'ailleurs, peut bien avoir varié de quelques mètres, et n'être pas précisément aujourd'hui à l'endroit où le Nil se divisait autrefois en deux branches pour former le Delta; mais je serais plutôt porté à reculer encore ce point vers le sud, qu'à l'avancer au nord, d'après ce que nous avons dit de sa distance à Memphis.

Au surplus, le canal en question ne porte le nom d'Abou-Meneggeh que jusque vers Belbeys. Il passe ensuite auprès des ruines de Bubaste, aujourd'hui Tell-Bastah[1], laisse à l'est l'ancien emplacement de

---

[1] Il paraît que cette ville est celle dont il est question dans l'Écriture, sous le nom de *Pi* ou *Phi-Bsst* (Ézéch., ch. xxx, vers. 17); car dans les versions grecques ce mot est rendu par celui de *Boubaste*, et des auteurs qobtes l'écrivent *Pou-Bast*. Ces dénominations ont la plus grande ressemblance avec celle de *Tell-Bastah* (colline de Bastah) que les Arabes donnent aux ruines que nous allons décrire. Elles consistent en une butte artificielle d'environ cinq mille mètres de circuit, formée en partie de briques crues, de trente-trois centimètres de longueur sur une largeur et une épaisseur de vingt-deux centimètres. Au centre de cette butte, le terrain est beaucoup plus bas et forme comme une grande place, au milieu de laquelle se trouve un amas considérable de débris granitiques. On y distingue des fragmens de colonnes, d'obélisques, de corniches, couverts d'hiéroglyphes et de riches sculptures, preuves frappantes de l'ancienne splendeur du temple qui existait en ce lieu, et qui était consacré à la Lune sous le nom de *Bubastis*. La description qu'Hérodote nous a laissée de la ville de Bubaste, se rapporte si parfaitement à tout ce que je viens de dire de Tell-Bastah, que je ne puis me refuser au plaisir de mettre ce rapprochement sous les yeux de mes lecteurs : « Dans cette ville, dit Hérodote, est un temple de Bubastis, qui mérite qu'on en parle. On voit d'autres temples plus grands et plus magnifiques; mais il n'y en a point de plus agréable à la vue. Bubastis est la même que Diane parmi les Grecs.

la ville de Phacusa, se joint au lac Menzaleh, dont il traverse la pointe orientale, sort de ce lac, passe sous les murs en ruine du château de Tyneh, court ensuite à l'est, laisse à sa droite l'emplacement de l'ancienne ville de Péluse[1], et se termine à la mer non loin de là.

Son temple fait une presqu'île, où il n'y a de libre que l'endroit par où l'on entre. Deux canaux du Nil, qui ne se mêlent point ensemble, se rendent à l'entrée du temple, et de là se partagent, et l'environnent, l'un par un côté, l'autre par l'autre. Ces canaux sont larges chacun de cent pieds et ombragés d'arbres. Le vestibule a dix orgyies de haut; il est orné de très-belles figures de six coudées de haut. Ce temple est au centre de la ville. Ceux qui en font le tour, le voient de tous côtés de haut en bas; car, étant resté dans la même assiette où on l'avait d'abord bâti, et la ville ayant été rehaussée par des terres rapportées, on le voit en entier de toutes parts. Ce lieu sacré est environné d'un mur, sur lequel sont sculptées grand nombre de figures. Dans son enceinte est un bois planté autour du temple proprement dit; les arbres en sont très-hauts. La statue de la déesse est dans le temple. Le lieu sacré a, en tout sens, un stade de long sur autant de large. La rue qui répond à l'entrée du temple, traverse la place publique, va à l'est, et mène au temple de Mercure : elle a environ trois stades de long sur quatre pléthres de large; elle est pavée, et bordée, des deux côtés, de très-grands arbres. » (Traduction de M. Larcher, liv. II, §. 138.)

On transportait à Bubaste, de toutes les parties de l'Égypte, les momies de chats, et on les y conservait précieusement.

C'est dans cette ville que se célébrait tous les ans la principale fête des Égyptiens. Un concours immense de peuple s'y rendait alors par eau, et l'on n'entendait sur les barques, comme sur le rivage, que des chants, des cris de joie, et le bruit des castagnettes et des flûtes. Cette navigation devait présenter un coup d'œil assez semblable à celui qu'offre le *khalyg* du Kaire les jours de fête.

[1] Péluse est encore, comme au temps de Strabon, à vingt stades de la mer; et les Arabes, en la nommant *Tyneh* (boue), lui ont conservé l'ancienne signification grecque du mot *Péluse*.

J'avais d'abord cru, lors de la première édition de ce Mémoire, en 1812, que cette ville était celle qu'Ézéchiel désigne sous le nom de Sin (chap. xxx, vers. 15), mais depuis j'ai vu que les Septante avaient rendu ce mot par *Saïs*. Il est souvent question de Péluse dans l'histoire, et la fin tragique d'un grand homme, du rival de César, qui y périt victime d'une odieuse trahison, lui a donné une triste célébrité. Une enceinte en ruine, des décombres, des débris d'édifices, une campagne déserte; voilà tout ce qui reste de

Le cours que nous venons de tracer, cadre parfaitement avec ce que les anciens nous apprennent de la branche Pélusiaque; elle était, selon eux, la plus orientale des branches du Nil [1]; Bubaste et Phacusa étaient sur ses bords [2]; et ce que j'ai dit de son embouchure et de son origine, ajoute à tout ce que mon opinion présente de plausible. Le Nil, dans ses crues extraordinaires, suit encore cet ancien lit, comme cela est arrivé en 1800, pendant que nous étions en Égypte.

---

cette cité jadis si florissante : le ciel semble avoir vengé sur elle les droits sacrés de l'hospitalité.

[1] *Voyez* Hérodote, *Hist.* liv. II. §. 17; Strabon, *Geograph.* liv. XVII; Pline, *Hist. nat.* liv. V; Ptolémée, *Géograph.* liv. IV; et ces vers de Lucain (*Phars.* liv. VIII) :

Dividui pars maxima Nili
In vadu decurrit Pelusia septimus amnis.

[2] Nul doute que Bubaste ne fût sur la branche Pélusiaque. Nous citerons, entre autres preuves, le nom de *Bubastique*, que Ptolémée donne au bras du Nil qui aboutit à la bouche Pélusiaque, et ce que dit Hérodote, liv. II, §. 158, que le canal de jonction du Nil à la mer Rouge avait son origine un peu au-dessus de Bubaste. Cette ville, selon Ptolémée, était hors du Delta ; si elle est aujourd'hui au sommet d'une espèce d'île formée par deux bras de la branche Pélusiaque, c'est sans doute parce que l'île de Myecphoris, située vis-à-vis Bubaste (Hérodote *Hist.* liv. II, §. 166), se sera agrandie, de ce côté, de tout l'emplacement de cette ville ; ce qui est facile à concevoir, en songeant que le canal de Nécos, dérivé du Nil un peu au-dessus de Bubaste (*ibid.* §. 148), et les canaux qui entouraient le temple de Diane (*ibid.* §. 138), ont pù, étant si voisins les uns des autres, se joindre, à la suite de quelques crues extraordinaires. L'île dont nous avons parlé a de huit à neuf myriamètres de circuit : elle renferme un grand nombre de villages et des buttes de décombres. En la diminuant de la partie qu'occupait la ville de Bubaste, elle est encore assez considérable pour avoir pu former le nome de Myecphoris dont parle Hérodote.

Quant à Phacusa, chef-lieu du nome Arabique, Strabon place cette ville sur la branche Pélusiaque, et Ptolémée l'indique au nord-est immédiatement après Bubaste; ce qui est évidemment dans la direction de ce bras du Nil. Des monticules de décombres, nommés par les Arabes *Tell-Fâqous* (colline de Fàqous), indiquent la position de cette ville à environ trois myriamètres au nord-est de Bubaste.

De la branche Canopique.

Si, en partant du point où j'ai fixé l'origine de la branche Pélusiaque, on suit le cours du Nil jusqu'au *Batn-el-Baqarah*[1]; que l'on descende la branche de Rosette jusqu'au village de Rahmânyeh; que, débarquant sur la rive gauche, on suive jusqu'au lac d'Abouqyr un grand canal nommé *Mogaryn*[2], dont on commence à découvrir les traces à une lieue de Rahmânyeh, sur la droite du canal d'Alexandrie; et qu'enfin, traversant le lac d'Abouqyr, on arrive jusqu'à l'ouverture nommée *ma'dyeh*, par laquelle il communique avec la mer, non loin des ruines de l'ancienne Canope et à l'orient de cette ville; on aura parcouru dans son entier l'ancienne branche Canopique.

Les cent cinquante stades qui, selon Strabon, formaient la distance du Phare à l'extrémité de la branche Canopique, étant mesurés à vol d'oiseau, ont fait penser à quelques personnes que la communication du lac d'Edkou avec la mer est l'ancienne bouche Canopique. A l'appui de cette opinion, elles citent la formation récente du lac d'Abouqyr, qu'elles voudraient rapporter à l'année 1778 ou 1780 : à cette époque, une digue en pierre qui retenait les eaux de la mer, ayant été rompue, la mer aurait pénétré dans les terres et formé le lac d'Abouqyr.

---

[1] C'est ainsi que se nomme aujourd'hui le point de séparation des branches de Rosette et de Damiette, au sommet du nouveau Delta.

[2] *Voyez*, dans la Notice de M. Lancret sur la branche Canopique, la description du canal Mogaryn, qui est, dit-il, aussi large que les bran-

Mais le lac d'Edkou n'est-il pas d'une formation encore plus récente? Le général Reynier, dans son excellent ouvrage intitulé, *De l'Égypte après la bataille d'Héliopolis*, s'exprime ainsi : « Le lac d'Edkou, nouvellement formé pendant l'inondation de l'an 9 (1800-1801 de l'ère vulgaire), a été causé par l'ouverture du canal de Deyrout, ordonnée légèrement par le général Menou; les eaux répandues en abondance dans un terrain bas se sont frayé, à travers les dunes, une communication avec la mer : après l'inondation, lorsque le niveau des eaux douces a baissé, elles n'ont plus eu d'écoulement par le canal qu'elles avaient formé près de la maison carrée; la mer y a pénétré et a formé ce nouveau lac. »

La bouche du lac d'Edkou est donc moins ancienne que celle d'Abouqyr, lors même que celle-ci ne daterait que de 1780; mais nous sommes loin de la croire d'une formation aussi récente. La digue en pierre qui la fermait, prouve qu'avant l'éruption de 1780 cette communication de la mer avec des terrains plus bas que son niveau avait déjà existé. On lit en effet, dans Paul Lucas, que cette digue avait été rompue dans une tempête avant 1716; et il est question du lac et du passage de la Ma'dyeh dans l'Edricy, auteur arabe qui écrivait dans le sixième siècle de l'hégire ou le douzième siècle de notre ère.

Ce qui me porte encore à croire que l'embouchure du lac d'Abouqyr répond, plutôt que celle du lac d'Edkou,

---

ches de Rosette et de Damiette, profond d'environ deux mètres, et dont les bords sont encore à pic dans quelques endroits.

à l'ancienne bouche Canopique, c'est ce que rapporte M. Lancret du canal Mogaryn ou branche Canopique, qui, selon lui, se termine au lac d'Abouqyr. On reconnaît, en effet, les traces de l'ancien lit du fleuve dans la partie du lac d'Abouqyr qui s'enfonce à l'est, et dans les terrains bas et couverts de joncs qui s'étendent au-delà. Cet enfoncement du lac dans les terres n'a pas été assez indiqué sur la carte de la basse Égypte; il a lieu auprès d'une île sur laquelle on a indiqué des ruines, qui ne peuvent être que celles de *Schedia*, distante d'Alexandrie de quatre schœnes, selon Strabon, et placée sur la branche Canopique, vers l'origine du canal qui conduisait à Alexandrie.

Ajoutons encore, que les ruines de Canope se trouvant à trois quarts de lieue environ à l'ouest du château d'Abouqyr, ce serait trop en éloigner la bouche Canopique, que de la placer vers la maison carrée dont parle le général Reynier. Car, 1°. Ammien Marcellin place Canope à douze milles d'Alexandrie, et Pline met à la même distance de cette ville la bouche Canopique : on trouve en effet douze milles du Pharillon à Canope, et douze milles de cette ville à l'extrémité orientale des ruines d'Alexandrie, hors de l'enceinte des Arabes, tandis que du même point à l'embouchure du lac d'Edkou, il y a en ligne droite près de seize milles, et que l'on trouverait encore davantage en partant du Pharillon. 2°. Strabon dit que le Phare est à cent cinquante stades *de la bouche Canopique*, et Alexandrie à cent vingt stades *de Canope* : or, soit qu'on mesure la distance d'Alexandrie à Canope en partant du Phare, ou de l'emplacement présumé de l'ancien temple de Sérapis auprès du fort Caffarelli, on ne trouve en ligne droite que cent dix stades; et cette quantité se réduirait à quatre-vingt-quinze, si l'on partait de l'extrémité orientale de l'enceinte des Arabes. Strabon ne comptait donc point ses distances à vol d'oiseau. Cela posé, si nous mesurons les sinuosités de la route que suivent aujourd'hui les caravanes, nous retrouverons les cent vingt stades de Strabon depuis l'emplacement de l'ancien temple de Sérapis dans Alexandrie jusqu'à Canope, et cent cinquante stades du Phare à l'embouchure du lac d'Abouqyr. D'un autre côté, si l'on suppose, ce qui paraît très-probable, que la route sur laquelle Strabon comptait ces distances de cent vingt et cent cinquante stades, passait par Canope, on aura trente stades pour la distance de cette ville à l'embouchure du fleuve[1], et c'est en effet la distance des ruines de Canope à la communication du lac d'Abouqyr avec la mer, tandis qu'il y a soixante-quinze stades des mêmes ruines à la bouche du lac d'Edkou. Je me suis servi du stade olympique, afin de prévenir toute objection: un plus petit stade, tel que celui de sept cents au degré, dont on attribue à Strabon un fréquent emploi, donnerait encore plus de poids à mon opinion.

Le témoignage de Strabon s'accorde donc parfaitement avec mes observations et avec le récit de Pline et d'Ammien Marcellin.

La branche Canopique s'appelait aussi *Héracléotique*.

---

[1] La ville d'Héraclée, que Strabon place entre ces deux points, a pu exister sur le bord de la mer, à dix-huit cents mètres environ au sud d'Abouqyr, dans un endroit où l'on trouve des puits, des monticules de décombres, et quelques fragmens granitiques.

Diodore et Pline nous l'apprennent, et nous voyons dans Hérodote la cause de cette dénomination : il existe, dit cet historien, sur le rivage de la mer, à l'embouchure de la branche Canopique, un temple d'Hercule, asile inviolable pour les esclaves qui s'y réfugient. Il paraît que des maisons successivement élevées autour de ce temple auront donné naissance à cette ville d'Héraclée dont nous venons de voir qu'il était question dans Strabon. Pline rapporte que quelques personnes donnaient encore le nom de *Naucratique* à la branche Canopique, à cause de la ville de Naucratis, située sur ses bords.

Une portion du cours inférieur que nous assignons à la branche Canopique, avait une direction presque parallèle au bord de la mer; et il n'y a rien là de contraire à l'état physique des lieux, ni à ce que l'Égypte présente encore sur d'autres points. Ne voit-on pas la branche de Damiette suivre, pendant une longue partie de son cours, les bords du lac Menzaleh, et s'en approcher bien plus que la branche Canopique, de la Méditerranée? Enfin, depuis Kafr-Abou-Yousef jusqu'au boghâz au-dessous d'el-E'zbeh, le Nil ne court-il pas, entre la mer et le lac Menzaleh, sur un terrain qui semble ne pouvoir lui présenter aucun obstacle pour l'empêcher de se jeter à la mer ou dans le lac par la ligne la plus courte?

De la branche Bolbitine.

La branche Bolbitine, selon Hérodote, fut creusée de main d'homme. Strabon la compte immédiatement après la Canopique, en allant vers l'est, et il est en cela d'accord avec Diodore, ainsi qu'avec Ptolémée, qui la désigne sous le nom de *fleuve Tali*, en conservant à son embouchure la dénomination de *Bolbitine*. Nous retrouvons cette ancienne branche dans le cours actuel du Nil depuis Rahmânyeh jusqu'au boghâz de Rosette[1] : dérivée autrefois de la Canopique, et d'abord moins considérable, au rapport de tous les historiens, elle s'agrandit insensiblement aux dépens de cette branche, et finit par la faire disparaître. La distance de Rahmânyeh à la bouche de Rosette[2] étant moindre que celle de Rahmânyeh à la mer près d'Abouqyr, et le lit de la branche Bolbitine étant moins tortueux que la partie inférieure de la branche Canopique, les eaux du Nil doivent toujours avoir eu une grande tendance à suivre le cours qu'elles ont aujourd'hui. Il aura donc suffi que, vers le point de séparation des deux branches, quelques attérissemens se soient formés dans celle de Canope, ou que le Nil ait creusé davantage la Bolbitine, pour déterminer les eaux à se porter à la mer par la ligne de plus grande pente, et cela avec d'autant plus de facilité, que le terrain d'alluvion qu'elles traversaient, ne pouvait opposer qu'un faible obstacle à l'agrandissement de leur lit.

[1] La ville de Bolbitine doit avoir existé un peu au sud de Rosette, près de la tour d'Abou-mandour. On y a trouvé enfouis sous terre de belles colonnes et d'autres débris d'antiquités.

[2] La bouche de Rosette doit s'être avancée dans la mer depuis le temps dont nous nous occupons, et la mer a dû, au contraire, gagner du côté de l'ancienne bouche Canopique : ainsi la différence des distances de Rahmânyeh à ces deux points devait encore être autrefois plus considérable qu'aujourd'hui.

De la branche Sébennytique.

Il paraîtrait, d'après un passage d'Hérodote[1], que de son temps l'origine de la branche Sébennytique était à la même hauteur que celle des branches Pélusiaque et Canopique. Il est vrai que la division d'un fleuve en trois branches, précisément au même endroit, est peu probable, et que Strabon dit positivement que la troisième branche du Nil[2] commence un peu au-dessous des deux premières; qu'enfin Ptolémée est d'accord en cela avec Strabon; mais, d'un autre côté, il est cependant possible que quelques attérissemens aient changé la forme de la pointe supérieure du Delta dans l'espace de temps qui s'est écoulé entre les voyages d'Hérodote et ceux de Strabon[3]; et il existe entre l'ancien et le nouveau sommet du Delta plusieurs îles qui, en divisant en quelque façon le cours actuel du Nil en deux canaux, permettent de concevoir le récit d'Hérodote.

La branche Sébennytique coulait presque au nord, à travers le Delta; elle devait passer devant la ville de *Sebennytus*, puisqu'elle en prenait le nom, et elle se jetait dans la mer un peu au-dessous de la ville de *Buto*, auprès de laquelle était un grand lac[4].

D'après tout cela, la branche Sébennytique d'Hérodote doit se composer de la partie du cours du Nil comprise entre l'origine du canal d'Abou-Menéggeh et le

---

[1] *Hist.* lib. II, §. 17.
[2] Par troisième branche du Nil, j'entends ici la troisième en allant du sud au nord.
[3] Strabon écrivait environ quatre cent cinquante ans après Hérodote.
[4] Herodot. *Hist.* lib. II, §. 155 et 156.

Batn-el-Baqarah; de la branche actuelle de Damiette, depuis le Batn-el-Baqarah jusqu'au-dessous de la ville de Semenhoud, autrefois *Sebennytus*[1]; et du canal de Ta'bânyeh, depuis son origine auprès de Bahbeyt[2] jusqu'à son embouchure dans la mer, après avoir traversé la partie orientale du lac Bourlos. Ce lac s'étendait probablement moins de ce côté, avant que l'affaiblissement de la branche Sébennytique eût occasioné le refoulement des eaux de la mer dans l'intérieur des terres; et quant à son identité avec le lac Butique, elle est reconnue de tous les critiques. Je ne m'attacherai donc point à la prouver; j'ajouterai seulement que l'on trouve sur les bords du lac, vers la partie inférieure du canal de Ta'bânyeh, des ruines qui sont probablement celles de Buto, d'après la position qu'Hérodote donne à cette ville.

Le cours que je viens d'assigner à la branche Sébennytique d'Hérodote, est encore commandé par ce que nous apprend cet historien des branches Saïtique et Mendésienne; car il dit qu'elles dérivaient de la Sében-

---

[1] Cette ville, comme on le voit, a conservé dans sa dénomination arabe des traces de son ancien nom. Elle est aujourd'hui une des plus considérables du Delta, et les ruines de l'ancienne ville consistent en décombres et en débris granitiques couverts d'hiéroglyphes.

[2] Le canal de Ta'bânyeh est dérivé du Nil par deux ouvertures différentes, l'une près de Ta'bânyeh, l'autre à une demi-lieue à l'est-sud-est de Bahbeyt. Si j'ai choisi cette dernière dans la description que je donne de la branche Sébennytique, c'est que la dérivation près de Ta'bânyeh court de suite trop directement à l'ouest, l'espace d'une lieue, pour se lier naturellement au cours supérieur de la branche de Damiette. Auprès de Bahbeyt sont des ruines remarquables, qui, selon d'Anville, seraient celles de la ville d'Isis, dont il est question dans Pline, *Hist. nat.* lib. v, ch. 10. *Voyez* le *chap. XXV* des *Antiq.-Descr.*, par MM. Jollois et du Bois-Aymé.

nytique. Toute autre supposition pour le cours de celle-ci ne satisferait point à cette condition.

De la branche Tanitique ou Saïtique.

La branche Sébennytique donnait donc naissance à la Saïtique; mais Hérodote ne dit point que celle-ci coulât à l'ouest de la première, comme l'a cru M. Larcher[1], qui a voulu, en conséquence, trouver une branche Saïtique passant près de Saïs, et se jetant dans la mer entre les bouches Sébennytique et Bolbitine. Il n'a pas fait attention qu'il n'existe aucun canal qui satisfasse à toutes ces conditions, ni aucune bouche entre celles de Rosette et de Bourlos. Un passage de Strabon aurait dû le guider pour retrouver la branche Saïtique : c'est celui où cet ancien géographe, après avoir parlé de la branche Tanitique, ajoute que quelques-uns la nomment *Saïtique*. Il me paraît même qu'il était facile de trouver la cause probable de ces deux dénominations dans la similitude de sons que devaient avoir, pour des oreilles étrangères, les noms de *Saïs* et de *Tanis* en langue égyptienne[2], puisque nous voyons la ville de Tanis être appelée *Tzoan* ou *Tzoain*, et Saïs être nommée *Sin* ou *Sein*, dans le texte hébreu de la Bible; les Arabes donner le nom de *Sân* aux ruines de Tanis, et celui de *Sâ* à celles de Saïs.

Je sais bien que M. Larcher pense que, par Tzoan, les Hébreux ont voulu désigner Saïs, et non Tanis, qui,

---

[1] *Traduction d'Hérodote*, t. II, note 55.
[2] *Saïs* et *Tanis* étaient des noms donnés à ces villes par les Grecs, qui, plus qu'aucun autre peuple, dénaturaient les noms étrangers.

selon lui, a toujours été une trop petite ville pour avoir pu être la résidence d'un des Pharaons d'Égypte. J'ai, je crois, contre cette opinion, plusieurs faits bien positifs.

1°. Les Septante, qui devaient connaître parfaitement la géographie de l'Égypte, et chez qui la tradition des anciens événemens de l'histoire juive s'était certainement conservée, ont traduit *Tzoan* par *Tanis*.

2°. Les auteurs qobtes nomment Saïs, *Saï*, Cⲁⲓ; et Tanis, *Djane* ou *Djani*, Ϫⲁⲛⲏ, ou Ϫⲁⲛⲓ. « On aurait tort de croire, ainsi que l'observe M. Étienne Quatremère[1], que *Djane* n'est qu'une corruption du mot grec Τάνις. *Djane* est visiblement l'origine du mot hébreu; il désigne en langue égyptienne un terrain bas. Ce nom convient parfaitement à la ville de Tanis, située dans la province que les Arabes appellent *Asfel-el-Ard*, la partie basse de la terre. »

3°. Lorsque les Hébreux s'enfuirent d'Égypte, ils habitaient la terre de Gessen, à l'extrémité de la vallée nommée aujourd'hui *Saba'-byâr*, ainsi que je crois l'avoir prouvé dans un de mes mémoires[2]; les courses fréquentes que Moïse fit de son peuple à la cour du Pharaon, et la marche de ce prince pour atteindre les Hébreux fugitifs, annoncent assez qu'il habitait alors une ville plus rapprochée de la vallée que n'est Saïs.

4°. Les ruines de Sân attestent la grandeur et l'ancienne magnificence de Tanis. « Il paraît que c'était une

---

[1] *Mém. sur l'Égypte*, t. 1, p. 290.
[2] *Notice sur le séjour des Hébreux en Égypte et sur leur fuite dans le désert*, ci-après, pag. 77.

ville immense », dit le général Andréossy [1], qui a parcouru ces lieux en observateur éclairé. « On voit dans son intérieur une espèce de *forum* ou place publique, de la forme d'un carré long, ayant une grande entrée du côté du canal de Moueys, et des issues dans les parties latérales. Le grand axe de ce *forum* est dans la direction de l'est à l'ouest : on aperçoit sur ce grand axe plusieurs monumens détruits et des obélisques brisés et renversés. »

5°. Strabon dit positivement que Tanis est une grande ville; et si Joseph [2] rapporte que Titus aborda dans la petite ville de Tanis, cela prouve seulement qu'à cette époque elle était déjà déchue de son ancien état.

6°. Enfin, M. Larcher se trompe encore en confondant Tanis, Τάνις, avec Thennisus, Θεννῆσος,, qui était située au milieu du lac [3].

Hérodote n'est pas le seul, comme nous l'avons vu par le passage de Strabon cité plus haut, qui ait nommé *Saïtique* la branche qui passait à Tanis; un passage de Flavius Joseph où cet historien cite Manéthon [4], prouve qu'en langue grecque on désignait sous le nom de *Saïte* la partie orientale de la basse Égypte [5].

---

[1] *Mémoire sur le lac Menzaleh*, É. M.

[2] *Guerre des Juifs contre les Romains*, liv. IV, chap. 42.

[3] Les ruines de Thennisus sont nommées encore aujourd'hui *Tennys* par les Arabes.

[4] *Réponse à Appion*, liv. 1., ch. 5.

[5] Εὑρὼν δὲ ἐν νομῷ τῷ Σαίτῃ πόλιν ἐπικαιροτάτην, κειμένην μὲν πρὸς ἀνατολὴν τοῦ Βουβαστίτου ποταμοῦ, καλουμένην δὲ ἀπὸ τῆς ἀρχαίας θεολογίας Ἄβαριν, ταύτην ἔκτισέ τε, καὶ τοῖς τείχεσιν ὀχυρωτάτην ἐποίησεν, ἐνοικίσας αὐτῇ καὶ πλῆθος ὁπλιτῶν εἰς εἴκοσι καὶ τέσσαρας μυριάδας ἀνδρῶν πρὸς φυλακήν.

Inveniens autem in præfectura Saïte civitatem opportunissimam, positam ad orientem Bubastis fluminis, quæ appellabatur à quadam antiqua theologia Avaris, *hanc fu-*

Il est donc prouvé pour moi que la branche Saïtique d'Hérodote est la Tanitique de tous les autres écrivains de l'antiquité; et comme cette branche venait, selon eux, immédiatement après la Pélusiaque, en allant de l'est à l'ouest, et qu'Hérodote la fait dériver de la Sébennytique, nous la retrouvons dans le canal de Moueys[1], dont l'origine est à trois quarts de lieue au-dessous des ruines d'Athribis[2], sur la rive droite de la branche de Damiette[3]. A la hauteur de Bubaste, ce canal se divise en plusieurs bras : c'est le plus occidental qui appartient à la branche Tanitique; il passe ensuite à el-Qanyât, gros village situé sur sa rive droite, et dont quelques gens du pays donnent le nom au canal. Il laisse à sa droite les villages de Fassoukah, Bycheh, Menzel-Hayân, Horbeyt, Kafr-A'bd-allah, Kafr-Genât, Kafr-el-Gerâd, Atryf, Kafr-Zeneyn, Sân, et, à sa gauche, Tell-Hamâm, Mobâcher, Koufour-Negoum, Kafr-Chenyt, A'bd-allah, Lebâydeh. Il se jette dans le lac Menzaleh, au-dessous des ruines de Tanis, et son cours se

bricatus est et muris maximis communivit, collocans ibi multitudinem armatorum usque ad ducenta quadraginta millia virorum eam custodientium.

[1] On pourrait peut-être reculer vers le sud l'origine de la branche Tanitique, jusqu'au point où l'ancien canal de Felfel est dérivé du Nil. Ce canal se réunit à celui de Moueys, à trois mille mètres environ à l'est du village d'Atryb.

[2] Auprès des ruines de cette ville est un petit village qui en a conservé le nom. Cette particularité a échappé à quelques géographes modernes, qui placent Bubaste en cet endroit. Il est à remarquer d'ailleurs que, selon Ptolémée, Athribis était dans le Delta, tandis que Bubaste était à l'est de la branche la plus orientale du Nil; ce qui concorde parfaitement avec la position que nous donnons à ces deux villes, et avec le cours que nous assignons aux différentes branches du Nil.

[3] Il ne faut pas oublier que la partie supérieure de la branche de Damiette, jusqu'à Semenhoud, appartient à la branche Sébennytique d'Hérodote.

prolonge à travers ce lac, jusqu'à la bouche d'Omm-fâreg.

Le canal de Moueys a tous les caractères d'un bras naturel du Nil[1]. Navigable huit mois de l'année pour les plus grands *mâch*[2], il arrose les terres d'une partie de la province de Charqyeh. Ses nombreuses dérivations se réunissent en plusieurs endroits à celles de la branche Pélusiaque. Je citerai, entre autres, le canal de Beny-Cheblengâ à Bubaste, et celui de Chobrâouyn à Horbeyt[3].

De la branche Mendésienne.

Après la branche Saïtique, que nous venons de déterminer, la branche Sébennytique donnait encore naissance, selon Hérodote[4], à la branche Mendésienne, dont Strabon place l'embouchure immédiatement à l'ouest de la Tanitique. Nous croyons donc devoir former la branche Mendésienne de la partie de la branche de Damiette comprise entre l'origine du canal de Ta'-bânyeh et Mansourah, et du canal d'Achmoun, qui commence à Mansourah, et se jette dans la mer par la bouche de Dybeh après avoir traversé le lac Menzaleh, canal que plusieurs auteurs arabes, et notamment l'Édricy, désignent comme un bras naturel du Nil, dont

---

[1] *Voyez*, dans la Décade égyptienne, le Mémoire de M. Malus sur la branche Tanitique.

[2] Sorte de barques dont les plus grandes sont du port d'environ soixante tonneaux; elles vont à la voile et à la rame.

[3] Le village d'Horbeyt, dont le nom rappelle celui de *Pharbœtus*, autrement Phi-A'rbait, est entouré de décombres qui indiquent qu'il a existé en cet endroit une ville de l'ancienne Égypte. On y a trouvé les débris d'un colosse, des tronçons de colonnes, et des fragmens en granit siliceux qui ont appartenu à d'anciens édifices.

[4] *Hist*. lib. II, §. 17.

la branche de Damiette ne serait, selon eux, qu'une dérivation.

Le village d'Achmoun paraît occuper, à peu de chose près, l'emplacement de l'ancienne Mendès. C'est l'opinion de d'Anville et du savant traducteur d'Hérodote, M. Larcher. On trouve, en effet, à trois quarts de lieue au sud-sud-ouest de ce village, des amas considérables de décombres. Ceux qui placent Mendès à trois lieues au sud-est de Mansourah, auprès du village de Tmay-el-Emdyd, où il existe en effet des ruines égyptiennes qui annoncent une grande ville, confondent, selon moi, Thmuis avec Mendès; ce qui vient, sans doute, de ce que les nomes de Mendès et de Thmuis, réunis au temps de Ptolémée, avaient alors pour capitale commune la ville de Thmuis.

De la branche Bucolique ou Phatmétique.

La branche Bucolique d'Hérodote, et c'est la seule dont il nous reste à parler, ne peut être que la partie du cours de la branche de Damiette que nous n'avons point comprise dans la distribution des anciens bras du Nil, c'est-à-dire, la partie située entre l'origine du canal d'Achmoun et le boghâz de Damiette. Nous venons de voir que des géographes arabes la regardaient encore en quelque sorte dans le douzième siècle comme un travail de l'art; ce qui s'accorde avec le récit d'Hérodote.

La bouche par laquelle cette branche se jetait dans la mer, se nommait *Bucolique* ou *Phatmétique*. L'étymologie que M. É. Quatremère donne de ce dernier mot me paraît des plus heureuses ; il le fait dériver des mots qobtes ⲫⲁⲧⲙⲏϯ ou ⲫⲁⲑⲙⲏϯ, qu'il traduit par *le fleuve du milieu*. C'est une nouvelle preuve de ce que j'ai dit sur la branche Saïtique ; car, si j'eusse adopté le sentiment de M. Larcher, la branche Phatmétique n'aurait plus été la branche du milieu, c'est-à-dire, la quatrième des sept branches du Nil, mais bien la troisième, en commençant à les compter de l'est.

Il n'est point question de la bouche Phatmétique dans Hérodote, mais bien dans Strabon, Pline, Diodore, Ptolémée ; et comme ceux-ci ne parlent point d'une bouche Bucolique, et qu'ils sont d'accord avec Hérodote pour les six autres embouchures, il faut nécessairement qu'il y ait identité entre la Bucolique et la Phatmétique. Le rang, d'ailleurs, que les anciens assignent à la branche Phatmétique, la fait coïncider avec le boghâz de Damiette.

Héliodore, à la vérité, place les Bucolies près de l'embouchure Héracléotique ; et l'on pourrait croire d'après cela qu'il faut chercher dans le voisinage de cette branche celle que l'on désignait, au temps d'Hérodote, sous le nom de *Bucolique* : mais, outre que l'on ne doit pas compter sur des détails géographiques bien exacts dans un ouvrage tel que le roman d'Héliodore, le nom de *Bucolies* que l'on donnait aux terres basses et marécageuses au nord du Delta, à cause des troupeaux que l'on y élevait, peut s'appliquer à plus d'un point de cette côte.

Différence entre la branche Bucolique et la Phatmétique.

Nous ne pensons pas, pour cela, que les branches qu'Hérodote et Strabon font aboutir à cette bouche, soient les mêmes. Nous avons fait voir quelle était la branche Bucolique d'Hérodote. Creusée de main d'homme, selon cet historien, elle s'agrandit sans doute par les mêmes causes que nous avons indiquées en parlant de la Bolbitine, et elle finit, dans l'espace de quatre à cinq siècles, par surpasser en largeur et en profondeur les branches latérales. Dès-lors Strabon ne put la regarder comme une dérivation de la Mendésienne, et il forma la branche Phatmétique de ce qui fait aujourd'hui la branche entière de Damiette ; c'est-à-dire, de la partie supérieure de la branche Sébennytique d'Hérodote jusqu'au-dessous de *Sebennytus*, de la portion qui suit de la branche Mendésienne jusqu'à l'origine de la branche Bucolique, et enfin de toute celle-ci jusqu'à la mer.

Différence entre la branche Sébennytique d'Hérodote et celle de Strabon.

Mais, comme il fallait retrouver une branche Sébennytique, Strabon la forma d'un des grands canaux du Delta, qu'Hérodote avait certainement en vue en parlant de l'île Prosopitis. Ce canal est celui de Melyg, qui est dérivé de la branche de Damiette, près du village de Kafr-Qaryneyn [1], et qui, ayant de l'eau courante toute

[1] Ce village est à un peu plus de deux myriamètres, au nord, du

l'année, comme un bras naturel du Nil, et se joignant au canal de Ta'bânyeh au-dessous de Semenhoud, remplissait les principales conditions requises pour la branche Sébennytique; savoir, de passer près de *Sebennytus*, et de se jeter dans la mer au-dessous de *Buto* par la bouche Sébennytique.

Strabon put donc dire de la Phatmétique ce qu'Hérodote disait de la Sébennytique, qu'elle était la troisième en grandeur, et qu'elle commençait près du sommet du Delta, sans, pour cela, cesser d'être d'accord avec lui en d'autres points concernant la branche Sébennytique [1].

Cette explication si simple a échappé à d'Anville, qui, pour concilier Hérodote avec Strabon, fait aboutir la branche Sébennytique du premier au boghâz de Damiette: il oublie qu'Hérodote dit positivement [2] que l'on rencontre la ville de Buto en remontant de la mer par la bouche Sébennytique, qu'auprès est un lac vaste et profond, toutes choses qui font reconnaître la bouche Sé-

---

point de séparation des deux branches de Rosette et de Damiette; il donne son nom à la partie sud du canal de Melyg, jusqu'à Chybyn-el-Koum.

[1] Quant à Ptolémée, il suit l'opinion d'Hérodote relativement à l'origine de la branche Sébennytique, branche qu'il nomme Thermutiaque. Il la fait dériver de l'*Agathos Dæmon*, au sommet du grand Delta. Ainsi, son origine devait être celle que nous avons assignée à la Sébennytique d'Hérodote, et son cours se composait de la partie supérieure de la branche de Damiette jusqu'à Qaryneyn, et des canaux de Melyg et de Ta'bânyeh, c'est-à-dire, d'une portion de la branche Sébennytique d'Hérodote et de toute celle de Strabon; car, dès que Ptolémée fait aboutir à la bouche Phatmétique un canal qu'il appelle *Busiritique*, il ne peut donner à la branche Sébennytique ou fleuve Thermutiaque d'autre cours que celui que nous venons d'indiquer, la ville de Busiris étant sur la branche de Damiette, au-dessus de la ville de *Sebennytus*.

[2] *Hist.* lib. II, §. 155 et 156.

bennytique dans la communication du lac Bourlos avec la mer.

Enfin, si, avec quelques géographes modernes, nous eussions donné à la Sébennytique d'Hérodote le même cours que nous venons d'assigner à la Sébennytique de Strabon, il en résulterait que la branche Mendésienne ne serait plus dérivée de la Sébennytique ; ce qui est absolument contraire au récit d'Hérodote [1].

Voilà quelles étaient les branches du Nil dont il est fait mention dans Hérodote et Strabon. L'on voit que les contradictions que l'on avait cru remarquer dans leurs récits, n'étaient qu'apparentes : un examen approfondi des textes et du terrain les a fait disparaître.

[1] *Hist.* lib. II, §. 17.

NOTICE

SUR LE SÉJOUR DES HÉBREUX EN ÉGYPTE

ET SUR LEUR FUITE DANS LE DÉSERT*,

Par M. DU BOIS-AYMÉ,

Correspondant de l'Institut de France, Membre de la Commission des sciences et des arts d'Égypte, de l'Académie des sciences de Turin, etc., Chevalier de la Légion d'honneur.

SECTION PREMIÈRE.

INTRODUCTION.

Les Égyptiens, sous le règne de quelques-uns de leurs princes, furent renommés dans les armes; ils le furent encore plus par la sagesse de leurs lois et l'étendue de leurs connaissances. La plupart des sciences et des arts prirent naissance chez eux; et, en civilisant la Grèce, ils ont été les instituteurs de l'Europe.

Cette nation célèbre a disparu avec mille autres; et un peuple qui fut esclave des Pharaons, existe encore : dispersé sur tout le globe, soumis à toute sorte de gou-

---

* Le 1ᵉʳ octobre 1810, cette notice a été présentée à la Commission d'Égypte, comme faisant suite au Mémoire sur les Arabes. L'auteur l'ayant retirée depuis, y a fait quelques changemens, et l'a envoyée à la Commission en octobre 1813.

vernemens, il a conservé ses coutumes, ses lois, sa langue, sa physionomie; et tandis que les nations les plus puissantes de l'Europe sont incertaines de leur origine; que le Français, victorieux à Fontenoy, à Vienne, à Berlin, à Moscou, à Rome, ignore si le même sang coule dans ses veines et celles de ses ennemis; qu'il ne sait point si ses ancêtres étaient Francs ou Gaulois, s'ils habitaient les rives de la Seine, du Tibre ou du Danube, le moindre Juif possède ce qui ferait l'orgueil de ses maîtres, une généalogie ancienne. Il peut dire, fût-il né en Pologne ou en Espagne : Mes pères habitaient les champs de la Syrie, les déserts de l'Égypte, alors que Rome, Athènes, Sparte, l'ornement et la gloire des temps anciens, n'existaient point encore.

Ce phénomène politique est dû à la force des institutions de Moïse; en isolant entièrement son peuple du reste des hommes, il en rendit la dispersion facile, la destruction impossible : les Juifs vainqueurs ne purent accroître leurs forces de celles des nations qu'ils soumirent; vaincus, ils ne purent se mêler aux vainqueurs.

La plupart des vices qu'on leur reproche aujourd'hui, tiennent à l'état d'humiliation où, presque par-tout, ils ont été réduits : n'ayant aucun rang dans l'État, ne pouvant ni posséder des terres, ni jouir de la liberté des champs, qui élève l'ame, mais obligés, au contraire, d'habiter dans les villes des quartiers séparés, d'y être renfermés chaque soir, d'y vivre entassés les uns sur les autres, de ne s'y livrer à aucun art-libéral, ils n'ont eu pour subsister d'autre industrie que d'acheter et de revendre; et l'or, qui leur donnait les moyens d'apaiser leurs oppresseurs; l'or, qui pouvait leur procurer encore quelques jouissances, est devenu l'unique objet de leur ambition. Aucune passion ne dégrade davantage l'homme au physique comme au moral.

C'est en vain que l'on soutiendrait que leurs défauts tiennent à leur organisation ou à leurs lois. Que l'on considère un instant les chrétiens soumis à la domination turque, les mêmes causes ont introduit parmi eux les mêmes vices. L'homme qui, libre et honoré, eût été généreux et plein de courage, sera par-tout, quel que soit le sang qui coule dans ses veines, fourbe et lâche, s'il est esclave et méprisé.

Dans les pays où la philosophie et une religion douce et tolérante ont amélioré le sort des Juifs, il s'est élevé parmi eux des hommes vertueux, des littérateurs distingués; et nous avons vu de nos jours de jeunes Israélites combattre avec gloire sous les drapeaux de la France.

Ne méprisons donc point une nation qui n'a besoin que d'être estimée pour devenir estimable, et dont la religion est la base de la nôtre. N'oublions pas surtout que dans le malheur elle déploya souvent un grand caractère, et que si le pardon honore la force, le ressentiment honore la faiblesse. J'en citerai un exemple mémorable. Jérusalem osa combattre Rome, devant qui fléchissaient les plus puissans rois de la terre; et les Juifs vaincus élevèrent dans Rome, de leurs mains chargées de fer, l'immense colisée et l'arc de Titus, dont les bas-reliefs rappelaient la chute de la cité sainte. Eh bien! dix-sept siècles se sont écoulés, et leurs descendans, conservant toujours le souvenir de l'offense, ne passent point encore sous l'arc qui consacra leur défaite. C'est par une issue qu'ils s'étaient frayée auprès de ce monument, que, de ce côté, les Juifs sortaient du *Forum*, avant que les fouilles et les démolitions que l'on vient d'y faire, eussent ouvert d'autres communications.

Un jour que j'observais sur les bas-reliefs de cette porte le chandelier à sept branches qui orne la marche triomphale de l'empereur, un Hébreu passa près de moi; je le reconnus aussitôt à cette physionomie qu'aucun climat n'a pu changer, et je crus lire dans le regard qu'il jeta sur ce monument, ces vers d'un grand poëte :

> Déplorable Sion, qu'as-tu fait de ta gloire?
>   Tout l'univers admirait ta splendeur :
> Tu n'es plus que poussière; et de cette grandeur
> Il ne nous reste plus que la triste mémoire.
>   *Esther*, act. 1, sc. 2.

Combien, me dis-je, cet Hébreu me ferait de questions s'il savait que j'ai habité dans la terre d'Égypte, que j'ai dressé ma tente dans Gessen, traversé la mer Rouge à pied, et erré dans le désert que bordent à l'horizon les monts d'Horeb et de Sinaï !

Mais quel homme, quelle que soit sa croyance, ne questionnerait le voyageur qui a foulé cette terre de miracles et de prestiges ? Est-il une observation, si superficielle qu'elle soit, qui, pouvant jeter quelque jour sur l'histoire des Israélites, ne soit écoutée avidement ? C'est donc avec la certitude d'exciter l'attention, que je dirai ce que l'inspection des lieux m'a suggéré sur l'établissement des Hébreux dans la terre de Gessen, et sur leur fuite dans le désert : l'intérêt du sujet en jettera sur ma narration.

Du Pentateuque.

Le Pentateuque est la réunion des cinq livres écrits par Moïse; la Genèse, l'Exode, le Lévitique, les Nombres et le Deutéronome.

Malgré les contradictions que les critiques ont cru y apercevoir[1], malgré leurs opinions diverses sur l'époque de sa publication, tous sont forcés de le reconnaître pour la plus ancienne tradition écrite qui soit parvenue jusqu'à nous, et ils ne peuvent, quelles que soient leurs idées religieuses, refuser à cet ouvrage ce grand intérêt attaché à l'histoire d'un peuple qui fut nomade, cultivateur, puis esclave, retourna à l'état de nomade, et devint conquérant. De semblables changemens servent à faire connaître l'espèce humaine; ils composent son histoire, autant que celle d'un peuple en particulier.

Mais, en traitant une semblable matière, gardons-nous de blesser aucune opinion; que le chrétien, le juif, le musulman, le déiste, nous lisent sans s'offenser : ce n'est point ici un ouvrage de religion, mais des notes historiques, morales, géographiques.

Et pourquoi les personnes qui n'ont besoin que de

---

[1] Quelles sont d'ailleurs la plupart de ces contradictions relevées avec tant d'emphase? Quelques erreurs de copistes, quelques interprétations hasardées de la part des traducteurs, et rien de plus. N'est-il pas facile, par exemple, de concevoir qu'un homme copiant en Syrie, à l'ouest du Jourdain, le texte du Pentateuque, a pu mettre en-deçà de ce fleuve ce qui, dans l'original, était indiqué au-delà, et désigner d'anciens cantons par leurs noms modernes et par les villes que l'on y avait bâties depuis?

leur foi religieuse pour croire à tout ce que renferme le Pentateuque, ne verraient-elles pas avec plaisir l'incrédulité forcée par d'autres voies à convenir des mêmes faits? Pourquoi ceux qui, dans leur scepticisme, sont portés à rejeter dans la classe des fables tout ouvrage où ils relèvent quelques erreurs, à regarder comme apocryphes les faits les plus simples dès qu'ils les croient mêlés à des événemens surnaturels, seraient-ils fâchés que l'on essayât de diminuer leurs doutes? Pourquoi enfin les hommes qui, reconnaissant Dieu à l'ordre admirable de la nature, se refusent à croire que des causes morales puissent agir sur la matière, que des prières, que des larmes puissent changer quelque chose aux lois constantes de la physique, et qui ne peuvent admettre que le Dieu de l'univers, semblable aux divinités d'Homère, ait combattu pour les mortels, blâmeraient-ils nos recherches, si elles tendent à éclaircir pour eux l'histoire d'un peuple singulier, en leur présentant, comme le concours heureux de phénomènes naturels, quelques-uns des miracles que leur raison repousse?

Des Nomades.

Dans les contrées les plus sauvages où l'homme ait porté ses pas, jamais il n'a trouvé ses semblables entièrement isolés les uns des autres; il les a toujours vus réunis en tribus plus ou moins nombreuses; et lorsque nous n'aurions pas à cet égard l'assertion unanime des voyageurs, l'analogie nous y conduirait, si nous observions avec soin ce qui se passe chez les animaux, si nous comparions leur organisation avec la nôtre, et nos habitudes naturelles, nos qualités morales et physiques, avec celles que nous remarquons chez eux.

Les mêmes considérations, jointes aux témoignages historiques, font penser que l'homme a été chasseur et berger avant d'être cultivateur; qu'il a erré sur la terre avant d'y avoir des demeures fixes, et que par-tout où la fertilité du sol, la douceur du climat, la salubrité de l'air, ont été plus grandes, la population s'est plus rapidement augmentée, et a plutôt passé des deux premiers états au troisième.

Dans ce nouvel état, l'homme, moins occupé de sa subsistance et de sa défense personnelle, se créa de nouveaux besoins; besoins factices, sans doute, mais séduisans et doux à satisfaire : il perfectionna les arts, les multiplia, inventa les sciences. Fier de la supériorité de ses connaissances, il méprisa l'ignorance du sauvage; et celui-ci, lui rendant mépris pour mépris, fit voir plus d'une fois ce que peuvent le courage et la force nés de l'indépendance et de la pauvreté.

De deux situations si différentes naquit une haine prononcée, une guerre continuelle, entre les peuples nomades et les peuples cultivateurs; cela contribua encore à la diminution des premiers, parce que, vainqueurs, ils prirent nécessairement les mœurs des vaincus, et que, vaincus, on les contraignit à abandonner leur genre de vie. Ils auraient donc à la longue disparu tout-à-fait, s'il n'y avait eu sur la terre des cantons dont l'insalubrité ou la stérilité arrête les progrès de la population, et où l'homme ne peut vivre qu'avec le secours

6.

des troupeaux et en changeant souvent de place; des lieux, enfin, où il trouve un abri certain contre les armes des nations les plus puissantes. Tels sont, entre autres, les déserts de l'Égypte, de l'Arabie, de la Syrie, de la Mésopotamie, qu'habitèrent autrefois les tribus des Hébreux, et qu'occupent encore à présent des tribus nomades.

L'état physique de ce pays n'offre aucun attrait aux invasions étrangères; il ne laisse pas le choix d'un grand nombre de combinaisons dans la manière de vivre, ni dans les coutumes et les rapports politiques de ses habitans : on doit donc y retrouver les mœurs et les usages de la plus haute antiquité, et c'est, en effet, ce qui a lieu; l'histoire des anciens patriarches semble être celle des cheykhs arabes de nos jours [1].

Abraham.

C'est dans les déserts arides dont nous venons de parler, que des peuplades entières se sont élevées les premières à l'idée sublime d'un seul Dieu [2]; c'est là qu'a pris naissance cette religion qui, nommée judaïque,

---

[1] *Voyez* mon Mémoire sur les tribus arabes des déserts de l'Égypte, É. M. J'ajouterai seulement à l'énumération que j'y ai donnée de quelques usages communs aux deux peuples, celui de déchirer ses vêtemens et de se couvrir de poussière en signe d'affliction.

[2] Les tribus arabes qui, réunies en corps de nation sous le nom de *Ouahâbys*, ont entrepris de réformer, d'épurer la religion musulmane, nous offrent une nouvelle preuve de ce que nous avançons. Ces hommes grossiers sont parvenus, dans leur simplicité, au même point de croyance religieuse où sont arrivés la plupart des gens instruits chez les nations les plus civilisées de la terre, au pur déisme. Les Ouahâbys ne donnent aucun compagnon à Dieu; ils n'invoquent que lui: Mahomet, Moïse, Jésus-Christ, ne sont pour eux que des sages, et les honneurs religieux qu'on leur rend, qu'une idolâtrie.

chrétienne ou mahométane, selon les modifications qu'elle a reçues, s'est répandue sur la plus grande partie du globe.

Dans les campagnes riantes de la Grèce, sur les bords de l'Alphée ou du Céphise, l'homme a pu adorer, sous les noms de *Flore*, de *Cérès*, de *Pomone*, la nature embellie par les fleurs, les moissons et les fruits, et, jouissant du charme des beaux-arts, les invoquer sous le nom de *Minerve* et d'*Apollon*; il a pu, dans l'odorante Chypre ou la molle Ionie, au milieu d'une atmosphère qui porte l'ame à la volupté, adorer sous les traits de la plus belle des femmes le plaisir qui entraîne vers un sexe enchanteur : heureux de mille manières, il a vu dans chaque bienfait un bienfaiteur différent.

Sous un ciel moins fortuné, les Thraces, les Germains, habitués dans leurs chasses et leurs guerres continuelles à verser chaque jour le sang des animaux ou de leurs semblables, ont pu voir la demeure du Dieu des batailles dans ces forêts sombres et mystérieuses où le murmure du vent semble le cri plaintif de la douleur.

Mais un peuple pasteur, errant dans de vastes plaines de sable, pouvait-il adorer la terre sous ses différens attributs et dans ses accidens divers, lorsqu'elle était pour lui si avare et si uniforme? Pouvait-il, ignorant le luxe des arts, déifier leurs inventeurs? Doux et humain, vivant du lait de ses troupeaux, pouvait-il adorer le dieu de la guerre, comme le sauvage qui cherche sa subsistance au péril de ses jours, se nourrit de chair palpitante et s'abreuve de sang? Non; les astres seuls attirèrent son admiration : le soleil, qui ranime les êtres, donne de la force à leurs corps, de l'activité à leurs pensées; la lune, les étoiles, qui éclairent ces nuits du désert, si délicieuses après la brûlante chaleur du jour, furent déifiés, et cette religion est bien plus près qu'aucune autre d'élever l'homme à la connaissance de l'Être suprême.

Dans le ciel, en effet, tout est infini, et un ordre simple, admirable, s'y aperçoit d'abord; ici-bas, tout est borné, et semble abandonné à un sort aveugle. La mer, la terre, l'air, les phénomènes qu'ils présentent et qu'on ne peut prévoir; les beautés de la campagne, les arts des villes, les passions humaines; toutes ces choses sont tellement distinctes, qu'il est difficile qu'elles fassent naître l'idée d'une cause unique, d'un moteur universel : l'observation des astres, au contraire, fait découvrir entre eux la plus grande ressemblance, et leurs mouvemens réguliers, qui dévoilent leurs positions à venir, paraissent bientôt le résultat d'une volonté supérieure et constante.

Les dieux que l'homme se créa en fixant les yeux sur la terre, furent donc bons ou méchans, aimables ou tristes, mais toujours nombreux, et bornés dans leur pouvoir. En élevant ses regards vers le ciel, il conçut un seul Dieu, infini en force et en sagesse; pensée sublime, qui, plaçant tous les hommes à la même distance de l'Être suprême, rend l'esclave libre au milieu des fers, lorsque la superstition et le despotisme n'ont point encore assez avili son ame pour lui faire voir dans ceux qui se disent ses maîtres, l'image de la Divinité.

Abram, Abraham ou Ibrâhym, comme on voudra

l'appeler, paraît être celui qui proclama avec le plus de zèle chez les Arabes et les Syriens l'existence d'un Dieu unique, dont il substitua le culte à celui des corps célestes [1]. Une gloire immortelle a été la récompense de ce bienfait; et lorsque les Attila, les Gengiskan, et tous ces rois qui ont cru remplir l'univers de leurs noms, sont à peine aujourd'hui connus de quelques personnes, un simple pasteur du désert est, malgré les siècles qui ont passé sur sa cendre, vénéré chez presque tous les peuples de la terre : l'enfant qui commence à lire, bégaye déjà son nom; le chrétien, le juif, le musulman, nomment le Dieu qu'ils adorent, *le Dieu d'Abraham*.

Des savans distingués croient, il est vrai, que la plupart des personnages célèbres des temps héroïques, les Alcide, les Jason, et jusqu'à Abraham, Moïse et Jésus-Christ lui-même, sont des êtres allégoriques; ils ne voient dans leur histoire que celle des corps célestes. Quelque ingénieuses que soient leurs hypothèses, nous ne pouvons les admettre, parce qu'elles nous paraissent contraires à la marche de l'esprit humain et à ce que nous voyons journellement. On a eu des légendes avant d'avoir des traités d'astronomie; et c'est presque toujours en mémoire d'événemens passés sur la terre, que les constellations ont été et sont encore nommées. Enfin, lorsqu'on a déifié de simples mortels et couvert leurs actions du voile de l'allégorie, si on leur a attribué des

---

[1] Déja quelques tribus adoraient le Très-haut; témoin le peuple de Salem (*Genèse*, chap. 14). Mais Abraham donna un éclat particulier à ce dogme, en le débarrassant de tout ce qui pouvait en altérer la simplicité.

travaux qui ne pouvaient être que l'ouvrage de la nature, c'est un résultat nécessaire de la crédulité religieuse, qui amplifie toujours les actions des hommes dont elle a fait des dieux, des santons ou des prophètes, et qui attribue à leur pouvoir ou à leur intercession une foule d'événemens imaginaires ou réels.

Partout les fables se sont mêlées à l'histoire. Le merveilleux a toujours plu aux hommes, et les séduira encore; nous en avons chaque jour mille exemples. Sachons donc l'écarter avec sagesse de tout récit; mais évitons, en même temps, de tomber dans un autre extrême, en niant trop légèrement les faits qui se trouvent mêlés à des événemens surnaturels. Que dirions-nous de celui qui, se refusant à croire que le *Labarum* ait paru dans les airs lorsque Constantin marchait contre Maxence, en conclurait que ces deux princes n'ont jamais existé? Quant à Abraham, ce qui s'oppose surtout à ce qu'on le regarde comme un être allégorique qui, dans une ancienne cosmogonie, aurait représenté quelque qualité de la matière, ou quelque attribut de la suprême intelligence, c'est que nulle part on n'en a fait un dieu, ni même le descendant d'aucune divinité, bien que l'orgueil de plusieurs peuples y fût intéressé, et que l'idolâtrie, dans laquelle ils étaient plongés, eût favorisé une semblable opinion. Le nom d'Abraham enfin attire à la Mecque, depuis les temps les plus reculés, les peuples de l'Arabie. Le tombeau de Mahomet à Médine n'est, pour les Mahométans eux-mêmes, qu'un objet secondaire de pélerinage, en comparaison de la Qa'bah. Ce temple, selon les Arabes, fut le premier que les hommes élevèrent au vrai Dieu, et ils en attribuent la fondation à Abraham et à Ismaël. Diodore de Sicile paraît en avoir eu connaissance, lorsqu'il rapporte que, sur les bords de la mer Rouge, il existe un temple célèbre, révéré de tous les Arabes : Ἱερὸν ἁγιώτατον ἵδρυται, τιμώμενον ὑπὸ πάντων Ἀράβων περιτ΄ότερον¹. Mahomet, en détruisant le culte des étoiles et les idoles² qu'on leur avait élevées dans les murs sacrés de la Qa'bah, respecta l'ancienne tradition relative aux deux patriarches; et le Coran, en mémoire de leurs noms antiques et vénérés, et peut-être aussi dans la vue politique de lier par des assemblées solennelles les nations qui se soumettraient à l'islamisme, consacra l'antique pèlerinage de la Mecque. Il en fit, pour tout musulman, un devoir religieux.

---

¹ *Biblioth. hist.* lib. III.

² La pierre noire qui est aujourd'hui enchâssée dans le mur à un des angles de la Qa'bah, est la seule de ces idoles que Mahomet respecta, sans doute parce qu'elle ne présentait aucune image d'homme ou d'animaux. Il est probable qu'avant l'islamisme cette pierre brute était consacrée au soleil; on sait que cet astre fut adoré sous cette forme en Syrie, et que Rome vit, sous Héliogabale, une simple pierre noire prendre, sur le mont Palatin, la première place parmi les dieux de l'Italie et de la Grèce que représentaient les chefs-d'œuvre de la sculpture.

Le motif qui a pu faire adorer le plus magnifique, le plus éclatant des astres, sous la forme la plus grossière, sous la couleur la plus sombre, serait curieux à rechercher.

Peut-être ces pierres étaient-elles des aérolithes : alors on concevrait comment un globe enflammé, descendant du ciel avec un bruit effrayant, a pu être regardé comme une portion du soleil, et recevoir les hommages des mortels; de même qu'on les adresse dans plusieurs religions aux objets les plus vils, lorsqu'on croit qu'ils ont appartenu à un dieu ou à un saint.

La pierre noire de la Qa'bah est encore aujourd'hui l'objet de la vénération des dévots musulmans. Les *hággy*, ou pèlerins, doivent en faire sept fois le tour; et ceux qui ne peuvent la baiser, tâchent au moins de la toucher de la main. C'est de toutes les idoles connues la plus ancienne, et celle qui a reçu les plus constans honneurs.

Abraham est aussi regardé par les Hébreux comme le chef de leur race; ce qui s'accorde avec le témoignage des Arabes, dont les Hébreux composaient, selon nous, une des plus anciennes tribus [1]. Plusieurs autres nations de l'Orient se vantent, à la vérité, de compter Abraham parmi leurs ancêtres; mais, loin que ce soit une preuve que ce personnage n'a point existé, ainsi que quelques écrivains l'ont donné à entendre, nous y voyons, au contraire, le témoignage d'une célébrité qui ne se serait point répandue chez tant de nations, si elle n'avait eu un fondement réel. Plusieurs villes se sont disputé la gloire d'avoir donné naissance à Homère : ce poëte pour cela n'a-t-il point existé? Qui ne connaît la vanité humaine? Les peuples, ainsi que les hommes, pris en particulier, adoptent avec avidité les apparences les moins probables d'une antique et honorable origine; après avoir trompé les autres, on finit par se tromper soi-même : l'erreur qui plaît ne paraît bientôt plus une erreur.

L'histoire d'Abraham, telle que nous la lisons dans les livres des Hébreux, s'accorde, dans les points les plus

---

[1] On voit dans la Bible que la plupart des peuples nomades qui habitaient les déserts de la Syrie et de l'Arabie, avaient, par Lot, Ismaël ou Ésaü, une origine commune avec les Hébreux, ou leur étaient unis par les liens du sang. Les bords de l'Euphrate, comme ceux du Nil et du Jourdain, voient encore de nos jours des tribus de pasteurs, connues sous le nom générique d'*A'rab Bedaouy*, mener exactement la vie des anciens patriarches. Les Hébreux, pour avoir habité quelques parties de la Chaldée, n'étaient pas plus Chaldéens que les Bédouins dont nous venons de parler, ne sont Persans, Égyptiens ou Syriens. Peu nous importe, au surplus, de savoir si les Hébreux descendent des Arabes, ou les Arabes des Hébreux; il nous suffit de leur reconnaître une origine commune, des mœurs et des usages semblables.

essentiels, avec les écrits des auteurs arabes et persans; mais, tandis que la Genèse présente le tableau naïf et fidèle de la vie d'un cheykh du désert, ceux-ci y ont mêlé les fables les plus absurdes. Ainsi, selon eux, Abraham, venu au monde, refuse le sein de sa mère, et trouve dans ses doigts une nourriture miraculeuse; de l'un découle du lait, et de l'autre du miel : à quinze mois, il a la stature d'un homme de quinze ans, et la sagesse, le savoir de l'âge mûr. Devenu le refuge des pauvres, et ayant épuisé ses greniers par de nombreuses aumônes, le sable se change pour lui en farine. Dieu lui ordonne de prendre quatre oiseaux, de les mettre en pièces, d'en diviser les morceaux sur quatre montagnes, et de les appeler; les oiseaux, à sa voix, se reforment aussitôt, et volent vers lui. Jeté dans une fournaise, le feu le caresse au lieu de le dévorer.

Mais, au milieu de tous ces contes puérils, enfantés par l'imagination déréglée des Orientaux, il est un morceau remarquable par sa noble simplicité et le sublime du dogme qu'il consacre. « Abraham, encore enfant, y est-il dit, marchant pendant la nuit avec son père, vit au ciel des étoiles, et, entre autres, celle de Vénus, que plusieurs adoraient, et il pensa que ce pouvait être le Dieu et le Seigneur du monde; mais, après quelque temps et quelques réflexions, il dit en lui-même : Je vois que cette étoile se couche et disparaît; ce n'est donc pas ici le maître de l'univers. Il considéra aussi la lune dans son plein, et dit : Voici peut-être le créateur de toutes choses, et par conséquent mon Seigneur. Mais, l'ayant vue passer sous l'horizon comme les autres astres, il en porta le même jugement. S'étant occupé ainsi à observer et à réfléchir tout le reste de la nuit, il se trouva proche de Babylone au lever du soleil, et il vit une infinité de gens qui se prosternaient et adoraient cet astre; ce qui lui fit dire : Voilà certainement un être merveilleux, et je le prendrais pour le créateur et le maître de toute la nature; mais je m'aperçois qu'il décline et prend la route du couchant aussi bien que les autres; il n'est donc ni mon créateur, ni mon Seigneur, ni mon Dieu. Abraham vit ensuite Nembrod assis sur un trône fort élevé, autour duquel étaient rangés, suivant leurs dignités, une troupe de beaux esclaves de l'un et l'autre sexe. Abraham demanda aussitôt quel était ce personnage aussi élevé au-dessus des autres; et son père lui répondit que c'était le seigneur de tous ceux qu'il voyait autour de lui, et que tous ces gens-là le reconnaissaient pour leur dieu. Abraham, considérant alors Nembrod, qui était fort laid, leur dit : Comment se peut-il faire que celui que vous appelez votre dieu, ait fait des créatures plus belles que lui? Ce fut la première occasion qu'Abraham prit de désabuser son père de l'idolâtrie, et de lui prêcher l'unité de Dieu, créateur de toutes choses[1]. »

SECTION DEUXIÈME.

Des Hébreux jusqu'à l'époque de leur entrée en Égypte[2].

Les Hébreux, à l'époque la plus reculée de leur histoire, faisaient partie de ces peuples nomades qui, sous

---

[1] D'Herbelot, *Biblioth. orientale.* [2] Nous prions ceux qui nous liront

des noms différens, mais avec des mœurs semblables, n'ont jamais cessé de posséder quelques cantons entre l'Euphrate et le Nil.

Ils tiraient leur nom d'*Héber*, l'un des ancêtres d'Abraham; et cette coutume de prendre le nom d'un des anciens chefs de la nation, et de s'appeler ses enfans, s'est conservée chez les Arabes modernes.

Livrés, comme les Bédouins, à la vie pastorale, et formant, comme eux, des établissemens agricoles de peu de durée, les Hébreux quittèrent la Chaldée pour se porter dans la partie de la Mésopotamie qui dépendait de la Syrie; ils étaient alors idolâtres, et Tharé, père d'Abraham, de Nachor et d'Aran, était à la tête de leurs tribus. A sa mort, la nation se divisa : les uns restèrent en Mésopotamie, sous le gouvernement de Nachor; les autres suivirent au-delà de l'Euphrate Abraham et Lot, fils d'Aran. De semblables séparations ont lieu fréquemment chez les peuples nomades; et aux motifs qui les y déterminent ordinairement, pouvait se joindre ici celui de la nouvelle religion qu'avait conçue Abraham, religion qui, en effet, ne fut point adoptée par les Hébreux qui restèrent en Mésopotamie. Ce motif est indiqué dans la Genèse; on y voit que c'est pour obéir à une inspiration divine qu'Abraham se sépara de son frère[1]. Les traditions arabes et persanes sont en

de ne jamais perdre de vue que nous ne prétendons point prouver que tel ou tel homme a existé, que tel ou tel événement a réellement eu lieu; mais seulement qu'il est probable, ou au moins possible, qu'il en ait été ainsi.

[1] « Le seigneur dit à Abraham : Sortez de votre pays, de votre parenté, et de la maison de votre père, et venez en la terre que je vous montrerai.

« Je ferai sortir de vous un grand peuple, je vous bénirai, je rendrai votre nom célèbre.

cela assez conformes au Pentateuque : ce fut, selon elles, pour conserver sa foi et éviter les persécutions des idolâtres, qu'Abraham se retira dans le désert. La meilleure harmonie continua néanmoins de régner entre les tribus ainsi divisées; le mariage du fils d'Abraham avec la fille de Bathuel, fils de Nachor, et celui de Jacob avec les filles de Laban, fils de Bathuel, le prouvent suffisamment[1].

Abraham s'avança d'abord au midi à travers les terres des Syriens; il entra ensuite en Égypte, puis retourna en Syrie : là, il se sépara d'avec son neveu, et bientôt après courut l'arracher des mains de ses ennemis. Le combat qu'il livra à cette occasion, est regardé, par quelques écrivains, comme dénué de toute vraisemblance; mais il n'a rien d'extraordinaire aux yeux de celui qui a parcouru les déserts de la Syrie, et qui connaît les mœurs des peuples qui les habitent. Quoi de plus naturel, en effet, que de voir des chefs ou des rois, tels que ceux de Sinhar, d'Élam, d'Ellasar et de Goïm, faire la guerre aux rois de Sodome, de Gomorrhe, d'Adama, de Seboïm et de Bala ! Ces derniers noms appartiennent à des villes bien connues, et l'on peut présumer que les autres désignaient quelques détachemens de troupes assyriennes levés chez quatre peuples différens soumis à cet empire. Tous les jours, des cheykhs de ville, de village, de tribu, se font la guerre entre eux; et, plus d'une fois dans sa vie, le cheykh de

---

« Je bénirai ceux qui vous béniront, et je maudirai ceux qui vous maudiront » (*Genèse*, chap. 12.)

[1] Cet usage de s'allier de préférence à des personnes de sa famille se retrouve chez les Arabes Bédouins.

quelques Bédouins a été en guerre avec le sultan du puissant empire des Turcs. Quelle que fût, au surplus, la puissance des princes qui soumirent la Pentapole[1], Abraham, réuni à trois cheykhs du désert, Aner, Escol et Mambré, pouvait surprendre et battre les vainqueurs. L'histoire nous présente une foule d'événemens semblables. Ainsi Khâled, à la tête de trois mille Arabes, détruisit, sous le règne d'Héraclius, après un combat des plus opiniâtres, une armée de vingt mille hommes des meilleures troupes de l'Empire; à une époque plus récente, A'ly fils de Dâher, avec cinq cents Bédouins, battit vingt-cinq mille Druses; et de nos jours enfin, sur les bords du Jourdain, au pied du mont Tabor, quinze cents Français, commandés par Kléber, ont fait fuir devant eux une armée composée *de cent peuples divers*, disaient les gens du pays, *et aussi nombreuse que les étoiles du firmament et les sables de la mer*[2].

Le nom de *roi*, donné fréquemment dans la Bible au chef d'une seule ville ou d'une tribu, a pu, à la vérité, jeter quelque merveilleux dans le récit de la victoire d'Abraham, parce que nous attachons à ce mot l'idée d'une grande puissance; mais les mêmes mots n'ont pas toujours signifié les mêmes choses, et ils changent encore de valeur suivant les différens pays. Le cheykh de quelques milliers d'hommes, en Orient, se fera appeler

---

[1] Pentapole, πέντε πόλεις, *les cinq villes;* ce nom a été donné à plusieurs associations de villes. La Pentapole du Jourdain se composait des villes de Sodome, de Gomorrhe, d'Adama, de Seboïm et de Bala.

[2] On a évalué cette armée à environ cinquante mille hommes, dont plus de moitié de cavalerie.

le prince des princes; le titre de roi fut celui de Louis xiv et du héros des Thermopyles; on le donne, sur la côte d'Afrique, au chef de quelques bourgades de nègres; Cicéron fut salué par les troupes du titre d'empereur après son expédition de Cilicie, et cependant on ne confondra pas la puissance de ce vertueux citoyen avec celle des tyrans qui élevèrent leur trône sur les débris de la république romaine.

Abraham, après avoir délivré Lot, revint dans la vallée de Mambré; et c'est plusieurs années après que la Genèse place l'embrasement de Sodome et de Gomorrhe, occasioné probablement par la foudre ou une éruption volcanique.

Le séjour que fit ensuite Abraham dans les états d'Abimelech, roi des Philistins; les bœufs, les brebis que ce prince reçut du chef des Hébreux; tout cela est encore conforme à ce qui se passe de nos jours, lorsque des tribus errantes veulent s'établir sur des terres qui ne leur appartiennent point.

Abraham laissa plusieurs fils; les plus célèbres furent Ismaël et Isaac. Le premier devint, par son courage, le chef des nombreuses tribus qui forment aujourd'hui la nation arabe[1], et qui, suivant l'usage du désert, prirent alors son nom et s'appelèrent ses enfans: l'autre succéda à son père; ses courses, ses guerres, ses alliances, sa vie enfin, rappellent l'existence privée et politique d'un chef de Bédouins.

Après la mort d'Isaac, ses fils Jacob et Ésaü se séparèrent; et les tribus qui suivirent ce dernier, prirent

[1] *Voyez* mon *Mém. sur les tribus arabes des déserts de l'Égypte*, É. M.

par la suite le nom d'*Iduméens*. Jacob eut la plus grande part dans l'héritage de son père; les pasteurs qui restèrent près de lui, s'appelèrent indifféremment *Hébreux* ou *Israélites* : cette dernière dénomination venait du surnom d'*Israël* que Jacob portait depuis son retour de la Mésopotamie.

Jacob eut douze fils; le plus célèbre fut Joseph. Je ne rappellerai pas sa touchante histoire; tout le monde la connaît, et sait qu'elle est parfaitement dans les mœurs des peuples de l'Orient. Les noms de ses deux fils et de ses frères distinguèrent plus tard les tribus d'Israël.

Jacob était déjà très-avancé en âge, lorsque la famine le força de quitter les environs de Bersabée, et de se réfugier en Égypte, où il obtint du Pharaon la permission de s'établir dans la terre de Gessen.

La dynastie des rois pasteurs occupait alors le trône d'Égypte; nous croyons du moins en voir la preuve dans l'accueil fait précédemment à Abraham, dans l'élévation de Joseph et l'établissement accordé à Jacob et à ses fils, toutes choses incompatibles avec la haine superstitieuse qu'auraient éprouvée des princes de race égyptienne pour des pasteurs de troupeaux [1].

Cette remarque va nous aider à suppléer à la longue lacune que présentent les livres saints depuis la mort de Joseph jusqu'à la naissance de Moïse; nous essaierons

---

[1] Par *pasteurs*, on doit entendre ici les peuples qui, à la manière des Arabes Bédouins, n'avaient point de demeures fixes, et vivaient du produit de leurs troupeaux : car les Égyptiens élevaient aussi des bestiaux, et ceux qui les gardaient n'étaient point en horreur à leurs compatriotes.

du moins, par un aperçu rapide de l'établissement et de la chute de la dynastie des rois pasteurs en Égypte, de jeter quelque lueur sur cette partie de l'ancienne histoire des Hébreux.

De la conquête de l'Égypte par les pasteurs, et des Hébreux depuis la mort de Joseph jusqu'à leur fuite dans le désert.

Les migrations des peuples ont presque toujours été occasionées moins par l'appât d'un climat plus heureux que par la crainte d'un ennemi qui leur apportait des fers; et souvent les fugitifs, devenus conquérans par nécessité, ont fondé des empires puissans.

Lorsque le seul amour de la domination, de la gloire ou des richesses, fait prendre les armes à une nation, elle peut agrandir considérablement son territoire, mais elle ne l'abandonne point. L'attachement au pays natal est de tous les temps comme de tous les lieux; et lorsque les provinces conquises, les colonies lointaines, forment des états indépendans, elles conservent avec la mère-patrie des relations de respect et d'amour que l'intérêt peut troubler quelquefois, mais ne peut anéantir entièrement qu'après bien des siècles.

En nous apprenant l'envahissement de l'Égypte[1] par

---

[1] Manéthon dans Joseph, *Réponse à Appion*, liv. 1, chap. 5.
Manéthon était Égyptien, et de la race sacerdotale; il occupait la place de grand-prêtre à Héliopolis, et de conservateur des archives sacrées, lorsqu'il écrivit l'histoire d'Égypte. Un pareil ouvrage nous paraît mériter au moins autant de confiance que les récits, quoique plus anciens d'Hérodote et de Diodore. Quelque grande qu'ait pu être la complaisance des prêtres égyptiens pour Hérodote, les renseigne-

une armée de pasteurs venue de l'Orient plus de huit siècles avant le règne de Sésostris, l'histoire nous a laissé ignorer si ce fut l'esprit de conquête, ou la nécessité de fuir un ennemi puissant, qui porta ce peuple à envahir les terres fertiles qu'arrose le Nil. Mais on peut, d'après les principes précédens, présumer que les conquêtes des Assyriens, en s'étendant au sud de l'Euphrate, auront fait refluer sur l'Égypte les nombreuses tribus d'Arabes Bédouins qui occupaient une partie de la Syrie et de l'Arabie. Cette opinion est confirmée par le témoignage de Manéthon. Il rapporte que le premier roi pasteur

mens qu'il recueillit d'eux sur l'histoire d'Égypte, ne peuvent se comparer au travail extrait directement des manuscrits originaux par l'homme qui, chargé de leur conservation, a pu les comparer, les consulter, les étudier avec soin, sans être pressé par le temps, comme un voyageur qui passe rapidement et veut tout connaître du pays qu'il parcourt, histoire, philosophie, coutumes, géographie, histoire naturelle, etc.

Le savant interprète d'Hérodote, M. Larcher, entraîné par un sentiment d'affection commun à plus d'un traducteur, accuse Manéthon d'ignorance toutes les fois que cet historien cesse d'être d'accord avec Hérodote. Il ne fait pas attention que Manéthon connaissait les ouvrages de ce dernier, qu'il y relève plusieurs erreurs, et qu'ainsi, du moins, ce n'est pas par ignorance qu'il s'en écarte. Enfin M. Larcher accorde la connaissance de l'ancienne langue de l'Égypte au citoyen d'Halicarnasse, et la refuse au grand-

prêtre d'Héliopolis. Il l'accorde au premier, parce que ce voyageur rapporte que les prêtres égyptiens lui lurent les annales de leur pays ; comme si ces prêtres n'avaient pu lui interpréter en grec les passages les plus remarquables des manuscrits qu'ils lui montraient ! Il la refuse à Manéthon à cause du temps où il vivait, et cependant le monument de Rosette prouve que, sous les Ptolémées, la langue ancienne, et même l'écriture hiéroglyphique, étaient encore connues des prêtres égyptiens.

Enfin cette objection répétée tant de fois, que Manéthon n'avait pu consulter les annales sacrées enlevées par Artaxerxès-Ochus, lorsque ce prince ravagea l'Égypte dans la CVII[e] olympiade, tombe d'elle-même, si l'on fait attention que Diodore, qui nous apprend ce fait, ajoute que Bagoas, favori d'Artaxerxès, rendit aux prêtres égyptiens leurs archives, moyennant une très-forte somme.

7.

qui régna en Égypte, craignant la puissance des Assyriens, plaça la plus grande partie de son armée sur la frontière de la Syrie.

Les pasteurs arabes, pendant leur longue possession de l'Égypte, adoptèrent en vain la plupart des rites de la religion égyptienne : la conservation de quelques-uns de leurs dogmes, et surtout leur alliance avec les tribus du désert qui continuaient de sacrifier aux dieux les animaux sacrés des Égyptiens, les firent regarder avec horreur par les naturels du pays.

Une maladie qui devint alors plus commune en Égypte, parce que les vainqueurs négligèrent peut-être les principes d'hygiène consacrés par la religion égyptienne pour diminuer l'influence d'un climat malsain, la lèpre, fut appelée par les anciens habitans *le mal des pasteurs*, de même que les Napolitains donnèrent, dans le quinzième siècle, le nom de notre nation à une maladie nouvelle, par suite de la haine qu'ils nous portaient. Les noms de *Lépreux* ou d'*Impurs* dont les Égyptiens se servaient en secret pour désigner leurs vainqueurs, ont entraîné dans de graves erreurs les historiens, qui ont cru qu'il s'agissait réellement de gens affectés de la lèpre ; comme si des infirmes, des malades, pouvaient se réunir en corps de nation et former de puissantes armées !

Les rois légitimes de l'Égypte, retirés dans la Thébaïde, y avaient formé un état indépendant. L'un d'eux, nommé *Alisphragmoutophis*, aidé peut-être par les Éthiopiens, et appelé par les mécontens, descendit vers Memphis, remporta de grands avantages sur les Arabes, et les obligea de concentrer leurs forces dans Avaris, ville très-forte de la province la plus orientale de la basse Égypte. C'est à cette époque que se termine, à proprement parler, le règne des rois pasteurs en Égypte, cinq siècles environ après l'établissement de leur dynastie sur le trône des Pharaons. Si les prêtres de Memphis, d'Héliopolis ou de Thèbes, ne parlèrent point de ces princes à Hérodote, c'est sans doute parce que, les considérant comme des usurpateurs, ils mettaient au nombre des rois de l'Égypte les princes de race égyptienne qui avaient régné dans la Thébaïde pendant le même espace de temps.

Thémosis, fils et successeur d'Alisphragmoutophis, assiégea dans Avaris les débris de l'armée des pasteurs; mais, ne pouvant s'en rendre maître, il consentit à ce que la garnison sortît d'Égypte avec tout ce qu'elle possédait.

Ces pasteurs traversèrent le désert de Syrie, et, craignant les Assyriens, alors tout-puissans en Asie, ils s'établirent dans les montagnes de la Judée, où ils fondèrent la ville de Jérusalem[1] : mais la partie de la nation qu'une longue possession de l'Égypte avait dû disséminer dans toutes les provinces, fut obligée de se soumettre, et de recevoir à son tour la loi du vainqueur.

Les Hébreux, qui, en raison de leur origine et de la conformité de leurs mœurs avec celles des pasteurs, avaient trouvé précédemment en Égypte asile et protec-

---

[1] Cette ville, en effet, existait déjà lorsque les Israélites, après la mort de Moïse, entrèrent dans la terre de Chanaan, et ce n'est que sous le règne de David qu'ils s'en rendirent entièrement maîtres.

tion, continuèrent d'habiter cette contrée. Ils partagèrent le sort des vaincus, et furent confondus dans la même haine par les nationaux, qui désignèrent alors ouvertement les uns et les autres par les noms d'*Impurs* ou de *Lépreux*.

Les *Impurs*, dénomination sous laquelle on comprenait aussi les Égyptiens qui avaient adopté quelques pratiques religieuses des pasteurs, jouirent néanmoins en Égypte d'une certaine liberté, jusqu'au règne d'Aménophis, père du célèbre Sésostris. Peut-être même avait-on abandonné à quelques-unes de leurs tribus de petits cantons peu importans sur la limite du désert, ou dans les marais de la basse Égypte, comme cela se pratique encore de nos jours avec les Bédouins. Aménophis, excité par les prêtres, crut se rendre agréable aux dieux en persécutant les pasteurs et tous les Égyptiens dont la foi ne lui paraissait pas orthodoxe : il en fit rassembler un grand nombre, qu'il employa au travail des carrières du mont Moqattam.

Quelques terreurs superstitieuses déterminèrent ensuite Aménophis à permettre à tous ces malheureux de se retirer dans la vallée de Gessen. Là ils choisirent pour chef un prêtre d'Héliopolis, nommé *Osarsiph*, qui avait été exilé parmi eux, sans doute pour ses opinions religieuses. D'autres prêtres égyptiens, qui partageaient ses principes, vinrent se joindre à lui, et ils furent suivis de toutes les personnes qui, pensant de même, fuyaient la persécution ou en craignaient de nouvelles. Osarsiph donna à cette multitude de schismatiques égyptiens et de gens de la race des pasteurs une religion particulière, qui dut être un mélange de celles des deux peuples. Il leur ordonna de ne s'allier qu'entre eux ; et, afin d'empêcher toute réconciliation avec les Égyptiens, il leur permit de manger des animaux qui passaient pour sacrés chez ce peuple, et leur prescrivit de détruire les simulacres des dieux de l'Égypte.

Les persécutions religieuses d'Aménophis, les guerres, les révoltes, les invasions étrangères qui en furent la suite, dûrent contraindre un grand nombre de familles à chercher, avec leurs dieux, une nouvelle patrie. Aussi est-ce l'époque probable de l'établissement de plusieurs colonies en Grèce; et si l'on songe qu'elles n'eurent pas précisément la même religion que l'Égypte, on sera porté à croire que leurs fondateurs étaient de la race des anciens pasteurs, qui tous, probablement, n'avaient point adopté la croyance d'Osarsiph, et qui, originaires de l'Orient et naturalisés sur les bords du Nil par une longue suite de générations, devaient avoir dans leurs mœurs plusieurs points de ressemblance avec les Phéniciens et les Égyptiens [1]. Si la lettre d'Aréus, roi de

---

[1] Il est peu probable en effet que les Égyptiens aient fondé les nombreuses colonies que généralement on leur attribue, eux qui si longtemps fermèrent au commerce leurs ports de la Méditerranée et eurent cette mer en horreur ; eux enfin qui, riches, policés et superstitieux, étaient attachés par tant de liens au sol natal. Mais il n'en est pas de même des pasteurs : une nation composée de différentes tribus reste difficilement réunie ; des chefs inquiets ou mécontens s'isolent et veulent se former des établissemens particuliers. Les pasteurs qui conquirent l'Égypte, ne tenaient pas à un pays plutôt qu'à un autre : ils étaient nomades et guerriers, et ils dûrent bientôt devenir navigateurs à la manière de ces Arabes qui, de même race qu'eux et sortis des mêmes déserts, apportèrent en Espagne, dans le huitième siècle, les arts et les sciences dont ils avaient voulu peu auparavant anéantir toute trace en incendiant la bibliothèque des Ptolémées.

Il nous parait donc hors de doute que ce furent principalement les

Lacédémone, à Onias, grand-prêtre des Juifs, n'est point apocryphe, elle vient à l'appui de cette opinion en donnant aux Hébreux et à quelques nations de la Grèce une origine commune[1].

Enfin c'est sous le règne d'Aménophis que nous croyons devoir placer la naissance de Moïse, et la première persécution contre les Hébreux dont il soit fait mention dans la Bible.

La crainte de la puissance du Pharaon, et sans doute aussi le désir de se venger, engagèrent Osarsiph à demander aux pasteurs de la Judée de se joindre à lui pour marcher ensemble à la conquête de l'Égypte; il leur

---

pasteurs qui portèrent en Grèce les arts de l'Égypte, qu'une longue possession de cette contrée leur avait rendus familiers. Cette opinion est celle de Fréret, et n'enlève point à la docte Égypte la gloire d'avoir fourni aux Grecs les premiers germes de leur civilisation, germes précieux sans doute, mais qui se développèrent et se perfectionnèrent rapidement sous l'heureux ciel de la Grèce, dans cette patrie des Muses et des Grâces, où l'espèce humaine s'éleva au plus haut degré de noblesse, d'indépendance et de bonheur.

[1] Voici cette lettre, telle qu'elle est rapportée par Joseph :

ΒΑΣΙΛΕΥ'Σ ΛΑΚΕΔΑΙΜΟΝΙ'ΩΝ ΆΡΕΙΟΣ ὈΝΙΆΙ ΧΑΊΡΕΙΝ. Ἐντυχόντες γραφῇ τινι, εὕρομεν ὡς ἐξ ἑνὸς εἶεν γένους Ἰουδαῖοι καὶ Λακεδαιμόνιοι, καὶ ἐκ τῆς πρὸς Ἀβραὰμ οἰκειότητος. Δίκαιον οὖν ἐστιν ἀδελφοὺς ὑμᾶς ὄντας, διαπέμπεσθαι πρὸς ἡμᾶς περὶ ὧν ἂν βούλησθε. Ποιήσομεν δὲ καὶ ἡμεῖς τὰ αὐτὸ, καὶ τάτε ὑμέτερα. Ἴδια νομιοῦμεν, καὶ τὰ αὐτῶν κοινὰ πρὸς ὑμᾶς ἕξομεν. Δημοτέλης ὁ φέρων τὰ γράμματα διαπέμπει τὰς ἐπιστολάς. Τὰ γεγραμμένα ἐστὶ τετράγωνα, ἡ σφραγίς ἐστιν ἀετὸς δράκοντος ἐπειλημμένος.

REX LACEDÆMONIORUM AREUS ONIÆ SALUTEM. Incidimus in quamdam scripturam antiquam, in qua invenimus cognationem intercessisse inter nostras origines, et nostrum quoque genus non esse alienum à posteris Abrahæ. Æquum igitur est ut, cùm fratres nostri sitis, petatis à nobis quæcumque libuerit. Idem nos quoque faciemus, et res vestras tanquam nostras existimabimus, nostras item vobiscum communes habituri. Demoteles est qui has vobis reddidit litteras, in pagina quadrangula scriptas, et obsignatas aquilæ sigillo, draconem tenentis unguibus. (Joseph, Antiq. Jud. lib. XII, cap. 5.)

Voyez aussi Machab. l. 1, ch. 12.

rappela qu'ils avaient autrefois possédé cette riche contrée, et qu'ils avaient aussi des injures à punir. Les Jérosolymitains accoururent dans Avaris à la voix de leurs frères, et, réunis à eux, se jetèrent sur l'Égypte. « Il n'y avait point de cruautés qu'ils ne commissent, dit Manéthon : ils ne se contentaient pas de brûler les villes et les bourgs ; ils mettaient en pièces les images des dieux, tuaient même les animaux sacrés, contraignaient les prêtres égyptiens et les prophètes d'en être les meurtriers, et les renvoyaient ensuite tout nus. »

Aménophis s'était retiré au-delà des cataractes, sur la frontière de ses états ; soutenu par les Éthiopiens, il s'y maintint pendant treize ans contre les pasteurs. Au bout de ce temps, il rassembla de grandes forces, descendit dans la basse Égypte, battit Osarsiph, le poursuivit, et chassa vers la Syrie les débris de son armée.

Si l'on en croit Manéthon, Osarsiph serait le même que Moïse, et l'on doit avouer que la ressemblance est des plus grandes. Il suffirait même de supposer que la Judée avait été envahie par d'autres tribus pendant que ses habitans ravageaient l'Égypte, pour expliquer le long séjour des Israélites dans le désert, et les guerres qu'ils eurent à soutenir pour rentrer en Syrie après avoir été chassés de la terre de Gessen. Mais, en convenant que, pour les faits principaux, cette opinion cadrerait assez avec le Pentateuque, on doit dire aussi qu'en l'adoptant il y aurait dans le récit de Moïse trop d'événemens à rejeter parmi les fables. Il est d'ailleurs facile de mieux concilier les livres hébreux avec l'histoire profane. Ainsi, par exemple, on est assez fondé à croire qu'une partie des pasteurs vaincus par Aménophis restèrent prisonniers en Égypte, où ils furent réduits au plus dur esclavage, et que les tribus d'Israël se trouvèrent de ce nombre.

Admettons donc que les Hébreux habitaient encore l'Égypte lorsque Sésostris monta sur le trône.

Le bonheur dont jouit l'Égypte sous ce prince célèbre, empêche de placer sous son règne les fléaux qui ravagèrent ce royaume et amenèrent la délivrance du peuple de Dieu. Sésostris était trop puissant pour craindre de malheureux esclaves qu'il savait utilement employer à élever des digues, à creuser des canaux, à bâtir des villes; travaux qui l'ont immortalisé plus encore que ses conquêtes.

Son fils lui succéda : Hérodote le nomme *Phéron*, et Diodore, *Sésostris* II; il n'hérita ni des vertus ni des talens de son père. L'histoire le peint comme un prince faible, superstitieux et cruel. La main de Dieu, au dire même des historiens profanes, parut s'appesantir sur lui. Le fleuve déborda extraordinairement et ravagea les campagnes; des tempêtes, des trombes, des tourbillons, effrayèrent le peuple, et le prince fut frappé de cécité pour avoir méprisé ces signes de la colère céleste [1].

C'est sous son règne que nous croyons devoir placer la fuite des Hébreux dans le désert.

---

[1] Herodot. *Hist.* lib. II. Diodor. Sicul. *Biblioth. hist.* lib. I.

Fuite des Hébreux dans le désert.

Après l'entier anéantissement de la puissance des pasteurs, les Hébreux avaient été contraints de quitter la vie pastorale. De Bëdouins ils devinrent *felláh*[1], furent attachés au sol et accablés de travaux. Ils ne purent, sous le règne long et glorieux de Sésostris, se soustraire à l'esclavage : mais, gouvernés sans doute avec quelque humanité, ils se multiplièrent; et en s'habituant à leur nouvel état, il leur fut chaque jour plus difficile d'en sortir. Phéron monta sur le trône, et fit peser sur les Hébreux un joug de fer[2]. Gémissant en silence, ces infortunés ne voyaient aucun terme à leurs maux, lorsque parut parmi eux un de ces hommes extraordinaires qui semblent destinés à changer le sort des nations. Moïse avait en naissant été exposé sur les eaux : Aménophis régnait alors; sa fille sauva la vie du jeune Hébreu. Ne bornant pas là ses soins bienfaisans, elle le fit instruire dans toute la sagesse des Égyptiens, et l'on sait que les sciences et les arts brillaient alors chez eux du plus vif éclat. Obligé, après la mort de sa bienfaitrice, de se sauver dans le désert pour avoir tué un Égyptien, Moïse se retira près de la mer Rouge chez les Arabes Madianites. Le genre de vie de cette tribu lui rappela sans doute le temps où les fils d'Abraham promenaient librement leurs troupeaux dans la solitude;

---

[1] De semblables changemens arrivent encore quelquefois en Égypte parmi les tribus arabes qui s'y sont établies. *Voyez* mon *Mémoire sur les tribus arabes des déserts de l'Égypte*, É. M.

[2] *Exode*, chap. 3, v. 7.

l'indépendance, malgré les dangers et les privations, lui parut préférable à l'esclavage au sein de l'abondance et de la paix, et il forma le généreux dessein de rompre les chaînes des Hébreux.

Au sommet du mont Horeb, au milieu des éclairs et de la foudre, à la vue de la mer agitée et du désert silencieux, il médita long-temps loin des hommes ses vastes projets[1]; il revient enfin vers ses frères, il les engage à fuir, il prend auprès du Pharaon le prétexte d'un sacrifice dans le désert. « Nous offrirons au Seigneur notre Dieu, lui dit-il, des animaux dont la mort paraîtrait une abomination aux yeux des Égyptiens : si nous tuons devant eux ce qu'ils adorent, ils nous lapideront[2]. »

Le prince hésite; il accorde ou retire la permission qu'on lui demande, soulage ou aggrave les maux des Hébreux, selon qu'il est plus ou moins effrayé des fléaux qui ravagent ses états : de tout temps les préjugés de l'homme ont lié ses destins avec l'ordre de l'univers.

Dans la partie des livres saints qui traite de cette époque, il est rapporté plusieurs faits qui, bien qu'extraordinaires, s'accordent néanmoins avec le récit des auteurs profanes[3] et avec l'état actuel du pays. Ainsi les Psylles font encore aujourd'hui avec les serpens des choses qui tiennent du prodige; ils les appellent, les endorment, les engourdissent au point qu'on les croirait morts; ils leur apprennent à se dresser, et à suivre

---

[1] La vie de Mahomet présente une particularité semblable. Retiré dans une grotte du mont Hara, il passa quinze ans dans la solitude, avant de s'annoncer pour prophète. Ce n'est pas le seul point de ressemblance qui existe entre ces deux législateurs.

[2] *Exode*, chap. 8, v. 26.

[3] Hérodote, Diodore, etc.

ainsi leurs maîtres; ils les cachent dans les plis de leur robe, se les nouent autour du cou sans craindre d'en être mordus. Escamoteurs habiles, ils savent avec adresse substituer un objet à un autre. Les plaies de l'Égypte peuvent se retrouver dans les eaux du Nil, jaunes et vertes, troubles et infectes à certaines époques, qui, à peu près fixes, peuvent, en variant brusquement une année, désoler la population; dans les insectes de tout genre, qui, comme dans tous les lieux où il y a chaleur et humidité, abondent quelquefois en Égypte d'une manière effrayante [1]; dans la peste, qui, de temps

---

[1] Je pourrais citer, d'après les auteurs arabes, plusieurs années où les grenouilles, où les serpens furent si abondans, que le peuple crut qu'ils étaient tombés du ciel : mais je me borne à rapporter un fait dont el-Maqryzy lui-même fut témoin; voici comment il s'exprime:

« L'an 791, et les années suivantes, les vers qui attaquent les livres et les étoffes de laine, se multiplièrent d'une manière prodigieuse dans les environs du pré d'*Al-Zayat* (le marchand d'huile), placé hors du Kaire, entre Matariah et Seriakous. Un homme digne de foi m'assura que ces animaux lui avaient rongé quinze cents pièces d'étoffe, formant la charge de plus de quinze chameaux. Étonné d'un fait si extraordinaire, je pris, suivant mon usage, toutes les précautions possibles pour m'assurer de la vérité, et je reconnus, par mes propres yeux, que les dommages causés par les vers n'avaient point été exagérés; et qu'ils avaient détruit, dans le canton dont nous avons parlé, une grande quantité de bois et d'étoffes. Je vis près de Matariah des murs de jardin sillonnés par de longues et profondes crevasses qu'y avaient formées ces petits animaux. Mais, vers l'année 821, ce fléau se fit sentir dans le quartier d'Hosaïniah, situé hors du Kaire. Les vers, après avoir détruit les provisions de bouche, les étoffes, etc., ce qui causa aux habitans des pertes incalculables, attaquèrent les murailles des maisons, et rongèrent tellement les solives qui formaient les planchers, qu'elles étaient absolument creuses. Les propriétaires se hâtèrent de démolir les bâtimens que les vers avaient épargnés, en sorte que ce quartier fut presque entièrement détruit. Ces animaux étendirent leurs ravages jusqu'aux maisons qui bordent la porte de la Conquête et celle de la Victoire. Ils ne causèrent pas moins de dégât à Médine et à la Mecque, où ils rongèrent le plafond de la Kabah. » (Traduction de M. Étienne Quatremère.)

à autre, ravage cette contrée, et semble souvent s'attacher à détruire une race plutôt qu'une autre; dans le tonnerre, dans la grêle, qui, pour être rares en Égypte au point de ne pas se faire entendre, de ne pas tomber une seule fois dans un siècle, n'en devaient être que plus effrayans; enfin dans les nuées de sauterelles qui sortent du désert, dans les ténèbres momentanées formées par les tourbillons de poussière qu'élève et charrie le khamsyn, et dans ce vent malfaisant lui-même, qui ne se fait pas sentir à-la-fois dans toutes les parties de l'Égypte[1].

Que l'on écarte donc de la description des plaies de l'Égypte les exagérations poétiques permises à celui qui décrit avec transport les phénomènes qui ont servi à la délivrance de son peuple, et l'on verra tout prestige s'évanouir; mais le concours de tant d'événemens extraordinaires quoique naturels, et leur résultat sur le cœur endurci du Pharaon, pourront néanmoins être considérés comme une preuve frappante de la protection divine.

Ce prince ne put, en effet, résister aux plaintes de ses sujets, qui, frappés d'une peste cruelle, attribuaient leurs maux aux maléfices des *Impurs*, et crurent, en les éloignant, se rendre les dieux propices.

---

[1] Lorsque le khamsyn souffle, le soleil est d'un jaune livide, sa lumière est voilée; et l'obscurité augmente quelquefois au point que l'on se croirait dans la nuit la plus sombre, ainsi que nous l'avons éprouvé vers le milieu du jour à Qené, ville du Sa'yd.

Des auteurs arabes rapportent que *lorsque le sultan Selym envahit l'Égypte, il obtint du ciel la même faveur que Moïse: de grands nuages de poussière dérobèrent la marche de son armée à son ennemi Toman-bey.*

« Et Pharaon ayant fait venir Moïse et Aaron, il leur dit : Retirez-vous promptement d'avec mon peuple, vous et les enfans d'Israël[1]. »

Marche des Hébreux dans le désert, jusqu'à l'endroit où ils traversèrent la mer Rouge.

Les Israélites partirent de la terre de Gessen, et cette contrée ne peut être que la vallée de Saba'-byâr, qui s'étend à l'est de l'Égypte vers la Syrie; car on lit dans la Genèse (chap. 46), que lorsque Jacob quitta les environs de Gaza pour aller en Égypte, il envoya dire à Joseph, qui habitait Memphis, de venir à sa rencontre. Ce passage est ainsi traduit dans la Vulgate : « Jacob envoya Juda devant lui vers Joseph pour l'avertir de sa venue, afin qu'il vînt au-devant de lui en la terre de Gessen. » Cette terre de Gessen était donc sur la route de Memphis à Gaza, et elle avait été donnée aux Israélites de la même manière que nous la donnâmes, pendant notre séjour en Égypte, à trois tribus arabes, venues, comme les Hébreux, de la Syrie[2].

Le point de départ étant connu, il nous sera facile de suivre les Israélites dans leur marche. Moïse voulait les conduire aux environs du mont Sinaï : il était sûr d'y être accueilli des Arabes Madianites; car il avait vécu long-temps chez eux, et avait épousé la fille de leur prêtre Jéthro. Sa route directe était de passer au nord de la mer Rouge; mais il craignit qu'en s'approchant

---

[1] *Exod.* chap. 12, v. 31.
[2] Ces trois tribus sont les grands *Terrâbyn*, les *Tahâ* et les *Anageyr*, alors en guerre avec le pàchà de Gaza, qui avait fait assassiner leurs principaux cheykhs.

trop du pays des Philistins, il ne s'élevât contre les Israélites des guerres qui leur fissent regretter l'Égypte et les déterminassent à y retourner[1]. Il préféra donc de suivre la côte occidentale du golfe Arabique : il évitait encore par-là de faire soupçonner trop tôt ses projets de fuite au Pharaon, qui lui avait accordé la permission de conduire le peuple de Dieu dans le désert pour y offrir des sacrifices. Moïse, est-il dit dans le même chapitre[2], fit faire un long circuit aux Hébreux ; *il les mena par le chemin du désert qui est près de la mer Rouge.*

La position actuelle du golfe Arabique empêcherait, à la vérité, de concevoir comment les Israélites se trouvèrent tout de suite sur ses bords, au sortir de la terre de Gessen, si l'on ne savait qu'à l'époque reculée dont nous nous occupons, ce golfe s'étendait jusqu'auprès de la vallée de Saba'-byâr : la nature du terrain entre ce point et Suez, les dépôts de coquilles marines, et une foule d'autres observations géologiques, jointes à tous les témoignages de l'antiquité, donnent au moins à cette opinion la plus grande vraisemblance[3] ; et dès-lors on

---

[1] *Exode*, chap. 13, v. 17.
[2] Chap. 13, v. 18.
[3] C'est une nouvelle preuve en faveur de mon opinion sur les anciennes limites de la mer Rouge. *Voyez* mon mémoire sur ce sujet, *É. M.* J'ajouterai seulement ici cette réflexion de Niebuhr, qui ne m'était pas connue alors et qui confirme les miennes : « Le rivage de la mer, dit le voyageur danois, a changé ici comme partout ailleurs. On rencontre sur toute la côte d'Arabie des indices que l'eau s'est retirée. Par exemple, Muza, que tous les anciens auteurs disent être un port de l'Arabie Heureuse, est actuellement à quelques lieues loin de la mer. On voit, près de Loheia et de Gedda, de grandes collines remplies de corail et de coquilles de la même espèce que celles que l'on trouve vivantes dans le golfe d'Arabie. Il y a, près de Suez, des pétrifications de toutes ces choses. Je vis à trois quarts de lieue, vers l'ouest de la

peut concevoir comment les Israélites marchèrent trois jours auprès de la mer, pour arriver vers le point où la tradition place leur passage miraculeux à travers les flots.

Leur première station est appelée *Socoth* : ce mot, qui signifie *tente*, peut faire croire que ce nom ne s'applique point à une ancienne ville, mais à un simple campement. Il existe, au surplus, plusieurs ruines sur les bords du terrain abandonné par la mer, et les unes ou les autres ont pu appartenir à Socoth. Le second jour, ils campèrent à Étham, à l'extrémité de la solitude[1].

Cette position me décide pour Byr-Soueys[2], qui paraît être en effet à l'extrémité du désert, lorsqu'on vient de Saba'-byâr; car la mer, faisant un coude vers l'occident, semble, en se joignant à la haute chaîne du Gebel-Attaka, terminer le désert au sud : d'ailleurs,

---

ville, un amas de coquillages vivans sur un rocher qui n'était couvert d'eau que par la marée, et de semblables coquilles vides sur un autre rocher du rivage, trop haut pour que la marée y pût atteindre. Il y a donc quelques milliers d'années que le golfe d'Arabie était plus large et s'étendait plus vers le nord, surtout le bras près de Suez; car le rivage de cette extrémité du golfe est très-bas. »

[1] *Exode*, chap. 13, v. 20.

[2] *Byr Soueys* signifie *puits de Suez*. Cet endroit est à environ une lieue au nord-ouest de Suez; il consiste en deux petites enceintes contiguës, en partie détruites, dont la construction est attribuée au sultan Selym 1er. Au milieu de chacune de ces enceintes est un puits dont l'eau a un goût désagréable et une forte odeur d'hydrogène sulfuré : elle ne sert ordinairement que pour les animaux ; mais j'en ai bu sans en être incommodé, ainsi que le détachement que j'avais avec moi : nous y étions arrivés cependant fort altérés, après une journée extrêmement chaude et une marche à pied des plus fatigantes, dont nous avions passé les dix-huit dernières heures sans boire. On aperçoit, hors de l'enceinte, les vestiges d'un petit aqueduc qui servait autrefois à conduire l'eau des puits à Suez.

l'eau douce est fort rare dans toute cette contrée, et les puits doivent déterminer les stations des caravanes.

Le Seigneur parla ensuite ainsi à Moïse : « Dites aux enfans d'Israël qu'ils retournent et qu'ils campent devant Phi-Hahiroth, sur le bord de la mer[1]. » Il est assez facile de trouver la raison de cette marche rétrograde; Phi-Hahiroht pouvait être un lieu fortifié et avoir une garnison égyptienne : on voit en effet que les Israélites n'y entrèrent point; ils campèrent vis-à-vis, sur le bord de la mer; c'était là qu'ils devaient la traverser, et le besoin d'eau douce put les obliger de dépasser ce point le second jour. Or, à trois lieues environ de Byr-Soueys, en se reportant vers la vallée de Saba'-byâr, on trouve un vieux château fort, nommé *Hadjeroth*. Dans le texte hébreu, la syllabe *phi* est toujours séparée de *Hahiroth*; elle est tout-à-fait omise au verset 8 du chapitre 33 des *Nombres* : on croit que *phi* ou *pi* était, dans la langue égyptienne, l'article défini, comme il l'est encore dans la langue qobte. La troisième station se nommait donc *Hahiroth* : sa ressemblance avec *Hadjeroth* me paraît frappante.

Passage de la mer Rouge.

C'est à peu près vis-à-vis d'Hadjeroth, vers le sud-est, que s'est formé l'ensablement qui a séparé de la mer Rouge ce vaste bassin que l'on trouve aujourd'hui au nord de cette mer, et dont le sol, très-inférieur aux plus basses marées, porte encore tous les caractères de

[1] *Exode*, chap. 14, v. 2

l'ancien séjour des eaux. Mais, avant que ce banc de sable fût assez élevé pour former un lac de l'extrémité nord du golfe Arabique, il a dû exister en cet endroit un bas-fond qui n'aura été guéable pendant long-temps qu'à marée basse.

C'est à ce gué, probablement, que les Israélites furent conduits par Moïse. Cet homme célèbre, instruit dans la sagesse des Égyptiens et long-temps réfugié sur les bords de la mer Rouge, connaissait la possibilité de la traverser à pied en cet endroit; tandis que de pauvres esclaves, plongés dans l'ignorance la plus profonde, et qui jamais n'étaient sortis de l'Égypte, devaient croire, en voyant l'armée ennemie d'un côté et la mer de l'autre, que toute retraite leur était ôtée[1]. Flavius Joseph rapporte[2] que les Israélites étaient renfermés entre l'armée égyptienne, la mer et des rochers inaccessibles. Cette description convient parfaitement à la position que je crois devoir assigner à l'armée israélite; car, comme je l'ai déjà dit, la chaîne de montagnes que l'on aperçoit au sud, semble se prolonger jusqu'au rivage.

Le Pharaon avait sûrement dans son armée plusieurs personnes qui n'ignoraient pas les points où la mer était guéable; mais, content d'être arrivé à la vue des Israélites, il est tout naturel qu'il ait fait reposer ses troupes, fatiguées d'une marche qui dut être fort prompte, sans craindre que de malheureux fugitifs, avec leurs femmes et leurs enfans, pussent lui échapper.

---

[1] C'est ainsi qu'il y a dans la mer, vis-à-vis de Suez, un gué fréquenté par les Bédouins et ignoré de la plupart des habitans de l'Égypte.
[2] *Antiquités judaïques*, liv. II, chap. 6.

Moïse, à la faveur du brouillard ou des tourbillons de sable dont parle l'Écriture sous le nom de *nuée*, déroba sa marche à l'ennemi, et profita de la marée basse pour passer la mer à la tête des Hébreux. Quelques personnes ont objecté qu'ils étaient trop nombreux pour avoir pu traverser la mer dans l'espace de temps qui sépare une marée d'une autre : mais il faut se méfier des relations des historiens, lorsqu'elles peuvent avoir été dictées par l'orgueil national[1] ; ici, par exemple, ce que nous savons du désert et des tribus qui l'habitent, nous porte à croire que quelque Juif trop zélé pour la gloire de sa nation se sera permis, au chapitre 1er des *Nombres*, une de ces altérations que les Pères et les conciles reconnaissent pouvoir exister dans le Pentateuque[2]. Les circonstances mêmes de la publication de cet ouvrage suffisent pour faire naître des doutes, sinon sur les faits principaux, au moins sur ceux de détail, lorsque surtout il ne s'agit, comme ici, que de l'exactitude d'un nombre. On sait, en effet, que c'est dans la terre de

---

[1] Que l'on substitue, par exemple, le mot de *cheykh* à celui de *roi*, et l'on concevra comment Josué a pu vaincre trente-un rois dans un combat. (*Josué*, chap. 12.)

[2] Lorsqu'au seizième siècle les réformateurs harcelaient la cour de Rome en lui opposant sans cesse les Écritures, les théologiens dévoués au pape disaient assez hautement qu'elles tiraient toute leur autorité de l'adoption de l'Église, et cette maxime ne fut point professée par des hommes obscurs seulement ; l'un des légats du pape au concile de Trente, le cardinal de Warmie, n'a pas craint de déclarer, dans un ouvrage imprimé, que si l'Église n'avait pas enseigné que l'Écriture est canonique, cette Écriture mériterait peu de considération. Voici ses propres paroles : *Nam reverà, nisi nos Ecclesiæ doceret auctoritas hanc Scripturam esse canonicam, perexiguum apud nos pondus haberet.* (*In prolegom. Brentii*, lib. III.) Enfin les plus savans pères de l'Église, Origène, saint Augustin, etc., rejettent souvent le sens littéral de la Bible, et y voient des allégories.

Moab[1] que le livre de la loi fut publié pour la première fois, quarante ans après que les Hébreux furent sortis d'Égypte[2]. Il n'existait alors dans tout Israël que deux témoins des faits consignés dans le Pentateuque, Josué et Caleb[3], qui, favoris de Moïse et héritiers de son pouvoir, secondèrent constamment ses desseins[4]. Les petits enfans qui ne savaient pas encore discerner le bien et le mal lorsque leurs pères campaient dans le désert de Pharan, avaient seuls obtenu du Seigneur d'entrer dans la terre promise[5]. Pouvaient-ils, devenus hommes, connaître les forces de leurs tribus au moment où elles quittèrent l'Égypte, et rejeter le témoignage de celui qui était à-la-fois leur législateur, leur prophète, leur souverain absolu et redouté? Ne savons-nous pas avec quelle facilité l'homme civilisé, comme l'homme sauvage, adopte les exagérations les plus absurdes sur les forces de sa nation et le nombre des ennemis qu'elle a vaincus? Enfin la loi de Moïse, à Jérusalem comme à Samarie, fut souvent abandonnée pour le culte des faux dieux; les livres saints se perdirent et se retrouvèrent, et il fallut plusieurs fois renouveler l'alliance du peuple Juif avec Dieu. On ne peut donc douter que quelques légers changemens n'aient été faits au Pentateuque, et que surtout quelques erreurs de nombre ne s'y soient glissées, lorsque, nous le répétons, l'orgueil national y était intéressé[6].

---

[1] *Deutéron.*, ch. 1, v. 5; ch. 29, v. 1; ch. 31, v. 9 et 24.
[2] *Deutéron.*, chap. 1, v. 3.
[3] *Deutéron.*, chap. 1, v. 35, 36 et 38.
[4] *Nombr.*, chap. 14, v. 6.
[5] *Deutéron.*, chap. 1, v. 39.
[6] Lorsque les nombres s'expriment par des lettres, les plus graves erreurs peuvent provenir d'un sim-

Dès que le Pharaon fut instruit que les Hébreux avaient passé la mer, il se mit à leur poursuite; ses troupes, emportées par l'ardeur qui les animait, se précipitèrent sur les pas des Hébreux, sans réfléchir que la marée ne leur laissait plus le temps d'atteindre la rive opposée : elle avait sauvé les uns, elle engloutit les autres. Que l'on se rappelle encore le vent violent qui soufflait alors[1], et l'on ne sera point étonné qu'une partie des Égyptiens ait péri dans les flots[2].

La marée est, à Suez, d'environ deux mètres; et dans les tempêtes, lorsque le vent du sud souffle avec violence, elle s'élève quelquefois à vingt-six décimètres : cela est plus que suffisant pour noyer une armée nombreuse; et si celle des Égyptiens ne périt point en entier,

---

ple trait de plume, si ces lettres surtout ont une grande ressemblance et des valeurs très-différentes. A ces erreurs de copistes il s'en joint d'un autre genre. Veut-on, par exemple, voir jusqu'à quel point l'inattention d'un traducteur, ou son amour du merveilleux, peut altérer un ouvrage : que l'on ouvre la Vulgate, *Exode*, chapitre 32; on y verra que Moïse, après l'adoration du veau d'or, fit tuer 23,000 Israélites, tandis que, dans le texte hébreu et dans la version des Septante, il n'est question que de 3000 hommes, ce qui est déjà beaucoup. Une autre erreur encore plus forte, est celle que fait le même traducteur en portant à 50,070 le nombre des habitans de Bethsames frappés de mort au retour de l'arche, tandis qu'il devait dire que, sur cinquante mille, soixante-dix périrent. Des traductions en langues orientales, faites sur la Vulgate, ont copié 23,000 et 50,070; on les citera peut-être un jour comme une preuve de l'exactitude de ces nombres; et voilà comme l'erreur, en se répétant, prend l'apparence de la vérité.

[1] *Exode*, chap. 14, v. 21.

[2] Nous avons vu, dans l'an VII de la république française, le général Bonaparte, revenant des fontaines de Moïse, vouloir, au lieu de contourner la pointe du golfe, traverser la mer, au gué qui est près de Suez; ce qui abrégeait sa route de plus de deux lieues : c'était au commencement de la nuit, la marée montait; elle s'accrut plus rapidement que l'on ne s'y attendait, et le général, ainsi que sa suite, coururent les plus grands dangers : ils avaient cependant des gens du pays pour guides.

comme semble l'annoncer le silence des historiens profanes, on peut conjecturer qu'effrayée de la perte qu'elle venait d'éprouver, et peut-être aussi craignant de s'exposer dans des déserts moins connus, elle n'essaya point de passer la mer Rouge à la marée basse suivante.

Les Israélites purent donc chanter ce cantique :

1. « Chantons des hymnes au Seigneur, parce qu'il a fait éclater sa grandeur et sa gloire, et qu'il a précipité dans la mer le cheval et le cavalier.

2. « Le Seigneur est ma force et le sujet de mes louanges, parce qu'il est devenu mon sauveur : c'est lui qui est mon Dieu, et je publierai sa gloire; il est le Dieu de mon père, et je releverai sa grandeur.

3. « Le Seigneur a paru comme un guerrier : son nom est le Tout-puissant.

4. « Il a fait tomber dans la mer les chariots du Pharaon et son armée : les plus grands d'entre ses princes ont été submergés dans la mer Rouge.

5. « Ils ont été ensevelis dans les abîmes; ils sont tombés comme une pierre au fond des eaux.

6. « Votre droite, Seigneur, s'est signalée et a fait éclater sa force : votre droite, Seigneur, a frappé l'ennemi.

7. « Et vous avez renversé vos adversaires par la grandeur de votre puissance et de votre gloire : vous avez envoyé votre colère, qui les a dévorés comme une paille.

8. « Vous avez excité un vent furieux; et, à son souffle, les eaux se sont resserrées, l'eau qui coulait s'est arrêtée, les abîmes se sont pressés et ont remonté au milieu de la mer.

9. « L'ennemi a dit : Je les poursuivrai et je les atteindrai; je partagerai leurs dépouilles; et je me satisferai pleinement; je tirerai mon épée, et ma main les fera mourir.

10. « Vous avez répandu votre souffle, et la mer les a enveloppés; ils ont été submergés sous la violence des eaux comme du plomb.

11. « Qui d'entre les forts est semblable à vous, Seigneur? qui vous est semblable, à vous qui êtes tout éclatant de sainteté, terrible et digne de toute louange, et qui faites des prodiges?

12. « Vous avez étendu votre main, et la terre les a dévorés.

13. « Vous vous êtes rendu, par votre miséricorde, le conducteur du peuple que vous avez racheté, et vous l'avez porté, par votre puissance, jusqu'au lieu de votre demeure sainte.

14. « Les peuples se sont élevés et ont été en colère: ceux qui habitaient la Palestine, ont été saisis d'une profonde douleur.

15. « Alors les princes d'Édom ont été troublés, l'épouvante a surpris les forts de Moab, et tous les habitans de Chanaan ont séché de crainte.

16. « Que l'épouvante et l'effroi tombent sur eux, Seigneur, à cause de la puissance de votre bras; qu'ils deviennent immobiles comme une pierre, jusqu'à ce que votre peuple soit passé, jusqu'à ce que soit passé ce peuple que vous vous êtes acquis.

17. « Vous les introduirez et vous les établirez, Seigneur, sur la montagne de votre héritage, sur cette de-

meure très-ferme que vous vous êtes préparée vous-même, dans votre sanctuaire, Seigneur, que vos mains ont affermi.

18. « Le Seigneur régnera dans l'éternité et au-delà.

19. « Car Pharaon est entré à cheval dans la mer avec ses chariots et ses cavaliers, et le Seigneur a fait retourner sur eux les eaux de la mer ; mais les enfans d'Israël ont passé à sec au milieu des eaux [1]. »

C'est ainsi qu'ils remerciaient le ciel de leur délivrance, tandis que Marie, prophétesse, et les femmes d'Israël, divisées en chœurs, répétaient au son de leurs tambours :

« Chantons des hymnes au Seigneur, parce qu'il a signalé sa grandeur et sa gloire, et qu'il a précipité dans la mer le cheval et le cavalier. »

Si quelque esprit minutieux voulait relever cette expression de la Bible, « Les enfans d'Israël marchèrent à sec au milieu de la mer, ayant l'eau à droite et à gauche qui leur servait comme d'un mur [2], » on lui répondrait que c'est une manière poétique d'exprimer qu'ils traversèrent la mer à gué, et que, ne devant point trop s'écarter à droite ni à gauche, ils étaient retenus par l'eau dans un certain espace, comme entre deux murs. Les chants d'un poëte ne peuvent être interprétés plus rigoureusement ; et le cinquième verset du chapitre 15, que nous avons transcrit plus haut, fait voir que les Égyptiens tombèrent au fond de la mer, et non pas que les eaux retombèrent sur eux [3].

---

[1] *Exode*, chap. 15.
[2] *Exode*, chap. 14, v. 22.

[3] C'est en prenant à la lettre les expressions des anciens poëtes, que

La tradition a conservé, chez les Arabes Bédouins, le souvenir du passage de la mer Rouge, et l'on trouve sur sa rive orientale, à environ dix-huit mille mètres au sud du point où je suppose que les Israélites la traversèrent, des sources nommées encore aujourd'hui *fontaines de Moïse*.

Pococke croit que les Hébreux passèrent la mer vis-à-vis de ces sources; il n'en donne guère d'autre raison que celle d'une tradition subsistante parmi les Bédouins : mais, s'il fallait en croire les habitans de ces déserts, le passage se serait toujours effectué à l'endroit précis où on leur en fait la question.

Le docteur Shaw le recule encore plus vers le sud; il le place en face de la vallée de l'Égarement. Il est du nombre des écrivains qui croient qu'une mer large et profonde signale davantage la puissance de Dieu.

D'autres, au contraire, pensent que les Israélites ne traversèrent pas la mer d'un bord à l'autre, mais qu'étant entrés dans son lit à marée basse, ils se retirèrent vers la terre à mesure que la mer s'élevait, continuant leur marche sur une courbe concave, du côté des eaux; opinion sans fondement, qui prouve combien l'on est sujet à errer, quand on travaille d'imagination et dans une ignorance absolue des localités.

l'histoire a été mêlée à tant de fables absurdes; mais c'est moins la faute des poëtes que celle de notre intelligence. Amphion bâtissant Thèbes au son de sa lyre, Jéricho tombant au bruit des trompettes d'Israël, sont des phrases aussi faciles à ramener à leur véritable sens que ce vers de Boileau :

Condé, dont le seul nom fait tomber les murailles.
Épître IV.

Plusieurs personnes ont plus heureusement expliqué le passage de la mer Rouge, au moyen des marées. Eusèbe[1] parle d'un certain Artapanus qui produisait cette opinion comme ayant été celle des prêtres de Memphis. L'historien Joseph, craignant que son récit du passage de la mer Rouge ne parût trop invraisemblable, rapporte que la même chose arriva aux Macédoniens, lorsque, sous la conduite d'Alexandre, ils passèrent la mer de Pamphylie; et il ajoute : « Je laisse néanmoins à chacun d'en juger comme il voudra. » Cet aveu d'un sacrificateur, l'un des membres les plus instruits du corps sacerdotal juif, est fort précieux, en ce qu'il fait connaître quelle était alors l'opinion de ce corps : aussi Joseph a-t-il été repris vivement de cette franchise par des gens qui, quoique chrétiens, se sont crus obligés de paraître juifs plus zélés que lui; ce que l'on aurait cru impossible en lisant cet historien. Parmi les modernes, Niebuhr et le Clerc placent cet événement à Suez, à cause du gué qui existe devant cette ville; ils ne pouvaient pas, comme moi, croire que le passage se fût effectué un peu plus au nord, sur un point que la mer n'occupe plus aujourd'hui, parce que les anciennes limites de la mer Rouge ne leur étaient pas connues, et qu'aucun nivellement n'avait encore été fait dans cette partie de l'isthme : au surplus, ces deux opinions diffèrent si peu, que l'on pourrait presque adopter indifféremment l'une ou l'autre; la position du fort d'Hadjeroth, devant lequel les Israélites étaient campés, et la grande probabilité qu'à l'époque reculée dont nous

---

[1] *Præpar. evang.* lib. IV, cap. 17.

nous occupons, la mer, vis-à-vis de Suez, était plus profonde qu'aujourd'hui, ont décidé mon choix[1].

On a vu quelle était, selon moi, l'explication la plus naturelle du passage de la mer Rouge. Les personnes qui mettent cet événement au rang des fables, conviendront du moins à présent qu'il aurait pu arriver ainsi; et ceux qui croient à sa réalité, ne pensent pas sans doute qu'il soit nécessaire que l'ordre de la nature ait été renversé pour reconnaître la main de Dieu dans la délivrance des Hébreux et la perte des Égyptiens.

Les eaux amères devenues douces.

« Moïse ayant fait partir les Israélites de la mer Rouge, ils entrèrent au désert de Sur; et ayant marché trois jours dans la solitude, ils ne trouvaient point d'eau.

« Ils arrivèrent à Mara, et ils ne pouvaient boire des eaux de ce lieu, parce qu'elles étaient amères : c'est pourquoi on lui donna un nom qui lui était propre, en l'appelant *Mara,* c'est-à-dire *amertume.*

« Alors le peuple murmura contre Moïse, en disant : Que boirons-nous?

« Mais Moïse cria au Seigneur, lequel lui montra un bois qu'il jeta dans les eaux, et les eaux devinrent douces[2]. »

Si Moïse eût appris la propriété de ce bois lors de sa

---

[1] La mer, devant Suez, devait être alors bien plus profonde qu'à présent, puisque le banc de sable qui l'empêche de s'étendre au nord d'environ cinquante mille mètres, n'était pas encore assez élevé pour la retenir dans ses limites actuelles. *Voyez* mon Mém. sur les anciennes limites de la mer Rouge, *É. M.*

[2] *Exode,* chap. 15, v. 22-25.

première fuite dans le désert, ce secret se serait conservé, et on le retrouverait chez les Bédouins, qui ont certainement un bien grand intérêt à rendre les eaux potables dans un désert qui en est si dépourvu. Il faut donc, sur ce point, s'en rapporter à l'historien Joseph; voici comme il s'exprime[1] : « Après avoir long-temps marché, les Israélites arrivèrent sur le soir en un lieu nommé *Mara*, à cause de l'amertume des eaux. Comme ils étaient extrêmement fatigués, ils s'y arrêtèrent volontiers, encore qu'ils manquassent de vivres, parce qu'ils y rencontrèrent un puits qui, bien qu'il ne pût suffire à une si grande multitude, leur faisait espérer quelque soulagement dans leurs besoins, et les consolait d'autant plus qu'on leur avait dit qu'il n'y en avait point dans tout leur chemin. Mais cette eau se trouva si amère, que ni les hommes, ni les chevaux, ni les autres animaux, n'en purent boire. Une rencontre si fâcheuse mit tout le peuple dans un entier découragement et Moïse dans une merveilleuse peine, parce que les ennemis qu'ils avaient à combattre n'étaient pas de ceux qu'on peut repousser par une généreuse résistance, mais que la faim et la soif réduisaient seules toute cette grande multitude d'hommes, de femmes et d'enfans, à la dernière extrémité. Ainsi il ne savait quel conseil prendre, et ressentait les maux de tous les autres comme les siens propres; car tous avaient recours à lui : les mères le priaient d'avoir pitié de leurs enfans, les maris d'avoir compassion de leurs femmes, et chacun le conjurait de chercher quelque remède à un si grand mal. Dans un si pressant

---

[1] *Antiquités judaïques*, liv. III, chap. I.

besoin, il s'adressa à Dieu pour obtenir de sa bonté de rendre douces ces eaux amères; et Dieu lui fit connaître qu'il lui accordait cette grâce. Alors il prit un morceau de bois qu'il fendit en deux; et après l'avoir jeté dans le puits, il dit au peuple que Dieu avait exaucé sa prière, et qu'il ôterait à cette eau tout ce qu'elle avait de mauvais, pourvu qu'ils exécutassent ce qu'il leur ordonnerait. Ils lui demandèrent ce qu'ils avaient à faire, et il commanda aux plus robustes d'entre eux de tirer une grande partie de l'eau de ce puits, et les assura que celle qui y resterait serait bonne à boire. Ils obéirent, et reçurent ensuite l'effet de la promesse qu'il leur avait faite. » (Traduction de M. Arnaud d'Andilly.)

Ceci donnerait l'explication du prodige; car l'on sait qu'en faisant vider un puits, l'eau qui survient est ordinairement bien meilleure. Cette observation est conforme aux lois de la physique, et nous avons d'ailleurs eu en Égypte l'occasion de la répéter fréquemment : dans les endroits du désert où nous élevâmes quelques fortifications, l'eau saumâtre et souvent fétide des puits devint presque toujours meilleure après que l'on s'en fut servi quelque temps.

De la nuée, de la colonne de feu, et de quelques autres événemens remarquables.

Il est un autre miracle qui commença à se manifester aux Hébreux dès leur sortie d'Égypte, et dont ils continuèrent de jouir après avoir passé la mer Rouge : le Seigneur leur apparaissait le jour sous la forme d'une nuée, et la nuit sous celle d'une colonne de feu ; il marchait ainsi devant eux pour leur indiquer leur route, et reposait au-dessus du tabernacle lorsqu'ils campaient.

N'y aurait-il pas là cependant quelque méprise de la part des savans interprètes de la Bible? Est-ce bien comme un miracle que Moïse a rappelé cette circonstance de la marche des Hébreux? Ce qu'il y a de certain, c'est que les caravanes se servent quelquefois, dans leurs marches nocturnes, de grands réchauds que des guides portent en avant. Voici, à ce sujet, un passage du n°. 24 du *Courrier de l'Égypte,* journal qui s'imprimait au Kaire :

« Le 10 nivôse, on partit de Souès; le gros de la caravane se dirigea sur Adjeroth ; le général en chef, accompagné des généraux Berthier, Dommartin et Caffarelli, et des citoyens Monge et Berthollet, se porta à l'extrémité le plus nord du golfe, pour examiner sur le terrain s'il n'existait point de traces du canal marqué dans les cartes, comme établissant une communication entre le Nil et la mer Rouge. Ces traces furent effectivement retrouvées; le général Bonaparte les reconnut le premier. La troupe marcha pendant quatre lieues dans le canal même : mais, en suivant cette direction, elle s'éloignait d'Adjeroth, où elle devait venir rejoindre la caravane dépositaire de l'eau et des vivres ; la nuit approchait, la position d'Adjeroth était inconnue, et l'on courait le danger de s'égarer. Les généraux Bonaparte et Berthier, accompagnés chacun d'un homme à cheval, prirent les devants, en se dirigeant au galop sur le point où le soleil se couchait ; cette direction les conduisit heureusement à Adjeroth : le général en chef ordonna de tirer un coup de canon, d'allumer des feux sur les tours du château, et fit porter, sur quelques points élevés de la route qu'il venait de parcourir, *des fanaux dont les caravanes sont toujours munies pour éclairer leur marche dans la nuit. Ces fanaux sont fort simples : c'est un réchaud cylindrique dans lequel on entretient un feu vif et brillant, en y brûlant des morceaux très-secs de sapin ; ces réchauds sont fixés à la partie supérieure d'un bâton de cinq à six pieds de hauteur, qu'on fiche en terre lorsqu'on veut s'arrêter. Si la caravane marche la nuit, elle a à sa tête plusieurs hommes qui portent de pareils réchauds, qu'ils ont soin de tenir élevés, afin que leur flamme soit aperçue de chaque voyageur.* Tout le monde fut rallié dans la soirée [1]. »

On dira, sans doute, que ce n'est point de semblables réchauds qui formaient la nuée, la colonne de feu, dont il est question dans la Bible, puisqu'on lit, au vers. 21 du chapitre 13 de l'Exode, que *le Seigneur* marchait devant les Hébreux. Mais cette expression doit-elle être prise littéralement, lorsqu'on sait qu'un peuple éminemment religieux rapporte tout à Dieu, et que les Israélites, en particulier, admettaient dans la poésie, et la prose elle-même, les hyperboles les plus outrées ? Chez nous, dont la langue a tant de réserve, tant de sagesse ou d'entraves, ne voyons-nous pas des hommes être appelés des anges, des êtres divins, des créatures

---

[1] *Courrier de l'Égypte*, n°. 24. Le 27 nivôse an VII de la république française.

célestes? Supposons-nous un instant dans la position des Hébreux; un étranger marche à notre tête pour nous diriger dans des déserts qui nous sont inconnus, et le réchaud enflammé qu'il porte en l'air, jette durant le jour une fumée et durant la nuit une flamme sur laquelle notre troupe se dirige. Rien certainement de plus simple, rien de plus facile à raconter dans le style le moins poétique : mais n'envisageons plus la chose en elle-même; considérons ses résultats, et nous changerons de langage. Comment cet homme, dirons-nous, s'est-il présenté au moment précis où nous en avions un si grand besoin? Que nous sommes heureux de l'avoir! *C'est un homme divin, c'est un ange, c'est un dieu.* Et tout s'agrandissant en proportion dans le langage de l'enthousiasme, le réchaud enflammé se transformera en colonne de feu, en colonne de nuée, en gloire du Seigneur[1].

Ce qui prouve que Moïse ne voulait pas présenter ce fait comme surnaturel, c'est qu'il nous apprend lui-même que ce fut son beau-frère, Arabe Madianite, qui guida les Israélites. Voici ce qu'on lit à ce sujet dans les *Nombres*, chap. 10.

29. « Moïse dit à Hobab, fils de Raguel, Madianite, son allié : Nous nous en allons au lieu que le Seigneur nous doit donner : venez avec nous, afin que nous vous comblions de biens, parce que le Seigneur en a promis à Israël.

---

[1] Saint Jean, dans l'Apocalypse, appelle les évêques des sept églises d'Asie, *les anges* de ces églises : « Écrivez, lui dit le fils de Dieu, à l'ange de l'église d'Éphèse, etc. » *Angelo Ephesi ecclesiæ scribe, etc.*

30. « Hobab lui répondit : Je n'irai point avec vous, mais je retournerai en mon pays où je suis né.

31. « Ne nous abandonnez pas, répondit Moïse, *parce que vous savez en quels lieux nous devons camper dans le désert, et vous serez notre conducteur.*

32. « Et quand vous serez venu avec nous, nous vous donnerons ce qu'il y aura de plus excellent dans toutes les richesses que le Seigneur nous doit donner.

33. « Ils partirent donc de la montagne du Seigneur, et marchèrent pendant trois jours. L'arche de l'alliance du Seigneur allait devant eux, marquant le lieu où ils devaient camper pendant ces trois jours. »

Certes, si l'ange du Seigneur eût réellement marché devant les Hébreux, Moïse n'aurait pas eu besoin de son beau-frère pour guide, et ne lui aurait pas promis tant de richesses pour le décider à rester près de lui.

Ces expressions, que *Dieu* ou *ses anges guidaient l'armée de Moïse sous la forme de fumée* ou *de flamme*, signifient donc seulement que l'arche, sanctuaire de la loi divine, et trône du Seigneur, était portée à la tête de l'armée[1].

---

[1] L'arche était un coffre de bois de *sethim*, revêtu de lames d'or. Elle avait deux coudées et demie de long, une coudée et demie de large, et une coudée et demie de haut; les tables de la loi y étaient renfermées. Le couvercle de l'arche se nommait *propitiatoire*; il était surmonté de deux chérubins d'or, dont les ailes étendues formaient une espèce de siège sur lequel était censée reposer la majesté invisible de Dieu. *Nombres*, chap. 7, v. 89. Les deux côtés les plus longs de l'arche étaient munis chacun de deux anneaux, dans lesquels on glissait les bâtons qui servaient à la porter sur les épaules. On peut voir dans l'Atlas des antiquités, pl. 11, *A.*, vol. 1, fig. 4, le dessin d'un bas-relief de l'île de Philæ, qui a une grande analogie avec l'arche, ainsi que l'a déjà remarqué M. Lancret, *Descr. de l'île de Philæ*, t. 1, *A. D.*

DES HÉBREUX EN ÉGYPTE.

Cette manière de diriger la marche des troupes par des signaux de feux que l'on plaçait dans les haltes au-dessus de la tente du général, n'appartient pas aux seuls Hébreux. On sait qu'elle était en usage chez les Perses, et on relira sûrement ici avec intérêt le passage suivant de Quinte-Curce, à cause de sa ressemblance frappante avec les chapitres 9 et 10 des *Nombres*. Quinte-Curce dit, en parlant d'Alexandre : *Tuba, cùm castra movere vellet, signum dabat, cujus sonus plerumque, tumultuantium fremitu exoriente, haud satis exaudiebatur. Ergò perticam, quæ undique conspici posset, supra prætorium statuit; ex qua signum eminebat pariter omnibus conspicuum : observabatur ignis noctu, fumus interdiu*[1]. « Lorsqu'il voulait décamper, la trompette donnait le signal; mais, comme le tumulte empêchait, la plupart du temps, d'en entendre le son, il fit placer au-dessus de sa tente une perche qui pût être aperçue de tout le monde, et à son sommet l'on élevait le signal du départ : c'était du feu pendant la nuit, de la fumée pendant le jour. »

On lit dans le chapitre 9 des *Nombres :* 15. « Le jour que le tabernacle fut dressé, il fut couvert d'une nuée : mais, depuis le soir jusqu'au matin, on vit paraître comme un feu sur la tente.

16. « Et ceci continua toujours. Une nuée couvrait le tabernacle pendant le jour; et pendant la nuit, c'était comme une espèce de feu.

17. « Lorsque la nuée qui couvrait le tabernacle se retirait de dessus et s'avançait, les enfans d'Israël par-

[1] *De rebus gestis Alex.* lib. v, cap. 7.

taient; et lorsque la nuée s'arrêtait, ils campaient en ce même lieu. »

Chap. 10 : 1. « Le Seigneur parla encore à Moïse, et lui dit :

2. « Faites-vous deux trompettes d'argent battues au marteau, afin que vous puissiez assembler tout le peuple lorsqu'il faudra décamper.

3. « Et quand vous aurez sonné de ces trompettes, tout le peuple s'assemblera près de vous, à l'entrée du tabernacle de l'alliance. »

On ne peut certainement pas trouver d'analogie plus grande entre les usages de deux nations pour la marche de leurs troupes.

Plusieurs autres prodiges peuvent s'expliquer aussi naturellement que les précédens. Ainsi les cailles, fatiguées d'un long trajet, se laissent encore prendre à la main sur le rivage de la mer, aux mêmes époques où elles servirent de nourriture aux Hébreux; et nous lisons dans Diodore de Sicile, que, sous le règne d'Actisanès, des Égyptiens exilés, pour vol, dans le désert de l'isthme de Suez, se nourrirent de la même manière. La manne continue encore de se récolter sur des arbrisseaux qui pouvaient être autrefois très-multipliés aux environs du mont Sinaï; et le feu grégeois est un exemple de l'emploi terrible qu'à diverses époques les Orientaux ont su faire du feu.

Mais toutes ces explications ne contrarient en rien l'opinion où l'on peut être que Dieu vint au secours de son peuple : la rencontre fortuite d'événemens heureux peut, nous ne saurions trop le répéter, être toujours envisagée comme miraculeuse. Au surplus, je ne m'y arrêterai pas davantage, et j'arrive de suite au moment où les Israélites, après avoir défait les Amalécites à Raphidim, séjournèrent tranquillement dans le désert.

La Loi est donnée sur le mont Sinaï[1].

Tous les peuples qui habitaient aux environs du mont Sinaï, étaient persuadés que Dieu y demeurait. Les hautes montagnes ont presque partout été regardées comme le séjour habituel des dieux, et cela est bien naturel; il n'est aucun de nous qui, au pied de ces masses énormes, n'ait éprouvé le sentiment de sa faiblesse, et il en résulte un recueillement qui dispose l'ame aux idées religieuses. Les montagnes sont d'ailleurs le théâtre d'une foule de phénomènes effrayans, qui semblent être l'appareil formidable d'une Divinité puissante; et la peur, autant que la reconnaissance, a donné aux hommes les premières notions de la Divinité. C'est de leur sommet que se précipitent les torrens dévastateurs; c'est dans leur sein, au bruit des détonations qui ébranlent et bouleversent la terre, que se préparent les pierres rougies, les minéraux fondus qui, en pluie de feu, en fleuve de lave, viennent engloutir et renverser les cités; c'est sur leur cime que les vents mugissent avec plus de force, que les sombres nuages s'amoncellent sous des formes terribles, et que le tonnerre éclate avec plus de

[1] Les Arabes nomment cette montagne *Gebel Mousa*, montagne de Moïse.

majesté au milieu des éclairs dont il semble foudroyer les vallées [1].

C'est du spectacle d'un pareil orage que Moïse voulut frapper l'imagination des Israélites, pour achever de les convaincre du commerce qu'il avait avec Dieu. Le ciel de l'Égypte ne leur avait jamais offert rien de semblable : étincelant de lumière pendant le jour, du plus bel azur durant le calme des nuits, jamais il n'est obscurci d'aucun nuage : dans le printemps seulement, on en voit quelques-uns fort élevés, que le vent du nord pousse avec vitesse; ils passent rapidement, et vont s'amonceler sur les hautes montagnes de l'Abyssinie, s'y résolvent en pluie, et donnent naissance à une foule de torrens qui se jettent dans le Nil et occasionent les débordemens de ce fleuve. Le khamsyn ou vent empoisonné, avec ses tourbillons de poussière brûlante et ses trombes de sable, trouble seul quelquefois la sérénité de l'air : mais, outre qu'il ne souffle en Égypte qu'une ou deux fois dans le courant d'une année, il y est encore plus pernicieux qu'effrayant; il exerce sur les animaux et les plantes ses principes mal-

---

[1] Lorsque je lus à l'Institut du Kaire, le 16 brumaire an IX, mon Mémoire sur le passage de la mer Rouge par les Israélites, et sur leur séjour au pied du mont Sinaï, j'annonçai que cette montagne pouvait être un volcan éteint; les grosses pierres volcaniques que j'avais vues dans le lest des bâtimens de la ville de Tor qui arrivaient à Suez et à Qoceyr, et la description que donne Moïse de l'apparition de Dieu sur le mont Sinaï, m'avaient suggéré cette opinion. Depuis la lecture de mon mémoire, deux de nos compagnons de voyage, MM. Coutelle et de Rozière, allèrent au couvent du mont Sinaï; ils reconnurent que la montagne était granitique et ne présentait aucune trace de volcan. Un orage, au surplus, s'accorde aussi bien qu'une éruption volcanique avec le récit de Moïse.

faisans, les rend malades, les tue même, mais le plus souvent à la manière du poison, qui agit sans bruit, sans violence apparente : à ses tourbillons, on le juge, d'ailleurs, plutôt un enfant de la terre que du ciel; aussi croit-on que les anciens Égyptiens en avaient fait l'emblème de leur mauvais génie. Il était donc facile de prévoir que les Hébreux seraient frappés d'une terreur religieuse, la première fois qu'ils verraient les éclairs sillonner les sombres nuées, et qu'ils entendraient gronder la foudre sur des monts élevés, dont les échos augmenteraient et prolongeraient les éclats[1]. Les nuages présentent en effet à celui qui les fixe, les formes des monstres les plus bizarres; et leur mobilité, leurs métamorphoses, ont souvent effrayé ou enflammé l'imagination des hommes faibles ou ignorans : les uns y ont vu des signes de la colère céleste; d'autres, leurs dieux mêmes, ou les ombres de leurs ancêtres. Quant au tonnerre, tous les peuples en ont armé le maître de l'univers, et nous voyons que, malgré le progrès des sciences et les secours de l'éducation, beaucoup de gens encore le craignent plus que des dangers bien autrement imminens : la raison en est simple; on peut lutter contre ceux-ci, et l'on n'a aucune résistance à opposer au premier. D'ailleurs, tout bruit considérable fait naître l'idée d'une grande force, l'imagination en fait le cri de colère d'un être puissant et irrité.

Moïse avait long-temps gardé les troupeaux de son

---

[1] Pendant près de quatre ans que j'ai passés en Égypte, je n'ai entendu qu'une seule fois un coup de tonnerre; encore était-il si faible, que plusieurs personnes qui étaient avec moi ne s'en aperçurent pas.

beau-père sur le mont Sinaï; il y avait été témoin des scènes sublimes que les orages forment sur cette haute montagne; et le souvenir de ce qu'il avait éprouvé, engagea sans doute cet homme habile à s'en servir pour ses desseins.

Je vais rapporter la traduction littérale d'une partie du chap. 19 de l'Exode:

1 et 2. « Les Israélites étant partis de Raphidim, arrivèrent au désert de Sinaï, et dressèrent leurs tentes vis-à-vis de la montagne.

3. « Moïse y monta pour parler à Dieu.

7. « Il revint vers le peuple, en fit assembler les anciens, et il leur exposa ce que le Seigneur lui avait commandé de leur dire.

8, 9, 10, 11 et 12. « Le peuple répondit : Nous ferons tout ce que le Seigneur a dit. Moïse retourna sur la montagne, et le Seigneur lui dit : Je vais venir à vous *dans une nuée sombre et obscure,* afin que le peuple m'entende lorsque je vous parlerai, et qu'il *vous croie dans la suite.* Allez trouver le peuple, sanctifiez-le aujourd'hui et demain, et qu'il soit prêt pour le troisième jour; car, dans trois jours, le Seigneur descendra devant tout le peuple sur la montagne de Sinaï. Vous marquerez tout autour des limites que le peuple ne passera point, et vous leur direz : Que nul d'entre vous ne soit si hardi que de monter sur la montagne, ou d'en approcher tout autour : quiconque la touchera, sera puni de mort. »

Il n'est pas difficile de prévoir un orage plusieurs heures d'avance[1] : les marins et les habitans des hautes

---

[1] Les éruptions volcaniques sont également annoncées d'une manière

montagnes nous le prouvent tous les jours; l'intérêt de leur conservation les porte à observer soigneusement tous les avant-coureurs des météores qu'ils redoutent, et Moïse, long-temps berger sur le mont Sinaï, avait dû y faire de semblables observations. Quant à l'époque précise et un peu éloignée de trois jours qu'il fixe dans les versets 11 et 15, on doit croire que Moïse, en parlant aux Hébreux, donnait à ses paroles cette obscurité des oracles qui en fait l'infaillibilité; mais que, les événemens étant passés, il écrivait ses prédictions d'une manière claire et précise[1].

Je vais continuer le dix-neuvième chapitre de l'Exode :

16. « Le troisième jour au matin, comme le jour était déjà grand, on commença à entendre des tonnerres et à voir briller des éclairs; une nuée très-épaisse couvrit la montagne, la trompette sonna avec grand bruit, et le peuple, qui était dans le camp, fut saisi de frayeur.

17. « Alors Moïse le fit sortir du camp pour aller au-devant de Dieu, et ils demeurèrent au pied de la montagne.

18. « Tout le mont Sinaï était couvert de fumée, parce que le Seigneur y était descendu au milieu des

---

presque certaine : des feux follets, des vapeurs d'une odeur sulfureuse, un air lourd et brûlant, des bruits souterrains, le dessèchement des puits, la diminution et quelquefois la cessation complète de la fumée qui s'exhalait ordinairement des anciens cratères, les animaux remplis d'une terreur qu'ils expriment par leurs cris et leur démarche inquiète, les oiseaux volant çà et là avec cette inquiétude qu'ils marquent à l'approche des grands orages; tels sont ordinairement les avant-coureurs de ces terribles catastrophes.

[1] *Voyez* d'ailleurs ce que nous avons dit, pag. 116, sur la publication du Pentateuque.

feux; la fumée s'en élevait d'en haut comme d'une fournaise, et toute la montagne causait de la terreur.

20 et 21. « Le Seigneur étant descendu sur Sinaï, appela Moïse au lieu le plus haut; et lorsqu'il y fut monté, Dieu lui dit : Descendez vers le peuple et déclarez-lui hautement ma volonté, de peur que, dans le désir de voir le Seigneur, il ne passe les limites qu'on lui a marquées, et qu'un grand nombre d'entre eux ne périsse. »

N'est-ce pas là une description bien exacte d'un orage? Et ne voit-on pas combien Moïse craignait que quelques personnes ne vinssent le trouver au milieu des nuages qui couvraient le sommet de la montagne, et n'en fissent disparaître la divinité que sa sagesse et leur crédulité y plaçaient? *Moïse s'approcha de l'obscurité où Dieu était*, est-il dit au verset 21 du chapitre 20 de l'Exode.

On reconnaît encore, dans ce même chapitre, les motifs qui avaient engagé Moïse à conduire les Israélites au mont Sinaï; car il leur dit : « Dieu est venu pour vous éprouver et pour imprimer sa crainte dans vous, afin que vous ne péchiez point; vous avez vu qu'il vous a parlé du ciel. »

Moïse, ayant ensuite défendu qu'on le suivît, alla sur la montagne, y passa quarante jours, et grava, dans cette retraite, les tables du témoignage, qu'il présenta au peuple d'Israël, en lui disant : « Elles sont écrites de la main de Dieu. »

C'est ainsi que la plupart des législateurs célèbres rendirent leurs lois plus respectables. Numa consulte la nymphe Égérie, l'ange Gabriel dicte le Coran à Mahomet, Manco-Capac parle au nom du Soleil, et Lycurgue lui-même, le sage Lycurgue, fait approuver ses lois par l'oracle de Delphes. Ces grands hommes, plus habiles et plus instruits que le vulgaire, profitaient des phénomènes de la nature qui leur étaient connus, pour se faire craindre et révérer. Dans des temps plus modernes, n'a-t-on pas vu Christophe Colomb, mourant de faim, dire aux hommes simples qui habitaient la Jamaïque, que, s'ils n'apportaient des vivres au camp des Espagnols, ils seraient punis de la main de Dieu? L'éclipse qu'il avait prédite a lieu, et le peuple tremblant se prosterne et obéit. Oui, l'enfance des peuples fut toujours féconde en miracles [1].

Mort de Moïse.

Les Hébreux, après avoir erré quelque temps, à la manière des Arabes, aux environs du mont Sinaï, essayèrent de pénétrer en Syrie, à l'ouest du lac Asphaltite. Moïse avait su exciter leur courage, en leur annonçant que Dieu avait donné aux descendans d'Abraham la terre de Chanaan. Intimidés cependant à leur arrivée sur les frontières de cet État par le rapport de leurs espions, ils refusèrent d'aller plus avant; et, lorsqu'en-

---

[1] Rien de si facile, même chez les nations policées, que de tromper le bas peuple par de prétendus miracles. De nos jours, en Italie, la foule ne se pressait-elle pas autour des images de la Sainte-Vierge, dont elle voyait remuer les yeux? Les prêtres, pour cela, ne se donnaient pas la peine de dresser aucune machine; ils disaient: Voyez-vous? Et tout le monde répétait: Je vois. Tant l'imagination est une puissance créatrice!

suite, sensibles aux reproches de Moïse, ils demandèrent qu'on les menât au combat, ce grand homme, témoin de la timidité qu'ils venaient de montrer, put, en se refusant à leur demande, prédire leur défaite, s'ils osaient attaquer malgré sa défense. Ils ne l'écoutèrent point, et furent complètement battus [1]. Cette tentative malheureuse, et la sédition qui éclata peu après, firent connaître à Moïse que les Israélites n'étaient encore ni assez aguerris ni assez disciplinés pour pouvoir s'établir de vive force sur les terres des Syriens. Pendant trente-huit ans, il attendit dans le désert que la plupart des Hébreux nés en Égypte fussent morts; il les avait entendus plusieurs fois regretter leurs fers, et il sentait combien il était difficile de donner un esprit national à des hommes de diverses races peut-être, et nés dans l'esclavage. Il employa ce temps à les soumettre à des lois convenables à leur position et à ses desseins, et il y réussit. Quand on songe à la difficulté de cette entreprise, on est tenté de mettre ce législateur au-dessus de tous les autres; car non-seulement il enleva des esclaves à leurs maîtres, mais encore il en fit une nation célèbre et impérissable. Si ses conquêtes et celles de ses successeurs ne peuvent, par leur étendue et leur importance, se comparer à celles que firent Mahomet et les khalifes avec des moyens et dans une position à peu près semblables, c'est qu'au temps de Moïse, des nations puissantes, des peuplades guerrières, occupaient la Syrie, la Perse, l'Égypte, l'Arabie; tandis que, lorsque Mahomet parut, l'empire colossal des Romains,

---

[1] *Nombres*, chap. 14.

celui des Perses, après s'être partagé le monde, s'écroulaient de vétusté, et que les peuples soumis par eux et fatigués d'esclavage croyaient rompre leurs chaînes en passant sous de nouveaux maîtres : c'est enfin que Moïse, pour maintenir des esclaves en corps de nation, fut obligé de leur inspirer l'horreur des étrangers; sentiment qu'ils portèrent au point d'aimer mieux les exterminer que les convaincre, et qu'ils flétrirent même les nouveaux convertis jusque dans leur postérité, en n'accordant qu'à la dixième génération le droit d'entrer dans l'assemblée du Seigneur; tandis que Mahomet, soumettant à l'islamisme les Arabes, qui, depuis la plus haute antiquité, avaient un esprit national bien prononcé, put employer la force et la persuasion à se faire des prosélytes, les admettre à tous les droits des anciens croyans, et accroître ainsi ses troupes victorieuses des soldats des nations vaincues.

Moïse, ainsi que nous l'avons dit, s'occupa plus de trente-huit ans, depuis la victoire des Chananéens[1], à soumettre les Hébreux à ses lois. Au bout de ce temps, il essaya de nouveau de s'établir en Syrie. Prenant une route différente de celle qu'il avait suivie lors de sa première expédition, il marcha à l'est du lac Asphaltite, en évitant toutefois de passer sur les terres du roi d'Édom, dont il redoutait la puissance[2]. Moïse s'était ménagé, de ce côté, l'appui ou au moins la neutralité de plusieurs peuplades, en publiant que les Hébreux avaient avec eux une origine commune, et en pro-

---

[1] *Deutéronome*, chap. 1ᵉʳ, v. 46; chap. 2, v. 14.
[2] *Nombres*, chap. 20.

mettant de respecter leurs possessions et de payer jusqu'à l'eau que l'on boirait en traversant leur territoire[1].

Attaqué dans sa marche, il remporta plusieurs victoires signalées, et s'empara d'une contrée fertile située à la gauche du Jourdain : là, sentant ses forces s'affaiblir, il voulut encore rendre sa mort utile à ses desseins. Il annonça au peuple que Dieu lui avait refusé d'entrer dans la terre promise, pour avoir une fois, une seule fois, douté de sa puissance[2], et il proclama, au nom de l'Éternel, Josué pour son successeur. Ayant gravi les monts d'Abarim et de Nébo, il montra de la main aux Hébreux la terre qui serait la récompense de leur valeur, et surtout de leur foi religieuse. Je me représente ce vieillard vénérable sous les traits du Moïse de Michel-Ange, dans l'église de Saint-Pierre *in vincoli*, à Rome; son front sillonné par l'âge a seulement plus de calme; ses yeux ont conservé leur feu et ont plus de douceur; la main du temps a respecté la majesté de ses traits; ses dents, blanches comme l'ivoire[3], sont ombragées par une barbe épaisse qui descend sur sa poitrine. Il marche avec lenteur, mais avec assurance : sa pâleur et ses regards dirigés vers le ciel annoncent seuls qu'il va quitter la terre pour une plus sainte demeure. Les guerriers, les femmes, les enfans, les esclaves même, l'entourent avec inquiétude : d'une voix inspirée, il leur prédit leurs destins à venir; il les bénit; la foule tombe à ge-

---

[1] *Deutéronome*, chap. 2.
[2] *Nombres*, chapitre 20, v. 12. *Deutéronome*, chap. 32, v. 51.
[3] « Moïse avait six vingts ans lorsqu'il mourut : sa vue ne baissa point, et ses dents ne furent point ébranlées. » (*Deutéronome*, ch. 34, v. 7.)

noux; et lorsqu'il annonce sa mort, des gémissemens et des sanglots éclatent de toutes parts; il leur dit un dernier adieu, et s'éloigne. Le peuple s'est penché pour le suivre : d'un seul geste de sa main défaillante, il les retient à leur place; qui oserait désobéir à ce favori du ciel, au moment où il va se réunir à l'Éternel? On ne le vit plus reparaître; et Josué, l'unique confident de ses desseins, et sans doute de sa dernière résolution, ramena les tribus d'Israël dans la plaine de Moab, où elles pleurèrent trente jours leur législateur et leur père.

Je ne pousserai pas plus loin mes recherches : la génération qui passa le Jourdain était étrangère à l'Égypte, et son histoire ne se rattacherait pas suffisamment au plan de cet ouvrage.

Je terminerai par cette réflexion, que tout ce que nous venons d'extraire du Pentateuque, est tellement vraisemblable et coïncide si parfaitement avec le récit des auteurs profanes, qu'il est impossible que cet ouvrage ait été enfanté, comme on a voulu le prétendre, par l'imagination d'Esdras ou d'Helcias, dans des vues politiques et religieuses. Ces prêtres juifs auraient d'ailleurs donné aux Hébreux des ancêtres riches et puissans; ils eussent parlé de victoires, et non de défaites. Quand on invente l'histoire de sa nation, l'amour-propre est là qui dicte chaque phrase.

MÉMOIRE

SUR

LES MESURES AGRAIRES

DES ANCIENS ÉGYPTIENS,

Par M. P. S. GIRARD,

Ingénieur en chef des Ponts et Chaussées, Directeur du canal de l'Ourcq et des eaux de Paris, Membre de l'Institut royal de France et de celui d'Égypte, Chevalier de la Légion d'honneur.

SECTION PREMIÈRE.

Des mesures agraires de l'Égypte sous les anciennes dynasties. — On retrouve l'unité de mesure agraire contenue exactement dans la surface de la base de la grande pyramide.

C'est le caractère distinctif le plus remarquable du climat de l'Égypte, que la fécondité ou la stérilité des terres y dépend d'un seul phénomène. Partout ailleurs une multitude de circonstances influent sur la fertilité du sol; elle n'est en Égypte que le résultat naturel du débordement du Nil. Les mêmes terres y sont fécondes ou stériles, suivant qu'elles ont participé au bienfait de ce débordement, ou qu'elles en ont été privées; et comme la hauteur à laquelle le fleuve s'élève, et par conséquent l'étendue de pays qu'il submerge, varient d'une année à l'autre, on est obligé, tous les ans, après la retraite des eaux, de mesurer la superficie des terres qui ont été inondées, parce qu'étant les seules susceptibles de culture, elles sont aussi les seules qui doivent acquitter la redevance des propriétaires et les impôts que le gouvernement perçoit.

Ce qu'on pratique aujourd'hui en Égypte est la représentation fidèle de ce qu'on y a pratiqué dès les premiers temps de la civilisation de cette contrée. Ses habitans, forcés de renouveler périodiquement le mesurage de leurs terres, devinrent habiles dans cet art, et ce fut chez eux que les autres peuples en puisèrent les premières notions. Voilà pourquoi tous les témoignages de l'antiquité se réunissent pour attribuer aux Égyptiens l'invention de la géométrie [1]; science dont le nom seul, expliqué littéralement, annonce qu'elle se réduisait dans son origine aux opérations de l'arpentage.

On sait que le peuple d'Égypte était partagé en plusieurs castes [2], et que l'étude et la pratique des sciences étaient uniquement réservées aux prêtres, qui composaient la première de ces castes. Parmi les livres hermétiques confiés à leur garde, et dont eux seuls avaient connaisance, suivant Clément d'Alexandrie, il y en avait deux consacrés à la description détaillée de l'Égypte

---

[1] Plato, *in Phædro*. Herodot. *Hist.* lib. II, cap. 109. Strabo, *Geograph.* lib. XVII, pag. 657 et 787. Diodor. Sicul. *Biblioth. hist.* lib. I, sect. 11, cap. 22. Jamblicus, *de Vita Pythagoræ*, cap. 22, etc., etc.
[2] Herod. *ibid.* cap. 164. Diodor. *ibid.* cap. 24 et 29.

et du cours du Nil[1] : c'était, à proprement parler, une espèce de cadastre dont ils étaient dépositaires.

Si l'on considère que les débordemens du Nil peuvent, chaque année, confondre les propriétés en faisant disparaître une partie de leurs limites, on concevra aisément que le droit de conserver les registres qui contenaient la description de ces propriétés, était un des principaux priviléges de l'ordre sacerdotal. Il devait nécessairement donner à ceux qui en jouissaient un crédit d'autant plus grand et une influence d'autant plus marquée, que l'on éprouvait plus souvent le besoin de s'adresser à eux pour obtenir des renseignemens qu'eux seuls étaient capables de fournir. Ceci explique le soin que prenaient les prêtres de conserver dans leurs familles le genre d'instruction qui pouvait contribuer le plus sûrement au maintien de la considération et des priviléges de leur caste.

« Les prêtres, dit Diodore de Sicile, instruisent leurs enfans en deux sortes de sciences qui ont leurs caractères ou leurs lettres particulières; savoir, les sciences sacrées et les sciences profanes : mais ils leur font apprendre surtout la géométrie et l'arithmétique; car, comme le fleuve, en se débordant tous les ans, change souvent la face de la campagne et confond les limites des héritages, il n'y a que des gens habiles dans l'art d'arpenter et de mesurer les terres qui, en assignant à chacun ce qui lui appartient, puissent prévenir les procès qui naîtraient continuellement entre les voisins. Ainsi l'arithmétique leur sert non-seulement pour les

[1] Clem. Alexand. *Strom.* lib. v, pag. 566.

spéculations de la géométrie, mais encore pour les besoins de la société[1]. »

Ces témoignages prouvent suffisamment que l'arpentage des terres était une des principales fonctions des prêtres égyptiens. Malheureusement la perte de leur ancienne langue et la destruction des ouvrages qui auraient pu nous éclairer sur l'état de leurs connaissances, nous réduisent aujourd'hui à rechercher, dans un très-petit nombre de passages anciens et dans quelques usages conservés jusqu'à présent, l'origine des mesures agraires, leurs valeurs primitives, et l'ordre des changemens que le système de ces mesures a éprouvés.

Les prêtres égyptiens, aux récits desquels Hérodote doit, comme on sait, la connaissance de la plupart des faits qu'il nous a transmis, apprirent à cet historien que Sésostris, un de leurs anciens rois, avait partagé l'Égypte entre tous ses habitans, et qu'il avait donné à chacun une portion égale de terre, sous la condition de payer un tribut annuel. « Si le fleuve enlevait à quelqu'un une partie de sa propriété, il allait trouver le roi, et lui exposait ce qui était arrivé. Le prince envoyait sur les lieux des arpenteurs pour voir de combien l'héritage était diminué, afin de ne faire payer la redevance qu'à proportion du fonds qui restait[2]. »

Les chronologistes placent le règne de Sésostris en-

---

[1] Diodore de Sicile, l. 1, sect. 11, traduction de l'abbé Terrasson, t. 1, pag. 172.

[2] Hérodote, liv. 11, chap. 109, traduct. de Larcher. — Moïse attribue à Joseph ce que les prêtres égyptiens attribuaient à Sésostris sur la redevance que les terres supportaient; il indique même en quoi elle consistait:

Emit igitur Joseph omnem terram Ægypti, vendentibus singulis possessiones suas præ magnitudine famis; subjecitque eam Pharaoni,

viron quinze cents ans avant notre ère : ainsi il reste constant, par ce passage, que l'art de mesurer les terres en Égypte remontait, dès le siècle d'Hérodote, à une haute antiquité, et que les terres cultivées étaient les seules assujetties à payer l'impôt.

Dans un autre endroit, le même historien rapporte « que les gens de guerre et les prêtres étaient les seuls qui, pour marque d'un honneur insigne, possédaient chacun douze mesures de terre exemptes de toute sorte de charges et de redevances[1]. » Il traduit par le mot grec ἄρουρα (aroure) le nom de la mesure agraire dont il est question ici. C'était, suivant la définition qu'il en donne, un carré dont le côté avait de longueur cent coudées d'Égypte[2], et dont la superficie était égale à celle qu'une paire de bœufs pouvait labourer en un jour.

Et cunctos populos ejus à novissimis terminis Ægypti usque ad extremos fines ejus.

Præter terram sacerdotum, quæ à rege tradita fuerat eis, quibus et statuta cibaria ex horreis publicis præbebantur, et idcirco non sunt compulsi vendere possessiones suas.

Dixit ergò Joseph ad populos : En ut cernitis, et vos et terram vestram Pharao possidet : accipite semina, et serite agros,

Ut fruges habere possitis. Quintam partem regi dabitis : quatuor reliquas permitto vobis in sementem, et in cibum familiis et liberis vestris.

Qui responderunt : Salus nostra in manu tua est : respiciat nos tantùm dominus noster; et læti serviemus regi.

Ex eo tempore usque in præsentem diem, in universa terra Ægypti regibus quinta pars solvitur, et factum est quasi in legem, absque terra sacerdotali, quæ libera ab hac conditione fuit. (Genesis, c. XLVII, vers. 20, 21, 22, 23, 24, 25, et 26.)

S'il faut en croire Paul Orose, prêtre espagnol, qui voyagea en Afrique et en Syrie, et qui écrivit son Histoire dans le ve siècle, les impôts en nature qu'on levait en Égypte à cette époque, étaient encore perçus sur le même pied.

Quamquam hujus temporis (Josephi patriarchæ) *argumentum, historiis fastisque reticentibus, ipsa sibi terra Ægypti testis pronunciat : quæ tunc redacta in potestatem regum, restitutaque cultoribus suis, ex omni fructu suo usque ad nunc quintæ partis incessabile vectigal exsolvit.* (Paul. Oros. *Hist.* lib. I, cap. 8.)

[1] Herodot. *Hist.* lib. II, c. 168.
[2] *Ibid.*

Nous avons retrouvé l'ancienne coudée d'Égypte dans le nilomètre d'Éléphantine, et nous avons fait voir que la découverte de cette unité de mesure dissipait toutes les incertitudes que l'on avait eues jusqu'à présent sur sa véritable longueur. Sa valeur exacte est comprise entre $0^m,525$ et $0^m,527$ [1] : le côté de l'aroure égyptienne était, par conséquent, de $52^m,3$ ou de $52^m,7$; et sa surface, de 2756 mètres carrés environ.

Mais on conçoit que, dans la pratique du mesurage des terres, on aurait perdu beaucoup de temps si l'on avait mesuré le côté de l'*aroure* en appliquant successivement le long de cette ligne une coudée simple; on fut donc naturellement conduit à substituer à cette mesure une unité de mesure plus longue formée d'un certain nombre de coudées, et l'on obtint ainsi pour l'arpentage un instrument particulier.

L'arpentage annuel des terres de l'Égypte n'ayant éprouvé aucune interruption depuis un temps immémorial, et les Égyptiens ayant toujours été religieusement attachés à leurs anciennes coutumes, il est extrêmement probable que les procédés du mesurage de leurs terres ont été transmis d'âge en âge aux arpenteurs actuels, sans éprouver de modification. Ce qu'ils pratiquent aujourd'hui semble par conséquent devoir donner une idée exacte de ce qui se pratiquait dans l'antiquité.

Or, voici à quoi se réduit aujourd'hui leur procédé de mesurage : l'arpenteur, tenant d'une main un long roseau qui lui sert de mesure, se place à l'extrémité de la ligne qu'il doit mesurer; il applique sur le sol, dans

[1] Mémoire sur le nilomètre d'Éléphantine, tom. VI, *A. M.*

la direction de cette ligne, le roseau qu'il tient à la main, et trace avec son extrémité antérieure un léger sillon transversal pour indiquer le point auquel cette extrémité correspond; cela fait, il relève sa mesure, et s'avance dans la même direction jusqu'à ce qu'il soit parvenu au-dessus de la première trace dont on vient de parler; il y soutient, le plus près possible du sol, l'extrémité postérieure du roseau; pendant qu'il le tient dans cette position, il trace de son extrémité opposée un second sillon transversal; il reporte le bout postérieur de la canne sur ce second sillon, et ainsi de suite, en continuant de marcher, la mesure en avant, jusqu'à ce qu'il ait parcouru toute la ligne dont il fallait déterminer la longueur.

On voit que ce procédé de mesurage est de la plus grande simplicité, et n'exige, de la part des hommes habitués à l'employer, guère plus de temps qu'ils n'en mettraient à parcourir, en marchant au pas, l'intervalle qu'ils doivent mesurer. Si ce procédé n'est pas rigoureusement exact, parce que l'arpenteur est obligé de tenir à une certaine hauteur au-dessus du sol l'extrémité de la canne à laquelle sa main est appliquée, ce qui diminue l'unité de mesure de la différence qui existe entre la longueur absolue de cette canne et sa projection horizontale, on comprend aisément que cette différence est trop faible pour avoir une influence notable dans le résultat de l'opération, et que les inconvéniens qui pourraient provenir de cette inexactitude sont amplement compensés par l'avantage que présente un procédé aussi expéditif. Il faut considérer de plus que la différence entre la longueur absolue de la canne et sa projection horizontale sur le sol est d'autant moindre, que cette unité de mesure est plus longue; ce qui a dû porter à lui donner toute la longueur dont elle était susceptible, sans devenir trop flexible ou trop pesante. Le choix de la matière dont on devait la former n'était donc point indifférent : il fallait qu'elle fût tout-à-la-fois rigide et légère; double propriété dont jouissent, exclusivement à toute autre substance, les grands roseaux qui croissent sur les bords du Nil et des canaux dont l'Égypte est entrecoupée. Il serait donc naturel de croire que la mesure portative employée dans l'antiquité pour les opérations de l'arpentage était, comme aujourd'hui, fabriquée avec un roseau, quand le nom qui sert à la désigner dans les langues orientales n'en fournirait pas la preuve[1].

Puisque l'unité de mesure agraire était un carré de cent coudées de côté, il est évident que la longueur de la canne d'arpentage dut être primitivement l'un des facteurs de ce nombre. On avait à remplir, dans le choix de ce facteur, deux conditions essentielles : la première, de donner à l'instrument la plus grande longueur possible, afin d'abréger les opérations du mesurage; la seconde, de limiter cette longueur, de telle sorte que l'instrument ne fléchît pas sous son propre poids et conservât sa rectitude. Un roseau de cinq coudées remplissait ces deux conditions. Il était d'ailleurs facile de s'en procurer partout. On en forma donc une me-

---

[1] Le mot *qasâb*, par lequel on désigne la canne actuelle des arpenteurs égyptiens, signifie un *roseau*.

sure usuelle, laquelle, appliquée vingt fois de suite sur le terrain dans la même direction, donnait le côté de l'aroure. L'unité de mesure agraire de dix mille coudées superficielles fut ainsi transformée en une autre de quatre cents *cannes* carrées; expression qui, se trouvant plus simple et plus appropriée à l'étendue des surfaces qu'elle devait servir à déterminer, fut la seule que l'on conserva.

Nous ferons remarquer ici que ce nombre de quatre cents cannes superficielles a quatorze diviseurs [1]; ce qui permet de le sous-diviser exactement en autant de parties, et le rend très-propre à faciliter les conventions dont le partage des terres peut être l'objet.

Rendre les opérations de l'arpentage plus expéditives dans un pays où elles se renouvellent continuellement, c'était résoudre un problème de la plus haute importance. Les prêtres égyptiens, qui, comme on sait, étaient chargés de ces opérations, dirigèrent probablement leurs recherches de ce côté. Le besoin de l'art qu'ils exerçaient, les conduisit aux propositions élémentaires de la géométrie spéculative, et ils trouvèrent une nouvelle *canne*, qui, aussi facile à employer que celle de cinq coudées, l'emportait sur elle par l'avantage qu'elle procurait d'abréger beaucoup la pratique de l'arpentage, sans altérer sensiblement la valeur de la mesure agraire primitive. S'il nous est permis de hasarder ici quelques conjectures, voici comment on fut conduit à faire cette substitution.

[1] Ces diviseurs sont les nombres 1, 2, 4, 5, 8, 10, 16, 20, 25, 40, 80, 100, 200, 400.

Que l'on divise par sa diagonale un carré tracé sur un plan; les deux triangles auxquels cette ligne sert de base commune, sont évidemment égaux entre eux.

Que l'on construise ensuite sur cette diagonale un deuxième carré, en dedans duquel les côtés du premier soient prolongés; ces côtés formeront les diagonales du second, et le partageront en quatre triangles, dont chacun sera précisément égal à chacun des deux triangles du premier carré. Le simple tracé de cette figure démontre donc qu'un carré quelconque est précisément la moitié de celui qui serait construit sur sa diagonale. Cette proposition, qui n'est qu'un cas particulier du fameux théorème dont la démonstration est attribuée à Pythagore [1], porte par son évidence le caractère d'un axiome, et ne put échapper aux premiers géomètres, c'est-à-dire aux arpenteurs égyptiens. Il leur fut aisé d'en conclure que, la diagonale étant plus courte que deux côtés du carré pris ensemble, on mesurerait un carré double en moins de temps que deux carrés simples; et qu'ainsi, si l'on substituait la double aroure à

---

[1] Ce théorème est celui qui énonce *l'égalité entre le carré formé sur l'hypoténuse d'un triangle rectangle, et la somme des carrés formés sur les deux autres côtés de ce triangle*; théorème pour la découverte duquel on raconte que, transporté de joie et plein de reconnaissance envers les dieux qui l'avaient si bien inspiré, Pythagore leur immola cent bœufs. Diogène-Laërce, Porphyre et Jamblique, qui ont écrit la vie de ce philosophe, s'accordent tous les trois à dire qu'il apprit la géométrie et l'astronomie des prêtres égyptiens, avec lesquels il demeura plusieurs années enfermé, se faisant initier aux mystères de leur religion. (Diogène-Laërce, liv. VIII. Porphyre, *de Vita Pythagoræ*. Jamblique, *de Vita Pythagoræ*, cap. 4 et 29.) Pythagore ayant fondé son école en Italie, après s'être instruit dans les diverses sciences de l'Égypte et de tous les pays de l'Orient où il avait voyagé, put bien s'attribuer, pour donner une plus grande célébrité à cette école, le fameux théorème dont il est question ici.

l'aroure primitive, on abrégerait la durée des opérations de l'arpentage autant que la diagonale est plus courte que la somme des deux côtés du carré dans lequel elle est tracée.

Il s'agissait de déterminer le rapport entre ces deux quantités; ou bien, en appliquant cette recherche à l'unité de mesure agraire, il s'agissait de trouver combien de cannes de cinq coudées étaient contenues dans la diagonale d'un carré de vingt cannes de côté. On trouva que cette ligne en contenait plus de vingt-huit et moins de vingt-neuf; en ramenant à cent coudées la longueur du côté de l'aroure, on trouva encore que la diagonale de ce carré était au-dessus de cent quarante-une coudées et au-dessous de cent quarante-deux; enfin, poussant plus loin l'exactitude de la recherche, on reconnut qu'en quelques petites fractions de coudées qu'on exprimât le côté de l'aroure, on ne pouvait parvenir à exprimer exactement en unités de la même espèce le côté de la double aroure; singularité qui fut sans doute le premier exemple frappant de quantités géométriques incommensurables entre elles. Au reste, il n'était pas très-important ici d'obtenir le rapport rigoureux entre la diagonale et le côté du carré; le procédé de mesurage que nous avons décrit, était suffisamment exact pour les besoins de l'agriculture. Ces besoins n'exigeant pas dans la détermination des longueurs une précision mathématique, il y avait beaucoup moins d'inconvéniens à faire subir à l'unité de mesure agraire une légère altération, qu'il n'y avait d'avantages à accélérer les opérations de l'arpentage annuel : ainsi, sans être arrêté par l'impossibilité d'assigner le rapport entre le côté de l'aroure simple et celui de la double aroure, on s'en tint à rechercher par quel nombre entier de cannes celui-ci devait être représenté, lorsque celui-là était composé de vingt cannes.

Nous avons vu qu'alors la valeur exacte du côté de la double aroure était comprise entre vingt-huit et vingt-neuf cannes : c'était, par conséquent, entre ces deux nombres qu'il fallait choisir la racine de la nouvelle mesure agraire. Examinons quels motifs dûrent déterminer ce choix.

L'unité de mesure primitive étant de quatre cents cannes superficielles, la valeur exacte de la double aroure aurait été de huit cents. Or, le carré de 28 est 784, et celui de 29 est 841 ; le premier de ces nombres est moindre de 16 et le second plus grand de 41 cannes superficielles que la double aroure : il y avait donc, sous ce rapport, une première raison de préférer le nombre de vingt-huit cannes à celui de vingt-neuf, puisque la surface résultant de l'emploi du premier approchait plus que la surface résultant de l'emploi du second, de l'unité de mesure agraire de huit cents cannes qui servait de type, et avec laquelle il fallait coïncider.

Une seconde raison de cette préférence se trouve dans la composition même de ces nombres : en effet, le nombre 28 a six diviseurs entiers[1], ce qui permettait le partage de la double aroure en parties aliquotes, tandis que le nombre 29 est un nombre premier.

---

[1] Ces diviseurs sont les nombres 1, 2, 4, 7, 14, 28.

Enfin, si, comme on n'en peut douter, la redevance que les terres supportaient s'appliquait à chaque unité de mesure agraire, on dut plutôt diminuer qu'augmenter la surface de cette unité quand l'étendue en fut altérée, parce que cette diminution, qui augmentait la quantité des mesures de terre imposables, s'accordait avec les intérêts du gouvernement et des propriétaires, qui avaient plus de pouvoir et qui jouissaient d'une plus grande influence que les cultivateurs.

Nous voici donc amenés à une nouvelle unité de mesure agraire dont le côté était de vingt-huit cannes de cinq coudées chacune, et qui, à un cinquantième près, équivalait au double de l'aroure primitive : on avait, en l'adoptant, abrégé les opérations de l'arpentage; mais une autre considération indiqua bientôt les moyens de les abréger encore plus.

En effet, vingt-huit cannes de cinq coudées chacune équivalent à cent quarante coudées ; or, cette longueur de cent quarante coudées peut aussi se former de vingt cannes de sept coudées chacune. Il était facile de trouver des roseaux assez longs et assez forts pour fabriquer ce nouvel instrument. On voit qu'il ne fallait l'appliquer que vingt fois de suite sur le côté de la double aroure, tandis qu'il fallait appliquer vingt-huit fois de suite sur la même ligne la canne de cinq coudées. On abandonna donc l'usage de celle-ci : en lui substituant une canne de deux coudées plus longue, l'unité de mesure agraire resta composée de quatre cents cannes superficielles, c'est-à-dire précisément d'un même nombre de cannes que l'aroure primitive ; avantage d'autant plus précieux, que les habitans des campagnes conservaient par-là l'usage des sous-divisions de l'aroure auxquelles ils étaient accoutumés.

On ne trouve dans l'antiquité aucun témoignage positif sur l'emploi de la canne de *sept coudées*, et sur la substitution de la *double aroure* de quatre cents cannes superficielles à la *simple aroure* de cent coudées de côté, indiquée par Hérodote. Mais le silence des anciens auteurs sur ce sujet n'a rien qui doive surprendre : car aucun ouvrage d'auteurs égyptiens qui se soient occupés de cette matière, n'est parvenu jusqu'à nous; et ce que nous savons sur les usages et les lois de cet ancien peuple, nous a été transmis par un très-petit nombre d'historiens étrangers, dont l'objet était plutôt de conserver la mémoire des révolutions politiques de ce pays, que d'entrer dans les détails minutieux de l'économie civile.

Peut-être, après avoir lu ce qui précède, objectera-t-on que la formation d'une mesure agraire de quatre cents *cannes septénaires*, dérivée de l'*aroure* primitive de dix mille coudées superficielles, aurait exigé, de la part des arpenteurs d'Égypte, des notions de calcul et de géométrie qui étaient au-dessus de leur portée. Mais cette objection tombe d'elle-même, si l'on considère que l'arpentage des terres était une des attributions les plus importantes des prêtres égyptiens, et que, livrés dès la plus haute antiquité à l'étude de la géométrie, de l'arithmétique et de l'astronomie, les progrès qu'ils firent dans ces sciences les rendirent capables de devenir les instituteurs de Pythagore, de Platon, d'Eudoxe, d'Archimède et de la plupart des anciens philosophes[1].

Ce furent aussi les prêtres égyptiens qui, pour donner à Hérodote une juste idée du privilége dont ils jouissaient, de posséder chacun douze aroures exemptes des redevances auxquelles les autres propriétés étaient sujettes, lui apprirent que l'aroure était un carré de cent coudées de côté[2]. Il est manifeste que cette définition s'appliquait à l'*aroure primitive*, c'est-à-dire à celle qui était en usage lors de l'établissement du privilége dont il s'agit. Il était inutile d'ajouter à ce renseignement le récit des changemens que l'on avait fait subir depuis au premier type des mesures agraires, à dessein d'abréger les opérations de l'arpentage; il ne l'était pas moins de décrire les instrumens employés à ces opérations : ces détails de pratique ne pouvaient intéresser un étranger; et s'ils furent donnés à Hérodote, il est probable qu'il ne les jugea pas dignes d'être écrits.

Au reste, ce que nous n'avons présenté jusqu'à présent que comme de simples conjectures, acquerrait le caractère de la certitude, si l'on parvenait à faire voir qu'antérieurement aux plus anciennes époques connues, il existait en Égypte une unité de mesure superficielle dont le côté était formé de vingt cannes de sept coudées chacune. Or, il suffirait pour cela de retrouver, entre des limites invariables, une surface qui contînt un nombre exact de ces mesures, si d'ailleurs on était suffi-

---

[1] Strab. lib. XVII, pag. 806. Diogen. Laert. lib. VIII, lib. III. Diodor. Sicul. lib. I, sect. II, cap. 36.
[2] Herodot. lib. II, cap. 168.

samment fondé à conclure de l'étendue et de la figure de cette surface l'intention de la régulariser par ce moyen.

Nous avons rapporté, dans notre Mémoire sur le nilomètre d'Éléphantine, plusieurs observations qui prouvent que les constructeurs de la grande pyramide avaient eu l'intention de donner aux dimensions des principales parties de ce monument un nombre rond de l'unité de mesure linéaire qu'ils employaient [1]. Cette considération, à l'aide de laquelle Newton avait déjà été conduit à la détermination de la coudée égyptienne [2], ne doit-elle pas conduire à déterminer l'unité de mesure agraire, en supposant que la base de la grande pyramide contienne un nombre rond de ces unités de mesures superficielles? La précision avec laquelle le côté de cette base a été mesuré par MM. Le Père et Coutelle, garantit l'exactitude du résultat qu'on obtiendrait en admettant cette hypothèse, si en effet elle est conforme à la vérité.

La longueur du côté de la base de la grande pyramide a été trouvée très-exactement $232^m,67$; la superficie de cette base est par conséquent de 54135 mètres carrés.

Supposons que l'on ait voulu donner à cette superficie dix unités de la mesure agraire qui était alors en usage: chacune de ces unités aurait été de $5413^m,5$; et le côté du carré qu'elle représente, de $73^m,57$.

Supposons encore que ce côté ait été composé de vingt cannes d'arpentage; on trouve pour la longueur de cette canne $3^m,677$.

---

[1] Mém. sur le nilomètre d'Éléphantine, tom. VI. *A. M.*

[2] Newtoni *Opuscula mathematica et philosophica*, tom. III, pag. 493.

Supposons enfin que cette mesure portative ait été elle-même formée de sept coudées : la longueur de celle-ci sera de 0^m,525, c'est-à-dire précisément égale à celle que nous avons déduite des dimensions de la chambre sépulcrale pratiquée dans l'intérieur de la grande pyramide, et que nous avons retrouvée dans le nilomètre d'Éléphantine[1].

Nous voilà donc parvenus, par une suite d'hypothèses sur l'unité de mesure agraire, à découvrir une valeur de la coudée égyptienne absolument identique avec celle que l'on connaissait déjà, et sur l'exactitude de laquelle il ne pouvait rester aucun doute[2] : d'où il

---

[1] *Voyez* le Mémoire sur le nilomètre d'Éléphantine, déjà cité.

[2] J'ai rapporté, dans mon Mémoire sur le nilomètre d'Éléphantine, diverses preuves qui constatent l'existence et l'usage en Égypte d'une coudée de sept palmes, c'est-à-dire d'un palme plus longue que la coudée naturelle dont les Grecs avaient adopté l'emploi. Depuis la publication de ce mémoire, j'ai eu occasion d'en recueillir de nouvelles à l'appui de celles que j'ai citées; comme elles sont propres à jeter un nouveau jour sur ce point fondamental de métrologie, elles trouvent naturellement place ici.

« Sésostris, dit Diodore de Sicile, laissa en quelques endroits sa statue en pierre, ayant des traits et une lance à la main, et de quatre palmes plus haute que les quatre coudées de sa taille naturelle. » (Livre I, page 120, traduction de l'abbé Terrasson.)

On savait que la stature humaine était de quatre coudées naturelles : si donc on suppose que l'usage d'une coudée de sept palmes de longueur fût établi en Égypte, et que cette mesure, devenue portative, fût entre les mains des sculpteurs égyptiens, il fallait nécessairement que les figures auxquelles ils donnaient quatre de ces coudées pour conserver les proportions du corps humain, eussent quatre palmes de hauteur de plus que les quatre coudées naturelles. Peut-être aussi, tandis que la coudée naturelle servait de module aux statues des autres hommes, par une exception que commandaient la puissance de Sésostris et le rang qu'il occupait dans l'ordre sacerdotal, prit-on pour module de ses statues la coudée sacrée de sept palmes, de même que l'on exprima en coudées septénaires les dimensions des édifices sacrés des Hébreux. L'accord que présentent l'observation de l'historien grec sur les statues de Sésostris, et les prescriptions du prophète Ézéchiel à l'occasion du temple et de l'autel,

suit que ces hypothèses sont conformes à la vérité, et qu'à l'époque de la construction des pyramides, il existait en Égypte une unité de mesure agraire double de l'espace que l'on pouvait labourer en un jour; que cette unité était un carré dont le côté contenait vingt *cannes*

dont il donne les dimensions, mérite d'être remarqué.

Nous voilà donc conduits, par le témoignage de Diodore de Sicile, à reconnaître une coudée de sept palmes, employée en Égypte du temps de Sésostris. Un témoignage plus récent va nous indiquer sa longueur absolue.

Édouard Bernard (*De ponderibus et mensuris*, lib. III, pag. 217) compte parmi les différentes coudées arabes, dont il donne la définition d'après Kalkachendy, la *coudée noire*, et la coudée dite *de Joseph*, laquelle est de deux tiers de doigt plus courte que la coudée noire. Celle-ci étant, comme on sait, la coudée nilométrique du meqyàs de l'île de Roudah, se trouve aujourd'hui parfaitement connue; il ne reste, par conséquent, qu'à déduire de sa valeur celle de la coudée de *Joseph*, d'après le rapport qui vient d'être donné entre ces deux unités de mesure.

Observons d'abord que les habitans actuels de l'Égypte, juifs, chrétiens ou mahométans, attribuent généralement à Joseph les anciens monumens ou les anciens usages dont ils ignorent l'origine. Ainsi un ancien canal qui se rend de la Thébaïde dans la province de Fayoum, est appelé *le canal de Joseph*. Le mode d'irrigation de cette province est particulièrement attribué à *Joseph*. Le puits de la citadelle du Kaire est appelé *le puits de Joseph*. Une grande salle de ce château s'appelle *le divan de Joseph*. Les magasins du vieux Kaire où l'on dépose les grains provenant de l'impôt en nature levé dans la haute Égypte, sont désignés sous le nom de *greniers de Joseph*. Ils attribuent à *Joseph* le mode de perception des impôts et l'invention du papier: quelques auteurs orientaux disent même que ce fut *Joseph* qui construisit les pyramides. Ce préjugé général, qui rapporte à ce patriarche tout ce dont l'origine est inconnue, ne fonde-t-il pas à conclure de la dénomination même de *coudée de Joseph*, que cette coudée est la coudée égyptienne antique, dont l'usage remonte au-delà des périodes connues de l'histoire? Il nous reste à montrer comment le calcul le plus simple justifie cette conjecture.

Nous avons fait voir ailleurs (*Mémoire sur le nilomètre d'Éléphantine*) que la longueur de la coudée noire est de $0^m,5412$. Elle est divisée en 24 doigts de $0^m,0225$ chacun, dont les deux tiers sont par conséquent de $0^m,0150$. La *coudée de Joseph*, de deux tiers de doigt plus courte que la *coudée noire*, est donc de $0^m,526$, c'est-à-dire précisément égale à la coudée du nilomètre d'Éléphantine et des pyramides. Ainsi cette preuve s'ajoute à toutes celles que nous avons déjà données de l'authenticité de cette unité de mesure.

d'arpentage; enfin, que cette *canne d'arpentage* avait sept coudées de longueur.

Nous avons fait voir ailleurs comment, avant l'invention des mesures portatives, les Égyptiens furent conduits naturellement à se servir d'une coudée composée de sept palmes [1]. Nous venons de montrer comment les premières notions de la géométrie amenèrent chez eux l'usage d'une canne de sept coudées. D'un autre côté, les plus anciennes observations astronomiques dont le mouvement de la lune avait été l'objet, avaient donné lieu à la division naturelle du temps en périodes de sept jours. Voilà donc le temps et l'espace mesurés par des unités septénaires : cela ne suffisait-il pas pour faire regarder le nombre *sept* comme doué de quelque propriété mystérieuse, et pour le faire placer par les prêtres égyptiens au premier rang de leurs nombres sacrés [2] ?

Mais les besoins de la vie civile réclamaient une sous-division commode des différentes unités de mesure que que l'on employait, et le nombre *sept* ne se prêtait point à cette sous-division.

Ce fut ce qui obligea de transformer en une coudée de six palmes fictifs l'unité de mesure qui avait été primitivement formée de sept palmes naturels. La même raison fit retrancher une coudée de la canne d'arpentage [3], qui, par-là, réduite à six coudées, servit à tous les autres usages, et se retrouve sous cette forme

---

[1] Mém. sur le nilomètre d'Éléphantine, *section* II, tom. VI, *A. M.*

[2] *Voyez* sur le nombre *sept*, considéré comme nombre sacré, l'*OE-dipe* de Kircher, t. II, et l'*Origine des cultes* de Dupuis.

[3] Cette canne de six coudées septénaires est celle dont Ézéchiel pres-

dans les systèmes métriques des Hébreux et des Égyptiens.

Les recherches dont nous venons de présenter les résultats, nous ont conduits à déterminer la véritable valeur de la mesure agraire la plus anciennement employée : nous allons confirmer ces résultats par de nouvelles recherches, et faire connaître les altérations que subirent ces mesures en Égypte sous les dominations étrangères auxquelles ce pays fut successivement assujetti.

SECTION DEUXIÈME.

Des mesures agraires de l'Égypte sous les Perses et les Grecs.

Aussitôt que l'Égypte eut été conquise par des étrangers, l'ordre sacerdotal perdit l'influence qu'il avait exercée auprès des anciens rois et dans les affaires principales du gouvernement. Les prêtres furent, comme on sait, l'objet des persécutions de Cambyse, et ses successeurs ne leur rendirent point le crédit dont ce conquérant les avait privés[1]. Il y avait cependant une certaine classe d'hommes que les conquérans furent intéressés à ménager : c'étaient ceux qui, employés dans les détails de l'administration du pays, en connais-

---

crit l'emploi (cap. XL, v. 5) pour servir à la mesure du temple : *Et ecce murus forinsecus in circuitu domûs undique, et in manu viri calamus mensuræ sex cubitorum et palmo.* Cette canne, plus portative, et surtout plus facile à diviser que la canne d'arpentage de sept coudées, fut employée à la mesure des édifices et aux usages ordinaires de l'architecture.

[1] Herodot. lib. III, c. 5; Diodor. Sicul. lib. I, sect. II, c. 35. Strab. lib. XVII.

saient toutes les ressources, et pouvaient seuls fournir les moyens d'asseoir et de lever les tributs. Ils dûrent au besoin qu'on avait de leurs services, de rester possesseurs du cadastre de l'Égypte ; de demeurer chargés d'observer, chaque année, les accroissemens du Nil ; de mesurer les terres qui avaient été inondées, et de répartir sur ces terres, à proportion de leur étendue, la masse des redevances auxquelles elles étaient imposées[1].

Les fonctions d'arpenteurs et d'écrivains du fisc ayant été conservées dans les familles égyptiennes qui en étaient en possession depuis un temps immémorial, il se composa de ces familles une corporation de financiers dont le crédit s'accrut par l'adresse qu'ils mirent à se rendre nécessaires. Cette corporation, qui était un démembrement de la caste sacerdotale, et dont les fonctions avaient peut-être été les moins honorées sous les anciens rois[2], conserva ses attributions sous les princes étrangers auxquels l'Égypte fut soumise ; tandis que les prêtres d'un ordre supérieur, c'est-à-dire ceux qui se livraient à l'étude de l'astronomie et des sciences spéculatives, ne pouvant appliquer utilement ces sciences à l'accroissement des revenus du prince, perdirent successivement leurs richesses, leurs priviléges, et enfin

---

[1] Quoique les Perses eussent imposé sur l'Égypte un impôt de sept cents talens d'argent, et qu'ils se fussent réservé tout le produit de la pêche du lac Mœris, l'impôt en nature continua d'être perçu. C'était sur les contributions en grains qu'était pris le blé nécessaire pour l'entretien de cent vingt mille Perses et de la garnison de Memphis. (Herod. lib. III, cap. 91.)

[2] « Les prêtres, dit Strabon (liv. XVII) cultivaient la philosophie et l'astronomie, et vivaient avec les rois. » Il est évidemment question ici d'une époque antérieure à celle où cet auteur écrivait.

l'intelligence de leur écriture sacrée, dont l'étude et la connaissance ne conduisaient plus ni aux honneurs ni à la fortune.

Telle est, en peu de mots, l'histoire de l'ordre sacerdotal en Égypte sous les dominations étrangères. A la vérité, quelques-uns des Ptolémées, se croyant intéressés à se concilier l'affection du peuple qu'ils gouvernaient, affectèrent de respecter sa religion et ses usages; ils firent construire[1] ou réparer quelques temples, et rendirent à quelques colléges de prêtres les priviléges qui leur avaient été enlevés : c'est ce que prouve évidemment la triple inscription du monument de Rosette[2];

---

[1] Vaillant, *Historia Ptolemæorum*, etc. *Inscription du monument de Rosette*, etc.

[2] Le décret gravé sur la pierre de Rosette, en écriture hiéroglyphique, en écriture cursive, et en grec, porte que Ptolémée Épiphane, en l'honneur duquel ce décret est rendu, « avait ordonné que les revenus des temples, et les redevances qu'on leur payait chaque année, tant en blé qu'en argent, ainsi que les parts réservées aux dieux sur les vignobles, les vergers, et sur toutes les choses auxquelles ils avaient droit du temps de son père, continueraient à se percevoir dans le pays; qu'il avait dispensé ceux qui appartenaient aux tribus sacerdotales de faire tous les ans le voyage par eau à Alexandrie; qu'il avait fait la remise des deux tiers sur la quantité de toile de *byssus* que les temples devaient fournir au fisc royal; qu'il avait affranchi les temples du droit d'*ardeb* imposé sur chaque *aroure* de terre sacrée, et qu'il avait semblablement aboli le droit d'*amphore* qui se prélevait sur chaque *aroure* de vigne; qu'il avait fait beaucoup de donations à Apis et à Mnevis, et aux autres animaux sacrés de l'Égypte; qu'il avait assigné avec autant de générosité que de magnificence des fonds pour fournir aux frais de leurs funérailles; qu'il avait eu soin que les droits des temples fussent conservés; qu'il avait fait faire de magnifiques ouvrages au temple d'Apis, et avait fourni pour ces travaux une grande quantité d'or et d'argent et de pierres précieuses; qu'il avait élevé des temples et des chapelles, et des autels, et qu'il avait fait faire les réparations nécessaires à ceux qui en avaient besoin, ayant le zèle d'un dieu bienfaisant pour tout ce qui concerne la Divinité ; que s'étant soigneusement informé de l'état où se trouvaient les choses les plus précieuses renfermées dans les temples, il les avait renouvelées dans son royaume autant qu'il était néces-

mais les soins apportés à conserver la mémoire de ce bienfait par cette inscription, et l'éclat de la reconnaissance dont elle est l'hommage, prouvent en même temps l'importance qu'on attachait aux dons qu'on recevait, et le besoin que l'ordre sacerdotal éprouvait d'être protégé par un gouvernement qui l'avait dépouillé, dans d'autres circonstances, d'une partie de ses possessions.

En nous occupant des recherches qui font l'objet de ce mémoire, nous avons eu plus d'une occasion de regretter que la perte des historiens originaux de l'Égypte nous ait privés de toute espèce de renseignemens positifs sur l'administration intérieure de ce pays et les changemens qu'elle éprouva : mais, si l'examen des diverses causes qui durent en maintenir ou en modifier le système, peut conduire à indiquer avec vraisemblance ses états successifs, il nous semble que les conjectures que nous venons de présenter sont d'autant plus plausibles, qu'elles dérivent naturellement des événemens, et des rapports qui s'établirent entre les habitans de l'Égypte et les conquérans qui s'en étaient emparés. Il nous paraît évident, en un mot, qu'à dater de l'invasion

---

saire : les dieux lui avaient donné en récompense la santé, la victoire, la force et les autres biens........ la couronne devant lui demeurer, ainsi qu'à ses enfans, jusqu'à la postérité la plus reculée ; et en reconnaissance de ces bienfaits, il plut aux prêtres de tous les temples de l'Égypte de décréter que la statue du roi Ptolémée Épiphane serait érigée dans chaque temple et posée dans le lieu le plus apparent, laquelle serait appelée la statue de Ptolémée vengeur de l'Égypte ; que les prêtres feraient trois fois par jour le service auprès de cette statue, et qu'il lui serait rendu dans les grandes solennités les mêmes honneurs qui devaient, suivant l'usage, être rendus aux autres dieux. » *Éclaircissemens sur l'inscription grecque du monument trouvé à Rosette*, par M. Ameilhon. Paris, floréal an XI (1803).

de Cambyse jusqu'au dernier des Ptolémées, le crédit des prêtres égyptiens et la considération dont ils jouissaient, allèrent en s'affaiblissant[1], et que les seuls membres de cette caste que le gouvernement protégea, furent ceux qu'il put employer utilement à la perception de ses revenus[2].

S'il importait aux maîtres de l'Égypte que la somme de ces revenus s'élevât le plus haut possible, le mode et les détails de la perception leur étaient indifférens, et ils ne virent aucun motif de changer les mesures agraires de l'Égypte, pourvu que le tribut mis sur les terres fût acquitté avec exactitude. Les Perses restèrent trop peu de temps dans ce pays et le possédèrent avec trop peu de tranquillité[3] pour entreprendre de substituer leurs

---

[1] Pour se convaincre de la décadence de l'ordre sacerdotal en Égypte sous les princes grecs, il suffit de lire ce que dit Strabon en parlant d'Héliopolis. On lui fit voir dans cette ville les anciennes demeures des prêtres qui se livraient à l'étude de l'astronomie et des autres sciences, lieux que Platon et Eudoxe, venus à cette école, avaient habités pendant treize ans ; mais il ne restait plus rien de ces institutions. Strabon ne trouva à Héliopolis que quelques hommes ignorans, chargés du soin des sacrifices, et d'expliquer aux voyageurs les rites d'un culte qui se réduisait alors à des pratiques extérieures. (Strabon, livre XVII, pag. 806.)

[2] Une partie de ces revenus continua d'être perçue en nature. S. Jérôme, dans ses Commentaires sur Daniel, ch. XI, rapporte que Ptolémée Philadelphe retirait de l'Égypte, chaque année, cinq millions d'ardebs de froment. *Frumenti artabas (quæ mensura tres modios et tertiam modii partem habet) quinquies et decies centena millia.*

[3] Pendant les cent quatre-vingt-quinze ans que les Perses occupèrent l'Égypte, ses habitans furent presque constamment en révolte ouverte contre les satrapes qui gouvernaient ce pays. L'an 473 avant notre ère, sous le règne d'Artaxerxès Longuemain, les habitans chassèrent ceux qui levaient les tributs. (Philo, *in Flaccum*, pag. 749.) Les dynasties égyptiennes qui s'établirent successivement à Saïs, à Mendès et à Sebennys, enlevèrent aux Perses la domination d'une partie du Delta. Ces nouveaux rois d'Égypte tirèrent de la Grèce des troupes auxiliaires, et firent aux Perses des guerres presque continuelles avec des succès variés. Enfin, Nectanebos ayant été

propres usages à ceux d'un peuple qui était fortement attaché aux siens. Les successeurs d'Alexandre, qui régnèrent plus paisiblement, et dont l'autorité fut mieux affermie, bornèrent leurs innovations dans le système métrique des Égyptiens à y introduire les divisions et les sous-divisions plus commodes du système métrique des Grecs, sans altérer la longueur absolue de la coudée qui était la base du premier [1].

L'unité de mesure agraire continua aussi d'être, comme auparavant, un carré de vingt cannes de côté; et la canne, une mesure portative de sept coudées de longueur.

SECTION TROISIÈME.

Des mesures agraires en Égypte après la conquête des Romains.

Les Ptolémées qui avaient établi le siége de leur gouvernement à Alexandrie, et qui regardaient le royaume d'Égypte comme leur patrimoine, trouvèrent les moyens de satisfaire aux prodigalités et au luxe de leur cour dans les bénéfices prodigieux qu'ils retirèrent du commerce de l'Inde, auquel ils avaient ouvert de nouvelles routes, sans avoir besoin d'augmenter les impôts que les terres supportaient avant eux [2]. Ils ne pou-

---

entièrement défait par Darius Ochus, celui-ci renouvela contre l'ordre sacerdotal les persécutions de Cambyse. (Hérod. et Diod. *passim.*) Ce fut trente-un ans après, que les Égyptiens, aigris par les vexations de toute espèce dont on les acca-blait, reçurent Alexandre plutôt comme un vengeur que comme un ennemi.

[1] *Voyez* le Mémoire sur le nilomètre d'Éléphantine, sect. IV, t. VI, *A. M.*

[2] Vaillant, *Historia Ptolemœo-*

vaient ignorer que la fertilité de l'Égypte était la source de ses véritables richesses, et que, pour en profiter, il ne fallait pas décourager l'agriculture, en lui enlevant la plus grande part de ses produits. C'était en se conformant, à cet égard, aux usages établis dès la plus haute antiquité, qu'ils pouvaient faire oublier leur origine, et familiariser les Égyptiens avec l'habitude de supporter un joug étranger.

Les Romains ne furent point guidés par les mêmes intérêts, et ne réglèrent point d'après les mêmes principes l'administration de l'Égypte, quand ils s'en furent rendus maîtres[1]. Obligés d'aller chercher hors de l'Italie les grains qui leur étaient nécessaires pour alimenter leur capitale, et privés de ceux que leur avaient fournis autrefois la Sardaigne et la Sicile, qui étaient alors épuisées, ils ne regardèrent l'Égypte que comme une province tributaire dont il fallait mettre toutes les ressources à contribution.

Tout ce qu'on sait de l'administration de l'Égypte sous les Romains, prouve que les gouverneurs qu'on y envoyait se proposèrent toujours d'augmenter la somme des tributs qu'on en retirait[2]. Recherchons ici quels

---

rum. Huet, *Histoire du commerce des anciens.* Ameilhon, *Du commerce de l'Égypte sous les Ptolémées.* Frid. Sam. de Schmidt, *De commercio et navigatione Ptolemæorum.*

[1] *Voyez* l'ouvrage intitulé, *de l'Égypte sous la domination des Romains,* par M. L. Reynier. Paris, 1807.

[2] «Ptolémée Aulètes, père de Cléopâtre, dit Strabon, retirait chaque année de l'Égypte un tribut de douze mille cinq cents talens; si un souverain qui administrait avec tant de faiblesse et de nonchalance levait sur ce pays d'aussi grands revenus, que doit-on penser de ceux que les Romains en retirent aujourd'hui, eux qui l'administrent avec tant de soins?» (Strabon, l. XVII.)

Regionem Ægypti, inundatione

furent les moyens les plus simples qu'ils dûrent employer pour y parvenir.

Il faut remarquer d'abord que les contributions de cette province étaient en grande partie acquittées en nature. Suivant l'historien Joseph, le blé transporté d'Alexandrie à Rome suffisait pour alimenter quatre mois cette capitale[1]. Cet impôt en grains avait été de tout temps proportionnel à la superficie des terres cultivées, ou, ce qui est la même chose, réparti sur chaque unité de mesure agraire : or, on pouvait accroître le produit de cet impôt, soit en exigeant de l'ancienne unité de mesure de terre une plus grande quantité de grain, soit en exigeant la même quantité de grain d'une mesure de terre plus petite.

Le premier de ces deux partis était le plus naturel : mais il aurait indiqué aux contribuables, sans qu'ils eussent besoin de recourir à aucun calcul, l'augmentation de charge que l'on aurait fait peser sur eux, et par cela même il aurait provoqué de leur part des plaintes qu'il importait de prévenir dans un pays où le peuple, extrêmement attaché à ses anciens usages, était naturellement porté à la sédition, et dans lequel les Romains n'entretenaient que trois garnisons assez éloignées les unes des autres.

On continua donc de lever la même quantité de grain

Nili accessu difficilem, inviamque paludibus, in provinciæ formam redegit (Cæsar Octavianus). *Quam ut annonæ Urbis copiosam efficeret, fossas incuriâ vetustatis limo clausas labore militum patefecit. Hujus tempore ex Ægypto Urbi annua ducenties centena millia (modiorum) frumenti inferebantur.* (Aurelius Victor, *in D. Cæsare Octaviano.*)

[1] Joseph, *de Bello Judaïco*, l. II, cap. 61.

sur l'unité de mesure agraire ; mais on substitua à la double aroure égyptienne le double jugère des Romains[1], lequel, représentant aussi la surface de terre qu'une paire de bœufs pouvait labourer en deux jours,

[1] Il serait difficile d'assigner l'époque précise à laquelle cette introduction du jugère romain eut lieu en Égypte. Ce qui est constant, c'est que, suivant le témoignage de Philon (*De plantatione Noë*), l'aroure de cent coudées de côté et de dix mille coudées superficielles y était encore une unité de mesure agraire à l'époque où il écrivait, c'est-à-dire environ quarante ans après Jésus-Christ.

Le même auteur, dans son discours contre Flaccus, rapporte que ce gouverneur de l'Égypte parvint en très-peu de temps à en connaître l'organisation intérieure, et rendit ainsi inutile un nombre considérable d'écrivains. Or, on ne pouvait parvenir à pénétrer l'espèce de mystère dont ces écrivains s'enveloppaient dans l'assiette et la perception des impôts en nature, qu'en traduisant en mesures romaines les anciennes mesures du pays. Lorsque le rapport en fut bien établi, on put se servir indifféremment des unes et des autres pour exprimer les mêmes quantités. Aussi, dès la fin du IIIe siècle, les auteurs qui traitent par occasion de cette matière, comprennent-ils dans une même nomenclature les mesures originaires de l'Égypte et celles qui y avaient été introduites par les Romains. Voilà pourquoi S. Épiphane, dans le tableau qu'il a donné des poids et mesures (*Varia sacra, curâ et studio Stephani* Le Moyne, tom. 1, pag. 470 et seq.), présente, avec les mesures égyptiennes, le *sextarius*, le *congius* de six *sextarii*, et *la livre de douze onces*, qui étaient d'origine romaine.

Quoiqu'il soit très-probable d'après cela que l'usage en devint général en Égypte, au moins pour les opérations du fisc, dès les premiers temps qui suivirent la réduction de ce pays en province, ce n'est cependant que par une loi des empereurs Valentinien, Théodose et Arcadius, promulguée en 386, que cet usage, formellement prescrit dans tout l'empire, dut être spécialement ordonné en Égypte, d'où l'on tirait en diverses denrées l'approvisionnement presque entier de Constantinople.

Cette loi porte qu'il sera placé, dans toutes les villes ou mansions, des étalons fabriqués en airain ou en pierre, de *modii*, de *sextarii* et de *poids*, afin, y est-il dit, que chacun des contribuables ait sous les yeux le type de ce qu'il doit payer aux percepteurs.

Modios æneos vel lapideos cum sextariis atque ponderibus per mansiones singulasque civitates jussimus collocari, ut unusquisque tributarius, sub oculis constitutis rerum omnium modis, sciat quid debeat susceptoribus dare ; ita ut si quis susceptorum, conditorum modiorum, sextariorum vel ponderum normam putaverit excedendam, pœnam se sciat competentem esse subiturum. (Cod. lib. x, tit. LXX.)

était moindre que la double aroure, précisément dans le même rapport que les terres d'Égypte sont plus faciles à labourer que celles du *Latium* et du reste de l'Italie. On obtint ainsi l'avantage de cacher en quelque sorte aux simples cultivateurs la véritable augmentation d'impôt dont on les surchargeait, puisqu'ils n'auraient pu déterminer cette augmentation, et par conséquent motiver leurs plaintes, qu'à l'aide de raisonnemens et de calculs au-dessus de leur portée.

Au reste, à quelques causes que l'on attribue l'introduction du jugère romain en Égypte, cette introduction est un fait sur lequel le témoignage positif de Héron d'Alexandrie ne peut laisser aucun doute. Nous allons rappeler ici le passage dans lequel cet auteur indique les différentes unités de mesure qui composaient le système métrique des Égyptiens sous les Romains, à une époque antérieure au règne d'Héraclius, sous lequel il vivait[1] : ces mesures étaient,

Le *pied royal* ou *philétérien*, de quatre palmes ou de seize doigts;
Le *pied italique*, de treize doigts et un tiers;

Antérieurement à cette époque, l'empereur Théodose avait fait transporter dans les églises les coudées sacrées qui servaient à mesurer l'accroissement du Nil, et qui étaient auparavant dans les temples de Sérapis. (Theophanes, *Chronographia*, pag. 13.) L'ancien ordre sacerdotal était depuis long-temps tout-à-fait sans crédit : Dioclétien l'avait enveloppé dans ses proscriptions; et craignant qu'il ne reprît quelque influence sur le peuple par l'exercice de l'astrologie, il la défendit par une loi. Cette même loi encourage au contraire l'exercice de la géométrie, c'est-à-dire de l'arpentage, par des motifs d'intérêt public. *Artem geometriæ discere atque exercere publicè interest : ars autem mathematicu damnabilis est et interdicta omnino.* (Loi de Dioclétien, *Cod.* lib. ix, tit. xviii.)

[1] *Voyez* la Bibliothèque grecque de Fabricius, et les Mémoires de l'Académie des inscript., t. xxiv, pag. 559.

Voici le passage de Héron :

Ὁ πούς ὁ μὲν βασιλικὸς, καὶ Φιλεταίριος λεγόμενος, ἔχει παλαιστὰς δ',

La *coudée*, de six palmes ou de vingt-quatre doigts;

La *canne d'arpentage* ou *acène*, de six coudées deux tiers, et, par conséquent, de dix *pieds philétériens*, ou de douze *pieds italiques*.

La longueur du *jugère*, continue Héron, est de vingt *cannes* de cent trente-trois *coudées* un tiers, de deux cents *pieds philétériens*, ou de deux cent quarante *pieds italiques*.

Sa largeur est de cent vingt *pieds italiques*, ou de cent *pieds philétériens*; de sorte que la surface de ce quadrilatère est égale à vingt-huit mille huit cents *pieds italiques* carrés.

Il s'agit de faire voir que le jugère de Héron n'est autre chose que le jugère romain ; et comme celui-ci était également un rectangle de deux cent quarante pieds de long sur cent vingt de large, la question se réduit à prouver l'identité du *pied italique* et du *pied romain*.

Aux preuves que j'ai données de cette identité dans mon Mémoire sur le nilomètre d'Éléphantine, j'en

δακτύλους ιϛ'. ὁ δὲ Ἰταλικὸς ποὺς ἔχει δακτύλους ιγ' τρίμοιρον.....

Ὁ πῆχυς ἔχει παλαιστὰς ϛ', δακτύλους κδ'. καλεῖται δὲ καὶ ξυλοπριστικὸς πῆχυς....

Ὁ κάλαμος ἔχει πήχεις ϛ' δίμοιρον, πόδας Φιλεταιρίους ι', Ἰταλικοὺς ιϐ'...

Ἡ δὲ ἄκενα ἔχει πόδας Φιλεταιρίους ι', ἤτοι δακτύλους ρξ'....

Τὸ ἰούγερον ἔχει πλέθρα ϛ', ἀκένας κ', πήχεις ρλγ' τρίμοιρον, πόδας Φιλεταιρίους μήκους μὲν σ', πλάτους δὲ ρ'· Ἰταλικοὺς δὲ τὸ μὲν μῆκος, πόδας σμ', τὸ δὲ πλάτος ρκ'· ὡς γίνεσθαι ἐμβαδοὺς ἐν τετραγώνῳ, ͵ϛωώ....

Ἀλλὰ ταῦτα μὲν κατὰ τὴν παλαιὰν ἔκθεσιν· τὴν δὲ νῦν κρατοῦσαν δύναμιν, ἐν τοῖς προοιμίοις τοῦ λόγου ὑπετάξαμεν....

Pes qui regius et philetærius vocatur, habet palmos 4, digitos 16; italicus vero pes habet digitos 13 et tertiam digiti partem.....

Cubitus habet palmos 6, digitos 24; vocatur quoque xylopristicus, sive ligni sectilis cubitus......

Calamus habet cubitos 6 cum duabus tertiis partibus, pedes philetærios 10, italicos 12......

Acena autem habet pedes philetærios 10, sive digitos 160.....

Jugerum habet plethra 2, acenas 20, cubitos 133 cum tertia parte, pedes philetærios longitudine quidem ducentos, latitudine vero centum; italicos autem longitudine pedes 240, latitudine 120 : ita ut in tetragono sint embadi seu areæ 28800.....

Sed hæc quidem juxta antiquam expositionem; eam vero quæ jam obtinet dimetiendi rationem, in hujus libri principio exposuimus. (Analecta Græca, pag. 308 et seq. Ce fragment de Héron a été traduit sur le manuscrit de la Bibliothèque du roi, coté 1670.)

ajouterai une sans réplique; elle est fournie par un manuscrit grec[1] de la Bibliothèque du roi, dans lequel se trouve un fragment sur la cubature des pierres et des bois, attribué à Didyme d'Alexandrie.

L'auteur définit trois unités de mesure que l'on appelait de son temps, l'une, *pied ptolémaïque*; l'autre, *pied romain*; la troisième, *coudée royale*.

Le pied *ptolémaïque* contient seize doigts.
Le pied *romain* contient treize doigts un tiers. Il est à la *coudée royale* dans le rapport de 5 à 9.

Le pied *ptolémaïque* de Didyme est évidemment le pied qui était en usage sous les derniers rois d'Égypte, et par conséquent le *pied royal* de Héron. Didyme appelle d'ailleurs *coudée royale* celle de laquelle il était dérivé, c'est-à-dire dont il était les deux tiers.

Or, suivant Héron, le *pied italique*, et, suivant

---

[1] Ce manuscrit de la Bibliothèque du roi porte le n°. 2475. L'indication du passage important qu'il contient, m'a été donnée par M. Eisenman, ingénieur des ponts et chaussées, l'un des professeurs de notre école. Voici ce passage:

'Ο πῆχυς ἔχει παλαιστὰς ϛ'· δακτύλους κδ'· πόδα Πτολεμαϊκὸν ἕνα, ἥμισυ· Ῥωμαϊκὸν δὲ πόδα ἕνα, ἥμισυ, πέμπτον, δέκατον.

'Ο πούς ὁ Πτολεμαϊκὸς ἔχει παλαιστὰς δ'.

'Ο δὲ Ῥωμαϊκὸς πούς ἔχει παλαιστὰς γ', τρίτον.

'Ο πούς ὁ Πτολεμαϊκὸς ἔχει δακτύλους ιϛ'.

'Ο δὲ Ῥωμαϊκὸς πούς ἔχει δακτύλους ιγ', τρίτον.

Ἔχει δὲ καὶ λόγον ὁ Πτολεμαϊκὸς πούς πρὸς τὸν βασιλικὸν πῆχυν, ὡς β' πρὸς γ'.

'Ο Ῥωμαϊκὸς πούς πρὸς τὸν βασιλικὸν πῆχυν λόγον ἔχει, ὡς έ πρὸς θ'.

(Διδύμου Ἀλεξανδρέως περὶ μαρμάρων καὶ παντοίων ξύλων.)

Cubitus habet palmos 6; *digitos* 24; *pedem ptolemaïcum unum et dimidium; pedem romanum unum, dimidium, quintam, decimam.*

Pes ptolemaïcus habet palmos 4.

Pes verò romanus habet palmos 3 *et trientem.*

Pes ptolemaïcus habet digitos 16.

Pes verò romanus habet digitos 13 *et trientem.*

Habet quoque pes ptolemaïcus ad cubitum regium eam proportionem quam duo ad tria.

Pes romanus ad cubitum regium

Didyme, le *pied romain*, contiennent l'un et l'autre treize doigts un tiers, et sont l'un et l'autre dans le rapport de 5 à 9 avec la *coudée royale* ou l'ancienne coudée égyptienne. Ils sont donc nécessairement identiques.

Le *jugère* de Héron n'est donc autre que le *jugère italique* ou *romain*[1]. C'est la seule mesure de surface dont il fasse mention dans ce passage; et comme cet auteur avait spécialement pour objet d'exposer les procédés pratiques de l'arpentage, il est évident que les diverses unités de mesures de longueur égyptiennes et italiques n'y sont rapportées que pour exprimer le même jugère dans deux systèmes métriques différens : l'un, que les vainqueurs de l'Égypte y avaient introduit; l'autre, qu'ils y avaient trouvé, et dont l'usage ne s'était point perdu.

Remarquons, au reste, qu'en introduisant en Égypte l'unité de mesure agraire des Romains, on se garda bien de changer l'ancienne division de l'aroure; car, ainsi que nous-mêmes en fournissons la preuve aujourd'hui[2], il est plus facile de changer la valeur absolue

eam proportionem habet quam quinque ad novem.
(Didymi Alexandrini *Opusculum de lapidum et omnis generis lignorum mensura*, fol. 74 verso.)

[1] Voici la définition du jugère romain donnée par Columelle : *Actus quadratus undique finitur pedibus* cxx. *Hoc duplicatum facit jugerum. Ergò, ut dixi, duo actus jugerum efficiunt longitudine pedum* ccxl, *latitudine pedum* cxx; *quæ utræque summæ in se multiplicatæ quadratorum faciunt pedum viginti octo millia et octingentos.* (Colum. lib. v, cap. 1.) Tous les anciens sont d'accord sur la valeur du jugère.

[2] L'assemblée nationale ayant décrété, comme on sait, en 1790, qu'il serait établi un système uniforme de poids et mesures, chargea l'Académie des sciences d'en proposer les bases. Cette compagnie savante, après avoir comparé les avantages et les inconvéniens du choix qu'on pouvait faire de la longueur du pendule qui bat les secondes à la latitude de 45 degrés, ou de la dix-millionième partie du

des mesures usuelles chez un peuple, quelque civilisé qu'il soit, que de lui faire adopter des divisions de ces mesures auxquelles il n'est point accoutumé : ainsi l'unité de mesure agraire en Égypte continua d'être un carré de vingt cannes de côté; mais la canne ou acène, au lieu d'être composée de sept coudées, comme elle l'était primitivement, fut réduite à six coudées deux

quart du méridien terrestre, proposa cette dernière unité de mesure pour base fondamentale du nouveau système métrique. Elle proposa également de remplacer les divisions et sous-divisions des poids et mesures qui étaient alors en usage, par des divisions et sous-divisions décimales; ce qui, dans nos procédés ordinaires de numération, fait disparaître du calcul les difficultés que les quantités fractionnaires y introduisent.

Les opérations entreprises pour déterminer la grandeur d'un degré du méridien à la latitude de 45 degrés, et pour en déduire avec une précision rigoureuse les unités de mesure, de longueur, de surface, de capacité et de poids, feront époque dans l'histoire de l'application des sciences aux besoins de la société. Mais ce n'était pas de la difficulté de ces opérations que devaient provenir les plus grands obstacles à l'établissement du système métrique proposé. Les anciennes habitudes ont suscité contre ce système une multitude d'objections : tantôt on s'est plaint de la division décimale, tantôt des dénominations par lesquelles les nouvelles mesures ont été désignées. Ni les lois du 18 germinal an III et du 19 frimaire an VIII qui les consacraient, ni les règle-

mens destinés à en assurer l'exécution, n'ont pu vaincre l'attachement aux anciens usages. Il a fallu, pour ainsi dire, transiger avec l'habitude : le mètre, ou la dix-millionième partie du quart du méridien, est resté la base fondamentale du nouveau système; mais les mesures usuelles qui en dérivent, ont repris les dénominations anciennes des mesures analogues. Ainsi l'on a donné le nom de *pied* au tiers du mètre; le double mètre a été appelé *toise*; le demi-kilogramme a pris le nom de *livre*; et ces différentes unités de mesure et de pied ont été divisées en autant de *pouces* et de *lignes*, d'*onces* et de *gros*, que l'étaient l'ancien *pied de roi* et la *livre de marc*. Ainsi l'on a pu changer la valeur absolue des poids et mesures, sans pouvoir changer leurs dénominations ni leurs divisions habituelles; et, après plusieurs années d'expérience, on a été contraint de renoncer à établir une concordance précieuse entre le système de numération universellement adopté et la division décimale des poids et mesures, pour conserver le bienfait de leur uniformité, dont la jouissance aurait peut-être été retardée pour long-temps sans cette espèce de sacrifice.

tiers, c'est-à-dire au duodécapode ou à la perche italique; et la double aroure, dont la superficie était de 5443^m,48 carrés, ne fut plus que de 4947^m,02, de même que le double jugère ou l'hérédie des Romains[1].

L'emploi de ce double jugère dans l'arpentage des terres de l'Égypte est, au surplus, rappelé par Héron, comme n'ayant déjà plus lieu de son temps[2]; et il définit, dans un autre passage de son traité, la nouvelle mesure agraire dont l'usage avait alors prévalu.

Nous avons déjà dit que le principe unique d'après lequel l'Égypte fut administrée sous les empereurs de Rome et de Constantinople, se réduisait toujours à lever sur cette province la plus grande somme possible de tributs. De simples considérations déduites de ce principe vont aisément nous conduire à expliquer l'origine des nouvelles modifications que les mesures agraires y subirent.

La fertilité des terres est le rapport du produit de la récolte à la quantité de semence sur une surface déterminée. C'est ainsi qu'on l'estime aujourd'hui et que les anciens l'estimaient. On avait donc besoin souvent de comparer entre elles les unités de mesure agraire, et les unités de mesure de capacité employées pour les grains

---

[1] La première loi agraire faite par Romulus assignait deux jugères à chaque citoyen. *Bina jugera, quòd à Romulo primum divisa viritim*, etc. (Varro, *de Re rustica*, lib. 1, cap. 10.) Ce témoignage est appuyé de celui de Pline, qui dit, en parlant des prêtres des champs (*sacerdotes arvorum*) institués par Romulus : *Bina tunc jugera populo romano satis erant* (lib. XVIII, cap. 2). Le double jugère était appelé *hérédie*; *quòd hæredem sequeretur*. (Columell. *in præfat. ad lib.* 1.)

[2] *Sed hæc quidem juxta antiquam expositionem : eam verò quæ jam obtinet dimetiendi rationem, in hujus libri principio exposuimus.* (*Voyez* ci-dessus, note [1], p. 173.)

DES ANCIENS ÉGYPTIENS.

que l'on récoltait. En Italie, par exemple, la quantité de blé ensemencée sur un jugère était communément de cinq *modii*, tandis que le produit du jugère variait de vingt à soixante-quinze *modii* [1].

Lorsque les poids et les mesures italiques eurent été introduits en Égypte, la mesure agraire de ce pays se trouvant double du jugère, on voulut conserver entre cette unité de mesure de surface et l'unité de mesure de capacité qui devait servir à faire connaître les quantités de semence employées et les produits des récoltes, le même rapport que celui qui existait entre le *modius* et le jugère romain. En conséquence, on doubla aussi les mesures de capacité destinées à mesurer les grains, et l'on y établit l'usage d'un *modius* double de celui de Rome, comme l'usage du double jugère y avait été établi [2].

[1] *Seruntur in jugero modii tritici 5..... ut ex eodem semine aliubi cum decimo redeat, aliubi cum quintodecimo, ut in Hetruria, et locis aliquot in Italia.* (Varro, *de Re rustica,* lib. I, cap. 44.) *Serere in jugero, temperato solo, justum est tritici aut siliginis modios 5.* (Plin. *Hist. natur.* lib. XVIII, cap. 24.) *In mediocris agri jugero 5 tritici modios et adorei conseremus.* (Palladius, lib. X, tit. III.) Tous les auteurs sont d'accord sur la quantité de semence qu'exigeait un jugère ; mais il y a une grande différence dans les produits qu'ils annoncent. Suivant Varron, les terres rapportaient dix et quinze pour un dans l'Étrurie, et dans quelques endroits de l'Italie. Elles rapportaient huit et dix pour un en Sicile. *In jugero agri Leontini medimnum ferè tritici seritur, perpetuá atque æquabili satione. Ager efficit, cum octavo bene ut agatur; verùm, ut omnes dii adjuvent, cum decumo.* (Cicero, *in Verrem,* orat. 8.) Columelle assure, d'un autre côté, que les terres à blé produisaient à peine quatre pour un dans la plus grande partie de l'Italie. *Frumenta majore quidem parte Italiæ quando cum quarto responderint, vix meminisse possumus.* (Columella, lib. III, cap. 3.)

[2] Ce double *modius* romain, introduit en Égypte, fut d'abord désigné par l'épithète d'*italique*, qui indiquait son origine. Les auteurs grecs l'appelèrent ensuite indifféremment *égyptien* et *italique*. Sa valeur est déterminée dans un tableau des poids et mesures, attribué

Après avoir ainsi réglé les mesures agraires et celles de capacité, on ne tarda pas à reconnaître que les semences et les récoltes sur une même superficie de terre ne suivaient pas la même proportion dans ces deux contrées; c'est-à-dire, par exemple, que la quantité de semence employée sur le double jugère en Égypte était à Galien (*Hippocratis et Galeni Operum collectio*, tom. XIII, p. 977); et dans un passage d'un auteur grec anonyme cité par George Agricola (*De externis mensuris*, lib. I, pag. 140):

'Ο δὲ μόδιος ὁ Αἰγύπτιος καὶ ὁ Ἰταλικὸς ἔχει χοίνικας ή.

Modius verò Ægyptius et Italicus habet chœnices VIII.

On voit par cette définition que le *modius* égyptien ou italique contenait huit *chenices*. Or, suivant Rhemnius Fannius, que l'on croit avoir vécu au commencement du IVe siècle, et auquel on attribue une pièce de vers techniques sur les poids et les mesures des Romains, le *modius* romain ne contenait que quatre *chenices*. Cet auteur dérive du pied cube toutes les mesures de capacité, et détermine ainsi leurs rapports mutuels :

> *Pes longo spatio, atque alto latoque, notetur,*
> *Angulus ut par sit, quem claudit linea triplex :*
> *Quatuor et quadris medium cingatur inane.*
> *Amphora fit cubus : quam ne violare liceret,*
> *Sacravére Jovi Tarpeio in monte Quirites.*
> *Hujus dimidium fert urna, ut et ipsa medimni*
> *Amphora : terque capit modium. Sextarius istum*
> *Sedecies haurit, quot solvitur in digitos pes.*
> *At cotylas, quas, si placeat, dixisse licebit*
> *Heminas, recipit geminas sextarius unus,*
> *Qui quater assumptus Graio fit nomine* χοῖνιξ *:*
> *Adde duos,* χοῦς *fit, vulgò qui est congius idem, etc.*

Le *modius* romain, qui était le tiers du pied cube, ne contenant que quatre *chenices*, était évidemment sous-double du *modius* égyptien qui en contenait huit. L'emploi en Égypte d'un *modius* double du *modius* de Rome est donc prouvé, non-seulement par les passages de Pline et de Héron que nous avons comparés, mais encore par les témoignages de Galien et de Rhemnius Fannius que nous venons de rapporter.

moindre que la quantité de semence employée en Italie sur une surface de la même étendue.

D'un autre côté, nous avons vu que la double aroure, qui pouvait, en Égypte, être labourée dans l'espace de deux jours, était de 5443 mètres carrés, tandis que le double jugère du Latium, qu'on labourait dans le même temps, n'était que de 4947 mètres.

Les frais d'exploitation d'un nombre déterminé de jugères étaient donc moindres sur les bords du Nil qu'en Italie; d'abord, parce qu'ils exigeaient une moindre quantité de semence; en second lieu, parce qu'il fallait moins de temps pour les préparer à la recevoir.

Si donc, en introduisant le jugère romain en Égypte, on se fût borné à assujettir cette mesure de terre à la même redevance qu'elle acquittait dans les autres provinces de l'empire, cette redevance aurait été évidemment trop faible, puisqu'elle ne se trouvait pas dans le même rapport que partout ailleurs avec les frais d'exploitation.

Ainsi, au lieu de percevoir l'impôt à raison du nombre de jugères en culture, comme cela avait eu lieu autrefois en Égypte, on jugea plus convenable de percevoir cet impôt proportionnellement aux récoltes; ce qui conduisit, pour les intérêts du fisc, à un nouveau changement de la mesure agraire.

Le double jugère d'Égypte ne pouvait être comparé au double jugère d'Italie, puisque l'exploitation du premier exigeait moins de semence et de travaux que l'exploitation du second. Pour avoir deux mesures agraires comparables dans l'un et l'autre pays, il fallait donc assigner en Égypte la surface qui, exigeant, pour être ensemencée, la même quantité de grain que le double jugère romain, exigeait aussi, à très-peu près, le même temps pour être labourée. D'après cette considération, on substitua en Égypte au double jugère venu d'Italie la superficie qui recevait la même quantité de semence, c'est-à-dire dix *modii* romains du poids de vingt livres, ou cinq *modii* égyptiens du poids de quarante livres.

Ce changement de la mesure agraire avait eu lieu lorsque Héron écrivait, c'est-à-dire dans le viie siècle de l'ère chrétienne. Il est indiqué dans le second passage de cet auteur que nous allons rapporter littéralement[1] :

« L'orgyie, dont nous avons coutume de nous servir

[1] Ἡ ὀργυιὰ μεθ' ἧς μετρεῖται ἡ σπόριμος γῆ, ἔχει σπιθαμὰς βασιλικὰς θ' τέταρτον μέρος, ἢ πόδας ἔξ, καὶ σπιθαμὴν ά τέταρτον, ἢ παλαιστὰς ἤγουν γρόνθους εἰκοσιεπτὰ, καὶ ἀντίχειρον· τουτέστι τοὺς μὲν εἰκοσιὲξ, ἐσφιγμένης οὔσης τῆς χειρός· τὸν δὲ τελευταῖον ἢ πρῶτον, ἡπλωμένου καὶ τοῦ μεγάλου δακτύλου τῆς χειρὸς, ὃς δὴ καὶ λέγεται τέταρτον σπιθαμῆς, ἔχει δὲ δακτύλους γ'. Μεθὸ δὲ ποιήσεις ὀργυιὰν ἐν καλάμῳ, ἢ ἐν τινι ξύλῳ, μετὰ τοῦτο ὀφείλεις ποιῆσαι σχοινίον ἤγουν σωκάριον δεκαόργυιον, καὶ οὕτως μετρεῖν ὃν μέλλεις μετρῆσαι τόπον· τὸ γὰρ σωκάριον, τῆς σποριμοῦ γῆς δέκα ὀργυιὰς ὀφείλει ἔχειν· τοῦ δὲ λιβαδίου καὶ τῶν περιορισμῶν ις'.

Καὶ μετὰ μὲν τοῦ δεκαοργυίου σχοινίου, ἔχει ὁ τόπος τοῦ μοδίου, ὀργυιὰς διακοσίας καὶ μόνας· μετὰ δὲ τοῦ δωδεκαοργυίου, ἔχει ὀργυιὰς σπή....

Χρὴ δὲ γινώσκειν καὶ τοῦτο, ὅτι ὁ σπόριμος μόδιος ἔχει λίτρας τεσσαράκοντα· μία δὲ ἑκάστη λίτρα σπείρει γῆν ὀργυιῶν πέντε.

Πλάτος γὰρ καὶ μῆκος ὀργυιῶν πέντε ποιοῦσι λίτραν μίαν.

Πλάτος καὶ μῆκος ὀργυιῶν δέκα, ποιοῦσι...... λίτρας δ'.

Πλάτος καὶ μῆκος ὀργυιῶν ιε', ποιοῦσι...... λίτρας θ'.

Πλάτος καὶ μῆκος ὀργυιῶν κ', ποιοῦσι...... λίτρας ιδ'.

Ulna quâ serenda arva metiri solemus, habet spithamas regias 9 cum quarta parte, vel pedes 6 cum spithame una et quarta ejusdem parte, palmos sive gronthos 27 et pollicem unum; id est, viginti sex, strictâ manu : ultimum verò aut primum extenso magno manûs digito, qui dicitur quarta pars spithames, habetque tres digitos. Postea verò ulnam facies in calamo, aut in quodam ligno; dehinc facere debes funiculum sive socarium decem ulnarum, et sic dimetiri quem dimensurus es locum : socarium namque

pour mesurer les terres qui doivent être ensemencées, est, dit-il, de neuf spithames royaux et un quart, c'est-à-dire de vingt-sept palmes et un pouce *étendu*, ou autrement de vingt-six palmes mesurés la main fermée, et le dernier ou le premier palme mesuré le pouce *étendu*. C'est ce doigt que l'on appelle la quatrième partie du spithame, et sa longueur est de trois doigts. Vous ferez ensuite cette orgyie d'un morceau de bois ou d'un roseau, après quoi vous composerez avec dix de ces orgyies un schène ou socarion; car le socarion de terre qui doit être ensemencé, est une surface de dix orgyies de côté.

« En employant le schène de dix orgyies, la surface de terre qui doit recevoir un *modius* de semence, est de deux cents orgyies carrées. »

C'était, comme on voit, un rectangle de vingt orgyies de longueur sur dix de large.

« Il faut savoir au surplus, ajoute Héron, que le poids du *modius* de semence est de quarante livres, et qu'une superficie de cinq orgyies exige une livre de semence. »

---

serendæ terræ decem ulnas habere debet; socarium verò pratorum et ambituum, ulnas duodecim.

Et cum funiculo quidem decem ulnarum, modii unius solùm, ducentas duntaxat ulnas habet: cum funiculo verò duodecim ulnarum, ducentas octoginta octo......

Sciendum præterea quòd serendus modius est pondo quadraginta librarum; singulis autem libris quinque ulnarum terra seritur.

Nam latitudo et longitudo quinque ulnarum, unam libram continet;

Latitudo et longitudo decem ulnarum, libras 2;

Latitudo et longitudo quindecim ulnarum, libras 3;

Latitudo et longitudo viginti ulnarum, libras 4.

(Excerpta ex Herone geometra de mensuris, *Analecta Græca*, pag. 309.)

En effet, puisqu'une surface de deux cents orgyies exigeait un *modius* du poids de quarante livres, il est évident qu'une livre de semence devait être employée sur la quarantième partie de deux cents aunes, c'est-à-dire sur cinq orgyies superficielles.

Le reste du passage de Héron est une espèce de tableau dérivé de ce qui précède.

« Il faut, dit-il, deux livres de semence pour une superficie de dix orgyies, trois livres pour une superficie de quinze orgyies, quatre livres pour une surface de vingt, etc. »

On voit qu'il n'est point question du jugère dans ce passage de Héron, comme dans celui que nous avons discuté plus haut, et qui se rapporte à des temps antérieurs; il ne s'agit ici que d'une unité de mesure superficielle sur laquelle il fallait ensemencer un *modius* de grain, et l'objet de notre auteur est d'en faire connaître le côté.

Il compose d'abord une orgyie de neuf spithames royaux et un quart. Recherchons quelle doit être la longueur de cette orgyie.

Nous avons fait voir, dans notre Mémoire sur le nilomètre d'Éléphantine, que le pied royal ou philétérien était les deux tiers de l'ancienne coudée égyptienne [1].

Dans le système métrique des Grecs, le spithame était les trois quarts du pied, de même que le *dodrans* dans le système métrique des Romains [2].

---

[1] *Voyez* le Mémoire sur le nilomètre d'Éléphantine, t. VI, *A. M.*

[2] Tous les métrologues s'accordent sur ce point : Daniel Angelocrator, *Doctrina de ponderibus, mensuris et monetis*, 1517, pag. 31

Le spithame royal dont parle Héron, est donc les trois quarts du pied royal ou philétérien. L'épithète par laquelle il le distingue, était indispensable, afin qu'il ne fût pas confondu avec le spithame ou *dodrans* du pied romain, dont l'usage était alors établi en Égypte. Cela posé, le pied philétérien étant, comme nous l'avons démontré [1], de $0^m,3512$, le spithame royal, qui en était les trois quarts, avait de longueur $0^m,2635$, et les neuf spithames un quart donnaient, pour la longueur de l'orgyie, $2^m,4351$.

Héron prend ensuite dix de ces orgyies pour en former le *schène* ou cordeau, qui était le côté du *socarion* de cent orgyies superficielles sur lequel on ensemençait un demi-*modius*, puisqu'il fallait un *modius* pour ensemencer une surface double. Le *socarion* était, par conséquent, de $592^m,971$ carrés, et dix socarions sur lesquels on ensemençait cinq *modii*, de $5929^m,71$ superficiels.

Le *modius* de Héron était du poids de quarante livres. Or, il est évidemment question ici de livres romaines, puisque, dès le troisième siècle, on retrouve les poids romains dans la nomenclature de ceux qui étaient employés en Égypte, et qu'à la fin du quatrième, une loi des empereurs Théodose, Valentinien et Arcadius, prescrivit dans toutes les provinces l'usage des poids et mesures de l'empire [2].

---

et 32; George Agricola, *De mensuris quibus intervalla metimur*, 1550, pag. 200, 207, 208; Édouard Bernard, *De ponderibus et mensuris*, Oxoniæ, 1688, pag. 194 et 195; Jo. Casp. Eisenschmidt, *De ponderibus et mensuris*, Argentorati, 1737, pag. 110, etc.

[1] *Voyez* le Mémoire sur le nilomètre d'Éléphantine, t. VI, *A. M.*

[2] *Cod.* lib. X, tit. LXX. Vid. sup. pag. 338.

D'un autre côté, Pline, en parlant du poids des différentes espèces de froment qui étaient apportées à Rome, dit que celui d'Alexandrie pesait vingt livres et dix onces le *modius*[1] : mais le blé expédié d'Alexandrie pour Rome provenait de la basse et de la haute Égypte indistinctement, et l'on sait que le blé du Delta est plus pesant que celui de la Thébaïde, dans le rapport de 702 à 676, c'est-à-dire, à très-peu près dans le rapport de 25 à 24; de sorte que, si l'on suppose que le froment de Héron soit le froment de la haute Égypte, le *modius* de ce grain pèsera précisément vingt livres. Le *modius* d'Égypte, dont Héron évalue le poids à quarante livres, est donc exactement double du *modius* romain de Pline, ainsi que nous l'avons dit plus haut.

La nouvelle unité de mesure agraire de dix socarions, ou de $5929^m,71$ de surface, recevait donc en Égypte la même quantité de semence que les 4947 mètres qui formaient le double jugère d'Italie, puisque l'une et l'autre étaient ensemencés au moyen de dix *modii* romains ou de cinq *modii* d'Égypte.

Comment se fit-il cependant que, dans un temps où les mesures romaines avaient été introduites en Égypte[2],

---

[1] *Nunc ex his generibus (frumenti) quæ Romam invehuntur levissimum est Gallicum, atque à Chersoneso advectum, quippe non excedunt in modium vicenas libras, si quis granum ipsum ponderet. Adjicit Sardum selibras, Alexandrinum et trientes*, etc. (Plin. *Histor. natur.* lib. XVIII, cap. 7.)

[2] Il suffit de lire attentivement le passage dans lequel Héron présente la série des mesures linéaires usitées de son temps en Égypte, pour y reconnaître les mesures romaines. Voici ce passage :

Τὰ μέτρα ἐξηύρηνται ἐξ ἀνθρωπίνων μελῶν, ἤγουν δακτύλου, κονδύλου, παλαιστοῦ, σπιθαμῆς, ποδός, πήχεως, βήματος, ὀργυιᾶς, καὶ λοιπῶν.

Πάντων δὲ τῶν μέτρων ἐλαχιστότερον ἐστι δάκτυλος, ὅστις καὶ μονὰς καλεῖται· διαιρεῖται δὲ ἔσθ' ὅτε μὲν

on s'y servît encore des anciennes mesures de ce pays pour former la longueur de l'orgyie et du schène, qui étaient les seuls instrumens d'arpentage dont Héron ait donné la description ?

On trouve une réponse naturelle à cette question,

γὰρ καὶ εἰς ἥμισυ, καὶ τρίτον, καὶ λοιπὰ μόρια.

Μετὰ δὲ τὸν δάκτυλον, ὅς ἐστι μέρος ἐλάχιστον πάντων, ἐστιν ὁ κόνδυλος, ὃς ἔχει δακτύλους δύο.

Εἶτα ὁ παλαιστὴς, ὅντινα παλαιστὴν, τέταρτον καλοῦσί τινες, διὰ τὸ τέσσαρας ἔχειν δακτύλους, ἢ διὰ τὸ εἶναι τέταρτον τοῦ ποδός· τινὲς δὲ καὶ τρίτον, διὰ τὸ εἶναι τρίτον τῆς σπιθαμῆς, ἡ γὰρ σπιθαμὴ τρία τέταρτα ἔχει, ὁ δὲ ποὺς, τέσσαρα.

Ἡ διχὰς ἔχει παλαιστὰς δύο, ἤγουν δακτύλους ὀκτὼ, κονδύλους τέσσαρας· καὶ καλεῖται δίμοιρον σπιθαμῆς. Διχὰς δὲ λέγεται τὸ τῶν δύο δακτύλων ἄνοιγμα, τοῦ ἀντίχειρος λέγω καὶ τοῦ λιχανοῦ· τοῦτο καὶ κοινόστομον καλοῦσί τινες.

Ἡ σπιθαμὴ ἔχει παλαιστὰς τρεῖς, ἤγουν δακτύλους δώδεκα, κονδύλους ἕξ.

Ὁ ποὺς ἔχει σπιθαμὴν ά καὶ τρίμοιρον, ἤγουν παλαιστὰς δ', κονδύλους ὀκτὼ, δακτύλους ιϛ'.

Ὁ πῆχυς ἔχει πόδας δύο, ἤγουν σπιθαμὰς ϛ' δίμοιρον, παλαιστὰς ὀκτὼ, κονδύλους ιϛ', δακτύλους λβ'.

Τὸ βῆμα τὸ ἁπλοῦν ἔχει σπιθαμὰς γ' τρίμοιρον, ἢ πόδας β' ἥμισυ, ἢ παλαιστὰς ι', ἢ κονδύλους κ', ἢ δακτύλους τεσσαράκοντα.

Τὸ βῆμα τὸ διπλοῦν ἔχει πόδας πέντε, ἢ σπιθαμὰς ϛ' δίμοιρον, ἢ παλαιστὰς κ', ἢ κονδύλους μ', ἢ δακτύλους π'.

Ὁ πῆχυς ὁ λιθικὸς ἔχει σπιθαμὰς β', ἢ πόδα ἕνα πρὸς τῷ ἡμίσει, ἢ παλαιστὰς ϛ', ἢ κονδύλους ιβ', ἢ δακτύλους κδ', ὡσαύτως καὶ ὁ τοῦ πριστικοῦ ξύλου.

Mensuræ ex membris humanis adinventæ sunt, nimirum ex digito, condylo, palmo, spithame seu dodrante, pede, cubito, passu, ulna, et cœteris.

Omnium verò mensurarum minima est digitus, qui et monas sive unitas vocatur: dividitur autem nonnunquam in dimidium, tertiam partem, et reliquas partes.

Post digitum, qui est pars omnium minima, est condylus, qui duobus constat digitis.

Deinde palmus, quem quidam vocant quartum, quòd quatuor constet digitis, vel quòd sit quarta pars pedis; quidam verò, tertium, quòd sit tertia pars spithames : spithame enim tria quarta habet; pes verò, quatuor.

Dichas constat palmis duobus, nimirum octo digitis, quatuor condylis; vocaturque duæ tertiæ partes spithames. Dichas verò dicitur duorum digitorum apertura, nempe pollicis et indicis : quam et cœnostomum quidam nuncupant.

Spithame seu dodrans habet palmos tres, nempe digitos duodecim, condylos sex.

Pes habet spithamen unam cum tertia parte, nempe palmos quatuor, condylos octo, digitos sedecim.

Cubitus habet pedes duos, sive

en considérant que l'ouvrage de Héron était spécialement destiné aux arpenteurs égyptiens : ces arpenteurs, reste de l'ancienne caste sacerdotale, étaient répandus dans les villages de l'Égypte et avaient conservé leurs anciennes habitudes, de même que les cultivateurs avec lesquels ils étaient continuellement en relation. Il fallait donc, pour ainsi dire, traduire en expressions de l'ancien système métrique les nouvelles mesures introduites par les Romains, et c'est le but que Héron se propose dans le passage que nous avons cité.

D'un autre côté, l'ancien système métrique des Égyptiens ayant sa base dans la stature humaine, il suffisait, pour retrouver l'orgyie de neuf spithames et un quart, de porter sur un roseau vingt-sept fois la largeur de la main et une fois la longueur du pouce. Ainsi l'on était toujours en état de former cet instrument d'arpentage et ceux qui en dérivaient, sans avoir besoin de recourir à des étalons de coudées sacrées que les empereurs ro-

---

duas spithamas cum duabus tertiis partibus, palmos octo, condylos sedecim, digitos duos et triginta.

Passus simplex constat spithamis tribus cum tertia spithames parte, pedibus duobus et dimidio, palmis decem, condylis viginti, digitis quadraginta.

Passus duplex constat pedibus quinque, spithamis sex cum duabus tertiis partibus, palmis viginti, condylis quadraginta, digitis octoginta.

Cubitus lapideus habet spithamas duas, pedem unum cum dimidio, palmos sex, condylos duodecim, di- *gitos quatuor et viginti, simili modo cubitus ligni sectilis.*

Les cinq premières unités de cette série, *le doigt, le palme, le dichas, le spithame et le pied*, se retrouvent dans la nomenclature des mesures grecques comme dans celle des mesures romaines ; mais les trois unités suivantes, *la coudée de deux pieds, le pas simple de deux pieds et demi, et le pas double de cinq pieds*, sont des unités de mesure qu'on ne retrouve que dans le système métrique des Romains, et qui lui sont exclusivement propres. *Voy.* le Mém. sur le nilom. d'Éléphantine, t. VI, *A. M.*

mains avaient fait anéantir[1], ou aux nouvelles mesures avec lesquelles on n'était point familiarisé.

Le double jugère romain introduit en Égypte se formait, comme nous l'avons dit, d'un carré de vingt cannes de côté ; la longueur de la canne ayant été réduite à six coudées deux tiers, au lieu de sept coudées de longueur qu'elle avait eues dans l'antiquité.

L'usage du double jugère paraît avoir eu lieu assez long-temps en Égypte pour faire contracter l'habitude de le mesurer avec une canne de six coudées deux tiers, lorsque l'on substitua la coudée romaine à l'ancienne coudée nilométrique, et la mesure agraire de $5929^m,71$ au double jugère d'Italie. Il y avait un moyen d'opérer cette substitution sans changer l'usage reçu ; c'était de conserver à la nouvelle mesure agraire vingt cannes de côté, en formant la canne de six nouvelles coudées et deux tiers, si cela était possible.

La coudée romaine de Héron, ou le *dupondium* de Columelle, était de deux pieds romains[2].

Le pied romain déduit de la coudée d'Éléphantine et du pied philétérien, d'accord avec les étalons mesurés par le P. Jacquier et l'abbé Barthélemy, était de $0^m,2926$[3] : ainsi la coudée romaine avait $0^m,5852$ de longueur. La canne de six coudées deux tiers aurait été, par conséquent, de $3^m,90$; les vingt cannes, côté de la mesure agraire, auraient formé une longueur de 78 mètres, et cette unité de mesure aurait eu 6084

---

[1] *Voyez* le Mémoire sur le nilomètre d'Éléphantine, tom. vi, *A. M.*
[2] *Voyez* le passage de Héron qui précède.
[3] *Voyez* la *sect.* iv du Mém. sur le nilom. d'Éléphantine, t. vi, *A. M.*

mètres superficiels; surface qui différait très-peu de celle de 5929^m,71, sur laquelle on semait cinq *modii* égyptiens, pour ne pas lui être substituée sans inconvénient.

Cependant, si l'on voulait absolument s'assujettir à la condition de conserver pour l'arpentage une canne de six coudées deux tiers, qui, répétée vingt fois sur chaque côté de la mesure agraire, produisît une surface qui fût exactement de 5929^m,71, il fallait altérer la longueur de la coudée romaine en Égypte; et l'on fut d'autant plus facilement entraîné à prendre ce parti, qu'une légère altération dans la longueur de la coudée avait beaucoup moins d'inconvénient pour les intérêts du fisc que n'en aurait eu l'augmentation de l'unité de mesure agraire. On chercha donc le côté d'un carré de 5929^m,71, et l'on trouva aisément pour ce côté 77 mètres, d'où l'on déduisit, pour la longueur de la canne qui en était le vingtième, 3^m,85.

Enfin, en supposant que cette canne fût composée de six coudées deux tiers, la longueur de la coudée aurait été de 0^m,5775, et n'aurait différé que de 7 millimètres environ du *dupondium* déduit de la coudée d'Éléphantine, lequel avait pour valeur 0^m,5852, ainsi que nous l'avons dit plus haut.

Au reste, nous répéterons ici ce que nous avons eu occasion de faire remarquer ailleurs, que les anciens n'apportaient pas le même soin que nous dans l'étalonnage de leurs mesures, puisque, parmi les anciens pieds romains qui ont été retrouvés, il y en a qui diffèrent entre eux de près de deux lignes du pied de France[1]; de

---

[1] Le plus grand des pieds romains mesurés par l'abbé Barthélemy et le

DES ANCIENS ÉGYPTIENS. 191

sorte qu'en adoptant, par exemple, pour pied *italique* le plus petit des pieds romains mesurés par l'abbé Barthélemy à Rome, on aurait, pour la longueur de la coudée, $0^m,5812$, qui ne diffère que de 3 millimètres et demi de la longueur de celle de $0^m,5775$, dont on se servit pour former l'unité de mesure agraire sur laquelle on ensemençait cinq *modii* égyptiens ou dix *modii* italiques.

Après avoir exposé les modifications que les Romains firent subir aux mesures agraires en Égypte, nous pouvons essayer d'expliquer avec succès le passage de Pline, dans lequel il rapporte que la base de la grande pyramide occupait une superficie de huit *jugères*.

Il faut se rappeler ici ce que nous avons dit ailleurs à l'occasion de ce passage. Il suffit de l'examiner avec un peu d'attention, pour se convaincre que ce n'est point de *jugères romains* que Pline entend parler : il veut désigner huit unités de mesure superficielle, à chacune desquelles il donne le même nom que celui dont les Latins se servaient pour exprimer une unité de mesure analogue [1].

P. Jacquier, fut trouvé de 130 lignes $\frac{77}{100}$; le moindre fut trouvé de 128 lignes $\frac{76}{100}$: la différence entre ces deux pieds est de 1 ligne $\frac{01}{100}$. (Voyage en Italie de l'abbé Barthélemy, pag. 385-389.)

[1] Mém. sur le nilomètre d'Éléphantine, *sect.* III, *tom.* VI, *A. M.*

Nous mettons sous les yeux de nos lecteurs le passage de Pline : *Pyramis amplissima ex Arabicis lapidicinis constat. Trecenta* LXVI *hominum millia annis* XX *eam construxisse produntur. Tres verò factæ annis* LXVIII *et mensibus* IV. *Qui de iis scripserint, sunt Herodotus, Euhemerus, Duris Samius, Aristagoras, Dionysius, Artemidorus, Alexander Polyhistor, Buthorides, Antisthenes, Demetrius, Demoteles, Apion. Inter omnes eos non constat à quibus factæ sint, justissimo casu obliteratis tantæ vanitatis auctoribus. Aliqui ex his prodiderunt, in raphanos et allium ac cæpas mille sexcenta talenta erogata.* AMPLISSIMA OCTO JUGERA OBTINET SOLI, *quatuor angulorum paribus interval-*

C'est ainsi que, long-temps avant Pline, Hérodote avait appelé du nom grec ἄρυρα (*aroure*) l'unité de mesure agraire égyptienne qui avait cent coudées de côté, et qu'encore aujourd'hui il arrive souvent de traduire par le mot français *arpent*, soit le *jugerum* des Latins, soit l'expression de toute autre unité de mesure de surface employée par des nations étrangères.

Il est probable que parmi les auteurs originaux que Pline consultait, il s'en était trouvé quelqu'un qui définissait l'unité de mesure agraire des Égyptiens un carré de vingt cannes de côté, la canne étant elle-même composée de sept coudées.

Ce serait alors à cette unité de mesure que Pline aurait appliqué la dénomination de *jugère*.

Quant à la coudée qui aurait servi à former la canne, si, comme il est permis de le supposer, l'usage du *dupondium* ou de la coudée romaine était déjà introduit en Égypte du temps de Pline, cet auteur a pu croire que la canne d'arpentage dont on se servait pour mesurer les terres de cette province, était composée de sept coudées romaines.

Admettant cette conjecture, et prenant, pour la longueur de la coudée, le double du pied romain de 0^m,2926, tel que nous l'avons déduit du pied philétérien et des mesures prises sur des étalons antiques par

---

lis, per octingentos octoginta tres pedes singulorum laterum........ (Plin. *Hist. nat.* l. XXXVI, cap. 12.) Le jugère romain contenait, comme on sait, 28800 pieds carrés; les huit jugères auraient été par conséquent de 230400 pieds. Mais, suivant Pline, le côté de la base de la pyramide était de 883 pieds; sa surface était par conséquent de 789689 pieds. Ce n'est donc ni en pieds ni en jugères romains que Pline a donné les dimensions de la grande pyramide.

l'abbé Barthélemy, le *dupondium* se serait trouvé de $0^m,5852$; et la canne d'arpentage, de $4^m,0964$: le côté du jugère de Pline de vingt cannes de longueur aurait été, par conséquent, de $81^m,928$; et cette unité de mesure superficielle de $6712^m,19$ carrés, quantité qui, répétée huit fois, aurait produit 55697 mètres : or on sait que la surface de la base de la plus grande des pyramides est de 54135 mètres carrés; il n'y a donc qu'environ $\frac{1}{123}$ de différence entre la valeur exacte de cette surface et l'expression que Pline en a donnée; ce qui confirme ce que nous avons dit ailleurs de l'exactitude de cet historien quand il parle des pyramides.

SECTION QUATRIÈME.

Des mesures agraires des Égyptiens depuis la conquête des Arabes. — Résumé de ce mémoire.

Lorsque les Arabes firent la conquête de l'Égypte, ils s'occupèrent peu de l'administration intérieure du pays : les impôts en grains que cette province avait acquittés sous les empereurs de Constantinople, furent probablement diminués, puisque les motifs de cette exportation avaient cessé d'exister. Les nouveaux possesseurs de l'Égypte, ayant le pouvoir de mettre sur les produits de l'agriculture, de l'industrie ou du commerce, des contributions arbitraires, laissèrent au peuple ses habitudes, et à la caste qui était restée jusqu'alors chargée de percevoir les tributs, la faculté de les répartir et de les lever comme elle le jugerait convenable. Sous la domination romaine, quelques agens venus d'Italie ou de Constantinople dirigèrent toujours l'administration des revenus de cette province [1]. Les Arabes l'abandonnèrent entièrement aux Qobtes, qu'ils trouvèrent possesseurs de l'ancien cadastre; et c'est probablement à dater de cette époque que ceux-ci ont commencé à exercer l'influence qu'ils ont su conserver jusqu'à présent, en se rendant en quelque sorte les fermiers de l'Égypte, dont ils exploitent les revenus pour leur propre compte, sous la condition tacite de fournir aux maîtres de ce pays, quand la demande leur en est faite, les sommes nécessaires à leurs besoins ou à l'entretien de leur luxe.

On compte cependant parmi les khalifes quelques hommes qui voulurent entrer dans les détails de l'administration de l'Égypte. On cite particulièrement le khalife Al-Mâmoun, qui introduisit l'usage d'une nouvelle coudée appelée *coudée noire* [2]. Il est constant que cette coudée se retrouve dans le nilomètre actuel de Roudah [3]. Mais, quoique quelques auteurs arabes annoncent que l'emploi en avait été ordonné pour l'arpentage des terres, on ne s'en sert plus aujourd'hui; on pourrait même tirer la preuve qu'elle n'y a jamais été employée, de ce que, suivant un auteur de cette nation cité par Golius, la canne ou *qasáb* des arpenteurs était composée de sept coudées noires et un neuvième. Il est évident, en effet, que si la coudée noire avait servi à

---

[1] De l'administration de l'Égypte sous les Romains, par M. L. Reynier, 2ᵉ *partie*, chap. 4.
[2] *Notæ Jacobi Golii in Alferganum*, Amstelodami, 1669, pag. 75.
[3] Mémoire sur le nilomètre d'Éléphantine, t. VI, *A. M.*

former une canne d'arpentage, elle y aurait été comprise un nombre exact de fois. En disant que la canne était composée de sept coudées noires et un neuvième, on a voulu faire connaître la longueur de cette canne à ceux auxquels l'usage de la coudée noire était familier, c'est-à-dire, aux Arabes venus de l'Asie.

Quoi qu'il en soit, il résulte toujours de ce passage que, du temps de l'auteur arabe cité par Golius, la canne d'arpentage était de sept coudées noires et un neuvième. Or, la coudée noire du nilomètre de l'île de Roudah est de 0^m,5412[1], et, par conséquent, la canne est de 3^m,848, ou, en nombre rond, de 3^m,85.

Il n'est pas indiqué de combien de cannes était composé le côté du carré qui formait l'unité de mesure

[1] J'ai fait voir, dans mon Mémoire sur le nilomètre d'Éléphantine, comment Fréret, Bailly et Paucton ont été induits en erreur en confondant la coudée du meqyâs de l'île de Roudah avec l'ancienne coudée égyptienne, et dans quelle méprise ils sont tombés en supposant cette coudée du meqyâs de vingt pouces six lignes du pied de France, tandis qu'elle n'est en effet que de vingt pouces. J'ai avancé, dans le même mémoire, qu'avant l'expédition française en Égypte aucun voyageur ne l'avait mesurée exactement, et que, par conséquent, sa véritable longueur était restée inconnue jusqu'à l'époque de cette expédition. J'ai moi-même en cela commis une erreur que je dois rectifier ici. En effet, M. Fourmont, interprète du roi pour les langues orientales, rapporte dans sa *Description historique et géographique des plaines d'Héliopolis et de Memphis*, publiée en 1755, qu'après avoir mesuré chaque *draa* ou coudée de la colonne du meqyâs, il trouva pour chacun vingt pouces de France; ce qui est parfaitement conforme avec les mesures qui en ont été prises par les membres de l'Institut d'Égypte. Cependant l'illustre auteur de l'Astronomie moderne, publiée pour la première fois en 1775, a persisté dans l'opinion erronée de Richard Cumberland et de Fréret, qui attribuaient vingt pouces six lignes de longueur à la coudée nilométrique actuelle. Cette erreur de Bailly proviendrait-elle de ce qu'il ne connaissait pas le mémoire de M. Fourmont? ou bien y aurait-il été entraîné parce que l'usage d'une coudée antique de vingt pouces six lignes s'accordait mieux que l'usage d'une coudée de vingt pouces avec son système sur l'exis-

agraire à cette époque; mais ce point va bientôt être éclairci.

Nous avons dit, dans notre Mémoire sur l'agriculture des Égyptiens, imprimé au Kaire en l'an VII, que l'on distinguait en Égypte, sous le nom générique de *feddân*, deux unités de mesures agraires. Chacun de ces *feddân*, qui peut être labouré en deux jours, est un carré de vingt cannes de côté, et de quatre cents cannes ou *qasâb* superficielles; mais la longueur de la canne, qui est toujours exprimée en coudées du pays ou *pyk beledy*, varie pour l'un et pour l'autre [1].

Dans les relations de particulier à particulier, les cultivateurs font usage d'une canne de six *pyk beledy* et deux tiers.

Dans les relations des particuliers avec les Qobtes et les arpenteurs du fisc, ceux-ci font usage d'une canne de six *pyk beledy* et un tiers, c'est-à-dire qui est d'un tiers de *pyk* plus courte que la canne des cultivateurs.

Cela posé, le *pyk beledy* étant de $0^m,5775$, comme l'a trouvé M. Costaz [2], il s'ensuit que la canne du grand feddân est de $3^m,85$; et la canne du feddân des Qobtes, de $3^m,6575$. En examinant successivement ces deux unités de mesure, on remarque d'abord que la canne du grand feddân est précisément la même que celle qui était composée de sept coudées noires et un neuvième;

---

tence de l'ancien peuple auquel il faisait remonter l'origine de nos connaissances?

[1] *Voyez* le Mémoire sur l'agriculture et le commerce de la haute Égypte, lu à l'Institut du Kaire, les 21 brumaire, 1er et 21 frimaire de l'an VIII, et publié dans la Décade égyptienne, tom. III, pag. 42.

[2] *Voyez* l'Annuaire calculé pour le méridien du Kaire en l'an VIII, pag. 46.

d'où il suit qu'à l'époque où le khalife Al-Mâmoun institua la coudée noire, on employait pour l'arpentage des terres la même canne ou *qasâb* que l'on emploie aujourd'hui, et que le côté du feddân était, comme aujourd'hui, composé de vingt de ces cannes de 3^m,85 de longueur chacune. L'unité de mesure agraire dont il s'agit est, par conséquent, de 5929 mètres superficiels, c'est-à-dire, précisément égale aux dix socarions de Héron [1].

Nous avons fait voir de plus que le *pyk beledy* était la coudée romaine légèrement altérée [2]. Les six *pyk* deux tiers dont se forme le *qasâb* du grand feddân, ne sont donc autre chose que les six coudées romaines et deux tiers qui, avant le règne d'Héraclius, avaient été substituées aux six coudées égyptiennes et deux tiers dont la canne d'arpentage avait été formée dans les premiers temps de l'occupation de l'Égypte par les Romains, lorsqu'ils y introduisirent leur double jugère.

La mesure agraire composée de dix socarions, laquelle, au rapport de Héron, devait recevoir cinq *modii* égyptiens, se retrouve donc conservée sans la moindre altération dans le grand feddân. Nous allons montrer que le même rapport qui existait autrefois entre cette unité de mesure agraire et la quantité de semence qu'elle recevait, existe encore aujourd'hui.

D'après tous les renseignemens que j'ai recueillis en une multitude de lieux depuis Alexandrie jusqu'à Syène, il faut, pour ensemencer un feddân de terre, un demi-

---

[1] *Voyez* ci-dessus, pag. 182.
[2] Mémoire sur le nilomètre d'Éléphantine, *sect.* VI, tom. VI, *A. M.*

ardeb de froment[1]. Le mot *ardeb*, que les Romains traduisirent par *artaba*, a été appliqué en Orient, dès la plus haute antiquité, à signifier non pas un volume fixe et déterminé, mais en général une mesure de capacité destinée à mesurer les grains et autres matières sèches[2]. Sa

---

[1] Mémoire sur le commerce et l'industrie de la haute Égypte. (Décade égyptienne, tom. III, pag. 47.)

[2] La détermination de l'*ardeb* égyptien a fort embarrassé les métrologues par la difficulté qu'ils ont trouvée à accorder entre eux les divers passages dans lesquels il est question de cette unité de mesure. Cela vient de ce qu'ils n'ont point fait assez d'attention à la grande généralité de cette dénomination, ni aux époques différentes auxquelles les passages dont il s'agit doivent se rapporter.

Les revenus en blé que Ptolémée Philadelphe retirait de l'Égypte, s'élevaient, suivant S. Jérôme, à quinze cent mille *ardeb*, dont chacun était égal à trois boisseaux romains et un tiers. *Ita ut Ptolemæus Philadelphus de Ægypto per singulos annos quatuordecim millia et octoginta talenta argenti acceperit, et frumenti artabas (quæ mensura tres modios et tertiam modii partem habet) quinquies et decies centena millia.* (Div. Hieron. Comm. in Danielem, cap. XI.)

Ce rapport de l'*ardeb* d'Égypte au *modius* romain est le même que celui qui est donné par Rhemnius Fannius dans les vers suivans :

Est etiam terris quas advena Nilus inundat,
Artaba : cui superat modii pars tertia post tres,
Namque decem modiis explebitur artaba triplex.

Remarquons qu'il est ici question d'une unité de mesure de capacité employée sous les Ptolémées, et dont les Romains trouvèrent l'usage établi lorsqu'ils s'emparèrent de l'Égypte.

Lorsqu'ils voulurent y introduire leurs propres mesures, ils sentirent bien qu'il fallait d'abord éluder les obstacles que les préjugés et les habitudes populaires pouvaient apporter à cette introduction. Ils concilièrent donc, pour ainsi dire, les deux systèmes, en substituant à l'ancien *ardeb*, dont ils conservèrent la dénomination, une nouvelle unité de mesure de capacité qui contînt en même temps un nombre exact d'*ardeb* égyptiens et de *modii* romains, et qui en fût en même temps le multiple le plus simple. Ils n'eurent qu'à suivre en cela l'indication donnée par le vers de Fannius :

.... *decem modiis explebitur artaba triplex.*

On eut donc un ardeb de dix *modii* romains ou de cinq *modii* égyptiens, que l'on ensemençait sur l'unité de mesure agraire de Héron.

C'est l'*ardeb* égyptien de Galien, et de l'auteur grec anonyme cité par George Agricola :

capacité variait dans les systèmes métriques des différens peuples. Voilà pourquoi les métrologues ont distingué l'ardeb des Mèdes, celui des Perses et celui des Égyptiens.

Aujourd'hui, l'ardeb de blé de la haute Égypte, tel qu'on l'expose en vente sur les marchés, et tel qu'on en fait usage pour les semences, pèse, suivant des épreuves très-exactes faites au Kaire par nos collègues MM. Champy, Conté et Desgenettes, deux cent soixante-quatre livres, poids de marc[1] : ainsi le poids du demi-ardeb est de cent trente-deux livres; or la livre romaine, conformément à l'évaluation que Romé de l'Isle en a donnée[2], pèse dix onces quatre gros : les cent trente-deux livres de France, poids du demi-ardeb, équivalent donc à deux cents livres romaines, c'est-à-dire précisément au poids des cinq *modii* égyptiens que l'on ensemençait sur le feddân de 5929 mètres.

'Η Αἰγυπτία ἀρτάβη ἔχει μόδιος ί.
Ægyptia artaba habet modios quinque.

(Hippocratis et Galeni *Operum collectio*, tom. XIII, page 977. Georg. Agricol. *De ponderibus et mensuris*, pag. 140.)
En doublant cette unité de mesure, on obtint encore un ardeb double, c'est-à-dire de vingt *modii* romains. C'est celui qui était en usage du temps de S. Jérôme. *Artaba mensura Ægyptia est, faciens modios viginti.* (Div. Hieronymi *Comm. in Isaïam*, cap. V.)
Si les deux passages des Commentaires de S. Jérôme sur le onzième chapitre de Daniel et le cinquième d'Isaïe paraissent se contredire au premier aperçu, c'est que dans l'un il désigne l'ardeb tel qu'il était sous les princes grecs, tandis que dans l'autre il le désigne tel que les Romains l'avaient modifié de son temps pour l'intercaler en quelque sorte dans leur propre système métrique. Cet ardeb de vingt *modii* romains, ou de dix *modii* égyptiens, est, au reste, l'ardeb actuel : ainsi il reste constant que cette unité de mesure n'a subi aucune altération depuis environ quinze cents ans.

[1] Rapport sur la fabrication du pain, adressé au général en chef. (Décade égyptienne, t. III, p. 129.)
[2] Métrologie, ou Tables pour servir à l'intelligence des poids et mesures des anciens, par M. Romé de l'Isle, pag. 35, 40, etc.

Nous allons maintenant examiner le *feddân* des Qobtes : il est composé, comme les autres mesures, de quatre cents cannes superficielles. La longueur de la canne est de six *pyk beledy* et un tiers, ou de $3^m,658$; ce qui donne pour la surface du feddân 5352 mètres carrés.

Lá double aroure, qui est le dixième de la base de la grande pyramide, est de 5413 mètres, d'où l'on voit qu'elle ne diffère que de 61 cannes carrées du feddân des Qobtes. Ainsi il est évident que ce feddân n'est que la double aroure antique altérée d'environ la quatre-vingt-dixième partie de sa surface, altération très-peu sensible, et qui d'ailleurs ne provient peut-être que de celle de la coudée romaine, qui, pour donner une canne d'arpentage de $3^m,675$, précisément égale à celle de la double aroure antique[1], devrait être de $0^m,5800$ ou de deux millimètres et demi plus longue que le *pyk beledy* actuel, qui est, comme on sait, de $0^m,5775$.

Dans une recherche de la nature de celle qui nous occupe, il faut considérer que, pour être fondé à conclure que l'usage d'une unité de mesure antique s'est conservé jusqu'à présent, il n'est pas nécessaire d'arriver à une identité parfaite dans les expressions de la mesure antique et de la mesure moderne : car une multitude de causes peuvent avoir altéré les anciennes mesures ; et l'on n'est pas tellement sûr des étalons qui servent de base au calcul, que l'on puisse répondre de leur véritable longueur à $\frac{1}{200}$ ou même à $\frac{1}{100}$ près. Il y a chez les nations modernes, où l'on prend beaucoup plus de

[1] *Voyez* ci-dessus, pag. 160.

soins à l'étalonnage des mesures, des exemples d'altérations aussi considérables[1].

Ce que nous venons de dire prouve évidemment que la double aroure antique s'est conservée dans le feddân des Qobtes, tandis que le feddân usité parmi les cultivateurs est l'unité de mesure agraire définie par Héron, sur laquelle on doit ensemencer cinq *modii* égyptiens du poids de deux cents livres romaines équivalentes à un demi-ardeb d'aujourd'hui.

Il nous paraît, au surplus, facile d'expliquer comment ces deux anciennes unités de mesure ont été conservées par deux classes distinctes des habitans actuels de l'Égypte. Les cultivateurs de cette contrée descendent, pour la plupart, des tribus d'Arabes qui sont venues s'y établir à différentes époques : elles y ont été attirées parce que sa fertilité leur assurait des ressources que ne pouvaient leur procurer les régions incultes et stériles dont elles étaient originaires. Ces Arabes pasteurs n'avaient aucun système métrique applicable à l'arpentage des terres : ainsi ils adoptèrent naturellement les procédés de mesurage et les mesures agraires qu'ils trouvèrent établis en Égypte, lorsqu'ils l'enlevèrent aux Romains; et comme le feddân de Héron y était la seule mesure légale, ils

---

[1] « On ne doit point s'étonner si l'on trouve quelque différence dans l'examen que l'on fait de ce qui nous reste des anciens, pour en conclure la grandeur du pied antique romain, puisqu'il n'y a pas long-temps qu'à Paris les architectes et les maçons se servaient encore d'un pied qui était plus grand d'une ligne environ que celui qui est au Châtelet, par rapport à la toise qui sert d'étalon pour toutes nos mesures. » (Comparaison du pied antique romain à celui du Châtelet de Paris, avec quelques remarques sur d'autres mesures, par M. de la Hire, *Mémoires de l'Académie des sciences*, an 1714.)

dûrent en conserver l'usage par la seule raison qu'ils n'avaient à lui substituer aucune autre mesure qui leur fût propre et avec laquelle ils fussent familiarisés.

Quant aux Qobtes, on sait que ces descendans de l'ancienne caste sacerdotale sont restés jusqu'à présent dépositaires des registres cadastraux de l'Égypte; et comme ces registres remontent à une haute antiquité, et que l'étendue des différens territoires y est indiquée en mesures égyptiennes ou en anciennes aroures, il est tout simple que ces agens du fisc aient continué de s'en servir. D'un autre côté, la canne d'arpentage de *sept coudées* de *sept palmes* chacune est un instrument de mesurage si facile à fabriquer sans le secours d'aucune mesure portative [1], que l'adoption de cette canne et du feddân qui en dérive, devait naturellement se conserver parmi les arpenteurs des campagnes.

Au reste, le *feddân* des cultivateurs, comme celui des Qobtes, se divise en vingt-quatre parties, dont chacune, appelée *qyrât*, contient seize cannes superficielles

---

[1] Pour fabriquer sur-le-champ une canne d'arpentage, les Qobtes ainsi que les Arabes des campagnes de l'Égypte commencent par appliquer le long du roseau qu'ils destinent à cet usage l'un des avant-bras et la main étendue, en appuyant le coude et l'extrémité du roseau sur un obstacle solide. Ils tiennent le roseau de l'autre main, les quatre doigts fermés, en touchant du dernier doigt transversal de cette main l'extrémité du plus long doigt de la première; ce qui donne déjà une unité de mesure composée d'une coudée naturelle et d'un travers de main, c'est-à-dire une coudée septénaire. Ils reportent au-delà de cette poignée, en appuyant le coude au-dessus, le premier avant-bras et la main étendue; ils saisissent une seconde fois le roseau de l'autre main sans laisser d'intervalle entre les deux, et ainsi sept fois de suite jusqu'à l'autre extrémité de la canne; procédé analogue à celui par lequel nous avons expliqué ailleurs l'origine de la coudée de sept palmes. (Mém. sur le nilomètre d'Éléphantine, t. vi, *A. M.*)

et deux tiers. En considérant que cette superficie du *qyrât* n'est point une partie aliquote du feddân ou de la double aroure de quatre cents cannes, on est fondé à présumer que, dans son origine, cette unité de mesure agraire ne fut point ainsi divisée : mais, le double jugère ou l'hérédie des Romains, qui se composait, comme on sait, de vingt-quatre parties appelées *onces*, ayant été, pendant un temps, substitué à l'ancienne aroure égyptienne, on se familiarisa d'autant plus promptement avec cette division duodécimale de la mesure agraire, qu'elle présente en effet plus de facilité pour les opérations usuelles du partage des terres, de sorte qu'on la conserva dans le nouveau feddân de Héron, où elle s'est perpétuée jusqu'à présent.

Outre les deux unités de mesures agraires qui viennent d'être définies, l'intérêt des propriétaires d'un assez grand nombre de villages de la basse Égypte a fait prévaloir l'usage de certaines mesures locales qui portent aussi la dénomination de *feddân*, et qui sont des portions plus ou moins grandes de la mesure légale des Qobtes et des cultivateurs de la haute Égypte. On en distingue de douze, de quatorze, de quinze, de dix-huit et de vingt *qyrât* : comme les terres les plus voisines du Nil et des canaux qui traversent le Delta, sont plus faciles à cultiver que celles qui en sont plus éloignées, le feddân de mesure locale est, en général, d'une moindre étendue près du Nil qu'à une grande distance de ce fleuve. Il est certain, au reste, que les propriétaires et leurs intendans qui ont usurpé le droit d'altérer la mesure légale, modifient à volonté le feddân usité sur les terres qu'ils possèdent, de sorte que le feddân peut devenir tantôt plus grand et tantôt plus petit, suivant les dispositions du propriétaire à favoriser plus ou moins les intérêts des cultivateurs.

Ces divers *feddân* du Delta dérivent, comme on voit, de celui de la haute Égypte, dont ils ne sont que des parties déterminées. Mais on trouve dans le territoire de Damiette l'usage d'un feddân particulier qui n'a rien de commun avec ceux-ci, et dont l'origine est évidemment différente ; c'est un rectangle de vingt-quatre cannes de longueur sur dix-huit de large, formant une superficie de quatre cent trente-deux cannes[1]. Il est aussi divisé en vingt-quatre *qyrât* ; et par la composition de ses facteurs, il est aisé de voir que l'intention a été de composer le *qyrât* d'un nombre entier de cannes : ce qui prouve qu'à l'époque où l'usage de ce feddân fut établi, la division duodécimale de l'unité de mesure agraire était déjà introduite en Égypte, c'est-à-dire que cette époque est postérieure à celle de l'introduction du jugère romain dans cette contrée.

La canne employée pour mesurer le feddân de Damiette en fournit une preuve non moins péremptoire. La longueur de cette canne n'est point en effet de $3^m,85$ ou de $3^m,65$, comme celle du feddân des cultivateurs de la haute Égypte, ou des Qobtes ; elle est de $3^m,99$, équivalens à très-peu près à sept coudées romaines ou à six coudées de Constantinople.

Cette origine moderne du feddân de Damiette trouve au surplus une explication naturelle dans la formation

---

[1] Décade égyptienne, tom. 1ᵉʳ, pag. 230 (Kaire, an VII).

récente de cette portion de l'Égypte. Semblable à toute la partie septentrionale du Delta, c'est une alluvion du Nil, qui n'a été mise en culture que depuis un petit nombre de siècles. Les villages nouveaux qui couvrent ce territoire, ne se trouvent point compris dans les registres de l'ancien cadastre, où l'étendue des villages de la haute Égypte est encore indiquée en mesures antiques : on a employé, pour mesurer ceux du territoire de Damiette, les unités de mesures plus modernes qui étaient usitées dans le pays, lorsque ces nouvelles alluvions ont été mises pour la première fois en culture. Il est même à remarquer que les impôts auxquels ces nouveaux terrains sont assujettis, ont une autre base que ceux que l'on retire du reste de l'Égypte.

Après ce que nous venons d'exposer sur les mesures agraires de cette contrée, il nous est aussi facile de tracer l'histoire de ces mesures superficielles, qu'il nous l'a été de tracer celle des mesures de longueur dans notre Mémoire sur le nilomètre d'Éléphantine.

L'unité de mesure agraire, égale à la surface de terrain qu'une paire de bœufs est capable de labourer dans un jour, fut d'abord un carré de cent coudées de côté.

Afin d'abréger les opérations du mesurage, on substitua à cette surface celle qu'une paire de bœufs peut labourer en deux jours, et on la mesura avec une canne longue de sept coudées septénaires, instrument qu'il était facile de se procurer, et dont on pouvait déterminer sur-le-champ la longueur par un procédé simple et naturel, que nous avons décrit.

La double aroure, ou feddân antique, était un carré de vingt cannes de côté. On le retrouve formant exactement le dixième de la superficie de la base de la grande pyramide.

Les Égyptiens conservèrent cette unité de mesure sous les Ptolémées, qui ne crurent pas devoir modifier les usages d'un peuple qu'ils avaient quelque intérêt de ménager, et au milieu duquel ils avaient fixé leur séjour.

Lorsque les Romains eurent fait la conquête de l'Égypte, et qu'ils eurent assujetti ce pays à une redevance annuelle dont une partie était acquittée en blé et autres grains que l'on transportait en Italie, ils introduisirent en Égypte leur propre jugère; et il paraît que, pour l'assiette de l'impôt, ils suivirent ce qui avait eu lieu dans les autres provinces tributaires.

L'unité de mesure agraire continua cependant d'être un carré de vingt cannes de côté : mais cette canne, au lieu d'être de sept coudées, comme elle avait été jusqu'alors, fut réduite à six coudées deux tiers.

La fertilité de l'Égypte permettait d'y semer sur un jugère moins de grains qu'on n'en semait en Italie sur la même surface, et l'on retirait d'une même quantité de semence un produit plus grand; ce qui s'opposait à ce que l'on comparât ces deux jugères, tant pour les frais de culture que pour les produits de la récolte.

On crut alors devoir substituer au jugère romain qui avait été introduit en Égypte, une mesure de surface qui reçût précisément la même quantité de semence que le jugère romain. C'est le feddân des cultivateurs, dont Héron nous a donné la première définition.

A cette époque, les coudées sacrées avaient été détruites, et l'on ne faisait plus usage en Égypte que de la coudée romaine. Ce feddân de Héron continua d'être un carré de vingt cannes de côté, et la canne resta composée de six coudées romaines et deux tiers, de même que six coudées égyptiennes et deux tiers avaient formé la canne dont on s'était servi pour mesurer en Égypte le jugère du Latium, analogie qui rendit plus facile et plus praticable parmi le peuple l'adoption de la coudée romaine.

Cependant les registres où se trouvaient indiqués le nombre des villages de l'Égypte, l'étendue de leurs territoires respectifs, et la division des propriétés particulières, restèrent, sous les Grecs, entre les mains de ceux des prêtres égyptiens qui faisaient les fonctions d'écrivains et d'arpenteurs, lesquels continuèrent, en employant leurs anciens procédés, d'asseoir l'impôt et d'en percevoir le produit.

Lorsque les lois des empereurs de Constantinople eurent obligé tous les habitans de l'Égypte à embrasser le christianisme, les prêtres égyptiens, ou plutôt les restes de l'ordre sacerdotal, qui se réduisaient alors à ceux dont les fonctions étaient utiles au gouvernement pour l'assiette et la perception de l'impôt, se conformèrent à ces lois : mais, conservant toujours le cadastre de cette province, ils maintinrent, dans une corporation qu'ils formèrent, leurs anciens procédés de mesurage et la pratique des opérations dont leurs ancêtres s'étaient occupés exclusivement. Ils perpétuèrent ainsi parmi eux l'usage de l'ancienne unité de mesure agraire, dont la canne avait sept coudées septénaires, et dont vingt cannes formaient le côté.

Après la conquête de l'Égypte par les Arabes, il ne fut rien changé à cet état de choses; et quoique l'on ait dit que quelques khalifes substituèrent à la coudée romaine en Égypte la coudée noire pour les opérations de l'arpentage, on n'y reconnaît aucune mesure agraire qui ait cette dernière coudée pour racine : on ne l'a retrouvée jusqu'ici que dans le nilomètre qu'Al-Mâmoun et son successeur Al-Motéouakkel firent ériger à la pointe de l'île de Roudah.

Les Arabes, les Mamlouks et les Turcs, trop occupés de guerres, et dédaignant les détails de l'administration intérieure du pays dont ils se sont successivement rendus maîtres, ont laissé les fonctions d'arpenteurs et d'écrivains entre les mains des Qobtes, et ceux-ci ont continué de les exercer en suivant d'anciennes pratiques que la tradition leur a conservées, et qu'ils maintiendront d'autant plus long-temps, que leur religion et leurs mœurs les éloignent de tous les usages qu'ils n'ont point reçus de leurs pères. Caractérisés encore aujourd'hui par la même aversion pour les étrangers que les anciens Égyptiens manifestaient, les Qobtes, méprisés des nouveaux dominateurs de l'Égypte, n'en restent pas moins les seuls possesseurs du cadastre de cette contrée, les seuls répartiteurs et percepteurs de l'impôt, les seuls, en un mot, qui soient restés revêtus jusqu'à présent de certaines fonctions qui étaient réservées exclusivement autrefois à une classe d'individus compris dans l'ordre sacerdotal.

TABLEAU
DES MESURES AGRAIRES DE L'ÉGYPTE,
DEPUIS LEUR ORIGINE JUSQU'A CE JOUR.

I. *Aroure primitive.*

Coudée	0^m,525.
Canne de 5 coudées	2^m,625.
Côté de l'*aroure* de 20 cannes	52^m,50.
Surface de l'*aroure* de 400 cannes	2756^m,00.
Surface de la *double aroure*	5512^m,00.

II. *Double aroure de la grande pyramide.*

Coudée	0^m,525.
Canne de 7 coudées	3^m,675.
Côté de la *double aroure* de 20 cannes	73^m,57.
Surface de la *double aroure* de 400 cannes	5413^m,00.

III. *Double jugère romain introduit en Égypte.*

Coudée	0^m,5270.
Canne de 6 coudées ¼	3^m,5133.
Côté du *double jugère* de 20 cannes	70^m,2600.
Surface du *double jugère* de 400 cannes	4937^m,00.

IV. *Socarion de Héron.*

Coudée	0^m,5270.
Spithame royal	0^m,2635.
Orgyie de 9 spithames royaux ¼	2^m,4351.
Côté du *socarion* de 10 orgyies	24^m,3510.
Surface du *socarion* qui recevait ½ *modius*	592^m,9710.
Surface de 10 *socarions*	5929^m,7100.

V. *Feddân actuel des cultivateurs.*

Pyk beledy	0^m,5775.
Canne de 6 *pyk beledy* ⅔	3^m,8500.
Côté du *feddân* de 20 cannes	77^m,00.
Surface du *feddân* de 400 cannes	5929^m,00.

VI. *Feddân actuel des Qobtes.*

Pyk beledy	0^m,5775.
Canne de 6 *pyk beledy* ¼	3^m,6580.
Côté du *feddân* de 20 cannes	73^m,1600.
Surface du *feddân* de 400 cannes	5353^m,00.

MÉMOIRE
SUR LA MUSIQUE
DE
L'ANTIQUE ÉGYPTE,

Par M. VILLOTEAU.

ARTICLE PREMIER.

Motifs, moyens, plan et distribution de ce travail, ou introduction dans laquelle on examine quels sont les faits, les témoignages et les preuves dont on peut tirer quelques conséquences utiles, pour parvenir à connaître ce que fut la musique des anciens Égyptiens, et où l'on discute en même temps les doutes qu'on a coutume d'élever contre la perfection de cet art dans les siècles de la haute antiquité.

Tout en Égypte rappelle à l'esprit du voyageur de si grands souvenirs, tout y remplit son ame d'émotions si profondes et si puissantes, qu'il ne peut s'y borner à une admiration oiseuse et stérile. Ces immenses pyramides qu'on voit s'élever à une hauteur prodigieuse dans le désert, sur la gauche du Nil, les unes rassemblées et en quelque sorte accumulées près de Gyzeh, les autres se succédant par intervalles sur une ligne qui s'étend depuis la plaine de Saqqârah jusque vers Asouân; ces vastes et magnifiques tombeaux creusés dans la montagne Libyque, ornés de peintures dont les couleurs conservent encore le plus vif éclat; la multitude de grottes dont cette montagne est percée dans une très-grande partie de son étendue; ces larges et profondes catacombes où sont entassés des milliers de momies; ces statues colossales; ces obélisques de plus de quatre-vingts pieds de haut, d'un seul morceau de granit et d'un travail fini; ces temples, ces palais, ces colonnades, dont on ne se lasse point d'admirer l'étonnante et harmonieuse architecture; ces ruines imposantes, répandues ou amoncelées de tous côtés, contre lesquelles la fureur dévastatrice, la barbarie, l'ignorance et le fanatisme ont tour-à-tour épuisé leurs efforts désastreux; en un mot, tous ces monumens respectés par le temps, éternels témoignages de la splendeur de la nation à laquelle ils ont appartenu[1], frappent si vivement l'imagination de l'observateur, le ravissent à lui-même à un tel point, qu'il se croit contemporain des plus célèbres législateurs et des plus grands philosophes de l'antiquité. Il se figure qu'il les voit de toutes parts s'empresser encore de se rendre en ce pays fameux, pour y recevoir des leçons de sagesse, pour y fixer leurs idées sur la religion et sur

---

[1] Pourquoi faut-il que les intérêts d'une politique trop peu d'accord avec les intérêts des arts et des sciences aient sacrifié tant de superbes monumens, en les laissant entre les mains d'un peuple barbare qui les détruit sans cesse? L'Europe entière, qui doit en sentir maintenant tout le prix, ne devrait-elle pas conspirer unanimement à en confier la conservation à une nation policée et instruite?

les lois, pour y étendre et perfectionner leurs connaissances : il lui semble qu'il marche sur les traces de Mélampe, de Musée, d'Orphée, d'Homère, de Lycurgue, de Thalès, de Solon, de Pythagore, de Platon, d'Eudoxe, et de tant d'autres hommes illustres[1] qui furent reconnus dignes d'être initiés aux sciences sacrées des anciens Égyptiens, qui eurent la gloire d'en transmettre le fruit à leurs contemporains et de rendre leur nom immortel; il croit être dans leur société, assister à leurs entretiens avec les hiérophantes, les entendre discuter les points les plus importans de la théologie, de la politique, de la morale, des sciences et des arts. Tout ce que l'étude lui a appris sur les institutions aussi bien que sur les mœurs des anciens Égyptiens, se retrace à sa mémoire dans ces enceintes silencieuses, destinées à la méditation des merveilles de la nature : il regrette de ne pouvoir entendre aussi ces chants divins, ces hymnes d'une mélodie si pure, dont, au rapport de Platon, retentirent jadis ces temples augustes et sombres consacrés à la célébration des mystères. Il examine l'une après l'autre ces diverses représentations sculptées et peintes qui ornent la surface entière de ces précieux monumens, tant au-dehors qu'au-dedans; il y cherche et y trouve en effet des notions plus exactes et plus sûres que celles qu'il avait puisées dans les livres, sur les usages religieux, politiques, civils, ruraux, domestiques, et autres, de ce peuple dont l'ordre social servit

---

[1] Plutarque, *d'Isis et d'Osiris*, p. 320, *trad. d'Amyot*, Paris, 1597, in-fol.
Diodor. Sic. *Biblioth. hist.* lib. I,
cap. 98, p. 289, gr. et lat. *Biponti*, 1793, in-8°.
Clem. Alex. *Strom.* l. 1, p. 302; lib. VI, p. 629; *Lutet. Paris.* 1641.

de modèle à la plupart des anciens peuples[1]. Ici il voit des scènes allégoriques, des cérémonies religieuses, des processions accompagnées de musiciens, les uns dans l'action de chanter, les autres dans celle de jouer de divers instrumens de musique, précédés et suivis de prêtres chargés d'offrandes qu'ils vont présenter à la Divinité : là ce sont des exercices de gymnastique ou de palestre, ou bien ce sont des danses; plus loin des assauts, des combats, où l'on distingue les vainqueurs et les vaincus, les prisonniers ou les esclaves de guerre: autre part ce sont des criminels jugés, soumis à la torture, ou subissant la mort. Ailleurs, on remarque des systèmes complets d'astronomie. Dans d'autres endroits, ce sont les diverses cérémonies de la vie civile, des mariages, des pompes nuptiales, des initiations, des embaumemens, des lustrations, des pompes funèbres; les diverses occupations de la vie domestique, les travaux de l'agriculture, les labours, les semailles, la moisson, les vendanges, la chasse, la pêche, et les soins de la vie pastorale. Toute l'antique Égypte semble revivre pour lui : chaque objet nouveau attire, arrête ses regards, et devient aussitôt un sujet d'étude qui fixe son attention avec un intérêt sans cesse renaissant; le charme qui y attache est si puissant, qu'on ne peut plus qu'avec une peine extrême se résoudre à abandonner celui-ci pour en aller voir un autre: on voudrait être partout à-la-fois, et la curiosité, toujours insatiable, ne cède qu'à l'avide empressement qu'on a de tout voir.

[1] Diodor. Sic. *Biblioth. hist.* lib. 1, cap. 13, 14, 15, 28, 29, 96, 97, 98, *edit. sup. cit.*

C'est ainsi que, pendant le cours de notre voyage en Égypte, nous avons traversé ce pays dans toute son étendue; et, quoiqu'à peine en convalescence d'une longue et cruelle ophtalmie qui avait résisté à tous les secours de l'art, et très-faibles encore, nous nous sommes avancés, guidés par nos savans et laborieux collègues, jusqu'au-delà de la première cataracte du Nil, à peu de distance du tropique, dans le cœur de l'été, sans prendre un seul jour de repos, sans songer même à la fatigue extrême que nous éprouvions, sentant notre courage s'accroître dès qu'il s'agissait de visiter un monument antique, quelque pénible que fût la route pour y arriver, soit que nous eussions à traverser une vaste plaine de sables brûlans ou à marcher sur les aspérités d'une longue chaîne de rochers, soit qu'il fût nécessaire de gravir des montagnes escarpées ou de nous frayer un chemin sur d'énormes tas de ruines. Le jour, nous nous hâtions de prendre note de ce que nous voyions, et, surtout, nous avions grand soin de ne rien négliger de ce qui concernait notre objet : la nuit, nous repassions nos notes, nous les mettions en ordre, ou nous les rédigions plus exactement. Nous sentions trop le prix d'un pareil voyage, pour en laisser échapper inutilement un seul instant. Nous n'eussions pas été portés à toutes ces choses par l'enthousiasme qui nous animait et par l'exemple de nos collègues, que nous l'aurions fait pour nous rendre dignes de la mission honorable que nous avions acceptée.

Cependant, nous l'avouerons, nos recherches en Égypte ont été beaucoup plus arides et plus ingrates à l'égard de la musique que relativement à toute autre chose, et notre travail sur cet objet en est devenu d'autant plus difficile et plus épineux. Il n'en est pas de la musique de l'antique Égypte comme de la plupart des autres sciences et des autres arts. Les Grecs, qui furent les disciples et les imitateurs des anciens Égyptiens, peuvent bien encore, dans leurs ouvrages, nous donner une idée des connaissances de leurs maîtres et des modèles que ceux-ci leur offrirent à imiter, en poésie, en philosophie, en physique, en mathématiques, en astronomie, en médecine, en architecture et en sculpture. Les monumens étonnans et nombreux que les Égyptiens élevèrent dans des siècles antérieurs à l'histoire, et dont on voit encore de très-beaux restes, nous présentent aussi, dans les divers tableaux de sculpture que forment toutes les faces de leurs murs, tant extérieurement que dans l'intérieur, des témoignages non équivoques de leurs usages religieux, politiques, champêtres et domestiques. Mais quels secours attendre de ces monumens muets de souvenir, pour arriver à la parfaite connaissance d'un art qui est principalement du ressort de l'ouïe, et dont il est impossible même de se faire la moindre idée sans le secours de cet organe; d'un art qui laisse si peu de traces de son existence après le seul instant de son exécution, et à plus forte raison quand il s'agit d'une époque très-reculée?

Si cet art en Europe a tellement changé, en moins de mille ans, de forme, de principes et de règles, qu'il ne conserve plus rien de semblable à ce qu'il était auparavant, et si tout y est devenu à peu près inintelligible pour le plus grand nombre des musiciens, quelles variations et quelles vicissitudes n'a-t-il pas dû éprouver depuis quarante ou cinquante siècles ? Comment comprendrions-nous des traités écrits sur les murs des temples de l'antique Égypte, quand même nous les y trouverions gravés et que nous pourrions les y lire ? Si des règles et des principes différens, introduits depuis vingt et quelques siècles dans la théorie et la pratique de l'art musical, ont donné à nos habitudes, à notre goût, à notre manière de sentir et de juger en musique, une impulsion et une direction telles, que nous ne pouvons plus adopter les idées des Grecs sur cet art, ni même croire aux étonnans effets qu'on nous en a rapportés, comment pourrions-nous juger sainement de ce que nous apprendraient ces antiques monumens de l'Égypte sur la partie technique ?

Obligés de nous élancer au travers des siècles, et de pénétrer dans la nuit des temps les plus reculés ; avant de franchir l'espace immense qui nous en séparait, nous devions joindre la prudence au courage, pour ne pas courir le risque de nous précipiter dans un abîme d'erreurs, d'où nous n'aurions jamais pu nous retirer ; nous devions considérer avec la plus grande attention le point de notre départ et celui vers lequel nous tendions, afin de bien connaître et de bien déterminer la direction de notre route et de ne pas nous en écarter. Arrivés à ce terme obscur de notre destination, avant de nous être habitués aux ombres épaisses de la nuit qui nous environnait de toutes parts, et jusqu'à ce que nous pussions apercevoir les objets que notre vue ne pouvait d'abord distinguer, il était prudent à nous de tâcher de saisir au moins en tâtonnant d'abord tous ceux qui se présentaient sous notre main, pour nous mettre à portée de mieux diriger ensuite nos regards. Sans ces précautions, nous n'aurions pu faire un seul pas avec confiance, et nous nous serions infailliblement perdus sans retour. Au contraire, en les mettant en usage, tout nous a réussi au-delà de notre attente; les ténèbres ont cessé d'être impénétrables pour nous; nous avons aperçu distinctement ce que nous n'avions encore reconnu qu'à tâtons : nos recherches n'ont plus été incertaines, ni nos découvertes douteuses, et nous avons pu, avec quelque fruit, employer les secours qui nous étaient offerts pour donner à nos observations plus de justesse et de précision.

Il ne suffisait pas d'avoir examiné attentivement tout ce que les monumens de l'antique Égypte nous offraient de relatif à l'art musical, ou de propre uniquement à répandre quelque jour sur ce qui pouvait déterminer notre jugement; il était encore nécessaire que nous eussions recours aux auteurs qui ont eu occasion de parler de cet art chez les anciens Égyptiens. Nous devions ne pas rejeter avec dédain les moindres témoignages, mais seulement être très-circonspects et même sévères dans le choix et dans l'emploi que nous avions à en faire; car ce qu'il y a de fort décourageant lorsque l'on consulte sur la musique des premiers Égyptiens les auteurs anciens, poëtes, philosophes, historiens, géographes et autres, même ceux qui vécurent dans les siècles où ce peuple avait des relations habituelles avec les nations policées de l'Europe, c'est de les trouver tellement dénués de faits positifs sur cet art, qu'on est tenté d'abord de les abandonner et de les regarder pour la plupart comme ne pouvant être d'aucune utilité. Ce n'est qu'après en avoir interrogé un certain nombre d'autres, qu'on est forcé de revenir aux premiers, et qu'en suivant avec plus de soin ceux-ci, on rencontre çà et là quelques observations à faire ; encore ce qu'ils disent de cet art, est-il jeté de loin en loin, comme si cela leur était échappé par hasard.

Néanmoins le plus difficile n'était pas encore de rechercher, dans une quantité considérable d'auteurs, les restes épars et presque imperceptibles ou méconnaissables des notions sur la musique qui furent transmises par les anciens Égyptiens aux autres peuples ; c'était de se frayer une route sûre, où personne avant nous n'avait osé passer ; c'était de se faire jour, malgré les obstacles qui se présentaient à chaque pas, dans les contradictions, au moins apparentes, des divers auteurs les uns à l'égard des autres, et quelquefois avec eux-mêmes ; c'était de distinguer la vérité de l'erreur, malgré les préjugés et malgré la confusion des époques, qui rendent souvent fort embarrassans les renseignemens que les autres nous donnent : car on dirait que tous ont pris à tâche de répandre de l'obscurité sur cette matière. Par exemple, qui ne croirait que Diodore de Sicile est en contradiction avec lui-même, lorsqu'après nous avoir dit, au commencement de son Histoire[1], 1°. *que les premiers dieux de l'Égypte prenaient plaisir à la mu-*

[1] *Bibl. hist.* lib. 1, cap 15, edit. sup. cit.

sique et se faisaient accompagner en tous lieux par une troupe de musiciens, que l'un d'eux inventa la lyre à trois cordes, et 2°. ailleurs[1], *que les prêtres adressaient des chants à ces mêmes dieux*, il nous apprend ensuite que *les Égyptiens rejetaient la musique comme un art qui n'était propre qu'à énerver l'ame et à corrompre les mœurs?*

Y a-t-il quelque apparence qu'un peuple dont le caractère distinctif fut toujours un attachement religieux et constant à ses anciens usages et à ses principes, ait pu devenir versatile au point de rejeter sa musique propre, celle qu'il s'honorait d'avoir reçue de ses premiers dieux, et dont il était persuadé qu'ils faisaient leurs délices? N'aurait-ce pas été là, de sa part, une inconséquence portée jusqu'à l'impiété? Comment eût-il osé implorer le secours de ces mêmes dieux dont il aurait, par un sacrilége mépris, repoussé avec dédain celui de leurs dons qui leur était le plus cher? Nous sommes étonnés que personne n'ait encore saisi ce rapprochement qui saute aux yeux, et nous ne concevons pas quelle a pu être la raison qu'ont eue quelques écrivains d'adopter la dernière tradition de Diodore de Sicile, laquelle n'a absolument rien de vraisemblable, et annonce un usage diamétralement opposé à celui qui a toujours été universellement reçu par tous les peuples du monde, plutôt que de s'en tenir à la première, qui paraît avoir été la plus ancienne et la plus sacrée.

Il est incontestable que la musique n'a jamais cessé d'être en usage en Égypte; elle y était établie et pres-

[1] *Bibl. hist.* lib. 1, cap. 81, *edit. sup. cit.*

crite par les lois religieuses et politiques, sous le règne des rois égyptiens : c'est Platon qui nous l'apprend dans ses *Lois* et dans sa *République*, comme en ayant été témoin lui-même; et il ne parle de cette musique qu'avec admiration. Les rois perses, en s'emparant de l'Égypte, y portèrent avec eux le goût de la musique asiatique, dont le luxe corrompit bientôt le caractère sévère de celle des Égyptiens. Les Ptolémées, qui succédèrent aux Perses, protégèrent cet art avec tant d'éclat, et le cultivèrent eux-mêmes avec une telle passion, que les Égyptiens, encouragés par l'exemple de leurs souverains, se livrèrent à la musique avec la plus grande ardeur, et y firent des progrès si rapides et si grands, que bientôt ils acquirent la réputation d'être les meilleurs musiciens du monde, suivant que le rapporte Juba, cité par Athénée[1]; et remarquons que c'est précisément là l'époque où Diodore de Sicile était en Égypte, celle où il apprit que les Égyptiens rejetaient la musique, parce qu'elle n'était propre qu'à corrompre les mœurs. Cet historien, dont Pline le naturaliste fait un si grand cas[2], aurait-il donc voulu nous abuser? Ne lui faisons pas l'injure de le soupçonner d'un tel dessein : croyons plutôt qu'il a pu exister une époque où les Égyptiens auront montré du dégoût pour une espèce de musique différente de la leur et opposée au goût qu'ils avaient contracté de celle-ci, et qu'ils auront, par conséquent, regardé l'autre comme pouvant produire des

---

[1] *Deipn.* lib. iv.
[2] *Apud Græcos desiit nugari Diodorus, et βιβλιοθήκης historiam suam inscripsit.* C. Plinius Secundus, *Hist. nat.* lib. 1, *Præfatio ad divum Vespasianum.* Basileæ, 1549, in-fol.

effets nuisibles aux bonnes mœurs. Mais, soit que les prêtres que Diodore de Sicile consulta, n'eussent qu'une idée confuse de ce qui causait précisément cette aversion des Égyptiens pour la musique dans des temps reculés, soit que lui-même n'eût pas songé à demander à ces prêtres sur quoi portait la répugnance qu'avaient eue les Égyptiens pour cet art, et à quelle époque ils manifestèrent une semblable opposition, il ne nous laisse pas moins incertains sur l'un et l'autre de ces deux points; c'est aussi ce que nous nous proposons d'éclaircir, et ce qui s'expliquera de soi-même dans l'examen que nous allons faire de l'état de la musique dans l'antique Égypte.

Nous ne finirions point, si nous voulions nous arrêter à discuter l'une après l'autre toutes les opinions singulières, paradoxales et hasardées, qu'on a avancées sur la matière que nous traitons; cela serait, d'ailleurs, au moins inutile, et ne ferait que multiplier les motifs d'incertitude et fortifier peut-être encore davantage les doutes des personnes qui n'auraient ni la volonté ni le loisir de s'attacher, autant et aussi long-temps que nous avons dû le faire, à comparer toutes ces opinions diverses entre elles, pour s'assurer de la vérité : et puis le lecteur serait bientôt rebuté, si, au lieu de ne lui offrir que le fruit de nos recherches et de notre étude, nous lui en faisions éprouver encore la fatigue.

Ce qu'il importe le plus de savoir ici, c'est quel fut l'état de la musique chez une des plus anciennes nations du monde; d'examiner quels furent le caractère et le principal objet de cet art; d'observer l'usage qu'en fit un peuple naturellement fidèle à ses principes et constant dans ses habitudes, qui, pendant très-long-temps, subsista tranquille et heureux[1], à la faveur de lois simples, mais où tout paraissait avoir été prévu. Il est intéressant de savoir quel rang la musique occupa parmi les sciences et les arts cultivés en Égypte, à une époque aussi éloignée ; d'apprécier le degré d'estime qu'il obtint chez un peuple renommé par sa sagesse, et dans un pays qui fut le berceau des sciences et des arts, où se formèrent les poëtes et les musiciens les plus célèbres de l'antiquité, qui devint l'école où se rendirent les philosophes et les législateurs de la plupart des autres nations pour s'y instruire. Il importe enfin d'observer et de suivre toutes les innovations et tous les changemens qui furent introduits dans la musique en Égypte, et ce qui contribua le plus, soit à l'avancement et à la perfection de cet art, soit à sa dépravation et à sa décadence : cette dernière considération est peut-être celle qui peut le mieux nous faire apercevoir et sentir la liaison intime et secrète de la musique avec les mœurs.

Quelque grande qu'ait toujours été l'opposition des Égyptiens pour toute espèce de changemens dans leurs institutions et dans leurs usages, elle n'a pu néanmoins les préserver des vicissitudes auxquelles tous les peuples sont exposés. Partout il s'est opéré des révolutions qui ont renversé, anéanti des empires puissans ; en tout temps on a vu de nouveaux états se former et d'autres se dissoudre.

[1] Jerem. cap. 42, Strab. *Geograph.* lib. XVII, pag. 24 ; *Basileæ*, 1571, in-fol.

C'est une loi d'où dépend, sans doute, l'harmonie des choses sublunaires, que rien de ce qui existe sur notre globe ne demeure stable; que les nations, de même que les individus de tout genre et de toute espèce, y naissent et y périssent tour-à-tour, et que la face entière de la terre se renouvelle sans cesse. Les inventions des hommes, les sciences et les arts, doivent donc être soumis aussi à cette même loi.

Telles sciences et tels arts qui étaient ignorés jadis, ou dont on n'avait encore que de très-faibles notions, sont maintenant cultivés avec le plus grand succès : tels autres, au contraire, pour lesquels, dans les siècles reculés, on avait la plus grande estime, parce qu'ils étaient portés à un très-haut degré de perfection et qu'on en retirait les plus grands avantages, sont tombés de nos jours dans le discrédit et presque dans le mépris par leur dépravation, ou par les abus qu'on en fait et par le peu d'utilité qui en résulte. La poésie et la musique sont incontestablement du nombre de ces derniers, quoiqu'on en convienne difficilement.

En vain tout ce qu'il y a de plus respectable parmi les poëtes et les philosophes anciens atteste la perfection et la puissance de la musique dans l'antiquité; en vain l'accord de tant de faits avérés et de témoignages authentiques que la droite raison ne peut récuser, détruit ou prévient toutes les objections : tout cela ne suffit pas encore pour dissiper les préventions de notre amour-propre. Nous voudrions, pour être convaincus, des choses impossibles; nous voudrions qu'on nous fît entendre de ces chants qui depuis plusieurs milliers d'années ont cessé, ou, du moins, qu'on nous fît voir des modèles de ces chants qu'on n'écrivit jamais, et qu'on ne permit même jamais de transmettre autrement que de vive voix : comme si l'on pouvait croire que, lorsque la musique et la poésie se confondaient ensemble et ne faisaient qu'un seul et même art, l'une pût avoir une destinée différente de l'autre ! comme s'il n'était pas évident qu'alors les siècles des meilleurs poëtes et de la meilleure poésie dûrent être aussi ceux des meilleurs musiciens et de la meilleure musique !

Pourquoi douterions-nous donc de l'excellence de l'antique musique, quand tout nous prouve que les anciens nous ont non-seulement de beaucoup surpassés dans tous les autres arts, comme en poésie, en architecture, en sculpture, etc., dont nous avons encore sous les yeux des modèles admirables, mais encore y sont restés, jusqu'à ce jour, inimitables pour nous comme pour tous ceux qui sont venus immédiatement après eux ? Avouons de bonne foi que ceux qui produisirent de semblables chefs-d'œuvre, devaient avoir un goût plus délicat et des principes plus sûrs que les nôtres; que si les éloges que de tels juges firent de l'antique musique, surpassent de beaucoup ceux qu'ils donnèrent aux productions des autres arts, c'est que réellement elle leur était fort supérieure.

Mais que penser de l'antique musique de l'Égypte, lorsque Platon l'élève si fort au-dessus de l'antique musique des Grecs; lorsqu'il la propose comme le modèle le plus parfait de la meilleure musique, autant pour l'énergique et sublime vérité de son expression, que pour la merveilleuse beauté de sa mélodie? Comment parviendrons-nous jamais à nous en faire une idée assez exacte pour pouvoir en rendre compte? Sur quoi fonderons-nous ce que nous en dirons? Sera-ce sur le témoignage des monumens, ou sur celui des auteurs anciens, ou bien sur les uns et les autres à-la-fois?

Nous avons déjà fait observer combien nous avions peu de secours à attendre des premiers, et combien il existait entre les autres de contradictions frappantes qui s'opposaient à ce qu'on pût s'en servir avec succès, sans avoir auparavant examiné et pesé avec le plus grand soin le sentiment de chaque auteur, et surtout sans avoir déterminé l'époque à laquelle doit se rapporter ce que les uns et les autres nous ont appris.

Premièrement, quant aux monumens antiques qui subsistent encore aujourd'hui en Égypte, tout annonce qu'ils sont bien éloignés d'être des premiers siècles de la civilisation dans ce pays, de ces siècles vers lesquels nous nous proposons de remonter, à l'aide des meilleures et des plus anciennes traditions qui soient parvenues des premiers Égyptiens jusqu'à nous. La noblesse de l'architecture de ces monumens, la richesse, le luxe des ornemens et le fini du travail, toutes ces représentations allégoriques, toutes ces cérémonies religieuses ou civiles, sculptées avec tant de soin sur les murs, ne peuvent avoir appartenu à un peuple nouvellement policé, et ne sont point des productions avortées d'un art dans l'enfance et encore informe. D'un autre côté, parmi ces monumens[1], les uns n'ont point encore été achevés,

---

[1] Quelque modernes ou quelqu'anciens que puissent être ces mo-

et les autres ont été construits avec des débris de monumens plus anciens : on voit encore des pierres d'attente aux premiers, et l'on aperçoit aux autres, surtout à certains monumens de l'ancienne Thèbes, dans l'intérieur de quelques portiques, des pierres présentant des fragmens de sculpture placés à contre-sens et sans aucun rapport avec ce qui les environne. Ailleurs, sur des frises, on remarque des caractères hiéroglyphiques, ou même grecs, qui ont été substitués à d'autres caractères hiéroglyphiques à peine effacés [1] : d'où l'on peut inférer que les instrumens de musique qui ont été sculptés sur ces mêmes monumens, n'ont pas été non plus les premiers connus en Égypte; et il ne serait pas impossible qu'ils eussent été totalement ignorés des premiers Égyptiens, d'après ce que nous aurons lieu de remarquer par la suite, lorsque nous expliquerons la nature de cette musique dans son premier état. Secondement, parmi les auteurs qui ont eu occasion de parler de ce pays, et qui ont le mieux connu les institutions et les usages qui

numens, cependant le genre de leur architecture n'a jamais changé : il a toujours été soumis aux mêmes principes et aux mêmes règles adoptés de temps immémorial; Platon nous l'assure dans le second livre de ses *Lois*. Ces monumens sont donc encore très-précieux sous ce dernier point de vue. Nous les avons vus sans doute beaucoup moins ornés encore qu'ils ne l'étaient du temps de Clément d'Alexandrie, à en juger par la description qu'il en fait, puisqu'il dit qu'ils étaient enrichis de pierres précieuses, de diamans, d'or, d'argent, etc. *Pædag.* cap. 11, pag. 216.

[1] Nous devons croire néanmoins, d'après le témoignage de Platon, qui visita l'Égypte après que Cambyse et ses successeurs eurent été chassés du trône par les Égyptiens, que tous les monumens antiques n'avaient pas été détruits alors, puisqu'il rapporte que de son temps on voyait encore dans les temples des chefs-d'œuvre de peinture et de sculpture qui dataient de plus de dix mille ans, c'est-à-dire qu'il les supposait existans de temps immémorial.

y étaient établis, aucun ne fait mention de ses instrumens de musique, quoique ceux-ci s'expriment toujours avec une sorte d'enthousiasme à l'égard des hymnes et des chants consacrés au culte des dieux; ou bien, s'ils parlent du sistre et de la trompette, c'est seulement pour dire que ce sont des instrumens bruyans. Les autres, ainsi que nous l'avons déjà fait observer, nous disent tantôt que la musique fut instituée en Égypte par les dieux de ce pays, qui en faisaient leurs délices; tantôt que cet art était méprisé et rejeté des Égyptiens comme n'étant propre qu'à corrompre les mœurs et à énerver l'ame.

Il y a donc eu en Égypte deux opinions diamétralement opposées l'une à l'autre relativement à la musique, lesquelles supposent nécessairement deux états de cet art très-distincts et très-différens, mais trop incompatibles pour avoir pu subsister à la même époque. Ainsi nous distinguerons deux époques de l'état de l'art musical dans l'antique Égypte : la première, dont parlent Platon dans ses *Lois*, et Diodore de Sicile dans sa *Bibliothèque historique*, livre I [1], est celle où la musique se conserva sans altération dans son premier état; la seconde, dont parle également Diodore de Sicile [2], est celle où la pratique de la musique, au mépris des anciens principes, fut entraînée par une pente rapide au dernier degré de dépravation. Cette distinction détermine naturellement la division que nous avons faite de notre travail, et c'est pourquoi nous avons compris dans la première époque de la musique de l'antique Égypte

---

[1] Cap. 15 et 18. [2] Lib. I, cap. 81.

tout le temps qui s'est écoulé depuis l'origine de la civilisation des Égyptiens et de l'institution de leurs premiers chants, jusqu'au temps où des étrangers introduits dans ce pays ont occasioné quelque altération dans les mœurs des Égyptiens, ont modifié ou changé les usages de ceux-ci, et, par conséquent, les ont accoutumés à d'autres chants et à d'autres instrumens que ceux qui leur étaient propres : dans la seconde, nous avons renfermé tout le temps qui s'est écoulé depuis les premiers changemens opérés dans leur musique, jusqu'au temps où l'Égypte fut réduite en province romaine.

ARTICLE DEUXIÈME.

PREMIÈRE ÉPOQUE DE L'ART MUSICAL EN ÉGYPTE.

De l'origine, de l'inventeur et de l'invention de l'antique musique d'Égypte, suivant les traditions sacrées de ce pays. — De la haute idée que ces traditions nous font concevoir de la première musique de l'Égypte. — Combien cette idée devient invraisemblable, quand on la compare avec l'opinion que nous a donnée l'usage qu'on fait aujourd'hui de l'art musical. — De la nécessité où cela nous met de rappeler succinctement en quoi consistait la musique ancienne, et principalement le chant, dans des temps intermédiaires entre ceux dont nous avons à nous occuper.

Chez un peuple aussi recommandable que le fut celui de l'antique Égypte par la sagesse de ses institutions religieuses et politiques, dans un pays où les diverses parties de même que l'ordre et l'ensemble du système social étaient soumis au joug des lois, où les sciences et les arts libéraux et philosophiques étaient liés à la doctrine sacrée à laquelle la classe sacerdotale elle-même n'eût pu faire le plus léger changement sans une nécessité indispensable et sans y être légalement autorisée, dans un gouvernement enfin où il était établi en principe qu'il fallait arrêter les progrès des arts là où ils cessent d'être utiles [1], la science ou l'art qui enseignait à moduler les chants qu'on adressait aux dieux ou ceux qui étaient consacrés à l'instruction publique, ne pouvait être fondé sur des principes frivoles et versatiles, ni être dirigé par des règles minutieuses et incertaines.

L'art musical, chez les premiers Égyptiens, n'était pas encore assez éloigné de son origine pour avoir perdu jusqu'à l'empreinte du caractère mâle et sublime que, dans sa naissance, il avait reçu de la nature elle-même. L'éloignement de ce peuple pour toute espèce d'innovations doit faire présumer et tout nous atteste même que cet art conserva en Égypte pendant très-long-temps [2] son caractère originel.

Il est certain que les premiers Égyptiens en avaient la plus haute opinion, puisqu'ils attribuaient le bonheur de leur civilisation, et même celle de tous les autres peuples, aux heureux effets de la musique, à l'éloquence mélodieuse de leur premier législateur, qui, par le charme persuasif de ses chants, avait su les attirer, les retenir près de lui, les accoutumer à la vie sociale, leur

[1] Plato, *de Legibus*, lib. II.   [2] Idem, *ibid*.

faire goûter les douceurs qui y sont attachées, en leur apprenant lui-même à cultiver la terre et en les disposant à recevoir des lois. « Dès qu'Osiris régna sur les Égyptiens (rapportait une de leurs anciennes traditions), il les délivra de l'indigence et de la vie sauvage en leur faisant connaître les avantages de la société, leur donnant des lois et leur apprenant à honorer les dieux. Parcourant ensuite toute la terre, il en civilisa les peuples sans avoir recours en aucune manière à la force des armes, subjuguant la plupart par la douce éloquence de ses discours, embellis de tous les charmes séduisans de la poésie et de la musique; ce qui a fait croire aux Grecs que c'était le même que Bacchus[1]. »

Mais quel était cet Osiris qui par ses chants instruisit et civilisa les Égyptiens, qui parcourut tout le monde, instruisit et civilisa de même les autres peuples? C'était, suivant les Égyptiens, le soleil, considéré non-seulement comme le foyer de la chaleur et de la lumière, mais encore comme la source de la vie d'où partent les heureuses influences qui fécondent la terre et l'enrichissent de mille productions utiles, comme le principe de la vie et de tout bien, comme celui d'où émane le feu du génie qui crée les arts et tout ce qui peut contribuer au bonheur du genre humain; en un mot, comme celui auquel les hommes devaient rapporter tous les avantages attachés à la société et à la civilisation[2].

Néanmoins ce dieu avait un ennemi redoutable dans

---

[1] Plutarchi *omnia quæ extant Opera*, gr. et lat. *Lutetiæ Parisiorum*, 1624, in-fol. t. II, p. 356, A. B.

[2] Tous ces attributs du soleil se trouvent dans les hymnes d'Orphée et dans ceux d'Homère, ainsi que dans Plutarque, *Traité d'Isis et d'Osiris*.

le mauvais génie, principe de tout mal, sans cesse occupé à lui tendre des embûches, à causer du désordre et de la confusion, à détruire tout le bien. Il fallait une autre puissance qui n'eût d'autre soin que de combattre ce mauvais génie, de s'opposer constamment au mal que celui-ci voulait faire, ou de réparer celui qui avait été fait; et cette puissance était le frère d'Osiris, Horus, le dieu de l'harmonie, que les Grecs ont nommé *Apollon*[1]; le même, par conséquent, que Diodore appelle ainsi dans cette autre tradition égyptienne[2] : « Osiris aimait la joie, la musique et la danse; il avait toujours autour de lui une troupe de musiciens, parmi lesquels étaient neuf vierges qui excellaient dans tous les arts qui ont rapport à la musique, et que les Grecs ont nommées *Muses* : elles avaient pour chef Apollon, qui pour cela a été appelé *Musagètes* (c'est-à-dire conducteur des Muses). »

Quand Plutarque ne nous aurait pas appris que celui que les Grecs avaient appelé *Apollon* se nommait en Égypte *Horus*, il n'y a personne qui ne se fût aperçu que le nom d'*Apollon* était purement grec, et celui d'une divinité grecque, et nullement un nom égyptien, ni celui d'une divinité égyptienne; d'où l'on aurait pu inférer avec raison que Diodore avait substitué au nom égyptien de la divinité égyptienne celui qu'on lui donnait en Grèce : mais ce mélange de noms de deux langues différentes est toujours, selon nous, un vice dans la traduction d'une tradition, où

---

[1] Plutarque, *Traité d'Isis et d'Osiris*, pag. 320 F et 331 B.

[2] Diod. Sic. *Bibl. hist.* l. II, c. 18, pag. 53.

l'on ne doit jamais faire le moindre changement sans nécessité.

Toutefois il n'est point encore question, dans tout ceci, de l'invention de la musique ni de son inventeur; et cependant il est évident qu'elle a dû nécessairement être inventée avant d'exister : il est probable, suivant l'esprit de cette allégorie ou tradition sacrée que nous venons de citer, que la musique existait même avant le règne d'Osiris, qui favorisait et protégeait cet art, et l'employait lui-même avec tant de succès. Horus, le dieu de l'harmonie, qui en dirigeait l'exécution et l'emploi, semblerait annoncer une affinité plus immédiate entre lui et l'art musical.

Selon que le rapporte une ancienne tradition de l'Égypte, la découverte de cet art était due à Maneros [1]. Nous avons vu, il y a un instant, ce qu'était Osiris, ce joyeux protecteur des arts; nous avons vu également ce qu'était Horus, ce chef des neuf vierges que les Grecs nommèrent depuis *Muses*, lesquelles excellaient dans tous les arts qui ont rapport à la musique. Il ne nous reste donc plus maintenant qu'à savoir ce qu'était Maneros, inventeur de cet art.

Hérodote [2] nous assure que les Égyptiens donnaient ce nom à celui que les Grecs appelaient *Linus*; il ajoute que Maneros passait en Égypte pour le fils du premier roi de ce pays. Le savant Jablonski [3] avait d'abord pensé que le nom de *Maneros* pouvait avoir été composé des

---

[1] Plutarque, *Traité d'Isis et d'Osiris*, pag. 321, E. F.
[2] *Hist.* lib. II.
[3] Jablonski, *Opuscula*, t. I, voce MANE′ΡΩΣ, pag. 128.

deux mots égyptiens ⲙⲉⲛⲉϧ *mench* ou *maneh*, qui signifie *éternel*, et ϩⲣⲟϯ *chroti*, qui veut dire *fils*, *descendant* ; ce qui aurait fait ⲙⲉⲛⲉϧϩⲣⲟϯ *Menech-chroti*, ou *Maneh-chroti* (car les Égyptiens prononcent souvent aussi la lettre ⲉ comme notre *a*), et aurait signifié *fils* ou *descendant de l'Éternel*. Il fait remarquer en même temps que le récit d'Hérodote concernant Maneros semble conduire, comme par la main, à cette interprétation : néanmoins, dit-il, il n'y attache aucune importance. Il cite ensuite ce que dit Hésychius au mot *Maneros*, et traduit ainsi le texte de cet auteur, *Maneros, initié, instruit par les mages, fut le premier qui enseigna la théologie aux Égyptiens*, en substituant le mot θεολογῆσαι à celui de ὁμολογῆσαι qu'on lit dans le texte, *parce que ce mot ne lui paraît pas présenter un sens commode*. Mais n'aurait-on pas pu entendre aussi par ὁμολογῆσαι, qu'il les réunit en corps de société, qu'il les civilisa, ou qu'il leur donna des lois? Ce sens n'aurait eu rien de déraisonnable en soi, ni d'incompatible avec ce que nous apprennent Platon et Plutarque : le premier, en nous disant que, chez les Égyptiens, tous les chants étaient consacrés par des lois et en portaient le nom [1]; le second, en nous rapportant que Maneros passait chez les Égyptiens pour avoir inventé la musique; car alors il s'ensuivrait, dans le sens de Platon, que Maneros, en instituant la musique en Égypte, aurait en effet donné des lois aux Égyptiens. D'ailleurs il se pourrait que la même tradition qui lui attribuait l'invention de la musique, l'eût

---

[1] Plat. *de Legib.* lib. II. C'est de là sans doute aussi que les Grecs ont appelé leurs chants du nom de νόμος, qui signifie *loi*.

aussi présenté comme celui qui le premier avait civilisé les Egyptiens par ses chants, et qui leur avait donné des lois, puisque c'était une opinion reçue parmi les Égyptiens, les Grecs et les Latins même, que tous les peuples devaient le bonheur de leur civilisation au chant. Ce que les Égyptiens disaient d'Osiris, ce que les Grecs et les Latins disaient d'Orphée [1], aurait pu, à plus forte raison, se dire dans ce cas de l'inventeur de la musique : car ce fut sans doute moins par la force et la violence que par la persuasion et par les charmes puissans de l'éloquence, que les hommes furent déterminés à recevoir des lois d'un de leurs semblables, et à le reconnaître pour leur maître, leur chef; et cette éloquence si énergique et si persuasive était en effet, comme nous le verrons bientôt, ce qui constituait la première musique.

Les Égyptiens, en rapportant que Maneros inventa la musique, qu'il mourut, étant encore enfant, de la frayeur que lui causa un regard d'Isis courroucée contre lui, parce qu'il avait osé s'approcher secrètement d'elle, et l'avait surprise embrassant le corps mort de son époux; Hérodote, en nous assurant que le Linus des Grecs n'était autre chose que le Maneros des Égyptiens, et que celui-ci était fils du premier roi d'Égypte; Hésychius, en nous apprenant que Maneros fut le premier qui civilisa les Égyptiens, nous paraissent prouver assez claire-

---

[1] Horat. de Art. poet. v. 591 et seqq.
Plusieurs savans ont pensé que le nom d'*Orphée* était d'origine égyptienne; qu'il signifiait, dans son acception étymologique, *fils d'Orus*, qu'on écrit aussi *Horus*. Voyez Frid. Sam. de Schmidt, *Opuscula quibus res antiquæ, præcipuè Ægyptiacæ, explanantur*; Dissert. tertia, *de Orphei et Amphionis nominibus*. Carolsruhæ, 1765, in-8°.

ment que les Grecs ont cherché à imiter cette allégorie dans leur fable de Linus, où ils nous présentent celui-ci comme ayant été l'inventeur de leur musique, comme celui qui les avait civilisés par ses chants, et qui avait été tué d'un coup que, dans un accès de colère, Hercule lui avait porté avec sa lyre : du moins c'est à peu près de cette manière que les Grecs ont travesti et en quelque sorte parodié les ingénieuses et philosophiques allégories des Égyptiens.

Jusqu'ici, la raison ne nous permettant pas de voir dans les personnages dont les anciennes traditions de l'Égypte font mention, autre chose que des êtres allégoriques, nous ne pouvons avoir aucun motif suffisant pour ne pas adopter l'explication étymologique du nom de *Maneros* que nous a donnée Jablonski en le rendant par *fils de l'Éternel*, quoiqu'il n'en ait pas fait lui-même grand cas. Cette explication est encore celle qui s'accorde le mieux avec l'esprit dans lequel sont conçues toutes les autres allégories égyptiennes.

De même qu'Osiris, représenté au milieu de plusieurs musiciens, aimant le chant et la danse, et y prenant plaisir, avait été appelé *le dieu* ou *le génie du bien*; de même que Horus, chef des neuf Muses, fut regardé comme le dieu de l'ordre et de l'harmonie, on put donner également au génie qui avait fait inventer la musique, le nom de *fils de l'Éternel*. Ce n'est que dans ce sens que les Grecs disaient qu'Apollon était fils de Jupiter; Hésiode[1] et Plutarque[2] n'ont pas eu d'autres

---

[1] Hesiod. *Theog.* v. 25 et 36.
[2] Plutarque, *des Propos de table*, quest. xiii, p. 436, E, G.

raisons pour appeler les Muses *filles de Jupiter*. On a même tout lieu de présumer que les Égyptiens considéraient Maneros plutôt comme le *fils de l'Éternel* qu'autrement, puisqu'ils disaient que ce n'était point le nom d'un homme [1], mais seulement une exclamation dont ils avaient coutume de se servir à l'occasion de quelque événement heureux ; et il est très-vraisemblable qu'ils disaient en ce cas, *fils de l'Éternel!* comme nous disons, *grand Dieu! Dieu tout puissant!* comme les Italiens et les Espagnols disent *Santa Madona!* comme les Arabes disent *yâ Allah!* pour manifester le contentement ou la surprise, et tout-à-la-fois en rendre grâces à Dieu. Ainsi, lorsque les Égyptiens appelaient l'inventeur de la musique *fils de l'Éternel;* Horus le chef des Muses, *dieu de l'harmonie, frère du dieu et du génie du bien;* lorsqu'ils représentaient Osiris entouré de musiciens et prenant plaisir à la musique, ils voulaient dire par-là, n'en doutons pas, que la musique [2] était un don céleste, dont l'ordre [3] et l'harmonie dirigeaient toutes les parties, et qu'elle s'alliait avec tout ce qu'il y avait de

---

[1] Plutarque, *d'Isis et d'Osiris*.

[2] Les anciens entendaient généralement par *musique* tout ce qui était bien, tout ce qui était conforme au bon ordre. Platon emploie souvent le mot *musique* dans ce sens ; les anciens poëtes épiques, tragiques et comiques, lui donnent aussi très-fréquemment une acception semblable.

[3] La musique est tellement subordonnée à l'ordre, que non-seulement on ne peut faire ni une bonne mélodie ni une bonne harmonie avec des sons dont les rapports ne peuvent s'ordonner entre eux, mais encore qu'il est impossible d'employer musicalement des sons dont les vibrations ne sont pas régulières et isochrones. Les Grecs avaient distingué ces sons par le mot ἐμμελὴς, qu'on ne pourrait bien rendre en français que par le mot *mélodique*, lequel n'est point encore reçu et n'a point d'équivalent dans notre langue. Les sons contraires à ceux-ci se désignaient par le mot ἐκμελὴς, qu'on ne pourrait rendre en notre langue que par *antimélodique*.

bien¹, ou plutôt que tout ce qui était bien formait une musique, c'est-à-dire une chose parfaite ou l'ouvrage des Muses.

Avec de telles idées sur l'origine et la nature de la musique, il ne faut pas s'étonner si les premiers Égyptiens eurent pour cet art une si grande vénération; s'ils furent si scrupuleux et si difficiles dans le choix de leurs chants²; s'ils avaient consacré par des lois ceux qui leur avaient paru les meilleurs, et défendu expressément d'en exécuter d'autres; s'ils avaient fait une obligation indispensable à chacun de faire son étude de la musique pendant un certain temps; si la musique faisait partie de leur doctrine sacrée et réglait tous leurs chants religieux; si, transportée en Grèce par des colonies d'Égyptiens qui civilisèrent ce pays³, elle y produisit des effets si surprenans; si elle y excita l'admiration et le respect pendant tout le temps qu'elle s'y conserva dans sa première pureté. Ce n'est donc pas sans raison que Platon, qui avait été témoin auriculaire de cette musique sublime, n'en a parlé qu'avec un sentiment d'admiration et d'enthousiasme.

Mais ce qui, sans doute, semblera singulier aujourd'hui, et ne le paraissait sûrement pas alors, c'est que la ville où se fixa la première colonie d'Égyptiens en Grèce,

---

¹ Les anciens auteurs grecs se sont aussi servis quelquefois de l'épithète de musique pour signifier l'ordre parfait avec lequel une chose quelconque était exécutée, comme, par exemple, pour exprimer l'ordre parfait qui était observé dans une armée rangée en bataille. Tout ceci deviendra plus clair quand nous expliquerons, *art.* iv, ce qu'était l'antique musique des Égyptiens dans son premier état.

² *Voyez* l'art. iv ci-après.

³ Æschyl. *Suppl.* init.

se soit honorée du nom d'*Argos*[1], qui, en égyptien, s'écrit ⲈⲢⲬⲰ, se prononce *erdjô* et signifie *musicien*; c'est qu'on ait distingué par le nom d'*Eumolpe*, qui signifie *agréable chanteur*, le héros égyptien qui vint disputer le trône d'Athènes à Érechthée, qui institua dans ce pays une classe sacerdotale à l'instar de celle des hiérophantes égyptiens, et dans laquelle ses descendans, sous le nom d'*Eumolpides*, conservèrent le droit exclusif d'être admis. Il semblerait par-là que ce qui distinguait éminemment les Égyptiens, était surtout le haut degré de perfection auquel ils étaient parvenus en musique, et particulièrement dans le chant, et qu'on ne connaissait point alors de titre qui fût pour eux plus honorable que celui de musicien ou de chanteur[2].

Au reste, ce qui doit nous persuader que cet art fut cultivé en Égypte avec un très-grand succès, et qu'il y fut démontré par des principes sûrs, c'est que les plus célèbres musiciens-poëtes de l'antiquité, Mélampe, Musée, Orphée, Homère, Terpandre, Thalès et Pythagore, sont précisément ceux qui ont été formés à l'école des Égyptiens, et qu'aucun autre depuis ne paraît avoir ni mérité autant d'estime, ni joui d'une aussi grande considération qu'eux.

Peut-être les préjugés qu'a fait naître notre musique moderne, nous font-ils taxer d'exagération dans ce mo-

---

[1] Jablonski, *Opuscula*, tom. 1ᵉʳ, pag. 36, voce ᾿ΑΡΓΟΣ.

[2] Il paraît que c'était réellement chez les Égyptiens un titre très-honorable, puisqu'il donnait la préséance parmi les hiérophantes, suivant que nous l'apprend Clément d'Alexandrie. Il en était de même parmi les lévites chez les Hébreux, parmi les druides chez les Gaulois, et sans doute alors partout.

ment; mais tout le monde ne sait pas, sans doute, que la musique dont nous parlons était fort différente de celle que nous pratiquons aujourd'hui, laquelle n'est réellement qu'un abus et une dépravation de l'art.

La vérité, la beauté, l'énergie et la grâce de l'expression faisaient l'objet essentiel de l'antique musique; l'imposante et sublime simplicité que lui donnait un heureux choix des seuls moyens nécessaires de l'art, rendait toujours infaillible la puissance de ses effets : les ornemens et les difficultés y semblaient plus propres à favoriser la vaniteuse ostentation de l'artiste qu'à atteindre au but de l'art. Dans notre musique moderne, au contraire, les ornemens et les difficultés sont en quelque sorte ce qui constitue l'art; sans eux, l'artiste disparaît aux yeux du connaisseur vulgaire : la vérité, l'énergie, la beauté et la grâce de l'expression sont des qualités auxquelles notre goût est en général si peu disposé, qu'on n'en fait presque aucun cas aujourd'hui. Dans la haute antiquité, tout porte un caractère de gravité et de raison; tout, dans les siècles postérieurs, et principalement dans les siècles modernes, offre un caractère de frivolité ou décèle des recherches oiseuses et laborieusement futiles.

Nous n'avons pas de musique de deux à trois mille ans; mais, si nous en avions, il n'est pas douteux que nous sentirions et que nous serions forcés de convenir que la plus ancienne était la plus belle et la plus parfaite. Nous pouvons cependant encore en juger par la comparaison des productions des autres arts; de l'éloquence, par exemple, qui a plus d'affinité avec cette antique musique. Qu'on examine seulement ce qui distingue l'éloquence de Démosthène de celle de Cicéron, et l'on verra que, dans le premier, la force des raisons l'emporte sur les figures et les images, tandis que dans le second, au contraire, les figures et les images semblent y dominer et mettre à découvert tout le mécanisme de l'art. En poésie, en peinture, en architecture, en tout, nous trouverions une semblable différence. Combien nos plus beaux chefs-d'œuvre de sculpture ne sont-ils pas encore au-dessous de l'Apollon Pythien et du Laocoon?

Tout nous atteste irrécusablement que les arts se sont éloignés davantage de leur véritable but, à mesure qu'ils se sont rapprochés des temps modernes, et que l'on s'est plus occupé de leurs moyens que de leur objet : aussi sont-ils devenus, dans la même proportion, moins utiles, et par conséquent moins estimables. La musique actuelle, déchue du haut degré d'importance qu'elle avait jadis, dénuée de cette puissance qu'elle exerçait sur les mœurs dans la haute antiquité, et particulièrement chez les Égyptiens, n'offrant plus, dans l'état de dépravation qui l'avilit et la dénature aujourd'hui, ou n'offrant que très-peu de rapports qui lui soient communs avec son ancien état; la différence étonnante qui existe entre ce qu'elle est et ce qu'elle fut dans l'antique Égypte, l'intervalle immense qu'il nous faudrait franchir d'un seul élan pour nous transporter à une époque aussi éloignée que celle où nous sommes obligés de remonter, et mille autres raisons encore, nous font sentir qu'il est indispensable de donner ici quelques notions de la musique des temps intermédiaires, avant de nous étendre davantage sur l'état de cet art chez les anciens Égyptiens : car on ne saurait adoucir assez une disparate aussi choquante que l'est celle qui s'offre dans le rapprochement de la musique moderne avec la musique antique; ce contraste, que nous avons peut-être déjà rendu trop sensible, pourrait, s'il n'était pas ménagé, offusquer l'imagination de ceux que nos préjugés ont séduits, et faire paraître peu vraisemblable ce qui nous reste à dire.

ARTICLE TROISIÈME.

Exposé succinct de la nature de la musique, et principalement du chant, chez les anciens. — Principal objet de cet art chez eux. — Usage exclusif de la tradition orale et chantée chez tous les peuples de la haute antiquité. — Réflexions sur l'inventeur et l'invention de l'écriture et des hiéroglyphes. — Conséquences qui résultèrent de l'invention des lettres, par rapport aux arts de la musique et de la poésie, ainsi que relativement aux mœurs. — Première cause de la dépravation de la musique, et de l'aversion que les Égyptiens conçurent pour cet art.

C'est un point sur lequel nous ne saurions trop insister pour y attirer l'attention, que plus on remonte vers les siècles de la haute antiquité, plus la musique prend un caractère grave, sérieux et noble, et plus nous voyons son domaine s'agrandir : plus, au contraire, nous nous rapprochons des siècles modernes, plus cet art perd insensiblement de sa gravité et de sa sévérité, plus il devient frivole et plus il se renferme et se tourmente dans des limites étroites. Jadis, intimement lié par ses principes à la poésie, et même à la grammaire, l'art musical différait peu de la véritable éloquence[1].

Chanter, chez les anciens, c'était donner l'inflexion de voix la plus convenable au sens que chaque mot doit avoir dans le discours[2]; c'était faire entendre l'accent du sentiment le plus propre à émouvoir le cœur et à produire la persuasion. Tout discours préparé, fait pour être prononcé en public, était poétique et chanté, et considéré comme partie intégrante de la musique[3]. De là l'usage où étaient les poëtes de commencer tou-

---

[1] Plat. *de Legib.* lib. II et lib. V; *de Republ.* lib. II et lib. III; et in *Protagora.*
Demosth. *Orat. de corona.*

[2] Strab. *Geogr.* lib. I, pag. 16 et 17, gr. et lat. *Basileæ*, 1571, in-fol. Toute espèce d'inflexion de voix était anciennement appelée chant. Ainsi Euripide (*Iphig. in Taur.* v. 145 et 146) appelle des plaintes provoquées par le sentiment du malheur, *des chants antilyriques*; de même qu'il appelle (*Phœniss.* v. 813) *chant privé de musique*, des cris affreux arrachés par la douleur: ce qui, dans le premier cas, signifiait que le chant ne se renfermait pas dans les limites prescrites par les sons de la lyre, dont on ne devait jamais s'écarter dans le discours; dans le second cas, cela voulait dire que la voix procédait par des intervalles désagréables à l'oreille et que rejetait la musique. Le même poëte se sert aussi du mot *chanter* dans le sens d'*annoncer*, de *publier*. C'est surtout dans les tragiques grecs qu'on trouve le plus de notions excellentes et sûres de ce qu'était l'antique musique.

[3] C'est ce que dit positivement Platon au deuxième livre de sa *République*, où il fait parler Socrate en ces termes: « SOCRATE. Les discours sont sans doute une partie de la musique. ADIMANTE. Oui. SOCR. Il y en a de deux sortes, les uns vrais, les autres feints. » Il entend par les premiers les poëmes épiques, et par les seconds les fables ou les poëmes allégoriques. Tout le reste de ce livre est consacré à l'examen de chacun de ces genres de discours. Ensuite, au troisième livre, Socrate dit: « Il me semble que nous avons traité à fond cette partie de la musique qui concerne les discours et les fables; car nous avons parlé de la matière et de la forme du discours. ADIMANTE. Je suis de votre avis. SOCR. Il nous reste à parler de cette autre partie de la musique qui regarde le chant et la mélodie, etc. » Ainsi il n'y a donc ici aucune ambi-

jours leurs poëmes par ces mots, *je chante, je module.*
De là le nom de *poëme* qu'ils donnaient à leurs compositions, et qui vient du mot grec ποιέω, *je fais, je compose avec art,* pour distinguer ces compositions étudiées de celles qui étaient faites sans art, ou du discours vulgaire. De là le nom d'*ode*, qui vient du mot grec ᾠδή et qui signifie *chant*. De là le nom de *tragédie*[1], composé du mot précédent ᾠδή, *chant,* et de τράγος, qui signifie *bouc,* parce que celui qui avait remporté la victoire dans les combats qu'on exécutait dans les fêtes en l'honneur de Bacchus, recevait pour prix une peau de bouc, c'est-à-dire une outre remplie de vin. De là les noms de *comédie*, de *rhapsodie*, de *palinodie*, de *psalmodie*, d'*épode*, de *parodie,* etc., tous formés aussi du mot ᾠδή, *chant,* et d'un autre mot qui désigne l'espèce de chant. Enfin, de là le nom de *prosodie* lui-même, composé des deux mots grecs πρὸς, *pour,* et ᾠδή, *le chant,* ce qui fait *pour le chant*, parce que cette partie de la grammaire renfermait les règles que l'on devait suivre pour bien *accentuer* un discours, c'est-à-dire pour le bien *chanter;* car le mot *accentuer* vient aussi du mot latin ACCENTUS, *accent,* mot formé de ces deux-ci, AD, *pour,* et CANTUS, *le chant;* ce qui est, comme on le voit, la traduction exacte des mots πρὸς et ᾠδή, qui

guité : il est évident que Platon regardait les discours comme faisant partie intégrante de la musique.

[1] Suivant le sentiment de l'abbé Vatry (Discours prononcé à l'assemblée publique de l'Académie des inscriptions et belles-lettres, le 26 avril 1748), la tragédie se forma de la poésie lyrique. Aristote pense qu'elle tire son origine des dithyrambes que l'on chantait en l'honneur de Bacchus. *Voyez* les Mémoires de l'Académie des inscriptions et belles-lettres, t. xv, p. 235 et suivantes.

signifient également *pour le chant*, d'où s'est formé le mot *prosodie*.

En effet, le mot *accentus* chez les Romains, de même que προσῳδία chez les Grecs, signifiait ce mouvement par lequel la voix s'élevait ou s'abaissait dans le discours, suivant des règles qui en formaient une espèce de chant. C'est pour cette raison aussi que ceux qui apprenaient à déclamer, se faisaient toujours accompagner par un musicien qui réglait leur déclamation avec un instrument de musique appelé *tonarion*, parce qu'il donnait le ton, ou *phonasque*, parce qu'il dirigeait la voix. On a vu même des orateurs très-distingués chez les Romains[1] se faire accompagner ainsi jusque dans les discours qu'ils prononçaient en public, soit à la tribune, soit au barreau; mais c'était là un abus, une recherche de pure ostentation, que Cicéron blâmait, disant qu'il suffisait alors du sentiment de l'habitude qu'on s'était faite des règles de la prosodie. Cette habitude était telle chez les Grecs, et surtout à Athènes, qu'on n'y eût pas été moins choqué d'entendre une inflexion de voix contre les règles, qu'on ne le serait chez nous d'une faute de langue ou de grammaire; et parce que les autres Grecs n'observaient pas ces règles de la prosodie aussi soigneusement que le faisaient les Athéniens, les gens mêmes de la dernière classe du peuple les reconnaissaient sans peine à ce défaut, dès qu'ils parlaient.

L'usage d'employer un instrument de musique pour

---

[1] Plutarque, Œuvres morales, page 57, traduction d'Amyot, édit. *Comment il faut refrener la cholere*, déjà citée.

soutenir ou guider la voix des orateurs et des poëtes[1] dans les discours préparés et faits pour être chantés, c'est-à-dire pour être prononcés en public, remonte à une époque très-reculée. La lyre, dans son principe, et pendant très-long-temps, n'eut pas d'autre utilité que celle du *tonarion* dans les temps postérieurs. Il ne serait pas raisonnable de supposer que cet instrument, qui, pendant tant de siècles, ne fut monté que de trois cordes seulement, dont les sons étaient distans l'un de l'autre de l'intervalle d'une quarte, eût jamais pu servir à former un chant de l'espèce de ceux que nous modulons avec tant d'art. L'art musical était alors trop sévère et trop grave pour se prêter à ce genre frivole et insignifiant où la vérité et l'énergie de l'expression sont sacrifiées au futile et vain plaisir de l'oreille; plaisir purement sensuel, fait pour amollir l'ame, désavoué par l'esprit et la raison, qui n'y peuvent prendre aucune part, capable de distraire et même de détourner absolument l'attention du principal objet, enfin diamétralement opposé au but de l'antique musique.

La musique, la poésie et l'éloquence ne faisant, dans la haute antiquité, qu'une seule et même science qui embrassait tout ce qui était du ressort de la voix et de la parole dans le discours[2], les musiciens étaient, par conséquent, les seuls poëtes, les seuls orateurs et les seuls historiens. On exigeait d'eux qu'ils se distinguassent par leurs vertus[3]; on les honorait souvent des titres

---

[1] Dans l'antiquité, les poëtes étaient tout-à-la-fois orateurs, historiens, philosophes.

[2] Plat. *de Rep.* lib. II et lib. III.

[3] Plat. *de Legib.* l. II et l. VII; *de Rep.* l. III; *Io, vel de Furore poetico.* Strab. *Geogr.* lib. I, p. 14, et lib. X, pag. 533, edit. sup. laud. Aristid.

de devins, de prophètes et d'interprètes des dieux. Tels étaient ceux qui composaient la classe des chantres parmi les lévites chez les Hébreux, parmi les hiérophantes chez les Égyptiens, ceux qui formaient la classe des bardes parmi les druides chez les Gaulois. Tels étaient Thamyris, Mélampe, Musée, Orphée, chez les Thraces; Phémius, Démodocus, Homère, Hésiode, Olympe, Terpandre, chez les Grecs. Ils méritaient ces titres respectables, puisque, mieux instruits que tout autre des événemens passés [1], ils les offraient dans leurs poëmes comme une utile leçon de l'expérience, en perpétuaient sans cesse la mémoire, en conservaient toujours un souvenir fidèle, et transmettaient avec autant de force que de vérité jusqu'aux impressions que ces événemens avaient produites sur ceux qui y avaient participé [2], et qu'ils faisaient même éprouver d'avance le sentiment des impressions que devaient produire les événemens dont ils annonçaient que la postérité était menacée, si, par une coupable insouciance, elle négligeait leurs avis [3]. Ils méritaient encore ces titres, parce que leurs poëmes, remplis de maximes profondes et sages et de préceptes excellens [4], servaient en tout temps de leçon aux hommes, étaient consultés quand il s'agis-

---

Quint. *de Musica*, lib. II, pag. 74, inter *Music. Auctores septem*, edit. Meibom. Amstelod. 1752, in-4°.

[1] *Nam qui est cognitione præditus, novit antiqua et conjicit futura. Scit strophas orationum, et ænigmatum solutiones; præscit signa et prodigia et eventus temporum.* Clem. Alex. *Strom.* lib. VI, page 660.

[2] *Voyez*, dans l'Odyssée, ce qu'Homère nous rapporte de l'effet des chants de Démodocus et de Phémius.

[3] *Voyez*, dans la Bible, les effets que produisaient les prophéties sur le peuple hébreu.

[4] Plat. *de Legib.* l. II et l. VII.

sait de régler les intérêts des nations ou ceux des particuliers[1], disposaient à la civilisation les peuples barbares[2], adoucissaient les mœurs des peuples sauvages[3]. Ces poëmes d'ailleurs étaient d'un très-grand secours pour apaiser les séditions, pour faire cesser les divisions entre les hommes, dissiper leurs inimitiés et rétablir entre eux la concorde[4]; ils fortifiaient l'ame[5] et la formaient à la vertu[6]; en un mot, toutes ces poésies dont se composait la tradition orale et chantée, la seule dont l'usage fût reçu pendant un grand nombre de siècles chez tous les peuples du monde, étaient un moyen sûr et infaillible de propager sans danger et d'une manière inaltérable la connaissance de la religion, des lois, des sciences et des arts[7].

Plutarque, dont le témoignage est d'un grand poids

---

[1] Aristot. *Rhetor.* c. xv. Aristid. Quint. *de Musica*, lib. ii, p. 39-75. Voyez aussi nos *Recherches sur l'analogie de la musique et des arts qui ont pour objet l'imitation du langage*, part. iv, ch. iv, *De l'universalité de la tradition orale et chantée chez tous les anciens peuples du monde, à partir des premiers patriarches.*

[2] Aristote et Aristide-Quintilien, ibid. Plutarque, Œuvres morales, *Que l'on ne saurait vivre joyeusement selon la doctrine d'Épicure*, p. 282; *de la Vertu morale*, p. 31, F; *de la Musique*, pag. 667, édit. déjà citée. Horat. *de Arte poetica.*

[3] *Iid. ibid.*

[4] *Iid. ibid.* Plutarque, Œuvres morales, *Qu'un philosophe doit converser avec les princes*, p. 134, G.

[5] Plutarque, *de la Musique*, p. 662. Plat. *de Legib.* lib. ii, lib. vii; *Protagoras.*

[6] *Iid. ibid.* Plutarque, *de la Musique*, page 664.

Socrate, dans le *Phædon* de Platon, dit positivement que *la philosophie n'est qu'une excellente musique*, ὡς φιλοσοφίας μὲν οὔσης μεγίστης μουσικῆς. Dans le troisième livre de sa *République*, Platon dit encore que le seul musicien est philosophe, ὅτι μόνος μουσικὸς ὁ φιλόσοφος.

[7] C'était d'un poëme semblable à ceux dont il s'agit, que Théognide disait (*Sentent.* v. 18):

Τοῦτ' ἔπος ἀθανάτων ἦλθε διὰ στομάτων.
Hoc carmen immortalia venit per ora.

et doit faire foi dans ce qui concerne l'antiquité, s'exprime à cet égard sans équivoque; il nous assure que les anciens, pour perpétuer les connaissances, n'employaient que la poésie chantée. Voici comment s'exprime cet auteur dans le traité qui a pour titre, *Des Oracles de la prophétesse Pythie*[1] : « L'usage du langage paraît être sujet à changer, de même que celui de la monnaie : l'un et l'autre ont une valeur différente en différens temps, et alors on n'admet que ce qui est connu et usité; car, assurément, il a été un temps où la mesure, la cadence et le chant, étant comme l'empreinte du discours consacré par l'usage, toute histoire, tout enseignement philosophique, une simple sentence, en un mot tout ce qui avait besoin d'être énoncé avec un ton de voix plus grave, on le subordonnait à la poésie et à la musique. Ainsi ce que peu de gens conçoivent à peine maintenant, tout le monde le comprenait et se plaisait à l'entendre chanter, bergers, laboureurs et oiseleurs, comme le dit Pindare; et par la grande facilité qu'ils avaient en ce temps pour la poésie, ils réformaient les mœurs au son de la lyre et par des chants; ils haranguaient, ils exhortaient en se servant de fables et de proverbes. Les hymnes mêmes, les vœux qu'ils adressaient aux dieux, et les péans, ils les soumettaient à la mesure et à la cadence, ceux-là guidés par un heureux génie, les autres en suivant l'usage. C'est pourquoi nulle part Apollon n'envia jamais cette

---

[1] Plutarch. Chæronensis *Oper.* moralia, tom. ii, *de Pythiæ oraculis*, p. 406, B, C, D, E, gr. et lat. G. Xylandro interprete, *Lutetiæ Parisiorum*, 1624, in-fol.

grâce et cet ornement à la prophétie, ni ne voulut écarter du trépied la Muse qui l'honorait; mais il l'encouragea plutôt, aimant et recherchant la nature poétique : lui-même, s'y attachant, l'animait et en excitait la verve par des conceptions sublimes, comme étant alors une chose belle et admirable. Mais, un changement s'étant opéré dans les mœurs en même temps qu'il avait lieu dans les fortunes et dans les goûts, l'usage, repoussant toute superfluité, fit abandonner les cheveux bouclés, les ornemens en or et les fastueux manteaux; il retrancha les longues tresses et supprima le cothurne. Bientôt les hommes s'accoutumèrent avec raison à combattre le luxe par la frugalité, et à faire consister la parure dans une mise simple et modeste, plutôt que dans une orgueilleuse et vaine recherche. Alors, le discours ayant aussi changé de forme, *l'histoire, comme descendant de son char, passa de la poésie à la prose* [1]; et le vrai, par ce style populaire, fut distingué du fabuleux. La philosophie, préférant la clarté et l'énergie de l'enseignement à ces poésies qui inspiraient de la terreur et qu'elle regardait comme surannées, leur substitua dans ses entretiens un style sans mesure. »

A l'appui de ce que nous apprend Plutarque dans ce passage, nous pourrions rapporter un grand nombre de

---

[1] Ce qui est ici en caractères italiques, se trouve répété à peu près de la même manière par Strabon, comme on va le voir plus bas. La seule différence qu'il y ait sur ce point entre ces deux auteurs, c'est que Plutarque, soit par ménagement pour son siècle, soit qu'il le pensât ainsi, paraît croire que ce changement du style poétique à la prose a été plus utile que nuisible, et que Strabon semble être d'un avis opposé.

preuves; mais nous nous contenterons de citer les faits suivans. Les premiers Crétois avaient leurs lois écrites en vers, qu'ils chantaient et qu'ils faisaient chanter à leurs enfans, afin qu'elles se gravassent avec plus de facilité dans leur mémoire. Les lois que Charondas donna aux habitans de Thurium dans la grande Grèce, étaient aussi écrites en vers faits pour être chantés musicalement : les Athéniens en faisaient tant de cas, qu'ils avaient coutume de les chanter au milieu de leurs festins. Les Agathyrses, au rapport d'Aristote [1], étaient encore, de son temps, dans l'usage de transmettre leurs lois par des chants. Les Turditans, qui, du temps de Strabon [2], faisaient remonter à plus de six mille ans l'antiquité de leurs lois, ne les transmettaient non plus que par des poésies chantées. Les Indiens, si nous devons en croire le même auteur, ignorant totalement l'art de l'écriture, ne perpétuaient leurs connaissances que de vive voix, et conséquemment par des chants. Strabon nous apprend encore que les anciens Perses avaient coutume de ne célébrer que par des poésies chantées les louanges de leurs dieux et les hauts faits de leurs héros. Les Germains, suivant Tacite, et les Gaulois, suivant César, n'avaient pas d'autres annales de leur histoire que les chants de leurs bardes.

Au temps d'Homère, les poëtes se bornaient encore à chanter leurs poëmes, sans se donner la peine de les écrire. Lycurgue défendit même qu'on écrivît ses lois, afin qu'elles ne fussent transmises que par des chants, et qu'elles se gravassent plus profondément dans la mé-

[1] Arist. *Probl.* s. XIX, quæst. 28.   [2] Strab. *Geogr.* l. III, *de Bœtica*.

moire. Depuis, et pendant encore plusieurs siècles, on n'écrivit qu'en vers faits pour être chantés. Solon rédigea en vers semblables les ouvrages nombreux qu'il composa en tout genre. Il avait entrepris, dit-on, d'écrire de cette manière l'histoire des Atlantides; mais il ne l'acheva pas : Platon, qui s'empara de ce sujet, l'a traité en prose.

Ce ne fut que dans le sixième et le cinquième siècle avant l'ère chrétienne, que Cadmus, Phérécyde et Hécatée commencèrent à rompre la mesure des vers et à rapprocher successivement de plus en plus l'ancien style, qui était poétique et cadencé, de ce style irrégulier auquel on a donné le nom de *prose*[1]; et, comme le dit Strabon[2], qui en cela s'accorde avec Plutarque[3], *ils furent les premiers qui firent descendre le discours du degré d'élévation où il était auparavant, à l'état rampant où nous le voyons maintenant.*

On a peine à concevoir, d'abord, comment la poésie a pu exister avant la prose, et comment la tradition orale et chantée a été préférée à la tradition écrite. On

---

[1] *Prosa est producta oratio, et à lege metri soluta.* Prosum *enim antiqui* productum *dicebant, et* rectum: *unde ait* Varro, *apud* Plautum pro- sis lectis significare *rectis*; *unde etiam quæ non est perflexa numero, sed recta, prosa oratio dicitur, in rectum producendo. Alii prosam aiunt dictam ab eo quod sit profusa, vel ab eo quòd spatiosiùs proruat et excurrat, nullo sibi termino præfinito. Præterea sciendum, tam apud Græcos quàm apud Latinos longè antiquiorem curam fuisse carminum quàm prosæ. Omnia enim priùs versibus condebantur. Prosæ autem studium serò viguit. Primus apud Græcos Pherecydes Syrus solutâ oratione scripsit. Apud Romanos autem Appius Cœcus adversùs Pyrrhum solutam orationem primus exercuit. Jam exhinc et cæteri prosam orationem condiderunt.* Isidor. Hispalensis *Origin*. lib. I, c. XXVI, s. XII, Basileæ, 1577; in-fol.

[2] Strab. Geogr. lib. I.

[3] *Voyez* le passage de cet auteur ci-dessus cité, page 249.

est choqué de voir les peuples anciens rejeter l'usage d'un art tel que celui de l'écriture, qui est devenu parmi nous le véhicule des relations sociales les plus importantes, tandis qu'ils avaient pour l'art musical, qui nous semble si frivole, une estime qui allait jusqu'à la vénération, et qu'ils n'avaient pas craint de lui confier les prières qu'on adressait aux dieux, les lois qu'on voulait promulguer, et toutes les connaissances humaines qu'il était utile de propager.

Notre esprit, trop préoccupé de ce que nous voyons, saisit difficilement des idées totalement opposées à celles auxquelles nous sommes habitués. Oubliant que la musique ne fut pendant très-long-temps que l'art d'exprimer ses pensées avec autant de grâce que d'énergie, on n'aperçoit plus le lien qui jadis unissait cet art à l'éloquence et à la poésie[1].

On est sans cesse porté, malgré soi, à considérer ces trois arts comme ayant toujours été séparés, ou comme devant l'être. On ne les juge que relativement à cet état d'isolement où les a jetés depuis si long-temps la fausse direction que chacun d'eux a prise, en se séparant des autres, et en s'éloignant de plus en plus chaque jour du but commun que la nature leur avait prescrit à tous les trois, celui d'instruire les hommes, de modérer leurs passions et de régler leurs mœurs. Mais, sitôt qu'on les envisage dans leur premier état de perfection, qu'on n'y distingue plus qu'un seul et même art composé de la réunion intime de tous leurs moyens, et qu'on examine

---

[1] Plutarque, Œuvres morales, *des Propos de table*, liv. VII, question 8, page 419, édit. déjà citée.

ensuite les graves inconvéniens qu'entraîne l'usage de l'écriture, l'étonnement cesse, et l'on est bientôt convaincu que ce dernier état de l'art n'a pas été moins préjudiciable à l'avancement des sciences et des arts qu'au maintien des bonnes mœurs.

Il est hors de doute que, sans l'usage de l'écriture, on eût conservé plus long-temps celui de la tradition orale et chantée; on n'eût pas abandonné l'ancien style poétique et cadencé; l'habitude de l'harmonie des vers, toujours entretenue par le chant, qui fait mieux sentir la force des pensées, la grâce et la cadence du style, ne se serait pas affaiblie; l'on n'aurait jamais songé à substituer à ce style noble, élevé et harmonieux, le style rampant et vulgaire de la prose, qui, par cela même qu'il est à la portée de tout le monde, a en quelque sorte profané la science; les faux ou demi savans n'auraient pas été exposés à dénaturer par leurs erreurs les principes qu'ils n'étaient pas en état de comprendre d'eux-mêmes et sans être éclairés par des gens sages et instruits; on n'aurait pas enhardi ceux-ci à vouloir porter des jugemens téméraires sur ce qu'ils auraient dû respecter comme des mystères, et ils n'auraient pas eu l'imprudente audace de vouloir soumettre la religion et les lois aux caprices de leur imagination déréglée; enfin on n'aurait pas vu se répandre dans la société tous les désordres que la licence, l'insubordination et la rebellion contre les lois et l'autorité légitime y ont causés depuis.

Mais détournons nos regards de ces désordres affligeans, dont nous avons nous-mêmes éprouvé les épouvantables effets, pour les reporter sur d'autres inconvéniens non moins funestes dans leurs conséquences, mais qui nous touchent de moins près.

N'est-il pas incontestable que, si l'usage de l'écriture n'eût pas fait cesser celui de la tradition orale, le chant ne serait pas devenu un art distinct de la poésie et de l'éloquence, et ne se serait jamais écarté des principes qui l'unissaient à ceux de la parole; la poésie, toujours jointe au chant, n'aurait pas perdu les avantages qu'elle retirait de l'expression et de la cadence du rhythme rendues sensibles par la voix[1]; la musique et la poésie auraient toujours exercé sur l'ame ce pouvoir bienfaisant qu'elles tenaient de leur intime union, presque autant que de la nature de leurs moyens; elles auraient toujours mérité la même estime qu'on eut jadis pour elles; enfin nous n'aurions encore qu'une instruction authentique, sûre et solide, que nous donneraient des gens respectables autant qu'instruits, qui, soumis aux lois de l'État, et sous la surveillance des magistrats, du public même, n'enseigneraient que ce qu'il conviendrait à chacun de savoir; nous n'aurions pas à craindre que des principes pernicieux se répandissent clandestinement, à la faveur du silence, dans la société, et y produisissent des germes de discorde?

Rien ne prouve mieux la sagesse des Égyptiens à cet égard et ne fait mieux sentir les motifs de l'éloignement qu'ils eurent pour l'usage de l'écriture, que les réflexions suivantes d'un ancien roi d'Égypte, nommé *Tham*[2],

---

[1] Plat. *de Republ.* lib. x.
[2] On prétend que ce roi a depuis été adoré à Thèbes sous le nom de *Dieu Ammon*.

qui faisait sa résidence à Thèbes [1], sur les inconvéniens de l'écriture, lorsque Theuth ou Thoth, inventeur des lettres [2], s'étant présenté à la cour de ce prince, lui eut demandé la permission d'en introduire l'usage dans ses états, lui annonçant cet art comme le meilleur moyen de fortifier la mémoire et de propager la science [3] : « O trop artificieux Theuth, lui dit Tham, autre chose est d'être apte à la composition des ouvrages de l'art, et autre chose de savoir juger sainement de l'avantage ou du préjudice qu'ils doivent apporter à ceux qui en font usage. Et vous, qui êtes le père des lettres, vous avez avancé, d'après votre affection pour elles, tout le contraire précisément de l'effet qu'elles doivent produire ; car l'usage qu'on en fera, en portant à négliger la culture de la mémoire, engendrera l'oubli dans l'esprit de ceux qui le contracteront, puisque ceux qui se reposent ainsi sur le secours de ces monumens extérieurs des lettres, ne repassent plus les choses elles-mêmes dans leur esprit. C'est pourquoi vous avez découvert le moyen, non de conserver la mémoire, mais de la rappeler, et vous donnez à vos disciples une opinion de la science, plutôt

---

[1] Cette ville s'appelait, dans la langue égyptienne, *Amon-no* (Jer. XLVI, 25), ou *Hamon-no* (Ezech. xxx., 15), ou *No-Amon* (Nahum, III, 8) ; ce qui signifie *le domaine d'Ammon*. Quelques personnes ont pensé que ce personnage était le même que Cham, l'aîné des enfans de Noé, qui eut en partage la Syrie et l'Égypte. Ce qui sans doute aura porté à croire cela, c'est que saint Jérôme a écrit *Ham* le nom de *Cham*. Mais Jablonski n'est pas de cet avis.

Voyez le *Pantheon Ægyptiorum* de cet auteur, l. II, ch. II, p. 176 et 177.

[2] Clément d'Alexandrie (*Strom.* lib. I, pag. 303), en parlant de ce roi d'Égypte auquel se présenta Thoyth, a eu certainement en vue le passage de Platon que nous citons, p. 334 du même livre. Clément d'Alexandrie compte parmi les grands hommes d'Égypte qu'on honora comme des dieux, Hermès le Thébain et Esculape de Memphis.

[3] Plat. *Phædrus, sive de Pulchro*.

que vous ne leur en donnez une véritable connaissance : car, lorsqu'ils auront tout lu sans être dirigés par un maître instruit, ils paraîtront au vulgaire savoir beaucoup, tandis qu'ils ne seront qu'ignorans ; ils deviendront plus incommodes en société, parce qu'ils ne seront pas pénétrés de la science elle-même, et qu'ils auront été trompés par l'opinion qu'ils s'en seront formée. »

Ce fut donc par de semblables motifs aussi que tous les anciens peuples conservèrent si long-temps l'usage de la tradition orale et chantée, et non par la seule habitude qu'ils avaient contractée de cette tradition ; du moins il est évident qu'elle fut la première, qu'elle datait de l'origine des premières sociétés, et qu'elle fut inspirée par la nature à tous les peuples, puisque c'est la seule qu'aient connue et que connaissent encore toutes les nations, tant de l'ancien que du nouveau monde, qui ne sont point sorties de leur premier état de civilisation. Ainsi donc, devenue l'objet de la musique des anciens Égyptiens, perfectionnée, tant pour le style des paroles que pour la mélodie du chant, par un peuple aussi sage et aussi instruit que le fut celui de l'antique Égypte [1], elle dut avoir nécessairement sur la tradition écrite les mêmes avantages qu'a sur la peinture des choses le récit qu'un bon orateur en peut faire.

Si cette tradition fut tant respectée des anciens peu-

---

[1] *Indi, gens populosa cultoribus, et finibus maxima, procul à nobis ad orientem siti, prope oceani reflexus, et solis exortus primis sideribus, ultimis terris, super Ægyptios eruditos, et Judæos superstitiosos, et Nabathæos mercatores, et fluxos vestium Arsacidas, et frugum pauperes Ityræos, et odorum divites Arabas.* L. Apul. *Florid.* lib. 1, pag. 407. *Lutet. Parisiorum*, 1601, in-16.

ples, c'est qu'ils étaient tous imbus des mêmes principes, et que ces principes, étant sortis de la même source, avaient été répandus dans tous les pays d'Europe et d'Asie où les Égyptiens avaient envoyé des colonies : car c'est d'eux, en effet, que la plupart des peuples ont reçu les premiers principes de la religion, des lois, des sciences et des arts.

L'art de l'écriture lui-même a été inventé en Égypte, quoiqu'il y ait été d'abord rejeté. C'est évidemment le même Theuth, Égyptien, inventeur des lettres[1], qui, n'en ayant pu faire adopter l'usage par le roi Tham, en porta la connaissance aux Phéniciens : ceux-ci, qui les

---

[1] Nous avons remarqué sur plusieurs monumens de l'Égypte supérieure, parmi les figures sculptées dont les murs sont ornés, une figure de cynocéphale, c'est-à-dire d'homme à tête de chien, tenant de la main gauche un long bâton ou une règle recourbée par le haut, d'où l'on voit pendre, à l'extrémité de cette partie, quelque chose d'assez semblable à une lanterne ; tenant de la droite un style ou un poinçon qu'elle applique sur ce bâton ou cette règle qui semble avoir des entailles du haut en bas. Nous nous sommes imaginé que cette figure pourrait bien être l'image allégorique de Mercure décrite de cette manière par Horapollon (Hierogl. 14) : *Quid cynocephalum pingentes demonstrent ? Lunam demonstrantes, aut terrarum orbem, aut litteras, aut sacrificium, aut iram, aut natationem, cynocephalum pingunt Lunam.... litteras, quia est (apud Ægyptios) natio quædam et genus cynocephalorum, qui litteras norunt. Quapropter, ubi primùm in sacram ædem ductus fuerit cynocephalus, tabellam ei sacerdos apponit una cum scirpeo stylo atque atramento ; nimirum ut periculum faciat sitne ex eo cynocephalorum genere qui litterarum gnari sunt, et an litteras pingat : pingit itaque in ea tabella litteras. Præterea hoc animal Mercurio dicatum est, qui litterarum omnium particeps est.* Les marques distinctives du greffier des rites sacrés des anciens Égyptiens avaient aussi quelque rapport avec cette figure. Clém. d'Alexandrie, *Strom.* lib. VI, page 633, nous dit, en parlant de ce greffier des rites sacrés : *Deinceps autem ἱερογραμματεὺς, id est scriba sacrorum, pennas habens in capite et librum in manibus, ac regulam in qua est atramentum ad scribendum, et juncus quo scribunt, progreditur.*

Nota. La description que Clément d'Alexandrie fait ici de l'écritoire en forme de règle, dont se servaient les anciens Égyptiens, et dans laquelle étaient contenus l'encre et le

premiers l'admirent, s'en attribuèrent ensuite l'invention. C'est lui-même, on n'en peut douter, que l'historien de ce pays, Sanchoniaton, nomme *Taaut,* et auquel il attribue l'invention des lettres et des hiéroglyphes ; car le nom de *Theuth* a été diversement prononcé, suivant la diversité des langues ou des dialectes dans lesquels il a passé. On le reconnaît aisément encore dans la plupart des altérations qu'il a subies. C'est toujours l'inventeur des lettres qu'on a désigné par les noms de *Thoyth, Thoth, Thath, Taaut, Thaauth, Thouth, Soth, Sothen, Sothin, Tis, Dis,* etc.; mais tout nous porte à croire que ce nom était originairement une qualification qui indiquait le talent de l'auteur, plutôt qu'un nom propre et individuel [1].

Les Grecs ont rendu ce même nom, dans leur langue, par celui d'*Hermès,* qui est aussi un nom de qualité de cette espèce. Platon, dans son *Cratylus,* ou *Traité de la vraie signification des mots,* nous donne l'étymologie de ce nom grec, qui, selon lui, signifie *celui qui inventa l'art de la parole,* ou *l'orateur par excellence* [2]. Il y a apparence que Theuth dut être qualifié ainsi par les Égyptiens, puisque leurs anciennes traditions l'annonçaient comme *ayant fait sa principale étude de l'harmonie et de la propriété expressive des sons* [3]. Il fut en

---

jonc ou roseau pour écrire, pourrait encore s'appliquer à l'écritoire actuellement en usage parmi les Égyptiens modernes.

[1] Vid. Jambl. *de Mysteriis Ægyptiorum,* initio; et Jablonski, *Pantheon Ægypt.* lib. v, cap. 5, Francofurti, 1701, in-8°.

[2] Zoëga (*De orig. obelisc.* s. IV, pag. 211 ; 1797, in-fol.) trouve l'étymologie du nom d'*Hermès* dans les deux mots Égyptiens ⲉⲡ-ⲉⲙⲓ (*er-emi*), qui signifient *puter scientiæ.*

[3] Diod. Sic. *Biblioth. hist.* lib. 1, cap. 16, p. 48.

effet honoré comme un dieu en Égypte[1] pour avoir analysé les divers mouvemens et effets de l'organe de la parole, pour avoir distingué les uns des autres ces effets en les désignant par des signes particuliers dont il composa l'écriture, pour avoir établi toutes ces choses sur des principes fixes et en avoir facilité l'usage par des règles sûres dont se forma l'art de la grammaire. Sous tous ces rapports, comme on voit, la signification d'*Hermès* désigne parfaitement le talent de Theuth. Il est donc probable que les Grecs n'ont fait que traduire dans leur langue le nom égyptien de l'inventeur des lettres et de l'éloquence, ainsi qu'ils l'avaient fait à l'égard du nom des autres dieux d'Égypte auxquels ils rendaient un culte.

Nous ignorons si le nom de *Mercure*, par lequel on a depuis traduit celui d'*Hermès*, signifie étymologiquement aussi la même chose; mais il est certain que les poëtes latins, et particulièrement Horace, Ovide et Properce, ont également célébré sous ce nom celui qui inventa les lettres[2], l'éloquence et la palestre; arts qui, dans leur origine, n'étaient jamais séparés de la musique, laquelle devait en diriger l'étude.

---

[1] Plat. *Philebus*.
[2] Plutarque donne aussi ce nom à celui qui inventa les lettres en Égypte.

Oppien, dans les vers suivans, désigne plus particulièrement Mercure comme l'inventeur de l'éloquence :

Δῶρα δ' ἐ Μουσάων τε καὶ Ἀπόλλωνος ἀοιδαί,
Ἑρμείης δ' ἀγορείν τε καὶ ἀλκήεντας ἀέθλους
Ὤπασεν.......

*Dona verò Musarumque et Apollinis sunt carmina,
Mercurius autem concionem et robusta certamina
Tribuit*.......

De Piscatione, lib. II, v. 16 et seqq.

Toutefois, l'éloquence, la musique et la palestre précédèrent nécessairement l'écriture; et quand cela ne serait appuyé d'aucun témoignage, la réflexion seule nous le ferait sentir. Les premières ont dû naître par l'impulsion naturelle de nos besoins mêmes; et la dernière suppose déjà des relations sociales trop étendues, pour être entretenues immédiatement et avec le simple secours de la voix.

En vain nous objecterait-on que Platon, dans son *Timée*, ou plutôt le prêtre égyptien que ce philosophe y fait parler dans un entretien avec Solon, assure qu'on avait coutume d'écrire et de conserver de temps immémorial, dans les temples, tout ce qu'il y avait de mémorable; que les prêtres qui étaient chargés de ce soin, avaient plusieurs sortes d'écritures [1], dont deux qu'ils mettaient le plus souvent en usage, l'une appelée l'*écriture sacrée* ou les *hiéroglyphes* [2], et l'autre l'*écriture vulgaire*: tout cela ne détruit point les preuves que nous avons données de l'antériorité de la tradition orale et chantée sur la tradition écrite, et de la résistance qu'on opposa long-temps à l'introduction de celle-ci en Égypte comme ailleurs.

[1] Nous avons remarqué des écritures cursives et hiéroglyphiques de diverses espèces en différens endroits, et particulièrement dans une des grottes de la montagne de Syout, dont l'entrée était petite et fort incommode, et où nous nous sommes introduits avec M. le baron Fourier, notre collègue à la Commission des sciences et arts d'Égypte.

[2] Voici ce qu'on lit dans le fragment de Sanchoniaton cité par Eusèbe dans sa *Préparation évangé-* *lique*, lib. 1, cap. *Phœnicum Theologia*, pag. 36 A, gr. et lat. *Paris*, 1628, in-fol.: « Misor eut pour fils Taaut, l'inventeur des premiers élémens de l'écriture, que les Égyptiens nomment *Thoor*, les Alexandrins *Thoyth*, et les Grecs *Hermès*. »

Plus loin, le même auteur ajoute: « Le dieu Taaut ayant déjà représenté Uranus, forma aussi des images de Cronus, de Dagon et des autres dieux, et fit les caractères sacrés des élémens, *les hiéroglyphes*.

Les hiéroglyphes ne peuvent être regardés comme étant de la plus haute antiquité, puisqu'on voit encore en Nubie des monumens très-anciens d'architecture égyptienne qui sont absolument dénués d'hiéroglyphes et de sculpture quelconque. Les pyramides n'offrent non plus aucune trace d'hiéroglyphes ou de sculpture quelconque, soit à l'extérieur, soit dans l'intérieur; le sarcophage en pierre que renferme la chambre nommée *la chambre du Roi* dans la grande pyramide, est aussi tout uni et sans le moindre ornement. Si celui qu'on voit dans la mosquée dite *de Saint-Athanase* à Alexandrie, est au contraire entièrement couvert d'hiéroglyphes parfaitement bien exécutés, c'est qu'il est postérieur à l'époque de l'exécution de ces premiers monumens dont nous venons de parler, époque où les hiéroglyphes n'étaient point encore connus; à plus forte raison, l'écriture alphabétique, qui a dû être la dernière inventée de toutes les écritures, ne dut pas être non plus connue des premiers Égyptiens.

On a pu croire d'abord que cette discussion nous écartait de notre principal objet; et cependant c'est par elle-même que nous levons les plus grandes difficultés qui auraient pu embarrasser notre marche, et que tous les doutes, à l'égard de la nature et de l'objet de l'antique musique, sont dissipés. On doit sentir maintenant que la première cause de la dépravation de cet art fut nécessairement celle qui le sépara des autres arts qui sont du ressort de la voix, en l'éloignant des principes qui l'unissaient à la parole; celle qui le frustra du droit de propager la tradition, qui lui ravit son plus beau domaine, le priva des moyens de développer toute sa puissance, et le contraignit à chercher de nouvelles ressources dans des emplois qui l'avilissaient; celle enfin qui, le détachant de son objet, fit concevoir la première idée de ce genre de musique factice dans lequel on imagina de remplacer l'instrument naturel et vivant de la voix par d'autres instrumens formés de corps morts, dépourvus par conséquent de sentiment et d'expression, et pouvant se prêter aux caprices les plus extravagans de l'imagination de l'artiste. Or, les mêmes motifs qui firent repousser par les anciens Égyptiens l'usage de l'écriture, comme étant un moyen de tradition peu sûr et même dangereux, dûrent faire aussi rejeter par eux l'usage de la musique instrumentale, comme étant peu propre à émouvoir l'ame, à l'élever et à lui inspirer de grands sentimens, comme ne tendant qu'à détourner l'art de son véritable but, et n'étant propre qu'à corrompre les mœurs. Pour démontrer cela, nous n'avons donc plus maintenant qu'à continuer de suivre le plan que nous nous sommes tracé.

ARTICLE QUATRIÈME.

Origine de l'art musical en Égypte suivant l'histoire ou les traditions vulgaires. — Institution philosophique de cet art. — Son caractère et son premier objet. — En quoi il consistait. — Manière de l'enseigner et de l'exécuter. — Usage qu'on en fit dans les premiers temps. — Monumens admirables de poésie chantée, d'après lesquels on peut juger de l'excellence de la musique des anciens Égyptiens.

Voici comment Diodore de Sicile[1], en parlant des premiers siècles de la civilisation des Égyptiens, nous explique la formation des arts de la musique et de la poésie; car alors l'une était inséparable de l'autre, ou plutôt elles ne faisaient qu'un seul et même art : « Osiris eut en grande estime Hermès (Mercure), parce qu'il lui reconnut beaucoup de perspicacité dans la découverte des choses qui pouvaient contribuer au bonheur de la vie humaine; et celui-ci fut le premier, dit-on, qui détermina la prononciation des mots dans le langage ordinaire. Il donna des noms à plusieurs choses qui n'en avaient point; il inventa les lettres[2]; il institua le culte des dieux et les sacrifices; il fit les premières obser-

---

[1] Diod. Sic. *Biblioth. hist.* lib. 1, cap. 16.

[2] Tzetzès fait Mercure, l'inventeur des lettres, contemporain non-seulement d'Osiris, mais encore de Noé et de Bacchus, dans ces vers qu'on lit, chiliade IV, liv. II, v. 825 et suivans :

Mercurius quidam Ægyptius Trismegistus *vocatur,*
Qui, contemporaneus Osiridi, Noë, Dionysio,
Invenit cultumque Dei atque formas litterarum, etc.

vations sur le cours des astres, ainsi que *sur l'harmonie des sons et leurs propriétés expressives;* il inventa la palestre, et fit son étude de l'art d'imiter avec grâce et en cadence tous les mouvemens du corps. *Il monta de trois cordes la lyre qu'il inventa, à l'imitation des trois saisons de l'année*[1], *et il obtint par ce moyen trois sons, l'aigu, le grave et le moyen : il affecta l'aigu à l'été, le grave à l'hiver, et le moyen au printemps*[2]. *Il fut le maître d'éloquence des Grecs*[3], *et c'est de là que lui est venu le nom d'Hermès*[4]. »

Il ne s'agit point ici, comme on le voit, de la naissance du langage et de celle de la musique; l'un et l'autre tirent certainement leur origine des cris de nos

---

[1] L'année en Égypte ne se divise qu'en trois saisons, le printemps, l'été et l'hiver ; il n'y a point d'automne. Il n'est pas inutile de remarquer que, dans cette tradition, la musique se trouve associée à l'astronomie, parce que, dans la suite, il se présentera des preuves suffisantes de cette association dans l'enseignement même de l'art chez les Égyptiens.

[2] On trouve une description semblable de la cithare d'Apollon, dans un des hymnes d'Orphée, qui a pour titre *Apollinis suffimentum manna.*

[3] Nous ne nous arrêterons pas à examiner ici s'il est vraisemblable, ou non, qu'un même homme ait pu inventer seul tant de sciences et tant d'arts dans les premiers siècles de la civilisation en Égypte, et ensuite enseigner l'éloquence aux Grecs, tandis que nous voyons les progrès de nos connaissances faire à peine un pas par siècle. Le savant Jablonski a suffisamment éclairci ce point dans son *Pantheon Ægyptiorum*, part. v, ch. 5, où il traite fort au long du dieu Thoth, l'Hermès des Grecs. Il nous suffit en ce moment de savoir que ces choses ont été inventées en Égypte, et qu'elles y ont existé avant d'être connues ailleurs, suivant l'avis unanime de tous les auteurs anciens. Ainsi, soit que ces inventions soient le fruit des recherches d'un seul homme pendant la courte durée de sa vie, ou celui des observations et des expériences suivies d'un grand nombre de générations pendant plusieurs siècles, ou pendant même des milliers d'années, on convient généralement qu'elles ont été faites en Égypte ; nous n'avons pas le droit d'établir une opinion contraire.

[4] *Voyez*, pour l'étymologie de ce nom, le *Cratylus* de Platon, et ce qui a en été dit ci-dessus, p. 259.

besoins[1] et de nos passions[2] : mais il s'agit seulement de la naissance de l'art de parler et de l'art de chanter. Or, *parler*, c'est exprimer ses idées par des mots; *chanter*, c'est exprimer ses sentimens par des sons, et c'est de la réunion de ces deux arts que se composa la poésie.

Le style extrêmement laconique de Diodore de Sicile, dans le passage que nous venons de citer, ne lui permettait probablement pas d'entrer dans le détail des premières tentatives qu'on fit avant de parvenir à former les arts dont il fait mention; et puis les anciennes traditions des Égyptiens ne s'étendaient pas sans doute jusque là : d'ailleurs, embrassant dans son ouvrage l'histoire universelle jusqu'à son temps, il ne pouvait réunir un très-grand nombre de faits dans un espace aussi resserré que celui où il s'est renfermé, et s'étendre beaucoup en même temps sur chaque chose.

Platon, à la vérité, nous a bien rendu d'une manière plus développée la tradition de ce peuple sur les procédés qu'employa celui qui inventa l'art du langage, et l'on y voit que, dans son principe, cet art eut une très-grande affinité avec la musique : mais cela laisse encore un vide immense entre les premiers essais que l'on hasarda pour imiter et l'époque de la formation de l'art qui prescrivit les règles de l'imitation; car le langage ne fut aussi dans son origine qu'un art d'imitation[3], et l'est même encore aujourd'hui dans bien des cas. « Après qu'on eut remarqué, dit Socrate dans le *Philèbe* de

---

[1] Plat. *de Legib.* lib. II. Lucret. *de Rerum Natura*, l. v, v. 1022 et seqq.
[2] Plutarque, *des Propos de table*, liv. I, quest. v, p. 365 G.
[3] Plat. *Cratylus, sive de recta nominum ratione.*

Platon, que la voix était infinie, soit que cette découverte vienne d'un dieu, ou de quelque homme divin, comme on le raconte en Égypte d'un certain Theuth qui, le premier, aperçut dans cet infini les voyelles comme étant non pas un, mais plusieurs, et puis d'autres lettres qui, sans tenir de la nature des voyelles, ont pourtant un certain son, et connut qu'elles avaient pareillement un nombre déterminé; qui distingua encore une troisième espèce de lettres que nous appelons aujourd'hui *muettes :* après ces observations, il sépara une à une les lettres muettes et privées de son; ensuite il en fit autant par rapport aux voyelles et aux moyennes, jusqu'à ce qu'en ayant saisi le nombre, il leur donna à toutes et à chacune le nom d'*élément*. De plus, voyant qu'aucun de nous ne pourrait apprendre aucune de ces lettres toute seule sans les apprendre toutes, il en imagina le lien comme étant un, et, se représentant tout cela comme ne faisant qu'un tout, il donna à ce tout le nom de *grammaire*, comme n'étant aussi qu'un seul art. » Mais on doit sentir qu'un travail aussi abstrait et une analyse aussi délicate et aussi difficile supposent nécessairement de nombreuses observations faites précédemment, une longue suite de tentatives et une grande expérience déjà acquise, que la réflexion seule peut faire concevoir.

Essayons donc de jeter un coup d'œil rapide sur les premiers essais qui conduisirent à la découverte que fit Theuth ou Mercure *de l'harmonie et de la propriété expressive des sons :* ce premier aperçu nous fera mieux comprendre les motifs qui dirigèrent les Égyptiens dans la formation de l'art musical, dans le choix qu'ils firent de ses moyens et dans l'usage auquel ils le consacrèrent.

La tradition en Égypte[1] était que « les hommes menaient d'abord une vie sauvage; qu'ils allaient, chacun de son côté, manger sans apprêt dans les champs les fruits et les herbes qui y naissaient sans culture; mais qu'étant souvent attaqués par les bêtes féroces, ils sentirent bientôt le besoin d'un secours mutuel; et s'étant ainsi rassemblés par la crainte, ils s'accoutumèrent bientôt les uns aux autres. Ils n'avaient eu auparavant qu'une voix confuse et inarticulée; mais, en prononçant différens sons à mesure qu'ils se montraient différens objets, ils parvinrent enfin à désigner ainsi tout. Comme ils erraient par petites bandes, et que chacune prononçait les mots suivant que les conjonctures l'y portaient, elles n'eurent pas toutes le même langage, et c'est ce qui a produit la diversité des langues. »

Sans doute les premières observations de l'homme lui furent indiquées par ses besoins; et, comme les rapports qui le lient à ses semblables lui font un besoin indispensable d'avoir sans cesse des relations avec eux, de les entendre et de s'en faire entendre, en le supposant, comme il est raisonnable de le faire, parfaitement constitué dès son origine et jouissant de toutes les facultés naturelles de ses organes et de son intelligence, il dut faire beaucoup mieux ce que tous les jours nous voyons faire aux enfans, avant qu'ils aient pu distinguer clairement les objets, avec des organes faibles qui ne sont point encore développés, des sens inexpérimentés et une

[1] Diod. Sic. *Biblioth. hist.* lib. 1, cap. 8, pag. 26.

intelligence encore très-bornée : il dut écouter attentivement ceux qui lui parlaient le plus habituellement, afin de comprendre ce que signifiaient les diverses modifications de leurs voix, et ensuite remarquer l'effet que produisaient sur lui leurs cris et les siens sur eux. Ses premiers progrès dûrent être rapides, si nous en jugeons par ceux des enfans, puisque ceux-ci, avant même de pouvoir articuler un seul mot, parviennent très-promptement à distinguer, à la voix, leur mère ou leur nourrice entre toutes les autres personnes; qu'ils en comprennent l'expression, et se font aussi de bonne heure comprendre d'elles; qu'ils leur expriment très-bien tous leurs besoins; qu'ils les soumettent en quelque sorte par leurs cris à leurs volontés, souvent même à leurs caprices, et qu'enfin ils ne tardent pas à s'entretenir assez passablement avec elles : tant la sage providence a su établir une correspondance intime et fidèle entre notre cœur et les accens de nos sentimens, pour nous contraindre, en quelque sorte, à partager les plaisirs et les peines les uns des autres et nous disposer à nous secourir mutuellement !

Les hommes, avant d'être parvenus à exprimer leurs idées par des mots et à désigner sans aucune équivoque les choses par des noms, dûrent donc aussi mettre toute leur attention à distinguer ce qui, dans la voix, exprimait la bienveillance, d'avec ce qui annonçait de la haine; ce qui manifestait la colère, d'avec ce qui respirait la joie et le contentement; ce qui caractérisait les cris de la douleur, d'avec ce qui était propre aux accens du plaisir, etc., etc. Il fallut donc qu'ils étudiassent les propriétés expressives des sons, qu'ils s'appliquassent même à les bien connaître pour ne pas s'y méprendre; en faire usage à propos et utilement dans les relations qu'ils avaient entre eux, enfin pour réussir à transmettre vivement les sentimens qu'ils voulaient inspirer à leurs semblables.

De cette étude se forma l'art de s'exprimer avec la voix, c'est-à-dire l'art du chant, lequel précéda par conséquent celui de la parole. C'est pourquoi le premier, jouissant de toute la plénitude de ses droits sur le second, dirigea les premiers pas du langage parlé, lorsqu'il se forma[1], et l'accompagna dans ses progrès; il l'abandonna dès que le sentiment cessa d'être d'accord avec la pensée, et dès que l'esprit eut un langage différent de celui du cœur.

C'est un très-grand malheur, sans doute, qu'on puisse abuser ainsi des meilleures choses; mais ce malheur est inséparable de la nature humaine. L'homme se sert également de son intelligence pour corrompre tout et abuser de tout ce qui est à son usage, comme il s'en était servi d'abord pour tout perfectionner; et en cela il ressemble encore à l'enfant, qui, quand il est las de s'amuser avec ses jouets, finit par les jeter loin de lui, par les fouler aux pieds, et souvent par les briser.

L'homme a donc besoin d'être dirigé jusque dans

---

[1] Plat. *Cratylus, sive de recta nom. rat.* Id. *Protagoras.* Id. *Theæt.* Id. *de Legib.* lib. I, II, VII. Id. *de Repub.* lib. III. Id. *Charm.* Aristot. *de Rhetor.* Id. *de Arte poet.* Lucian. *de Gymn.* Lucret. *de Rerum Nat.* lib. V, v. 1029, 1030. Plutarque, *de la Vertu morale*, pag. 31, F. Id. *de la Musique*, page 667, F, G. Athen. *Deipn.* lib. XIV, pag. 631, E. L'abbé Barthélemy, *Voyage du jeune Anacharsis*, chap. 26.

l'usage qu'il doit faire de ses découvertes, aussi bien que dans celui de ses facultés physiques et intellectuelles ; et voilà pourquoi les anciens Égyptiens avaient consacré par des lois [1] les principes des arts de la musique et de la danse, avec le même soin qu'ils avaient apporté à établir ceux du gouvernement de l'État et des institutions les plus importantes [2]; c'est ce que Platon nous assure de la manière la plus positive. Ce philosophe, au rapport de Diodore de Sicile et de plusieurs autres [3], avait demeuré assez long-temps en Égypte pour y étudier la philosophie, la politique et toutes les sciences sacrées : il s'en était instruit à l'école des prêtres de ce pays, sous le plus célèbre alors d'entre les hiérophantes, celui qui avait le titre de prophète à Memphis, sous Sechnuphis [4], de même que l'avaient fait Pythagore sous OEnuphis, et Eudoxe sous Chonuphis, homme très-versé dans la connaissance des hiéroglyphes [5]. Aussi les Égyptiens eux-mêmes étaient convaincus que Platon avait fait un très-fréquent usage de leurs principes dans ses *Lois* et dans sa *République* [6]; ce qui donne beaucoup de poids à son témoignage dans ce qu'il nous

---

[1] Plat. *de Leg.* lib. II et lib. VII.

[2] L'auteur de l'*Étymologique*, sur le témoignage sans doute de quelque ancien, dit que la *musique ne diffère pas des mystères* : ἡ γὰρ μουσικὴ οὐδὲν διαφέρει μυστηρίων.

[3] Diod. Sic. *Biblioth. hist.* lib. I, cap. 96. Plin. *Hist. nat.* lib. XXV, cap. I, *de orig. mag. art.* Lucan. *de Bello civili*, v. 181 et seqq. Propert. *Eleg.* lib. III, eleg. 20. Clem. Alex. *Strom.* lib. VI, p. 629.

Æneæ Gazei, Platonici philosophi christiani, *Theophrastus, sive de animarum immortalitate et corporum resurrectione*, dialogus è græco in sermonem latinum conversus, pag. 377, D, et 373, *Biblioth. veterum Patrum*, tom. II.

[4] Clem. Alex. *Strom.* l. I, p. 303, Plutarque, *Traité d'Isis et d'Osiris*, page 320, A.

[5] Plutarque, *de l'Esprit familier de Socrate*.

[6] Diod. Sic. *Biblioth. hist.* lib. I, cap. 98.

rapporte de la musique de l'antique Égypte, et a dû nous inspirer assez de confiance pour ne pas craindre de nous en rapporter à lui, ni hésiter d'emprunter de ce philosophe la plupart des choses que nous aurons à dire de cet art.

Selon Platon [1], les premiers législateurs de l'Égypte avaient senti que, pour rendre les hommes heureux en société, il ne s'agissait que de diriger vers l'ordre leurs sentimens de plaisir ou de peine; que rien n'était plus propre à cela que de modérer et de régler leurs diverses expressions, soit de la voix, soit des mouvemens du corps, dans la joie et dans la douleur. D'un autre côté, ils avaient reconnu qu'il y avait un plaisir attaché au sentiment de l'harmonie et du rhythme, lequel est aussi un résultat nécessaire de l'ordre. Persuadés que ce sentiment était un bienfait qu'Apollon et les Muses [2] avaient accordé aux hommes comme un moyen facile, agréable et sûr de corriger ou de prévenir les vices qu'engendrent les passions violentes, toujours nuisibles à l'harmonie individuelle et sociale, et d'où naissent tous les maux; convaincus, en outre, que c'est un besoin indispensable pour les enfans de crier et de s'agiter sans cesse; que l'homme lui-même, lorsqu'il éprouve de fortes sensations ou qu'il est vivement excité par ses passions, ne peut contenir les mouvemens qui troublent ses sens et souvent même corrompent son cœur en égarant sa raison; ils s'étaient en conséquence appliqués à

---

[1] Plat. *de Legib.* lib. 11.
[2] Ceci explique le sens de la tradition allégorique rapportée par Diodore de Sicile, et que nous avons citée, *art.* 11, page. 232.

découvrir des chants propres à rendre aussi parfaitement qu'il était possible les plus belles expressions de la voix [1], et des danses qui imitassent les plus beaux et les plus gracieux mouvemens du corps.

Ces chants et ces danses devaient toujours exprimer l'état de l'ame de l'homme sage, tempérant, courageux, et, par l'harmonie des sons et du rhythme, tendre à faire passer dans le cœur des enfans [2] les sentimens de l'ordre, de la modération et du courage, ou à les y entretenir. En conséquence, ils avaient banni la variété et la multiplicité des rhythmes dans les chants. Ce n'est

---

[1] Ces principes étaient aussi ceux des poëtes et des philosophes les plus célèbres de l'antiquité. *Voyez* Homer. *Hymn. in Apoll.* v. 162 et seqq. Plat. *de Legib.* II, III, VII. Id. *de Republ.* lib. III. Id. *Cratyl.* et *Theæt.* Plutarque, *de la Vertu morale*, page 31, F. Id. *de la Musique*, pag. 664, C, 667, F, G. Strab. *Geogr.* lib. X, p. 532. Clem. Alex. *Strom.* lib. VI, pag. 659. Athen. *Deipn.* lib. XIV, cap. 7, pag. 631, E. Nonnus, poëte égyptien du ve siècle, a rendu la pensée des auteurs précédens par ces vers :

Et cantum pulsabant vitam servantem novem Musæ,
Et manus convolvebat Polymnia mater choreæ :
Imitantem verò signabat mutæ imaginem vocis
Referens manibus ingeniosum typum prudenti silentio.

Dionys. lib. V, v. 103 et seqq.

Cassiodore dit aussi, en parlant de la musique : *Quidquid enim in conceptum alicujus modificationis existit, ab harmoniæ continentiâ non recedit. Per hanc competenter cogitamus, pulchrè loquimur, convenienter movemur : quæ quoties ad aures nostras disciplinæ suæ lege pervenerit, imperat cantum, mutat animos : artifex auditus et operosa delectatio, etc.* Var. Epist. lib. II, pag. 60, B. *Parisiis*, 1600, in-8°.

« Les statues des anciens, dit Athénée (*Deipn.* lib. XIV), sont des restes de la danse antique. On avait observé les gestes et on les avait déterminés, parce qu'on cherchait à donner aux statues des mouvemens beaux et nobles, et que le principal but était qu'il en résultât un effet utile. Ensuite on adaptait aux chœurs ces beaux mouvemens ; des chœurs ils passaient à la palestre, qui, joignant la musique à un exercice continuel du corps, contribuait à donner la plus grande force d'ame à tous ceux qui s'y livraient. »

[2] Plat. *de Republ.* lib. III.

en effet que par un choix sage autant qu'éclairé, par la simplicité et non par la multiplicité des moyens, qu'on peut atteindre à la véritable perfection dans les arts, à cette sublimité admirable du beau simple qui fait la gloire des artistes de la haute antiquité et le désespoir de ceux de nos jours.

Les Égyptiens voulaient que l'harmonie et le rhythme fussent toujours subordonnés aux paroles, et jamais les paroles au rhythme et à l'harmonie[1]. Ils n'étaient pas moins difficiles sur le choix des paroles mêmes : il était défendu, sous des peines fort graves, à tout poëte de s'écarter de ce qui était reconnu pour légitime, beau, juste et honnête. L'éducation n'était autre chose[2] que l'art d'attirer et de conduire les enfans vers ce que la loi avait reconnu conforme à la droite raison, et ce qui avait été déclaré tel par les vieillards les plus sages et les plus expérimentés. Afin donc que l'ame des enfans ne s'accoutumât point à des sentimens de plaisir ou de douleur désavoués par la loi et par ceux que la loi avait persuadés, mais plutôt que dans ses goûts et ses aversions elle embrassât ou rejetât les mêmes objets que les vieillards, ils avaient inventé des chants[3] qui étaient de véritables *enchantemens* pour les esprits, et composés exprès pour disposer les hommes à se conformer aux lois, soit dans la douleur, soit dans la joie; et parce que les enfans ne peuvent souffrir rien de sérieux,

---

[1] Plat. *de Republ.* lib. III.
[2] Plat. *de Legib.* lib. II.
[3] Il y a dans le grec ἐπῳδαὶ, *épodes* : c'étaient probablement des chants de l'espèce de ceux qui servaient de modèle aux autres chants, et qui étaient conservés très-précieusement par les Égyptiens, comme nous le verrons bientôt.

ils avaient voulu qu'on ne leur présentât ces principes que sous le nom et la forme de chants [1]. Ils en avaient fait [2] pour chaque fête, pour chaque divinité, pour chaque mois, pour chaque âge, pour chaque sexe, pour chaque état et pour chaque situation de la vie [3]. Ils

---

[1] Plat. *de Legib.* lib. II. Cela se pratiquait ainsi en Crète et à Lacédémone, suivant que l'observe Clinias dans ce dialogue. Or les lois de ces deux États, et particulièrement celles que Lycurgue établit à Lacédémone, avaient été puisées en Égypte, de l'aveu des Égyptiens eux-mêmes, au rapport de Diodore de Sicile, *Bibl. hist.* lib. 1, cap. 98.

[2] Plat. *de Legib.* lib. VII.

[3] Les noms de ces diverses espèces de chants et de danses de l'Égypte ne sont pas tous parvenus jusqu'à nous. Pour en donner une idée, nous rappellerons ici une partie des chansons analogues que les Grecs avaient faites à l'imitation de celles des Égyptiens, et dont vraisemblablement un grand nombre était d'origine égyptienne.

Les Grecs avaient aussi des danses et des chants propres à chaque fête, à chaque état, à chaque sexe, etc. Ils avaient des chants qui s'exécutaient uniquement avec la voix; ils en avaient d'autres qui s'exécutaient avec accompagnement de flûte. « Dans les premiers siècles, dit Athénée (*Deipn.* lib. XIV, c. 7), on ne conservait en musique que ce qui était beau et honnête. On n'accordait à chaque chant que les ornemens qui lui convenaient. Chacun de ces chants avait ses flûtes particulières. Il en était de même pour les jeux : ils avaient aussi chacun son flûteur et les chants qui lui étaient analogues. » Jean Malala nous apprend la même chose (*Chronogr.* lib. XII, *de temporibus Commodi imperatoris, ludisque Olympicis Antiochiæ magnæ adhibitis*, Corp. Byzant. tom. XXIII). Nous trouvons encore de semblables observations dans Platon, *de Legib.* l. VII et VIII.

Les chants qui s'exécutaient seulement avec la voix, étaient les *Péans*, en l'honneur d'Apollon Péan; les *Dithyrambes*, en l'honneur de Bacchus Dithyrambe; la chanson *Philelios*, nom composé de deux mots grecs, φιλεῖν, *aimer*, et ἥλιος, *le soleil, la lumière* (cette chanson était consacrée au Soleil sous le nom d'*Apollon;* voyez Athen. *Deipn.* lib. XIV, cap. 3); la chanson ou l'hymne *Ioulos*, mot qui signifie une jeune barbe, du poil follet, par allusion à la première verdure, au printemps : ce chant était consacré à Cérès et à Proserpine. Selon Photius, *Bibl.* pag. 983, il y avait des chants consacrés exclusivement aux dieux, d'autres destinés aux hommes, et des chants qui avaient l'une et l'autre destination. Les chants consacrés uniquement aux dieux, étaient les *Hymnes*, les *Prosodies*, les *Péans*, les *Nomes*, les *Adoniques*, les *Iobacchiques* et les *Hyporchémes*. Les chants destinés aux hommes étaient les *Encomies*, les *Épicinies*, les *Scolies*, les *Érotiques*, les *Épithalames*, les *Hyémnées*, les *Silles*, les *Thrènes* et les *Épicedies*. Les chants consales avaient établis comme autant de lois, dont la moindre infraction entraînait une peine afflictive pour celui qui l'avait commise. De l'accord de ces chants et de ces danses, ils avaient formé un genre de pantomime qu'on

crés aux dieux et aux hommes étaient les *Parthénies*, les *Daphnéphories*, les *Oschophories* et les *Euctiques*. On fait encore mention d'un hymne appelé *Keston*, c'est-à-dire, la Ceinture, composé par Pâris en l'honneur de Vénus, qu'il révérait comme la première de toutes les divinités. (*Vide* Joannis Malalæ *Chronogr.* Byzant. Corp. tom. XXIII, pag. 38.) Il y avait en outre la chanson *Oupingi* pour les nouvelles accouchées (elle était consacrée à Diane); la chanson ou le thrène *Olophyrmos*, mot qui signifie *plainte*, *douleur* (ce chant était réservé pour les jours d'adversité et d'affliction); la chanson *Ialemos*, c'est-à-dire *chant froid et lugubre* : cette chanson était destinée aux funérailles. Euripide, dans sa tragédie des *Phéniciennes*, appelle ainsi les cris de douleur que font entendre les mères et leurs filles, à la mort d'Étéocle et de Polynice, qui s'étaient tués l'un l'autre dans un combat singulier : Ἰάλεμοι δὲ ματέρων. Ἰάλεμοι δὲ παρθένων. *Quel deuil pour les mères! quel deuil pour les filles!* Il ajoute que ces plaintes retentissaient dans les maisons; ce qui présente une très-grande analogie entre ces plaintes et les cris que les Égyptiennes font encore entendre aujourd'hui, d'abord sur les terrasses des maisons, puis dans l'intérieur de leurs appartemens, chaque fois qu'il est mort un de leurs parens, ou quelque autre personne qui leur est chère. Elles répètent ces cris or-

dinairement tout le jour; quelquefois elles les continuent pendant plusieurs jours, en témoignant leurs regrets par des plaintes semblables à celles que nous venons de citer de la tragédie d'Euripide. Il y avait encore la chanson *Alinos* ou *Linos*, également propre à la tristesse et à la joie, parce que, sans doute, elle tempérait l'excès de l'une et de l'autre, en rappelant le calme dans l'âme. Hérodote nous assure que cette chanson était d'origine égyptienne, et que c'était la même qui était connue en Égypte sous le nom de *Maneros*; ce chant avait, en effet, les qualités et les propriétés que les Égyptiens s'appliquaient à donner à leurs chants. Pausanias, au contraire, croyait que cette chanson appartenait aux Grecs, qui l'avaient consacrée à chanter la mort de Linus, un des inventeurs de la musique en Grèce. On cite aussi la chanson *Charondas*, qui se chantait à table; la chanson *Alétés*, qui était celle des vagabonds, des mendians, ainsi que l'indique le mot; la chanson *Katabaucaléses*, qui était propre aux nourrices (celle-ci procurait un doux sommeil aux enfans); la chanson *Epimylios*, c'est-à-dire des meûniers, ou de ceux qui tournent la meule ou la roue : elle appartenait encore à ceux qui puisaient de l'eau par le moyen d'une roue à chapelet, parce que l'action et les mouvemens de ceux-ci étaient à peu près semblables à ceux des premiers; il y avait néanmoins une

exécutait dans les temples et hors des temples, les jours de fête et de repos. Platon a donné à ce genre le nom de *chorée*, en le faisant dériver de χαρά, qui signifie *joie*.

chanson propre aux puiseurs d'eau, c'était celle qu'on nommait *Himæos*. C'est sans doute la chanson qu'Aristophane (*Ran.* act. v, sc. 2, v. 41) appelle ἱμονιοστρόφου, chanson aussi des puiseurs d'eau. Les puiseurs d'eau, en Égypte, ont conservé jusqu'à ce jour cet ancien usage: ils règlent de même tous leurs mouvemens sur la mesure de certains chants qui leur sont propres. On peut en voir quelques-uns que nous avons notés, dans notre Mémoire sur l'état actuel de l'art musical en Égypte, *É. M.* Il y avait encore une autre chanson *Ioulos*, qui était celle des cardeurs de laine. Il a été parlé plus haut d'un hymne de ce nom, qui était consacré à Cérès et à Proserpine. On connaissait encore, sous le nom d'*Elinos*, une chanson pour les tisserands; une autre sous le nom de *Lityersès*, qui était celle des moissonneurs. On attribue l'invention de cette chanson à un certain Lityersès, fils de Midas; mais ce qu'on ajoute en disant qu'il habitait à Célènes, que là il attirait les passans et les contraignait à moissonner, qu'ensuite il leur coupait la tête et renfermait leurs corps dans les gerbes, nous semble porter le caractère de la plupart des anciennes fables, qui, sous l'apparence d'une action épouvantable ou absurde, présentent une allégorie ingénieuse et philosophique: mais le sens apparent n'était fait que pour le peuple, qui aime le merveilleux et qui ne respecte ordinairement que

ce qui l'étonne; le sens caché était pour les gens instruits. La chanson de ceux qui mettaient en gerbe portait aussi le nom d'*Ioulos*; c'est, comme on le voit, la troisième chanson de ce nom. Celle-ci était sans doute particulièrement consacrée à Cérès, comme la première l'était peut-être plus spécialement à Proserpine; car on sait que Cérès présidait aux moissons, et qu'on rendait grâces à Proserpine de la première verdure du printemps, des premières fleurs et des premiers fruits. Il serait possible d'ailleurs que les moissonneurs eussent adressé cette chanson à l'une et à l'autre de ces divinités, tantôt pour implorer leur secours, tantôt pour leur en rendre grâces. La chanson des bergers et des bouviers était connue sous le nom de *Boucolismos*. La chanson de celles qui barattaient le lait ou qui faisaient le beurre, s'appelait *Tyrocopicos* ou *Krousityros*. On parle aussi d'une chanson pour celles qui pilaient ou écrasaient les fruits; mais nous en ignorons le nom. Il y en avait sans doute encore beaucoup d'autres de ce genre qui ne nous sont point parvenues. Il devait y avoir également des chansons propres à chaque profession, et elles devaient être en grand nombre; on cite celle des baigneurs-étuvistes seulement, sans nous en faire connaître le nom, et l'on ne parle pas des autres.

Quant aux chants ou chansons qui s'exécutaient avec accompagnement

Ces exercices étaient également utiles sous le rapport des mœurs dont ils offraient les plus belles images; sous le rapport de la musique, par la merveilleuse mélodie des chants qui les accompagnaient et dont l'expression était toujours choisie avec discernement et bien

de flûte, elles avaient pour objet quelque événement de joie ou d'affliction publique, et toute sorte de divertissemens et d'exercices ou de travail. Telles étaient la chanson *Kômos*, qui était propre aux danses joyeuses et aux festins; la chanson *Hédikômos*, qui avait à peu près la même destination que la première; la chanson *Epiphallos*, c'est-à-dire en l'honneur du phallus; la chanson *Choreos*, pour les chorées ou danses en chœur; la chanson *Polemicos*, pour les combats; la chanson *Gingras*, pour les plaintes et les lamentations. Il y avait ensuite des chansons pour les danses lascives, telles que celle qu'on nommait *Môthon*. Ces danses, qui semblaient avoir pour but d'inspirer la volupté et d'exciter à la luxure, étaient fort anciennes : vraisemblablement elles ne furent pas engendrées par une passion libidineuse; chez aucun peuple policé, la décence, le bon ordre, les lois, n'auraient jamais permis de les admettre sous ce rapport : nous sommes persuadés que, comme toutes les danses religieuses anciennes, elles ont eu d'abord pour objet de représenter par une pantomime les sentimens et les dispositions qu'inspirait ou que pouvait accorder la divinité à laquelle elles étaient consacrées, en prenant sans doute le respectueux engagement de n'en point profaner l'usage. Il est vraisemblable que ces danses voluptueuses s'exécutaient en l'honneur de Bacchus, et principalement dans les fêtes qu'on appelait *Bacchanales ;* que, respectées dans leur principe, elles n'inspirèrent plus par la suite autant de vénération, et devinrent une occasion de débauche; que des temples, où elles ne purent plus être tolérées, elles se répandirent dans le public. C'est là, selon nous, l'origine des danses gaditanes, dont les poëtes latins nous ont donné des descriptions si lubriques, ainsi que celle des danses qui sont encore en usage aujourd'hui parmi les danseuses de profession en Égypte. Voyez notre *Mémoire sur l'etat actuel de l'art musical en Égypte*, chap. II, art. v, *des* A'ouàlem, *des* Ghaouàzy *ou danseuses publiques*, etc., É. M.

Tous ces chants, ainsi que les danses auxquelles ils répondaient, furent donc empruntés ou au moins imités des chants et des danses consacrés par les anciens Égyptiens, pour chaque divinité, pour chaque fête, pour chaque saison, pour chaque circonstance, pour chaque état, pour chaque âge et pour chaque sexe; car c'était là ce qui composait la chorée, qui était chez eux le principal objet de l'éducation. Sophocle (*OEdip. Colon.* v. 1218) paraît avoir voulu faire allusion à cette sorte d'éducation, quand il donne à la parque qui tranche le fil de nos jours, l'épithète de ἄχορος, ἄλυρος, *privée de danse, privée de chant.*

adaptée; sous le rapport de la danse, par la grâce et le rhythme des mouvemens; et enfin par la parfaite harmonie, la décence et la beauté de la composition ainsi que de l'exécution des chants et des danses. Ils embrassaient toutes les parties de l'éducation [1] : *ne point savoir chanter, ne point savoir danser, était n'avoir aucune éducation* [2]; c'était ne savoir se modérer et se régler ni dans ses paroles, ni dans les expressions de sa voix, ni dans ses mouvemens, ni dans ses actions [3] : car alors on ne séparait point la décence de la grâce, ni l'utile du juste, ni le beau du bon; chacune de ces qualités n'était regardée comme accomplie qu'autant qu'elle réunissait toutes les autres en même temps.

---

[1] On pensait encore ainsi chez les Grecs au temps où vivait Thémistocle, puisqu'il passa pour manquer absolument d'éducation, et qu'il se couvrit pour toujours de honte, en avouant qu'il ne savait ni chanter ni jouer de la lyre.

[2] Plat. *de Legib.* lib. II. Ces idées nous sont si peu familières et sont si opposées à l'opinion que nous donnent notre musique et notre danse actuelles, que nous ne saurions trop répéter qu'il ne s'agit pas ici d'arts semblables à ceux que nous nommons ainsi; que ceux-ci ne sont tout au plus qu'une extension, ou plutôt un abus et une dépravation des premiers, lesquels consistaient, l'un à s'énoncer avec grâce, décence et énergie, l'autre à joindre au discours une contenance et des gestes analogues au sentiment exprimé par les paroles (Plat. *de Legib.* lib. VII). La musique et la danse étaient, suivant Platon, une imitation, une image des mœurs; aussi elles étaient enseignées et cultivées avec autant de soin que l'est aujourd'hui la grammaire. Ce que pensait Platon à cet égard, était conforme au sentiment de tous les philosophes de son temps, et même de savans distingués qui ont vécu fort long-temps après lui. Clément d'Alexandrie était aussi de cet avis, puisqu'il dit (*Strom.* VI, pag. 659): *Est ergo attingenda musica ad mores ornandos et componendos.* Et plus bas : *Est autem supervacanea respuenda musica, quæ frangit animos et variè afficit passionibus, ut quæ sit aliquando quidem lugubris, aliquando verò impudica et incitans ad libidinem, aliquando autem lymphata et insana.*

[3] Tout ce qui est dit ici, et la plupart des choses que nous dirons ailleurs, nous l'empruntons de Platon ou des autres auteurs qui ont le mieux connu l'antique Égypte, et qui eux-mêmes y ont été témoins de presque tout ce qu'ils nous rapportent.

Afin que chacun pût se livrer à ces exercices et s'entretenir toujours dans les principes de la bonne éducation qu'il avait reçue, sans être obligé de se détourner pour cela des occupations ordinaires de la vie ou de son état, on y avait consacré le temps qui restait aux jours de fête, après qu'on s'était acquitté des devoirs religieux. On avait grand soin de ne faire exécuter ces jours-là que des danses et des chants analogues au caractère ainsi qu'à l'objet de la fête, et conformes à la nature, à l'âge, au sexe et à l'état des danseurs. Tout ce que la musique avait d'élevé et de propre à échauffer le courage, était destiné aux hommes; ce qu'elle avait de relatif à la modestie et à la retenue, était réservé aux femmes [1].

Toutes les cérémonies religieuses ou publiques, tous les devoirs civils, ayant pour objet l'ordre social lié aux phénomènes de la nature, formaient une espèce de drame suivi [2], où le génie du bien, Osiris [3], sans cesse attaqué et combattu par le génie du mal, Typhon, était défendu par le génie de l'ordre et de l'harmonie, Horus. C'est pourquoi les Égyptiens se faisaient un devoir religieux de concourir par leurs travaux et par leurs vertus au maintien du bonheur social et de la prospérité publique, persuadés que par ce moyen ils combattaient de leur côté, repoussaient le génie du mal, et rendaient impuissans les efforts qu'il faisait pour nuire : c'était là le but vers lequel, par leurs chants et leurs danses, ils s'encourageaient tous mutuellement à parvenir.

[1] Plat. *de Legib.* lib. vii.
[2] Plat. *de Legib.* lib. vii.
[3] Plutarque, *d'Isis et d'Osiris*.

Dans l'antique Égypte, on ne reconnaissait de chants beaux, que ceux qui convenaient à la vertu; les autres étaient rejetés, et leurs auteurs subissaient la punition qu'ils avaient encourue. C'est aussi ce que Platon se proposait d'établir par ses lois, à l'imitation des Égyptiens, dont il adopte sans restriction tous les principes. « Pensons-nous, fait-il dire dans le second livre de ses *Lois* à un Athénien qui s'adresse à Clinias et à Mégille, l'un Crétois et l'autre Lacédémonien, qu'en quelque État que ce soit, qui est ou qui sera gouverné par de bonnes lois, on laisse à la disposition des poëtes[1] ce qui concerne l'éducation et les divertissemens que nous tenons des Muses, et qu'à l'égard du rhythme et de la mélodie ou des paroles, on leur accorde la liberté de choisir ce qui leur plaît davantage, pour l'enseigner ensuite dans les chœurs[2] à une jeunesse née de citoyens vertueux, sans se mettre en peine si cela les formera à la vertu ou au vice? CLINIAS. Non, assurément. L'ATHÉN. *C'est cependant ce qui est abandonné aujourd'hui à leur discrétion, dans presque tous les pays du monde, excepté en Égypte.* CLINIAS. *Comment les choses sont-elles réglées en Égypte à cet égard?* L'ATHÉN.

---

[1] Platon entend ordinairement par poëte, *celui qui fait, qui compose un ouvrage de littérature ou de musique;* enfin il entend par ce mot le musicien aussi bien que le poëte, ou plutôt le poëte musicien. Il donne à ce mot une acception semblable à celle que nous avons donnée au mot *poëme*, ci-dessus, pag. 244. Les Grecs modernes, dans leurs principes de musique, donnent aussi aux auteurs ou compositeurs de leurs chants le nom de *poëte*. Voyez notre *Mémoire sur l'état actuel de l'art musical en Égypte*, É. M.

[2] On peut remarquer ici qu'à l'exemple des Égyptiens, Platon regarde les chœurs, c'est-à-dire la réunion des diverses espèces de chorée, comme une espèce d'instruction publique.

D'une manière dont le récit vous surprendra. Il y a long-temps, à ce qu'il paraît, qu'on a reconnu, en Égypte, la vérité de ce que nous disons ici, qu'il faut dans chaque état accoutumer de bonne heure la jeunesse à ce qu'il y a de plus parfait en genre de figure[1] *et de mélodie. C'est pourquoi, après avoir choisi et déterminé les modèles, ils les ont exposés aux yeux du public dans les temples.* On n'y a jamais permis, et l'on n'y permet pas encore aujourd'hui[2], ni aux peintres, ni aux autres artistes qui font des figures ou d'autres ouvrages semblables, de rien innover, ni de s'écarter en rien de ce qui a été réglé par les lois du pays[3] : *la même chose a*

---

[1] C'est-à-dire, les mouvemens et attitudes du corps.

[2] Il est bon de remarquer qu'alors l'ancien gouvernement avait été interrompu pendant plus d'un siècle ; que le trône de l'Égypte avait été occupé par des rois perses ; que les Égyptiens, ayant chassé ceux-ci, s'étaient emparés de nouveau du trône, qu'ils ne conservèrent que soixante et quelques années, et que c'est précisément pendant ce même temps que Platon voyagea en Égypte et qu'il composa ses *Lois.*

[3] Il fallait qu'à cet égard les lois fussent bien positives et bien précises, puisque, suivant ce que nous rapporte Diodore de Sicile (*Bibl. hist.* lib. 1, cap. 98), « Téléclès et Théodore, fils de Rhœcus, qui avaient fait la statue d'Apollon Pythien de Samos, et qui avaient étudié leur art à l'école des sculpteurs égyptiens, étaient parvenus à exécuter cette statue, de telle sorte, que Téléclès en ayant fait la moitié à Samos, tandis que son frère Théodore faisait l'autre à Éphèse, les deux moitiés se rapportèrent si juste, que toute la figure ne paraissait être que d'une seule main. » Il ajoute « que cet art, peu cultivé par les Grecs, était pratiqué avec le plus grand succès par les sculpteurs égyptiens » (*il faudrait donc conclure d'après cela que tous les chefs-d'œuvre en ce genre qui ont été faits antérieurement à Diodore de Sicile, sont, suivant le sentiment de cet auteur, l'ouvrage de sculpteurs égyptiens, ou, du moins, de grecs qui s'étaient formés à l'école des sculpteurs égyptiens*) ; « que ceux-ci ne jugeaient pas, comme les Grecs, d'une figure par le simple coup d'œil ; qu'ils mesuraient toutes les parties l'une après l'autre ; qu'ils taillaient séparément, avec la plus grande justesse, toutes les pierres qui devaient former la statue ; qu'ils avaient divisé le corps humain en vingt-une parties et un quart ; et que quand les ouvriers étaient une fois convenus entre eux de la hauteur de la figure, ils allaient faire chacun chez soi les

lieu dans tout ce qui concerne la musique ; et si l'on veut y prendre garde, on trouvera chez eux des ouvrages de peinture et de sculpture[1] *faits depuis dix mille ans (quand je dis dix mille ans, ce n'est pas pour ainsi dire, mais à la lettre), qui ne sont ni plus ni moins beaux que ceux d'aujourd'hui, et ont été travaillés sur les mêmes règles.* CLIN. Voilà, en effet, qui est admirable. L'ATHÉN. Oui, c'est un chef-d'œuvre de législation et de politique. Leurs autres lois ne sont pas exemptes de défauts : *mais pour celles-ci touchant la musique, elles nous prouvent une chose vraie et bien digne de remarque ; savoir, qu'il est possible de déterminer par des lois quels sont les chants beaux de leur nature, et d'en prescrire avec confiance l'observation.* Il est vrai que cela n'appartient qu'à un dieu ou à un homme divin[2] : aussi les Égyptiens attribuent-ils à Isis[3] ces poésies qui se con-

parties dont ils s'étaient chargés, et qu'elles s'ajustaient toujours entre elles d'une manière qui étonnait ceux qui ne connaissaient pas cette pratique. Ainsi, poursuit-il, les deux pièces de l'Apollon de Samos se joignent, à ce qu'on dit, suivant toute la hauteur du corps ; et, quoiqu'il ait les deux bras étendus et en action, et qu'il soit dans la posture d'un homme qui marche, il est partout semblable à lui-même, et la figure dans la plus exacte proportion. Enfin cet ouvrage, qui est fait suivant l'art des Égyptiens, cède peu aux ouvrages de l'Égypte même. »

Nous pouvons encore juger nous-mêmes de l'excellence de cet ouvrage par la statue en bronze de l'Apollon Pythien qu'on voit actuellement sur la terrasse des Tuileries, du côté de la Seine ; car on ne peut douter que cette statue en bronze que nous possédons n'ait été coulée d'après ce modèle, ou au moins d'après une excellente copie de ce chef-d'œuvre. C'est à ceux de nos collègues qui ont des connaissances approfondies en sculpture, à juger si, comme il nous l'a semblé, les torses et les divers fragmens de statues en granit que nous avons rencontrés en Égypte, confirment l'éloge que Diodore de Sicile fait ici des sculpteurs égyptiens.

[1] On voit qu'au temps de Platon, il existait encore en Égypte des monumens de la plus haute antiquité.

[2] Platon fait allusion ici à Theuth, c'est-à-dire, à Hermès ou Mercure, auquel il donne la même qualification dans son *Philèbe*.

[3] Isis était regardée par les Égyp-

servent depuis si long-temps. Si donc, comme je le disais, quelqu'un était assez habile pour saisir ce qu'il y a de plus parfait en ce genre, il doit sans crainte en faire une loi, et en ordonner l'exécution, persuadé que les sentimens de plaisir et de peine qui portent sans cesse les hommes à inventer de nouveaux genres de musique, n'auront pas assez de force pour abolir des modèles [1] une fois consacrés, sous prétexte qu'ils sont surannés; du moins voyons-nous qu'en Égypte, loin qu'on ait pu les abolir [2], tout le contraire est arrivé [3]. »

Il est évident, par ce passage, que Platon ne trouvait rien à changer aux lois d'Égypte concernant la musique; qu'il les proposait pour modèles, comme étant sans défauts, et qu'il les a suivies de point en point : car, quand il dit qu'*il faut obliger par une loi les enfans à cultiver les sciences que ceux d'Égypte apprennent avec les lettres* [4], on doit y comprendre aussi la musique, puisque *les Égyptiens avaient depuis très-long-temps reconnu qu'il fallait accoutumer de bonne heure la jeunesse à ce qu'il y avait de plus parfait en mélodie;* et c'était une conséquence nécessaire de leurs principes,

---

tions comme la première des Muses. *Voyez* Plutarque, *Traité d'Isis et d'Osiris*, page 318, E.

[1] Ce sont sans doute ces chants ou épodes dont il a été parlé, p. 274, et note [3], même page.

[2] Platon veut sans doute parler des efforts que firent les Perses, pendant qu'ils occupèrent l'Égypte, pour introduire dans ce pays les innovations nombreuses qu'on faisait en musique, tant en Grèce qu'en Asie.

[3] Platon, qui visita l'Égypte sous le règne des rois égyptiens, lorsque les successeurs de Cambyse eurent été chassés du trône, fut à portée de juger par lui-même de l'attachement que les Égyptiens avaient conservé pour toutes ces choses, et du zèle qu'ils montrèrent pour les rétablir, ou les maintenir dans toute leur vigueur.

[4] Plat. *de Legib.* lib. VII.

qui tendaient à modérer et à régler dès l'enfance les passions par des chants, afin de rendre les hommes plus heureux en société.

Cependant, quoiqu'on s'occupât de très-bonne heure en Égypte de l'éducation des enfans; jusqu'à ce qu'ils eussent dix ans révolus, ils ne recevaient encore d'autre instruction que celle qui leur était communiquée par l'exemple. Avant ce temps, on les habituait seulement à chanter les maximes de sagesse et de vertu que chantaient les hommes faits et qu'enseignaient les vieillards [1] : mais, à dix ans, on les appliquait pendant trois ans à la lecture; à treize, ils apprenaient à toucher de la lyre [2], et on les obligeait encore à y donner trois années, sans qu'il fût permis au père de l'enfant, ni à l'enfant lui-même, soit qu'il eût du goût ou de la répugnance pour ces choses, d'y consacrer un temps plus ou moins long que celui qui était prescrit par la loi [3].

Moïse fut instruit de cette manière à la cour du Pharaon d'Égypte [4]. A l'âge de dix ans, il apprit aussi à lire [5] : ensuite on lui enseigna l'arithmétique, la géométrie, la musique dans toutes ses parties, savoir, l'harmonique, la rhythmique, la métrique et la vocale [6];

---

[1] Plat. *de Legib.* lib. II.

[2] On ne concevrait pas l'utilité de cette étude dans l'éducation des enfans alors, immédiatement après qu'ils avaient appris à lire, si l'on ignorait ou si l'on pouvait douter que dans ces temps reculés la lyre servît uniquement, comme nous l'avons fait observer, à soutenir et diriger la voix dans le chant des poëmes.

[3] *Id. ibid.*

[4] *Act. Apost.* c. 7, v. 22. Philo, *de Vita Mosis*, lib. I, pag. 470, *Coloniæ*, 1613, in-fol.

Cedren. *Compend. Hist.* Corp. Byzant. etc. tom. VII, p. 39 et 76.

[5] Greg. Abulpharag. Bar-Hebræi, primatis Orientalis, *Tabulæ chron. ab orbe condito ad excid. Hieros.* tabula 1ª ab Adamo ad Moysen. Corp. Byzant. tom. VII, pag. 107.

[6] Philo Jud. *de Vita Mosis*, lib. I,

puis la médecine. Quand il eut appris toutes les sciences civiles et militaires[1], il reçut des maîtres les plus célèbres de l'Égypte la connaissance des sciences philosophiques et sacrées, lesquelles n'étaient écrites qu'en lettres hiéroglyphiques[2], et l'on prétend que ces maîtres furent deux mages égyptiens, c'est-à-dire, deux hiérophantes, *Iannes* et *Iambres*[3]. Mais ces dernières sciences n'étaient pas également enseignées à tous; elles n'étaient communiquées qu'aux enfans des rois, ou à ceux qui avaient des droits au trône[4], tels que les prêtres, dans la classe desquels était toujours choisi le souverain. C'est vraisemblablement aussi pour cela que Strabon[5] et plusieurs autres ont qualifié Moïse de prêtre et de prophète de l'Égypte.

La musique des anciens Égyptiens embrassait les diverses espèces de discours[6] avec la mélodie, l'harmonie et le rhythme; ou plutôt, les discours étaient la matière de la musique, et les autres parties n'en constituaient que la forme. Cette musique n'admettait que deux sortes d'harmonies[7]: l'une douce, grave et tranquille, propre

pag. 470, F. Clem. Alex. *Strom.* lib. I, pag. 343.

[1] « Moïse fut instruit dans toutes les sciences tant politiques que religieuses et sacrées. Il fut prophète, habile législateur, savant dans l'art d'ordonner, de diriger une armée, de préparer et de livrer un combat. Il était tout-à-la-fois prophète, politique et philosophe. » Clem. Alex. *Strom.* lib. I, pag. 346.

[2] *Iid. ubi suprà.*

[3] Gregor. Abulpharag. *ubi suprà.* Dans la deuxième épître de S. Paul à Timothée, chap. 3, v. 8, il est parlé de deux mages égyptiens, *Iannes* et *Mambres*, qui résistèrent à Moïse par leurs enchantemens. Ne seraient-ce point les mêmes qu'on nomme ici *Iannes* et *Iambres* ?

[4] Clem. Alex. *Strom.* l. v, p. 566. Justin. *Quæst. ad orthodoxos*, resp. ad quæst. 25. *édit. Sylburg. Parisiis*, 1615, pag. 405.

[5] Strab. *Geogr.* lib. XVI. Georg. Cedren. *Hist. compend.* p. 39, edit. Basil. in-fol.

[6] Plat. *de Republ.* lib. II.

[7] Les anciens entendaient par les mots *harmonie* et *musique* l'ordre

à exprimer l'état de l'ame d'un homme sage dans la prospérité; l'autre véhémente et agitée, qui convenait à la situation de l'homme ferme et courageux dans l'adversité et le péril. La première, qui était du genre péonique[1], reçut des Grecs le nom de *dorienne*[2]; l'autre, qui était du genre dithyrambique[3], a depuis été connue sous le nom d'*harmonie phrygienne*.

Les diverses espèces de chants, comme nous l'avons déjà remarqué, avaient chacune leur loi particulière. Il y avait une loi pour la manière de composer et d'exécuter les hymnes; il y en avait de même une pour les chants des prières, pour ceux des louanges qu'on adressait, soit aux dieux, soit aux hommes morts qui s'étaient distingués pendant leur vie par leurs vertus ou par de belles actions[4]; car on ne permettait pas de louer ainsi des hommes encore existans.

On avait coutume de joindre à l'étude de la musique celle de la gymnastique[5], afin que l'effet de l'une tempérât celui de l'autre; parce qu'on avait reconnu que ceux qui ne cultivaient que la musique, habitués aux

et l'arrangement des sons dans le diagramme de chaque mode.

[1] Nous expliquerons ce genre de chant quand nous traiterons des poésies et des chants péoniques, où nous prouverons que le mot *péon*, ainsi que les chants et les poésies de ce nom, ont tiré leur origine d'Égypte.

[2] *Doricæ autem harmoniæ maximè convenit genus ἐναρμόνιον, id est, concinnum.* Clem. Al. *Strom.* l. IV, pag. 658.

[3] Nous prouverons que le dithyrambe était aussi une sorte de poésie et de chant d'origine égyptienne; que le mot *dithyrambe* lui-même est purement égyptien.

[4] Ceci se rapporte à merveille à ce que nous lisons dans Diodore de Sicile. *Biblioth. hist.* lib. I, c. 13.

[5] Cela est encore conforme au récit de Diodore de Sicile, qui, en faisant mention des sciences et des arts que Mercure inventa, place l'invention de la palestre et de la danse immédiatement après celle de l'harmonie et de la propriété expressive des sons.

douces sensations que fait éprouver cet art, devenaient mous, efféminés et sans courage, tandis qu'au contraire ceux qui ne s'adonnaient qu'à la gymnastique, acquéraient, avec la force, une sorte de rudesse et de férocité audacieuse.

Il y avait des maîtres pour la gymnastique seule, comme pour la musique seule; les uns pour l'instruction, les autres pour l'exercice. On appelait *gymnastique* toute espèce de danse qui ne tendait qu'à donner de la force au corps; celle qui ne consistait que dans les gestes et les pas, était toujours dirigée par la musique, et c'est celle que Platon nomme *chorée*. La première était plus spécialement enseignée à ceux qui étaient destinés au métier de la guerre, la seconde entrait dans l'éducation de tous.

On ferait un traité très-complet de la musique des Égyptiens, si l'on voulait suivre Platon dans tous les détails où il est entré sur la manière d'enseigner, d'étudier et d'exercer cet art chez eux; car on ne peut pas supposer que ce qu'il dit des principes et des règles qu'on doit suivre en musique, il l'ait emprunté de la musique des Grecs, dont il déplore la dépravation et censure les ridicules abus, ni de celle des Asiatiques, dont il rejette absolument tous les genres, si l'on en excepte celui qui était connu sous le nom d'*harmonie phrygienne*, et qui n'était réellement autre chose qu'une espèce de chant dithyrambique d'origine égyptienne; tandis qu'il parle toujours avec admiration de la perfection de la musique des Égyptiens. Il est aisé de se persuader que tout ce qu'il veut établir relativement à cet art, il l'avait appris en Égypte, où cela existait, et non ailleurs; et il pouvait d'autant mieux en juger, que lui-même avait auparavant étudié cet art en Grèce sous un excellent maître, et qu'il y avait déjà des connaissances très-approfondies lorsqu'il alla en Égypte.

Dans la méthode d'enseigner cet art, de même que dans celle d'enseigner toutes les autres sciences, les Égyptiens avaient soin de rappeler toujours l'attention vers les phénomènes de la nature; et comme l'astronomie était aussi une de leurs principales études, qu'elle leur était indispensable pour régler les travaux de l'agriculture, lesquels sont, en Égypte, subordonnés au débordement du Nil, dont l'époque, l'accroissement, la hauteur et la durée peuvent être présagés par l'observation des astres, ils avaient aussi associé à cette science la musique, en faisant correspondre les principaux sons de leur système musical aux trois saisons de l'année, ainsi que nous l'avons pu remarquer dans l'accord de la lyre de Mercure. Il y a apparence aussi qu'ils faisaient correspondre également aux sept planètes les sept sons diatoniques, qu'ils désignaient par les sept voyelles, selon que nous l'apprend Démétrius de Phalère[1] en disant que *les Égyptiens chantaient des hymnes sur les sept voyelles;* ce qui signifie, selon nous, qu'ils avaient des hymnes composées sur chacun des sept tons, et qu'ils les chantaient dans leurs temples. Cet usage de faire correspondre les sept sons aux sept planètes[2] avait chez les Égyptiens un motif qu'il ne pouvait avoir chez les Grecs, qui l'a-

---

[1] *De Elocutione*, pag. 65, in-8°. Plutarque, *Traité de la création de*
[2] Voyez le *Timée* de Platon, et *l'ame.*

vaient également adopté ; et, en venant jusqu'à nous [1], il est devenu absolument sans fondement et sans raison.

Vraisemblablement les Arabes, qui ont fait aussi correspondre les sept sons diatoniques aux sept planètes, n'ont fait que suivre et perpétuer ce qui était établi chez les Égyptiens. Peut-être ont-ils emprunté de ceux-ci les rapports qu'ils ont établis entre les quatre sons de chaque tétracorde, les quatre élémens, le feu, l'air, l'eau, la terre, et les quatre tempéramens, le bilieux, le sanguin, le flegmatique et l'atrabilaire, en rapportant le son le plus aigu au feu et au tempérament bilieux ; le second, en descendant, à l'air et au tempérament sanguin ; le troisième, à l'eau et au tempérament flegmatique ; enfin le quatrième et le plus grave, à la terre et au tempérament atrabilaire. On pourrait en dire autant de la correspondance qu'ils ont imaginée entre les douze tons et les douze signes du zodiaque [2], et de celle des sept sons, plusieurs fois répétés, avec les heures du jour et de la nuit.

---

[1] Les Latins et les Français, jusque dans le douzième siècle, faisaient aussi correspondre les sons de leur système musical aux planètes : ils poussèrent même plus loin que les autres cette correspondance ; ils l'étendirent à tous les sons du diagramme musical, et ajoutèrent aux planètes les puissances célestes reconnues par la religion chrétienne, telles que les anges, les archanges, les trônes, les dominations, etc.

[2] Les Arabes sont persuadés que chacun de ces douze tons a une efficacité particulière. Les tons plus graves sont sérieux, suivant eux, et conviennent aux *u'lemâ* et aux gens de cabinet ; ils inspirent le calme et le recueillement : les moins graves expriment le bonheur et conviennent aux gens heureux. Ceux qui suivent ces derniers expriment la douleur et conviennent aux malheureux et aux mendians ; les plus aigus conviennent aux femmes déréglées et aux gens de plaisir. Il n'y a pas de rêveries que les Arabes n'aient débitées sur l'efficacité des sons et des chants de leur musique ; c'est ainsi qu'en outrant la vérité et en exagérant les faits, on les rend ridicules et invraisemblables.

Si l'abbé Roussier, en expliquant le système musical des Égyptiens[1], eût eu connaissance de tous ces rapprochemens, il n'aurait pas manqué d'en tirer un aussi grand parti que du bronze antique (de M. le premier président Bon) représentant les sept planètes dans une barque, pour confirmer son opinion sur le rapport des sons de la musique aux planètes, aux signes du zodiaque, aux jours de la semaine, aux heures du jour et de la nuit, selon les Égyptiens. Il cite même, à l'appui de l'explication qu'il donne de ce monument, un passage de l'Histoire Romaine de Dion Cassius[2], où cet auteur assure que les Égyptiens, de son temps encore, faisaient correspondre les sept planètes aux heures du jour et de la nuit, de telle sorte qu'en attribuant la première heure du premier jour à Saturne, la seconde à Jupiter, la troisième à Mars, la quatrième au Soleil, la cinquième à Vénus, la sixième à Mercure, la septième à la Lune, et en recommençant et suivant toujours cet ordre jusqu'à ce qu'on soit arrivé à la vingt-quatrième heure, on trouve ensuite que la première heure du second jour appartient au Soleil, qui était la quatrième planète dans l'ordre précédent; et, en continuant ainsi pour les autres jours, il arrive que la planète qui répond à la première heure de chaque jour, est constamment à quatre degrés en montant, ou cinq degrés en descendant de celle qui répondait à la première heure du jour précédent. Ainsi, en faisant coïncider avec cette correspondance le rapport établi entre les sept sons et les sept planètes, en attri-

---

[1] Mémoire sur la musique des anciens, *art.* x et xi.

[2] Lib. xxxvii, pag. 77, vers. Xylandr. edit. Lugdun. 1559.

buant à Saturne (c'est-à-dire à la première des planètes dans l'ordre où elles sont représentées sur le bronze), et en même temps à la première heure du jour, la première note du système musical des Grecs, laquelle répond à notre si, l'abbé Roussier a reconnu qu'en suivant de même l'ordre diatonique des sept sons SI, UT, RÉ, MI, FA, SOL, LA, et en recommençant de nouveau, chaque fois qu'on est parvenu au septième son, jusqu'à ce qu'on ait parcouru ainsi les vingt-quatre heures du jour et de la nuit, le son qui correspond à la première heure du second jour, est le MI, qui correspond au Soleil, et qui forme la quarte en montant, ou la quinte en descendant avec le SI, qui répondait à la première heure du premier jour; et en continuant toujours de même, il a vu que la note qui correspondait à la première heure de chaque jour, était également à la quarte en montant ou à la quinte en descendant de celle qui appartenait à la première heure du jour précédent. De cette manière, dans les sept sons correspondans chacun à la première heure de chacun des sept jours de la semaine, il a eu six quartes ascendantes, lesquelles, pouvant être considérées comme autant de quintes descendantes par le renversement et l'analogie des octaves, lui ont donné le résultat suivant, qui représente les sept sons naturels dans l'ordre où ils sont produits par la génération harmonique de la progression triple, sur laquelle il prétend que les Égyptiens avaient fondé leur système musical :

DE L'ANTIQUE ÉGYPTE.

♄	☉	☾	♂	☿	♃	♀
Saturne,	le Soleil,	la Lune,	Mars,	Mercure,	Jupiter,	Vénus.
samedi,	dimanche,	lundi,	mardi,	mercredi,	jeudi,	vendr.
si,	mi,	la,	ré,	sol,	ut,	fa.

où l'on voit les planètes précisément dans le même ordre où elles se trouvent placées dans le bronze de M. le premier président Bon.

Nous ne nous attacherons pas à discuter ici les recherches scientifiques, mais sans doute très-problématiques encore, que l'abbé Roussier a faites sur la musique des Égyptiens, et qu'on peut voir dans son ouvrage, parce qu'elles nous paraissent contraires aux vues sages de leurs législateurs et aux principes qu'ils suivaient dans les temps dont il s'agit, puisqu'ils avaient défendu par une loi expresse la trop grande variété et multiplicité des sons en musique, ne reconnaissant de perfection en toutes choses qu'autant que l'effet qui en résultait était produit avec le moins de moyens et les plus simples possible.

Les lois dans l'antique Égypte exigeaient qu'on sût faire un choix très-éclairé des sons qu'on employait dans le chant, qu'on eût des connaissances très-approfondies de l'art, un sentiment exquis, un goût très-délicat, un esprit droit, un jugement très-sain et toujours juste. Ce n'a jamais été non plus que par les vices contraires à ces qualités que la musique a été corrompue. La vanité et la fausse science ont pu seules faire substituer la difficulté à l'expression et le bruit au bel effet; mais ces prétentions déraisonnables et ridicules autant que puériles ne pouvaient point avoir lieu dans la musique antique, laquelle n'était autre chose que l'éloquence embellie des charmes d'une mélodie imitative.

Ce n'était point par des recherches minutieuses et frivoles que les anciens Égyptiens avaient établi des rapports entre la musique et l'astronomie : en cela, comme dans toutes leurs allégories, ils tâchaient de fonder leurs rapprochemens d'après une analogie raisonnable, afin qu'il n'y eût rien d'infructueux, même pour les personnes les moins éclairées. Si quelquefois ils sentaient la nécessité de s'expliquer d'une manière plus figurée et plus obscure, c'était afin de fixer davantage et plus long-temps l'attention de ceux qu'ils voulaient instruire ; et, pour dérober au vulgaire la connaissance réelle des choses qui n'étaient pas à sa portée, ils y substituaient les idées les plus propres à subjuguer sa raison en étonnant son esprit. Il n'est pas probable que parmi les savans en Égypte on ait jamais admis toutes ces extravagances qu'on a follement débitées sur la musique des astres et des sphères célestes.

Ceux qui ont taxé Pythagore d'avoir cru à cette prétendue musique sidérale, ont fait injure à ce sage, digne des Égyptiens qui furent ses maîtres, et n'ont pas compris le langage figuré dans lequel sans doute il s'exprimait. S'il dit, et probablement d'après les Égyptiens, que la musique et l'astronomie étaient sœurs, et si Platon, qui l'a répété, le croyait aussi comme lui [1], ce n'est pas qu'ils pensassent que l'une et l'autre de ces deux sciences produisaient une harmonie de sons ; mais c'est parce que toutes deux concourent, quoique par des moyens diffé-

---

[1] Plat. *de Republ.* lib. VII.

rens, à exciter en nous le sentiment de l'ordre, et à nous faire concevoir l'idée de son admirable beauté; parce que l'une enchante les yeux par son harmonie, de même que l'autre charme l'oreille par la sienne[1]; parce qu'enfin toutes deux ont quelque chose de mystérieux qui ravit et élève notre ame vers cette sagesse éternelle qui a fondé sur l'ordre l'existence de tout ce qui est bien et beau. En un mot, si les Égyptiens établirent entre ces deux sciences des rapports aussi philosophiques et aussi étendus, c'est que ces peuples, qui s'appliquaient sans cesse à diriger toutes leurs connaissances vers un seul et même but, celui du bonheur social et de la prospérité publique, avaient découvert le lien qui les unit ensemble et les unes aux autres[2], et qu'ils cherchaient toujours à les resserrer de plus en plus ; c'était là le principal objet de leurs lois, et en même temps la raison de la défense qu'ils avaient faite de jamais s'écarter en rien de ce qui était établi dans leurs diverses institutions religieuses et civiles.

La musique, ainsi que l'astronomie, était en Égypte au nombre des sciences sacrées dont l'étude, la connaissance et l'enseignement étaient, dans toutes leurs parties, réservés aux prêtres exclusivement[3]. La qualité de chantre y était, comme parmi les lévites chez les Hébreux, un titre qui élevait celui qui l'avait acquise aux premières dignités sacerdotales; mais, pour obtenir cette distinction, il fallait que ce prêtre eût appris et sût par

---

[1] Plat. *de Republ.* lib. vii.
[2] *Id. ibid.*
[3] Kircher, *OEdipus Ægyptiacus*, pag. 566. De vita, moribus et institutis Ægyp. cap. ii. Clem. Alex. *Strom.* lib. v,

cœur deux des livres sacrés attribués à Mercure, l'un qui contenait des hymnes en l'honneur des dieux, et l'autre où étaient renfermées des règles de conduite pour les rois [1]. Dans les grandes solennités, ce chantre était à la tête des dignitaires du collége sacerdotal; il portait pour marque distinctive de sa dignité un des symboles de la musique.

Selon toute apparence, c'était au chantre qu'appartenait le droit d'instruire les personnes de la cour [2], puisque c'était lui qui était tenu d'apprendre et de savoir par cœur le livre qui contenait des règles de conduite pour les rois. Clément d'Alexandrie nous rapporte, et nous lisons dans la Bibliothèque historique de Diodore de Sicile, que c'était un usage consacré, qu'il y eût toujours à la cour des rois d'Égypte un prêtre-chantre, dont les fonctions étaient de rappeler à ceux-ci leurs devoirs [3], de célébrer les hauts faits des souverains morts et les actions des héros qui s'étaient illustrés. Les anciens poëtes grecs nous présentent aussi des poëtes-chantres remplissant de semblables fonctions à la cour des rois grecs, Agamemnon, Ulysse et Alcinoüs [4]. Diodore de Sicile nous donne

---

[1] Clem. Alexandr. *Strom.* lib. v, pag. 566.
Parmi les Israélites, ceux qui étaient prêtres-chantres et poëtes tout-à-la-fois, tenaient le premier rang entre les lévites, lesquels formaient la première classe de l'État. Les Eumolpides jouissaient de la même prérogative à Athènes. Parmi les druides, qui tenaient aussi le premier rang chez les Gaulois, les bardes ou chantres avaient aussi de très-grandes prérogatives. Il y en avait toujours un à la cour des rois qui dirigeait la musique, et qu'on nommait *l'archibarde*. Voyez aussi Strab. *Geogr.* lib. iv, pag. 213.

[2] Gasp. Schot. societ. Jes. *Benevolo Lectori*, apud. Kirch. *OEdip. Ægypt.* initio.

[3] Diodor. Sic. *Biblioth. hist.* l. i, cap. 73, p. 217 et 218. Clem. Alex. *Strom.* lib. vi, pag. 633.

4 Homer. *Odyss.* lib. viii, v. 60 et seqq. 255 et 498; l. xvii, v. 263 et seqq. Pausanias (*Attic.* l. i, p. 3,

encore lieu de penser, d'après ce qu'il écrit dans le chapitre 44 du livre 1er de sa *Bibliothèque historique* (p. 136 de l'édition déjà citée), que les prêtres-chantres d'Égypte étaient aussi les poëtes et les historiens de ce pays; et il en était de même chez les Grecs, dont les premiers historiens furent aussi les premiers poëtes musiciens.

Tant et de si grandes prérogatives réservées aux prêtres-chantres; le respect que devait inspirer un art dont l'inventeur était vénéré comme un dieu, et l'invention regardée comme un bienfait du ciel; la nature, l'objet et le but de cet art; les avantages innombrables qui résultaient de l'application de ses principes, et les effets merveilleux qu'il produisait; son institution qui l'avait consacré aux prières, aux hymnes et aux louanges qu'on adressait aux dieux [1], à l'enseignement de la religion, des lois, etc., sont des preuves suffisantes pour nous convaincre que la musique chez les anciens Égyptiens n'était ni ne pouvait paraître un art méprisable et contraire aux bonnes mœurs, comme nous l'a rapporté Diodore, trompé sans doute lui-même par les renseignemens équivoques qu'il aura recueillis à ce sujet. Ainsi l'incertitude commence à se dissiper, et nous allons bientôt la voir disparaître entièrement.

Diodore de Sicile, en parlant de la lyre que Mercure inventa, dit bien que ce dieu la monta de trois cordes, dont il fit correspondre les trois sons aux trois saisons

et lib. III, p. 196) atteste le même fait. Athénée (*Deipn.* lib. 1, p. 14) nous apprend la même chose. Il y avait aussi un corps de musiciens à la cour des rois hébreux; et nous avons déjà fait observer, dans une des notes précédentes, qu'il y en avait également à la cour des rois gaulois.

[1] Homer. *Hymn. in Apoll.* v. 130 et 131.

de l'année[1] : mais il ne dit rien de l'usage auquel cette lyre était destinée; il la présente plutôt comme un symbole de l'harmonie des saisons que comme un instrument propre à la pratique de la musique. Peut-être aussi était-ce là le symbole que portait le prêtre-chantre dans les grandes solennités, et celui qui caractérisait sa dignité. Dans l'un et l'autre cas, cela supposerait néanmoins la connaissance de l'harmonie de son accord et de son utilité en musique; mais, nous le répétons, cet instrument ne pouvait être propre à exécuter un chant modulé quelconque, et ne devait servir qu'à donner le ton au chanteur, ou à rappeler le chanteur à ce même ton s'il s'en était écarté. Diodore, ni aucun autre auteur, ne laissent point entrevoir qu'on se soit servi de cette espèce d'instrument pour suivre ou accompagner le chant. Quand il nous rapporte qu'*à la mort d'un roi toute l'Égypte était en deuil, que chacun déchirait ses habits, que les temples étaient fermés et les sacrifices suspendus, qu'on supprimait les fêtes pendant soixante et douze jours; que des hommes et des femmes, au nombre de deux ou trois cents, la tête couverte de boue,*

---

[1] Les Grecs n'étaient point d'accord avec les Égyptiens sur l'inventeur de la lyre, et Platon nous en donne la raison au troisième livre des *Lois*. Il observe que l'on attribue l'invention de la lyre à Amphion, et celle de la flûte à Olympe; non parce que ces choses avaient été ignorées avant eux, mais parce que le genre humain ayant été plusieurs fois détruit par des déluges, ou par d'autres catastrophes de ce genre, qui n'avaient épargné qu'un très-petit nombre d'hommes, ceux-ci furent d'abord plus occupés de pourvoir à leurs besoins que de songer à perpétuer les connaissances précédemment acquises; ce qui obligea plusieurs fois les hommes à en faire de nouveau la recherche. D'après ce que le même philosophe fait dire dans son *Timée* au prêtre égyptien, on pourrait croire que ce fléau aurait aussi ravagé l'Égypte.

et ceints d'un linge sur la poitrine, chantaient deux fois par jour des thrènes bien cadencés, qui contenaient les vertus et les louanges du mort, il ne dit point que ces chants fussent accompagnés d'instrumens de musique.

Il est bon de remarquer ici que Diodore ne s'est pas aperçu qu'il y avait une contradiction manifeste entre ce qu'il nous rapporte ici et ce qu'il dit ailleurs[1] de l'éloignement extrême des Égyptiens pour la musique, puisque voilà le chant employé dans la plus sérieuse et la plus triste de toutes les cérémonies religieuses ; ou bien que ce qu'il a dit de la musique, il ne l'entendait pas du chant, et surtout du chant religieux : ce qui est très-probable ; car cette espèce de chant n'a jamais été interrompue en Égypte, même de son temps. Il ne voulait donc parler que de la musique instrumentale, ou de toute autre musique analogue, également variée ; ce qui rentre absolument dans les principes des anciens Égyptiens. Ainsi l'équivoque se fait maintenant sentir, et l'exposé des faits la rendra palpable.

En supposant que ce que nous apprend le témoignage de Diodore de Sicile ne remontât pas à une époque très-reculée, choisissons un autre exemple parmi les chants dont la haute antiquité ne soit point douteuse, et voyons s'ils étaient ou pouvaient être accompagnés d'instrumens de musique. Nous n'avons, à la vérité, que deux exemples de cette espèce, d'après lesquels nous pouvons juger de la sublime énergie des chants des Égyptiens ; mais ils sont admirables et au-dessus de tout ce que nous connaissons de plus parfait en poésie, de l'avis des

[1] *Bibl. hist.* lib. 1, cap. 80.

savans et des philologues orientalistes les plus célèbres. Ce sont les deux cantiques de Moïse : l'un qu'il improvisa après le passage de la mer Rouge, et l'autre, qu'il composa peu de temps avant de mourir. Moïse, qui fut instruit en Égypte dans toutes les sciences des Égyptiens avec le même soin qu'on aurait mis à instruire un enfant de Pharaon, dut nécessairement composer ces cantiques selon les principes qu'il avait reçus de ses maîtres, et avec le même goût qu'il avait contracté de la belle poésie et des beaux chants d'Égypte, en étudiant les modèles parfaits dont l'imitation lui avait été offerte, ainsi que ceux qui, par leur excellence, avaient mérité d'être conservés dans les temples, où il avait pu les étudier par lui-même.

Nous essaierons de traduire littéralement d'après l'hébreu, comme nous le pourrons, les premiers versets seulement de chacun de ces deux cantiques. Nous sommes bien éloignés de penser que nous puissions en rendre les expressions dans toute leur force, comme serait capable de le faire un habile hébraïsant; néanmoins nous défions le plus intrépide *symphonicomane* de nous indiquer un seul instrument connu, ou même imaginable, dont les sons pussent être assez parfaits pour s'allier en pareil cas à la voix sans nuire à la mâle et noble simplicité du style, ainsi qu'à l'imposante et majestueuse grandeur des pensées.

Le cantique que Moïse chanta[1], et que répétèrent

---

[1] L'historien juif Joseph et Zonaras (*Corp. Byzant.* tom. x, p. 24) pensent que ce cantique était en vers de six pieds; mais plusieurs raisons nous portent à croire qu'il n'existait point alors de vers métriques, et qu'on ne connaissait encore que le rhythme. Nous aurons occasion de

avec lui les Israélites après le passage de la mer Rouge, est celui dont le noble et véhément enthousiasme paraît le plus étonnant. Dans le ravissement extrême qu'éprouve Moïse après avoir eu le bonheur de passer avec les Israélites cette mer à pied sec, et avoir heureusement échappé comme eux à la poursuite des Égyptiens, qui, voulant les ramener pour les retenir captifs chez eux [1], furent submergés et engloutis par les eaux, cédant à l'élan de son ame et pressé par le besoin de son cœur qui le porte à rendre grâces à l'Éternel, tous ses esprits étant comme absorbés par le sentiment de la reconnaissance, il élève avec énergie sa voix, et dit : *Je chanterai* [2] *l'Éternel; il vient de se montrer dans toute la grandeur de sa puissance; il a renversé le cheval et le cavalier dans la mer. L'Éternel est ma force; c'est lui que je chante; je lui dois mon salut : c'est là mon Dieu, je lui éleverai des autels; c'est le Dieu de mon père, je publierai sa majesté.*

Tout le reste de ce cantique magnifique est conçu dans cet esprit et avec cette mâle vigueur. Moïse ne voit plus que l'effet de la main toute-puissante de Dieu; il ne peut suffire à l'admiration que lui cause le miracle de sa délivrance et de celle des Israélites : ceux-ci ont en quelque sorte disparu à ses yeux, il continue de chanter comme s'il était seul. Son enthousiasme se communique

---

développer et de prouver ailleurs cette opinion.

[1] Le Pharaon qui voulut retenir les Israélites en esclavage, s'appelait *Petissonius*; il avait près de lui les mages *Iannes* et *Iambres*.

[2] Ce mot, qu'on a traduit en latin par *cantemus*, est à la première personne du singulier dans le texte hébreu. Nous nous en sommes tenus au sens littéral, persuadés qu'on ne peut que l'affaiblir en s'en écartant.

subitement à tous, les transporte également; chacun répète ce cantique à mesure que Moïse le chante, et les femmes expriment par leurs danses les sentimens dont elles sont émues.

Le second cantique commence ainsi : *Cieux, prêtez une oreille attentive, je vais parler. Que la terre écoute les paroles de ma bouche; ma doctrine va se répandre comme la rosée, comme la pluie sur les semences, comme les gouttes d'eau sur l'herbe, parce que je vais invoquer l'Éternel. Reconnaissez la grandeur de notre Dieu,* etc. Nous ne chercherons pas à nous excuser de l'aridité de cette traduction littérale; il nous suffit d'avoir rendu exactement les idées pour faire concevoir, non la beauté du style original, qu'on ne peut que défigurer en lui prêtant une parure étrangère, mais la beauté et la grandeur des pensées, ainsi que la douceur et la grâce des images : elles n'ont pas besoin d'ornement pour flatter l'imagination; elles reportent toujours l'esprit à la contemplation des merveilles de la nature, en excitant notre admiration envers la toute-puissance ineffable qui les produit sans cesse.

Demandera-t-on maintenant si le génie qui dicta une telle poésie à Moïse, dut lui inspirer un beau chant, un chant d'une expression fortement sentie, à lui qui était si profondément versé dans toutes les parties de la musique des anciens Égyptiens? Demandera-t-on si l'art musical dans l'antique Égypte eut jamais cette mâle vigueur que les législateurs avaient voulu lui donner? Toutes les règles prescrites par les lois en ce pays ne sont-elles pas observées dans ces cantiques, quant à la poésie au moins; celles surtout qui enjoignaient au poëte de ne jamais s'écarter de ce qui était beau, honnête et juste, de diriger vers l'ordre les affections de plaisir ou de douleur, d'élever et de fortifier l'ame? Celles de la musique devaient donc y être suivies également, puisqu'alors la musique et la poésie ne faisaient qu'un seul et même art; et si les instrumens de musique eussent pu s'accorder avec une mélodie aussi puissante, Moïse n'aurait pas manqué de les y employer.

Hérodote nous a laissé la description des honneurs funèbres rendus à un simple particulier en Égypte[1]; la seule différence qu'il y ait entre son récit et ce que Diodore nous apprend à l'occasion des funérailles d'un roi, c'est que le deuil n'est pas général, et qu'à cette cérémonie il y a moins de monde : il nous dit aussi que les parens du mort *faisaient des lamentations en chant*, et il ne fait en cet endroit nullement mention de musique instrumentale. Il n'en est pas question davantage dans une autre cérémonie funèbre dont parle Diodore[2], et qui avait lieu dans l'île de Philæ[3], au-delà de la première cataracte du Nil, où, *chaque jour, les prêtres du lieu allaient remplir de lait trois cent soixante urnes qui environnaient le tombeau d'Osiris dans cette île, et se rangeaient ensuite alentour pour chanter des thrènes*. On répondra peut-être qu'une semblable circonstance pou-

---

[1] Les Grecs, qui avaient emprunté des Égyptiens la plupart de leurs cérémonies funèbres, n'employaient point d'instrumens de musique en pareil cas. Dans les temps reculés, ils accompagnaient seulement le mort au tombeau en chantant des hymnes appelés *thrènes* ou *nénies*. Voyez *Alexander ab Alexandro*, lib. III, c. 7, p. 118, *Lugduni*, 1615, in-8°.

[2] *Biblioth. hist.* lib. I, cap 22, pag. 63.

[3] Cette île s'appelait le *Champ sacré*.

vait faire exception à la règle générale pour tous les autres chants[1]; et ce qui donne encore plus de poids à cette objection, c'est qu'il paraît que c'était, en effet, un usage constant chez les anciens Grecs, de suspendre toute espèce de divertissemens, ainsi que l'emploi des instrumens, pendant un certain temps, à la mort de leurs rois.

Euripide, dans sa tragédie d'*Alceste*, où il nous retrace les mœurs des premiers temps de la Grèce, de ces temps où les institutions religieuses de l'Égypte devaient y être encore maintenues, nous rappelle également (acte II, scène 1) l'usage dont il s'agit, lorsqu'il fait dire à Admète pleurant son épouse qui s'est dévouée à la mort pour lui : « Mes doigts ne tireront plus de ma lyre ces sons enchanteurs qui charmaient autrefois mon oreille; ma voix ne se mêlera plus aux doux sons de la flûte libyenne : toutes les délices de ma vie périront avec vous..... *Secondez-moi, je vous prie, et chantez alternativement des airs lugubres*[2] *en l'honneur de l'impla-*

---

[1] *Musica in luctu importuna.* Salomon, *Ecclesiastic.* cap. 22, v. 8.

[2] Πάρεστε, καὶ μένοντες ἀντηχήσατε
Παιᾶνα τῷ κάτωθεν ἀσπόνδῳ θεῷ.

Adeste, et unà per vices canite
Lugubre carmen inferorum implacabili deo.

La traduction littérale de ces vers serait : « Accourez; que par vos efforts réunis les péans retentissent jusque dans la sombre demeure du dieu des enfers. » L'épithète *lugubres* et les mots *en l'honneur* ne se trouvent point dans le grec. On verra par ce que nous dirons du pæon, dans la suite, que les expressions de *lu-* *gubres* et *en l'honneur* ne conviennent point ici. Le péan était une invocation à Apollon, le dieu de la lumière, de l'ordre et de l'harmonie, celui qui répand la vie et la santé, le vengeur des maux qu'avait produits Python ou Typhon, génie du mal, qui causait toute sorte de désordres, et qui occasionait la mort. C'était

DE L'ANTIQUE ÉGYPTE. 305

cable dieu des enfers. Que les Thessaliens, mes sujets, partagent avec moi un si légitime devoir..... Que dans toute la ville on n'entende plus les doux sons de la lyre, que la lune n'ait rempli douze fois son disque. »

pour obtenir la protection et le secours d'Apollon dans les maladies, dans les dangers ou dans les calamités, qu'on lui adressait ces prières qu'on appelait *péons*, ou bien pour lui rendre grâces de l'assistance qu'on en avait reçue. Or ici c'est plutôt une invocation pour prier ce dieu de rendre Alceste à la vie, qu'une imprécation ou une prière, comme on voudra l'entendre, qu'on adressait au dieu des enfers. Comme imprécation, les mots *en l'honneur* ne peuvent convenir; et comme péon, le mot *lugubres* n'est point applicable. Ainsi, ces vers nous présenteraient un sens que nous paraphraserons de cette manière pour faire disparaître toute équivoque : *Faites que les prières que vous allez adresser au dieu de la lumière, de l'harmonie et de l'ordre, retentissent jusque dans la sombre demeure de l'implacable dieu des enfers (de la mort), et l'obligent à rendre ma chère épouse à la vie.*

Cette interprétation est confirmée et motivée par ces vers du même poëte (*Alcest.* v. 220) :

O *rex Apollo* [*],
Invenias aliquam Admeto malorum vitandorum rationem.
Largire jam, largire eam;
Nam et antè invenisti opem adversùs mala hujus :
Nunc quoque fias liberator ex morte,
Mortiferumque profliga Plutonem.

et par ceux-ci (*ibid.* v. 357 et seqq.) :

Si verò mihi Orphei adesset lingua, et carmen,
Ut, filiam Cereris, aut ejus maritum,
Demulcens carmine, ab inferis reducerem te conjugem,
Descenderem, nec me Plutonis canis,
Neque deductor animarum Charon nauta, qui ad remum sedet,
Retinerent, priusquam te in vitam reducerem.

Pour se convaincre qu'Euripide ne pensait pas qu'on dût adresser des péans à Pluton, il n'y a qu'à se rappeler les vers 178 et suivans d'*Iphigénie en Tauride*, que voici :

CHORUS. *Respondentes cantilenas*
Et hymnum Asiaticum tibi

_____
[*] Dans le grec il y a Παιαν, *Pœan*, et non *Apollo*.

On pourrait citer un grand nombre d'exemples de cet usage chez les anciens, non-seulement dans les auteurs profanes, mais encore dans les auteurs sacrés[1], sans que la question cessât pour cela de rester indécise. Nous pourrions même rappeler beaucoup de circonstances semblables, où les anciens Grecs et les Égyptiens employaient des instrumens. Par exemple, on rapporte que la pompe funèbre d'Apis était accompagnée du bruit des sistres et du son des flûtes[2]; qu'on employait le sistre dans la recherche d'Osiris, cérémonie triste et de deuil[3]; qu'on s'en servait également pour éloigner le génie malfaisant Typhon[4], nuisible à tout ce qui a vie; qu'on en faisait encore usage dans les cérémonies lugubres qui avaient lieu sur le Nil. Nous pourrions ajouter, en outre, qu'on se servit de flûtes et

> *Barbaricâ voce,*
> *O domina, sonabo,*
> *Musam lugubrem,*
> *Pro mortuis miseram,*
> *Quam in carminibus Pluto*
> *Sonat sine pæane.*

et ceux-ci, qui caractérisent à merveille les chants qu'on adressait à Pluton, lesquels étaient diamétralement opposés aux péans (Euripid. *Electra*, v. 143 et seqq.) :

> *Vociferationem, carmen Plutonis, ô pater,*
> *Luctus tibi sub terra jacenti cano,*
> *Quibus semper quotidie*
> *Indulgeo...........*

Ces observations, qui, dans toute autre circonstance, auraient peut-être paru minutieuses, deviennent importantes quand il s'agit de la musique et des chants de la haute antiquité, dont nous avons fait une étude particulière.

[1] *Job.* cap. 30, v. 31. *Psalm.* 30, v. 2. *Machab.* cap. 3, v. 45.
[2] Claudian. *de iv Cons. Honor. Paneg.* v. 685 et seqq.
[3] Ovid. *Met.* l. ix, v. 180 et seqq.
[4] Plutarque, *d'Isis et d'Osiris*, page 331, D.

de trompettes dans les funérailles des anciens; que, dans les catacombes qui avoisinent les grandes pyramides de Gyzeh, on voit des instrumens à vent et à cordes peints sur les murs; qu'on remarque aussi dans les grottes d'Elethyia, à la tête d'une pompe funèbre, une femme pinçant de la harpe, un jeune homme devant elle jouant d'une flûte double, et devant celui-ci un autre qui frappe deux espèces de règles l'une sur l'autre, etc., etc. Mais doit-on conclure de là que les Égyptiens, les Grecs et les Romains employèrent de tout temps ces instrumens dans les pompes et les cérémonies funèbres, et que l'usage ne leur en fut jamais inconnu? Non, assurément : car, en confondant ensemble toutes les époques éloignées de nous, sans avoir égard à la différence des temps, qui, nécessairement, ont dû amener des changemens dans les progrès de la civilisation, dans ceux des connaissances humaines, soit dans les sciences, soit dans les arts, et qui par conséquent ont dû influer aussi sur les mœurs et les usages, il deviendrait impossible de s'entendre et de jamais s'accorder sur les faits; on trouverait également par ce moyen des témoignages pour ou contre, suivant l'opinion qu'on aurait embrassée. Parce que telle chose se passait de telle manière en tel temps ou en tel pays, on ne doit pas en conclure que cela se faisait de même ailleurs ou dans un autre temps, sans avoir examiné auparavant ce que les mœurs et les usages de ces divers temps ou de ces divers pays ont eu de commun ou d'opposé, et surtout sans appuyer son jugement par des autorités respectables ou des faits relatifs aux temps et aux lieux dont on parle. Quand on cherche la vérité de bonne foi, sans prévention, et qu'on craint l'erreur, on ne saurait trop se défier de sa propre opinion et se garder de la hasarder légèrement. Ces principes au moins sont les nôtres, et c'est d'après eux que nous avons tâché d'établir tout ce que nous disons de l'antique musique d'Égypte, dont nous venons de faire connaître le premier état.

Il serait inutile de nous étendre davantage sur ce point, qui nous paraît assez solidement établi. Il s'agissait, non de faire une histoire de l'art musical de l'antique Égypte, mais seulement d'expliquer son origine, sa nature, son objet, son but, la cause des changemens qu'il y a éprouvés, et de déterminer avec précision en quoi consistait l'aversion des Égyptiens pour la musique. Nous avons établi les premiers points ; il ne nous reste donc qu'à éclaircir les derniers, sur lesquels nous avons déjà répandu quelque jour.

En résumant ce que nous avons dit à l'égard du premier état de l'art musical en Égypte, il résulte que cet art était une imitation et une expression des bonnes mœurs rendues sensibles par la voix[1] ; ses premières causes occasionelles, la douleur ou la joie ; ses principes naturels et essentiels, l'ordre et l'harmonie ; qu'il consistait dans la beauté, la grâce et l'énergie des expressions ; qu'il embrassait la poésie et tous les discours vrais ou feints, c'est-à-dire tous les discours dont le sens n'était point voilé, et tous ceux dont le sens était caché

[1] La musique instrumentale, n'étant produite que par des sons inanimés de corps sans vie, et par conséquent sans expression, ne peut avoir rien de commun avec l'objet de l'ancienne musique égyptienne, dont le but fut diamétralement opposé.

sous une allégorie; que ses parties intégrantes étaient les paroles, la mélodie et le rhythme; que son objet était de régler les passions, d'instruire et d'élever l'ame; que son but enfin était d'inspirer de bonnes mœurs, ses moyens pour y arriver étaient la sagesse, la vertu, la religion et les lois, et que tout ce qui était étranger à ces choses, ne lui convenait point.

ARTICLE CINQUIÈME.

SECOND ÉTAT DE LA MUSIQUE ANTIQUE EN ÉGYPTE.

Premières causes qui l'occasionèrent. — L'origine et la source de cette espèce de musique étaient étrangères à l'Égypte. — Elle avait pris naissance en Asie; elle dérivait de la musique instrumentale, dont elle avait emprunté le genre, soit pour l'agrément, soit pour la difficulté. — Cette musique, rejetée d'abord par les Égyptiens comme n'étant propre qu'à énerver l'ame et à corrompre les mœurs, fut, dans les derniers temps, adoptée et cultivée par eux avec passion et avec succès.

Pour mieux concevoir la cause qui, en produisant de grands changemens en Égypte, a dû occasioner les premières atteintes que la musique y a reçues, et qui ont fait déchoir cet art de son premier état, il est indispensable de se faire une idée exacte des lieux, des temps, des événemens et des circonstances dans lesquels les choses se sont passées; sans cela, tout ce que nous pourrions dire ne paraîtrait tout au plus que conjectural.

Cela une fois posé, nous laisserons au lecteur le soin de faire les rapprochemens des autres événemens politiques qui ont dû contribuer aux vicissitudes et aux innovations que l'art musical a éprouvées en Égypte, et par lesquelles il a été conduit vers sa décadence, pour ne plus nous occuper uniquement que de la marche qu'il a suivie, n'ayant nullement l'ambitieuse prétention d'associer à la musique un objet qui aujourd'hui, plus que jamais, n'a plus avec elle aucun rapport.

L'Égypte, renfermée entre deux chaînes de montagnes[1] qui se prolongent presque parallèlement l'une à l'autre du nord au sud, ayant au levant la montagne du Moqattam et au couchant la chaîne libyque, bornée au nord par la mer, et au midi par la dernière cataracte du Nil, où ce fleuve, traversant d'immenses rochers de granit, se précipite par cascades sur un fond inégal, qui n'offre en cet endroit qu'un passage difficile et même impraticable pendant une partie de l'année; l'Égypte, comme on le voit, ne présentait un accès facile aux étrangers d'aucun côté, surtout dans les premiers temps, où l'art de la navigation, trop peu avancé, n'eût pas permis au moindre vaisseau de franchir cette dangereuse barre de sable que le Nil dépose et déplace continuellement à son embouchure. Cet écueil redoutable de temps immémorial aux naturels du pays eux-mêmes est tel, qu'aujourd'hui même encore les meilleurs pilotes ne sont pas toujours les maîtres d'empêcher leurs bâtimens d'y échouer. D'ailleurs, la mer, regardée par

---

[1] Strab. *Geogr.* lib. xvii, p. 946. Dionys. *Orbis Descriptio*, à vers. 225 ad vers. 270.

les anciens Égyptiens comme le domaine de Typhon [1], principe et cause de tout mal, de la mort même, leur inspirait une si grande horreur, qu'ils avaient la plus insurmontable aversion pour tout ce qui entrait chez eux par cette voie. C'est aussi pour cette raison qu'ils détestaient les étrangers [2] et leur abandonnaient le commerce extérieur, ou qu'ils ne permettaient tout au plus qu'aux gens les plus méprisables chez eux d'y prendre quelque part.

Éloignés de toute communication avec les autres peuples par la situation de leur pays, ils l'étaient encore par leurs principes et leurs mœurs. Exempts d'ambition, satisfaits des richesses de leur sol qui leur fournissait abondamment tout ce qui était nécessaire à leurs besoins [3], gouvernés par des lois sages qui repoussaient le luxe et les usages des autres nations, les Égyptiens jouirent long-temps de la paix [4] et du bonheur. Ils ne seraient, sans doute, jamais sortis de cet état, si les limites que la nature semblait leur avoir prescrites, eussent été toujours respectées.

Sésostris, élevé dès l'enfance au métier des armes, ne pouvant contenir sa valeur belliqueuse, fut le premier roi de ce pays qui osa imprudemment entreprendre d'étendre sa domination au-delà des bornes dans les-

---

[1] Plutarque, *Traité d'Isis et d'Osiris*, page 24, même édition.

[2] Herod. *Hist.* l. II. Diod. Sic. *Bibl. hist.* l. I, cap. 43, p. 132, 133, 134.

[3] *Cœterùm, jam inde ab initio Ægyptus valde pacata fuit, tam propter copias quibus facilè se sustentaret, tam quòd non temerè externis gentibus pateret ingressus.* Str. Geogr. lib. XVII, pag. 946.

[4] Diod. Sic. ubi suprà. *Nequaquam, sed ad terram Ægypti pergemus, ubi non videbimus bellum, et clangorem tubæ non audiemus, et famem non sustinebimus, et ibi habitabimus.* Jerem. cap. 42, v. 14.

quelles ses prédécesseurs s'étaient renfermés. Il porta ses armes toujours victorieuses en Éthiopie, en Asie et en Europe [1]. Il avait formé le dessein insensé de soumettre le monde entier [2] aux lois sages de son pays; mais il lui manqua, pour le faire, d'exister assez longtemps avec la force et la santé dont avaient besoin son courage et sa téméraire ambition. Enfin l'Égypte reçut dans son sein des étrangers, esclaves que Sésostris avait vaincus, objets de mépris et d'horreur pour les Égyptiens, dont ils n'avaient ni la religion, ni les mœurs, ni les usages.

Les successeurs de Sésostris, n'ayant pas su faire respecter en leurs mains le sceptre que ce roi avait rendu si imposant dans les siennes, se le laissèrent disputer et bientôt arracher par des rivaux; ceux-ci, par leurs dissensions, favorisèrent la révolte des peuples subjugués, qui ne tardèrent pas à se répandre de tous côtés en Égypte, à y augmenter le désordre et la confusion, et qui rendirent ce beau pays la proie du premier conquérant qui tenta de s'en emparer.

Cambyse, alors roi des Perses, se présenta à la tête d'une armée formidable, et subjugua les Égyptiens à leur tour [3]. Sa religion n'admettait pas d'autre temple [4] digne de la Divinité que l'univers, ni d'autre objet qui méritât l'adoration des hommes, que le Soleil; il renversa les temples que ces peuples avaient érigés en l'honneur de leurs dieux [5], proscrivit leur religion, brisa

---

[1] Herod. lib. II. Diod. Sic. *Bibl. hist.* lib. I, cap. 55.
[2] Diod. Sic. *Biblioth. hist.* lib. I, cap. 53, pag. 161.
[3] Herod. lib. II et III. Diod. Sic. *Bibl. hist.* cap. 68, pag. 205.
[4] Herodot. lib. II.
[5] Justin. lib. I, cap. 9.

leurs idoles, tua le bœuf Apis, chassa leurs prêtres, abolit les anciennes institutions religieuses et politiques de ce pays; tout changea de face. La musique n'étant plus dirigée par la religion et les lois, ne put se maintenir long-temps en Égypte dans son premier état; elle dut dès-lors participer nécessairement à tous les changemens qui eurent lieu; elle ne put conserver non plus sa candeur primitive, sa sublime simplicité, ni cette gravité noble qu'elle avait auparavant; les Perses la chargèrent bientôt de tout le luxe asiatique : respectée jadis par les Égyptiens comme un bienfait des dieux, elle fut dès-lors méprisée par eux, comme n'étant plus propre qu'à amollir l'ame, à énerver le courage et à corrompre les mœurs.

Depuis cette époque, les Égyptiens, en effet, dûrent concevoir une idée désavantageuse de toute musique étrangère; mais ils n'ont jamais pu dédaigner leur musique propre, tant qu'elle leur a été connue : cette musique, dans son premier état, fondée sur les principes de la plus saine philosophie, était dirigée par des lois trop sages pour ne pas être constamment respectée par eux; et tout nous démontre que ce que par la suite ils rejetèrent réellement dans cet art, leur venait de l'Asie.

Nous savons qu'en Égypte les lois relatives à la musique n'y admettaient [1] que ce qui était de nature à élever l'ame, à l'accoutumer à des sentimens nobles, à la former à la vertu; qu'elles en proscrivaient la trop

---

[1] Nous nous sentons provoqués, malgré nous, à rappeler souvent à la mémoire du lecteur des idées sur l'antique musique de l'Égypte, qui nous semblent trop contraires à nos préjugés pour n'être pas sans cesse dissipés et détruits par eux.

grande multiplicité et variété des sons, comme ne pouvant peindre l'état de l'ame de l'homme sage, modéré, tempérant, fort et courageux. Nous savons, d'un autre côté, que les défauts contraires étaient précisément ce qui caractérisait la musique asiatique, laquelle était fort variée[1], plaintive[2], voluptueuse, molle et lâche[3], portait à la débauche et à la crapule[4] : c'est donc cette musique introduite par les Perses en Égypte, lorsqu'ils s'en furent rendus maîtres, qui fut rejetée des Égyptiens.

Mais nous avons avancé que les défauts qui rendaient cette espèce de musique blâmable, tenaient principalement à l'abus qu'on faisait des instrumens; et c'est là ce qu'il nous reste à prouver. Pour cela, il est nécessaire que nous remontions à l'origine de ces abus, à la source de la dépravation de l'art; que nous signalions la fausse direction qu'il reçut, et qui le détourna du but qui lui avait été prescrit par la nature : autrement nous ne pourrions expliquer en quoi consistait le second état de l'art musical des anciens Égyptiens, puisque c'est cette fausse direction qu'il prit en Asie et qu'il continua de suivre en Égypte, dont nous allons observer la marche et les progrès, qui doit fixer notre jugement.

Il est incontestable, d'abord, que de tous les instrumens de musique le plus naturel et le premier, c'est la voix; que les autres ne furent inventés que fort long-temps après la découverte de l'art du chant. L'harmonie de l'accord de ces derniers suppose nécessairement déjà non-seulement l'existence et la connaissance de l'art au-

---

[1] Apul. *Florid.* lib. 1.
[2] *Id. ibid.* Plat. *de Republ.* l. III.
[3] Plat. *ubi suprà.*
[4] *Id. ibid.*

quel ils étaient destinés, mais encore celles de tous les principes de la musique. Le très-petit nombre et la disposition des sons de l'accord des premiers instrumens prouvent évidemment qu'ils furent imaginés seulement, les uns, pour donner le ton à la voix, ou la maintenir dans celui que le chanteur avait déjà pris, pour indiquer à celui-ci les points d'appui sur lesquels il pouvait porter les diverses inflexions de ses accens, et pour déterminer les limites dans lesquelles le chant devait se renfermer; les autres, pour marquer le rhythme et la cadence des vers, du chant ou de la danse. Les mêmes sons qui composaient l'accord de la lyre à trois cordes, étaient aussi ceux sur lesquels les anciens avaient fondé les principes et les règles de la prosodie. « La mélodie[1] du discours, dit Denys d'Halicarnasse dans son *Traité de l'arrangement des mots*[2], embrasse pour l'ordinaire un intervalle de quinte : elle ne s'élève pas au-delà de trois tons et demi vers l'aigu, et ne s'abaisse pas vers le grave au-delà de cet intervalle[3]; mais ces principes, fondés sur le système de l'accord de la lyre à quatre cordes des Grecs, étaient une extension de ceux que les anciens Égyptiens avaient déterminés dans l'accord de leur lyre à trois cordes. » Dans l'accord de la lyre à trois cordes, le son du milieu formait la quarte avec le grave et avec

[1] Ici le mot *mélodie* est pris dans son acception étymologique; il signifie en cet endroit la cadence des phrases dont se compose le discours.

[2] Édit. Simon. Bircov. pag. 38.

[3] Voici l'accord de l'ancienne lyre à quatre cordes des Grecs; nous ferons connaître les difficultés et les vices qu'a engendrés cette réforme de l'antique lyre à trois cordes :

l'aigu, et les deux sons extrêmes rendaient l'octave[1]; c'était la plus grande étendue que la voix devait parcourir dans le discours ordinaire.

Tant que les instrumens se bornèrent à ces trois sons, ils ne purent être nuisibles à la mélodie : mais, dès qu'on en eut imaginé d'un plus grand nombre de cordes,

[1] Il est bon de remarquer que ces sons étaient les principaux du mode dorien, le plus ancien des modes ; on a depuis fait commencer le mode dorien un ton plus bas, parce qu'on y a compris la *proslambanomène*. Voici cet accord dans son premier état,

qui présente également les principaux sons de la région moyenne de la voix humaine, tant de celle de la femme que de celle de l'homme. Le son aigu répondait à l'été, le son moyen au printemps, et le son grave à l'hiver ; et en effet, l'émotion qui produit ces sons lorsque nous parlons, a beaucoup de rapport à la température de la saison à laquelle répond chacun d'eux. Le son le plus aigu, étant produit par une émotion vive, qui cause une plus grande chaleur dans le sang, convenait mieux qu'un autre à l'été ; le son du milieu, étant produit par une émotion modérée, qui occasione peu de chaleur, devait appartenir au printemps ; et le son grave, qui n'est produit que par des vibrations très-lentes, ou par un sentiment qui ne cause qu'une émotion très-faible et ne peut occasioner de chaleur, avait donc aussi de l'analogie avec l'hiver. Plutarque, au neuvième livre de ses *Propos de table*, question XIV, nous dit quelque chose d'analogue à ceci, dans ce passage : « Les Delphiens disent que les Muses ne portent point les noms de sons ou de chordes envers eux ; ains que le monde univers estant divisé en trois principales parties, la première est celle des natures non errantes, la seconde des errantes, et la tierce celles qui sont sous la sphère de la lune, et qu'elles sont toutes distantes les unes des autres par proportions armoniques, de chascune desquelles ils tiennent qu'il y a une des Muses qui en a la garde : de la première, celle qu'ils nomment *hypate*, de la dernière *nète*, et *mèse* celle du milieu, qui contient et dirige autant comme il est possible les choses mortelles aux divines, et terrestres aux célestes, comme Platon nous l'a couvertement donné à entendre par les noms des Fées ou des Parques, ayant appelé l'une *Atropos*, l'autre *Lachesis*, et la tierce *Clotho*. Quant aux mouvemens des huit cieux, ils leur ont attribué autant de Sirenes et non pas de Muses. » *Voyez*, pour ces sortes de spéculations, le *Traité de la Création de l'ame* par le même auteur, et le *Timée* de Platon.

et que l'artiste put en varier les sons à son gré, on vit naître une autre espèce de musique qui n'avait plus rien de commun avec les principes du langage parlé; et chacun, pouvant la modifier suivant son goût ou son caprice, ne consulta plus que le seul plaisir de l'oreille, ou même la vanité d'avoir vaincu de très-grandes difficultés sans nécessité comme sans objet. L'ignorance, qui applaudit à ces ridicules écarts, força en quelque sorte le chant à s'y abandonner aussi, et bientôt on perdit jusqu'au souvenir des principes essentiels de la musique elle-même, par l'habitude que l'on contracta de ce nouvel art purement factice.

Il s'écoula néanmoins bien des siècles sans qu'on songeât à rien changer à la première destination des instrumens de musique; car, quoique l'invention en remonte, suivant nos livres sacrés, aux temps qui précédèrent le déluge [1], il n'est fait aucune mention qu'on en ait, en quelque pays que ce soit, augmenté les moyens d'exécution plus de quatorze cents ans après cette funeste époque.

Au temps de Sésostris, les Égyptiens ne connaissaient encore que quatre espèces d'instrumens : 1°. la lyre à trois cordes, dont nous venons de parler; 2°. le tambour, qui servait à marquer le rhythme de la danse; 3°. le buccin, pour annoncer l'heure des prières, des sacrifices, les néoménies ou nouvelles lunes, pour convoquer le peuple dans les circonstances les plus ordinaires de la vie civile, ou pour donner quelque signal dans les armées; 4°. la trompette, quand il s'agissait de quelque

---

[1] *Genes.* cap. 4, v. 21.

événement important qui demandait le concours de tout le peuple. Cette trompette n'était encore qu'un tube droit ou conique, et tout au plus faiblement courbé à son extrémité[1], à l'imitation du buccin, qui était fait tout simplement d'une corne de vache, avec cette différence que la trompette était de bois, d'argile ou de métal.

Tels étaient au moins les instrumens que les Hébreux, à cette époque, emportèrent avec eux en fuyant d'Égypte, où ils étaient restés pendant plus de quatre cents ans[2]; et tel fut l'usage qu'ils en firent d'abord. On ne peut supposer que ces instrumens leur fussent particuliers : car, dans l'état d'abjection où ils se trouvaient réduits en Égypte, on ne leur aurait pas laissé la liberté ni le loisir de s'en servir; et si les Égyptiens en eussent eu d'autres, il n'y a pas de doute que les Israélites ne s'en fussent emparés, de même qu'ils s'étaient munis de vases d'or et d'argent appartenant aux Égyptiens[3]. D'ailleurs ils s'étaient tellement habitués aux mœurs et à la religion de ceux-ci, que pendant long-temps encore après leur sortie d'Égypte ils y revinrent fréquemment,

---

[1] Ce qu'on a regardé comme une flûte dans la table Isiaque, ne nous paraît être qu'une trompette de cette espèce. La cause de l'équivoque du nom de *flûte* qu'on a quelquefois donné à la trompette, et, *vice versâ*, celui de *trompette* qu'on a donné à la flûte chez les anciens, c'est que l'une et l'autre étaient également formées d'un tube et s'embouchaient de même; qu'elles ne différaient que par leurs dimensions qui étaient plus petites dans la flûte que dans la trompette : c'est pourquoi on les désigna également l'une comme l'autre par le nom de *tuba* en latin, et par celui de *syrinx* en grec, avant qu'on eût imaginé de faire des flûtes de l'os *tibia* d'une jambe de cerf, d'où est venu le nom de *tibia* par lequel les Latins ont dans la suite désigné la flûte.

[2] *Exod.* cap. 12, v. 40.

[3] *Ibid.* 35.

malgré les défenses que Moïse leur en avait faites au nom de Dieu; et ce fut par un effet de cette tendance qu'ils ne purent résister au désir de faire une idole du dieu Apis et de l'adorer¹, en observant les cérémonies du culte que les Égyptiens avaient coutume de lui rendre, et en exécutant les mêmes chants et les mêmes danses que ceux-ci lui avaient consacrés².

Selon toute apparence, les quatre espèces d'instrumens dont nous venons de parler furent les premières connues et celles qu'on employa les premières, parce que, comme elles étaient plus simples que les autres, l'usage en fut plus facile et plus promptement acquis, et que leur utilité étant plus directe fut aussi plus tôt sentie; les anciens Égyptiens n'en connaissaient pas encore d'autres au temps de Moïse.

Il n'en était pas de même en Asie; à la même époque on s'y occupait avec une ardeur extrême à perfectionner les instrumens connus et à en inventer de nouveaux. Par la date de ces inventions, il sera facile à chacun de faire le rapprochement des événemens politiques qui eurent lieu en Égypte au même temps, et de concevoir quand et comment ces instrumens auront pu y être introduits : car il est probable que le germe de la musique asiatique y aura été porté plusieurs fois depuis les conquêtes de Sésostris, ou par les esclaves que ce conquérant y amena avec lui, ou par les peuples d'Asie que

---

¹ *Exod.* cap. 32, v. 19. C'était un veau d'or. Lactance (*de falsa Sapientia*, lib. ix, cap. 10) dit que ce veau d'or était une représentation du dieu Apis.

² *Exod.* cap. 32, v. 18, 19. Philon Juif, au livre *de l'Ivresse*, rapporte que les Égyptiens avaient coutume de chanter un poëme en dansant autour du dieu Apis.

diverses circonstances ou divers motifs y attirèrent ; mais ce germe n'aura pu s'y développer avec succès que lorsque les Égyptiens, subjugués par les Perses, n'auront pu y opposer de résistance.

Le Phrygien Hyagnis est, suivant la chronique de Paros, le premier qui inventa les flûtes [1], qui chanta sur le mode dorien, et en même temps l'auteur de plusieurs autres chants en l'honneur des dieux Bacchus et Pan. Il vivait dans le même temps qu'Érichthon régnait à Athènes, vers l'an 1487 avant l'ère chrétienne, quatre ans après que les Israélites furent sortis d'Égypte, et deux ans avant le règne de Sésostris. Nous remarquons ceci pour mieux faire sentir la concordance de tous les faits qui tendent à confirmer ce que nous nous proposons de prouver.

Quoiqu'il paraisse peu probable que tant de choses aient été inventées par le même homme, il est vraisemblable au moins qu'à cette époque on s'occupait déjà beaucoup à perfectionner l'art de jouer de la flûte, qui jusque-là était resté à un degré voisin de la nullité, puisqu'Apulée, en parlant du même Hyagnis [2], observe qu'avant lui l'on avait encore fort peu réfléchi sur la nature des sons, et qu'on ne s'était servi de la flûte que de la même manière dont on embouche la trompette ; qu'il n'y avait pas autant d'espèces de flûtes, ni de flûtes

---

[1] Joann. Marsham, *Canon chronicus*, *Ægypt. Hebr. Græc.* ad seculum IX, pag. 112, *Londini*, 1672, in-fol. Langlet du Fresnoy, *Tablettes chronologiques*, etc. Athénée (*Deip.* lib. XIV, cap. 11, pag. 617, C.) dit qu'un *roi de Phrygie* (probablement Hyagnis), *faisant résonner doucement les flûtes sacrées, fut le premier qui en inventa le chant, et le conforma au génie de la langue dorique*.

[2] *Florid.* lib. 1, pag. 405, *Lut. Paris.* 1601, in-16.

percées d'autant de trous; qu'Hyagnis est le premier qui fit résonner deux flûtes à-la-fois[1], et qui d'un même souffle produisit un accord de deux sons, l'un aigu, l'autre grave, au moyen de deux tuyaux, l'un de droite, l'autre de gauche[2]; que c'est lui enfin qui le premier doigta cet instrument.

On voit par cette tradition qu'Hyagnis n'était pas réellement l'inventeur de la flûte, puisque cet instrument était déjà connu avant lui, mais qu'il était seulement l'inventeur d'une nouvelle espèce de flûte, d'une flûte percée de plusieurs trous, ainsi que de l'art de jouer de cette flûte en la doigtant; choses qui, avant lui, étaient restées ignorées, suivant Apulée[3]. C'est dans ce sens qu'il faut entendre ce passage de Plutarque[4] : «Hyagnis fut le premier qui joua des flûtes, et puis, après lui, son fils Marsyas, ensuite Olympe[5].» Plutarque, sans doute, pensait comme nous, puisqu'il dit plus loin : «Car ce n'a été ni Marsyas, ni Olympe,

---

[1] Il s'agit ici de la flûte double : on l'appelait *flûte oblique* quand les deux tuyaux allaient en divergeant l'un de l'autre, à partir du point où elles étaient jointes près de l'embouchure. Pline (*Hist. nat.* l. VII, c. 56) en attribue l'invention à Marsyas. Euripide, dans sa tragédie de *Rhésus*, v. 922, dit seulement que Marsyas était habile dans l'art de jouer de la flûte.
Callimaque (*Hymn. in Dian.* v. 244) rapporte à Minerve l'invention de la flûte faite de l'os tibia de la jambe d'un jeune cerf, et percée de plusieurs trous. Ovide (*Fast.* l. VI, v. 696 et seqq.) a imité la même allégorie; mais il ajoute que, cette flûte ayant été rejetée par Minerve, qui s'était aperçue que cet instrument la faisait grimacer lorsqu'elle en jouait, un satyre (Marsyas) s'en empara, s'exerça à en jouer, y devint habile, osa défier les Muses, et Apollon lui-même, qui, pour le punir, l'écorcha vif, après l'avoir vaincu.

[2] Voyez le chap. VI, 2ᵉ partie de notre *Description des instrumens de musique des Orientaux*, É. M.

[3] Voyez la note [2] de la p. 320.

[4] *De la Musique*, page 661, A.

[5] Il paraît, par ce que Plutarque dit plus bas (pag. 661, C), qu'il y eut deux Olympe; que celui-ci était le premier, fils de Marsyas.

ni Hyagnis, qui a trouvé l'usage de la flûte, comme quelques-uns l'estiment; ce que l'on peut connaître par les danses et les sacrifices que l'on fait au son des hautbois et des flûtes à Apollon, ainsi qu'Alcée, entre autres, l'a laissé par écrit en quelqu'un de ses hymnes. Et de plus, son image en l'île de Délos tient en sa main droite son arc, en sa gauche les Grâces, dont chacune tient un instrument de musique: l'une tient la lyre, l'autre le hautbois, et celle du milieu la flûte, qu'elle approche de sa bouche. Et afin que vous ne pensiez pas que j'aie imaginé ceci, Anticlès et Ister le marquent ainsi dans leurs commentaires, etc. »

Juba, auteur ancien, cité par Athénée[1], rapporte l'invention du monaule à Osiris, roi et dieu d'Égypte. Mais si le monaule n'était qu'un simple tuyau de paille, comme on nous l'apprend, et s'il n'avait point de trous pour le doigter, ce ne pouvait être encore là un instrument de musique. D'ailleurs, Jablonski[2] nous prouve que le nom d'Osiris ne fut connu en Égypte que 320 ans après la fuite des Israélites sous la conduite de Moïse, et 1525 ans[3] avant l'ère chrétienne. Il s'ensuit donc que cette espèce de flûte et la précédente furent connues en Phrygie[4] avant de l'être en Égypte, et même avant que le nom d'Osiris y fût connu[5].

Quoi qu'il en soit, il ne nous paraît guère possible

---

[1] *Deipn.* lib. IV, cap. 23, p. 175.

[2] *Panth. Ægypt.* tom. 1, lib. II, cap. 1, §. 16.

[3] On ne peut point, accorder ce calcul avec celui des Tables chronologiques de John Blair.

[4] Tous les poëtes grecs et latins s'accordent unanimement à reconnaître les Phrygiens comme les inventeurs de la flûte. Isidore (*Origin.* lib. III, cap. 7, *Musicæ Artis*) a suivi cette tradition, qui remonte à une très-haute antiquité.

[5] Cependant Tzetzès n'hésite pas

qu'Hyagnis soit parvenu à donner à la flûte, ainsi qu'à l'art d'en jouer, un degré de perfection suffisant pour qu'on ait pu l'admettre, sans scandale, à accompagner les chants religieux, aussitôt que semble l'annoncer la chronique des Marbres de Paros, à moins que ce n'ait été pour renforcer les cris aigus que poussaient les Corybantes avec leurs voix efféminées, pendant les danses qu'ils exécutaient en l'honneur de la mère des dieux.

Nous ne trouvons point, dans les temps reculés, d'exemple où la flûte ait été associée à la voix, plus ancien que celui qui nous est offert au premier livre des Rois[1], où il est dit que *des prophètes descendaient de la montagne, accompagnés des sons de la lyre, de la cithare, de la flûte, et au bruit des tambours* : c'est sous le règne de Saül, vers l'an 1050 avant J.-C. Mais nous doutons encore qu'une pareille réunion d'instrumens d'espèces si opposées, et lorsque l'art d'en jouer était encore si récent et si peu connu, ait été employée en cette occasion à d'autre dessein que celui de produire un bruit agréablement tumultueux, mais cadencé, afin d'exciter ou d'entretenir dans le cœur et dans tous les sens des prophètes cette agitation, ce trouble que les anciens croyaient nécessaire pour faire naître l'enthousiasme prophétique. Il n'y a aucune apparence de raison à supposer que le mélange confus du son des lyres, des flûtes, des cithares, joint au bruit des tambours, ait pu faire un ensemble mélodieux et utile au chant. On peut donc assurer qu'avant le règne de David on n'avait en-

à regarder Mercure, Osiris, Noé et Bacchus, comme étant contemporains (chil. IV, l. II, v. 825 et suiv.).

[1] Cap. 10, v. 5.

core admis l'usage de la flûte, de la lyre, de la cithare, etc., ni dans les cérémonies du culte, ni pour accompagner le chant; et cela, parce que l'art de jouer de ces instrumens était encore trop récent et trop imparfait.

D'après cela, l'on doit être convaincu que les Égyptiens n'avaient pas fait de plus grands progrès que les Hébreux dans l'art de jouer des instrumens à vent et à cordes : premièrement, parce qu'étant plus éloignés que ceux-ci des peuples qui inventèrent et perfectionnèrent ces instrumens, la connaissance ne put leur en parvenir aussitôt; secondement, parce que leur caractère, ennemi de toute innovation, ne les disposait pas à s'y adonner; troisièmement, parce que la nature de leur musique et leurs premières institutions y étaient contraires.

Comme il se pourrait néanmoins qu'une certaine antipathie de caractère qui exista toujours entre les Hébreux et les Égyptiens, eût fait rejeter par ceux-ci ce que les autres auraient approuvé; pour mieux nous assurer du premier état de l'art musical dans l'antique Égypte, prenons un autre moyen de comparaison plus direct et plus immédiat : les anciens Grecs peuvent nous l'offrir, puisqu'ils furent civilisés et instruits par des colonies d'Égyptiens, et qu'ils en conservèrent très-long-temps la religion, les lois, les mœurs et les usages.

Homère, qui a décrit avec tant d'exactitude dans son Iliade et dans son Odyssée les mœurs des anciens Grecs, est un guide sûr qui ne peut nous égarer. Rien ne peut assurément faire concevoir une plus haute idée du chant, que les éloges que reçoivent les chantres Phémius et Démodocus, et le récit que nous fait ce prince des poëtes, des effets que ces chantres produisaient par leur art. Cependant il garde le silence le plus absolu sur le mérite de la musique instrumentale : partout il nous présente l'art de jouer des instrumens dans un état extrêmement peu avancé; ce qui prouve que les anciens Grecs, qui avaient reçu des Égyptiens la musique déjà très-perfectionnée quant au chant, qui ne cessaient d'aller en Égypte se pénétrer des principes de cet art, qui faisaient le plus grand cas des hymnes éruditifs et sacrés que Musée et Orphée leur avaient apportés de ce pays, ne s'attachaient pas encore beaucoup à l'art de jouer des instrumens. La lyre, cet antique instrument inventé depuis tant de siècles par Mercure, n'était encore employée par eux que pour guider et soutenir la voix; elle était même tellement subordonnée au chant, qu'Homère ne parle nullement de son effet particulier; et certes, ce poëte, qui n'a rien oublié de ce qui était tant soit peu mémorable, n'aurait pas négligé de nous apprendre ce qui concernait la musique instrumentale.

Le Phrygien Olympe[1], le plus ancien connu sous ce nom, près de deux siècles avant la guerre de Troie[2], enseigna aux Grecs l'art de toucher les instrumens à cordes. Cet art n'était donc pas encore connu en Égypte, car alors Musée et Orphée en auraient adopté l'usage, au lieu que rien ne nous laisse même entrevoir qu'ils

---

[1] Plutarque, *Dialogue sur la musique ancienne*, pag. 660, H. Voyez aussi les Remarques de Burette sur ce dialogue, *Mémoires de l'Académie des inscriptions et belles-lettres*, art. xxx, p. 254, tom. x, in-4°.

[2] Plut. *ibid*. pag. 661. Remarques de Burette, *ibid*.

en aient eu la plus légère connaissance ; à moins qu'on ne veuille confondre avec l'art de jouer de la lyre le talent d'en faire sonner à propos telle ou telle corde, pour donner le ton au chanteur, ou pour l'y ramener, si par hasard il s'en était écarté.

Quant à la flûte, Homère n'en parle que dans la description du bouclier d'Achille, au xviiie livre de son Iliade, où elle se trouve unie à la cithare pour accompagner les danses d'une fête nuptiale[1] : mais, quand il s'agit des danses qui avaient lieu à l'époque des vendanges, il ne fait plus mention que de la cithare seule, qui guide alors la voix des chanteurs[2]. Ailleurs, il parle encore d'une espèce de petite flûte qu'il nomme *syrinx*[3], dont les bergers se servaient pour se récréer en conduisant leurs troupeaux : ce qui fait voir que cet instrument était encore en Grèce très-grossier et dans un état d'abjection qui ne permettait pas de l'employer dans des circonstances de quelque importance ; tandis que chez les Hébreux, en moins de deux siècles, ce même instrument s'était déjà tellement ennobli, qu'il n'avait pas paru indigne d'accompagner le chant des prophètes, ou au moins les danses et autres mouvemens par lesquels ils s'excitaient à la prophétie : et c'est précisément là ce qui fait sentir davantage combien les anciens Grecs se montraient plus circonspects dans l'usage des instrumens de musique que ne le faisaient les Hébreux, qui, d'ailleurs, étaient plus près de la source des innovations, puisqu'ils habitaient en Asie.

---

[1] *Iliad.* lib. xviii, v. 495.
[2] *Id. ibid.* v. 569.
[3] *Id. ibid.* v. 526.

Pour se convaincre que cette remarque n'est pas hasardée, il suffit de comparer ce que dit le poëte grec de l'usage de la flûte, avec ce que nous en apprend Hésiode qui était né en Asie, et qui probablement a donné les mœurs de son pays aux personnages qu'il fait figurer dans ses ouvrages : il n'y a qu'à lire ce qui est relatif à cet instrument dans son poëme qui a pour titre *le Bouclier d'Hercule*, et l'on verra que ce poëte le représente comme servant à accompagner la voix dans les chœurs, ainsi qu'à régler, conjointement avec le chant, les mouvemens de la danse. Cette différence, très-sensible quand on y fait attention, vient nécessairement de celle des mœurs propres au pays de chacun de ces deux poëtes contemporains, et de ce qu'en Asie on se livrait avec ardeur à la recherche de nouveaux moyens d'exécution dont on enrichissait chaque jour les instrumens, lorsqu'en Grèce on était encore retenu par les principes qui y avaient été apportés d'Égypte, soit par les Égyptiens eux-mêmes, soit par Mélampe ou par Orphée, et qu'on y tolérait difficilement les innovations qui venaient d'ailleurs.

Nous pouvons donc encore inférer de là que si alors la flûte était connue en Égypte, et si les Grecs en avaient emprunté l'usage des Égyptiens, ce qui n'est guère probable, l'art d'en jouer ne devait pas être encore bien avancé chez ces derniers, puisqu'il était encore très-récent chez ceux mêmes qui l'avaient inventé; car il y a encore fort loin de l'action de souffler dans un chalumeau de paille ou dans un roseau pour en faire sortir un son, comme le faisaient les bergers dont parle Homère, à l'art d'accompagner le chant et de régler les mouvemens de la danse avec cet instrument, ainsi que nous l'apprend Hésiode, et à plus forte raison à savoir moduler des airs sur la flûte, comme Hyagnis[1] et son fils Marsyas[2], ou à pouvoir accompagner la voix, comme le faisait Olympe[3].

Jamais aussi les anciens poëtes grecs ne parlent de l'usage d'accompagner la voix avec la flûte, quand il s'agit des Grecs; ce qu'ils font au contraire, quand il s'agit des peuples de l'Asie. Cet instrument était même si fort méprisé par les anciens Grecs, que lorsqu'il fut introduit pour la première fois chez eux, ils l'abandonnèrent à des esclaves phrygiens[4] : c'est pourquoi les noms des premiers joueurs de flûte qui parurent en Grèce étaient en langue phrygienne et des noms d'esclaves, tels que ceux de *Sambas*, d'*Adon*, dont parle Alcman[5], et ceux de *Kion*, de *Kodalos* et de *Babys*,

---

[1] Chronique de Paros. D. Joan. Marsham, *Chronicus Canon, Ægypt. Hebr. Græc. cum Disquis.* ad seculum IX, *edit. sup.* Apul. *Flor.* lib. I, *ubi suprà*. Plutarque, *Dialogue sur la musique ancienne*, pag. 66.

[2] *Iid. ibid.* Ovid. *Fast.* lib. VI, v. 705 et seqq. Lucian. *Harmonides*. Jean Malala, qui, dans sa Chronographie, place l'existence d'Orphée au temps où Gédéon gouvernait les Israélites, c'est-à-dire vers la moitié du XIIIe siècle avant J. C., nous apprend aussi que Marsyas florissait au temps de Thola, descendant et successeur de Gédéon vers la fin du XIIIe siècle. Cet auteur nous représente Marsyas comme l'inventeur des flûtes de roseau. Il nous rapporte que celui-ci, enorgueilli de son talent, s'arrogea le titre de dieu, qu'il perdit la raison, et alla se jeter dans un fleuve, qui depuis a porté son nom. Les poëtes, suivant ce même auteur, ont feint que Marsyas avait combattu contre Apollon, parce qu'il eut l'impiété de blasphémer contre ce dieu, et que dans un accès de folie il se donna la mort. *Byzant. Corp.* tom. XXIII, pag. 31. *Voyez* aussi à ce sujet Cedrenus, *Compend. hist.* p. 69, *Corp. Byzant.* tom. VII.

[3] Lucian. *ibid.* Plutarque, *ibid.* P. Fabric. *Agonisticon*, lib. I, c. 4.

[4] Athen. *Deipn.* lib. XIV, cap. 5, pag. 624.

[5] Apud Athen. *ubi suprà*.

dont Hipponacte fait mention[1]. Mais il y a tout lieu de croire que ces premiers joueurs de flûte ne flattaient pas beaucoup l'oreille en Grèce, puisqu'on y avait mis en proverbe les noms de *Kion* et de *Babys* pour signifier des personnes qui ne s'accordent pas entre elles et qui font tout au plus mal à l'envi les unes des autres.

Ce n'était pas que les Grecs manquassent de goût ou d'aptitude pour jouer de la flûte; car dans la suite ils s'y livrèrent avec autant de succès que de passion, et regardèrent même comme un mérite très-honorable d'en savoir bien jouer. « L'art de jouer de la flûte, dit Aristote[2], ne s'exerçait autrefois en Grèce que par de petites gens; il n'était pas honorable aux gens de la classe libre d'en jouer : mais, après les victoires que les Grecs remportèrent sur les Perses, le luxe et l'abondance de toutes choses leur firent rechercher les plaisirs et les délices; l'usage de la flûte devint si commun parmi eux, qu'il était honteux de l'ignorer[3]. » Cornélius Népos rapporte qu'on comptait au nombre des grandes qualités d'Épaminondas de savoir danser parfaitement et de jouer habilement de la flûte. Il était, dit cet auteur, plus habile en tout qu'aucun Thébain; il avait appris d'Olympiodore à chanter au son des flûtes, et de Calliphron à danser[4].

La source des innovations en musique, et surtout en

---

[1] *Idem ibid.* Hipponacte inventa la parodie. Athen. *Deipn.* lib. xv, cap. 14.

[2] *De Republ.* lib. viii, cap. 6.

[3] Ce témoignage, comme on le voit, n'a rien d'équivoque, et devient décisif dans la question dont il s'agit en ce moment.

[4] *Eruditus autem sic, ut nemo Thebanus magis.... carmina cantare tibiis ab Olympiodoro, saltare à Calliphrone (doctus).*

ce qui concerne les instrumens, est trop bien constatée maintenant pour que nous ne commencions pas à distinguer plus clairement la marche et la direction des progrès de ces innovations. Cependant nous n'avons encore aperçu aucun indice qui puisse nous faire soupçonner qu'elles aient pénétré en Égypte avant la guerre de Troie.

Si, parmi les peintures qu'on voit sur les murs de l'intérieur des catacombes qui avoisinent les pyramides de Gyzeh, on remarque des figures qui semblent être dans l'action de doigter des instrumens de ce genre, ou elles ont été peintes depuis cette époque, soit par les Perses, soit par les Grecs, qui introduisirent en Égypte l'usage des longues flûtes, ou bien ce ne sont réellement que de simples tubes ou trompettes de la plus haute antiquité : ce qu'il y a de certain, c'est que les personnages qui tiennent ces instrumens, les embouchent de même que la trompette. Peut-être ces trompettes sont-elles de l'espèce de celles dont les Busirites, les Lycopolites et les Abydains ne pouvaient supporter le son, parce qu'il ressemblait trop au cri de l'âne, animal qui leur rappelait le mauvais génie Typhon; peut-être ces longs tubes sont-ils de l'espèce des instrumens que les Égyptiens appelaient *chnoué*, mot qui, suivant Jablonski, signifie un *son éloigné* ou *qui se fait entendre de loin*, ou ce nom peut avoir été donné à cet instrument à cause de sa longueur [1] ; peut-être enfin cette sorte d'ins-

[1] Oppien autorise également l'une et l'autre de ces deux conjectures par le vers suivant :

Ἦχον ἐγερσιμόθον δολιχῶν πολεμνήιον αὐλῶν.
Sonum classicum longarum hostilem tubarum.

De *Venatione*, lib. 1, v. 207.

trument, que nous avons placée dans la classe des flûtes [1], conformément à l'opinion des savans qui en ont parlé avant nous, est-elle précisément la trompette des anciens Égyptiens. C'est ce que nous ne nous permettons pas de décider.

Tout ce que nous avons dit des flûtes, peut s'appliquer à tous les instrumens dont le corps sonore est formé d'un tube, soit cylindrique, soit conique, ou l'un et l'autre, et recourbé; car ils n'ont tous fait d'abord qu'un seul et même genre, mais les espèces en ont été variées à l'infini.

Il y a eu des trompettes de l'espèce des flûtes; il y en a eu de l'espèce du buccin; il y en a eu de composées de ces deux espèces. Il y a eu aussi des flûtes et des buccins variés de toutes ces manières.

Ces diverses sortes d'instrumens, ainsi que ceux qui, dans tout autre genre, ont éprouvé quelque changement, sont tous venus de l'Asie, ou bien des îles voisines, dans la Méditerranée : c'est là qu'ont été inventées les flûtes simples et les flûtes doubles [2], les flûtes lydiennes [3], les flûtes phrygiennes [4], les flûtes élymes ou scytalies [5], les flûtes gingrines [6], les sambuques lyrophéniciennes [7],

---

[1] Voyez notre *Dissertation sur les diverses espèces d'instrumens de musique que l'on remarque parmi les sculptures qui décorent les antiques monumens de l'Égypte, et sur les noms que leur donnèrent, en leur langue propre, les premiers peuples de ce pays*, tom. VI, *A. M.*

[2] *Voyez* ci-dessus, page 321, et note [1].

[3] Pind. *Olymp.* od. v, v. 44 et 45.

[4] Euripid. *Bacchæ*, v. 126 et seq. Athen. *Deipn.* lib. XIV, cap. 8.

[5] Inventées par les Phrygiens. Athen. *Deipn.* lib. IV, cap. 24.

[6] Inventées par les Phéniciens. *Id. ibid.* lib. IV, cap. 23.

[7] Inventées par les Phéniciens. *Id. ibid.* C'étaient des espèces de musettes.

les nables[1], le dichorde[2], le phorminx[3], le trigone[4], le pectis[5], l'épigone ou psaltérion droit[6], les ïambiques, les magadis et le syrigmon[7], le phénice, le clepsiambe, le scindapse, l'ennéachorde[8], le barbiton[9], etc. Enfin tous ceux qui firent quelques innovations en musique, furent des Asiatiques ou des Grecs[10].

Le seul instrument dont on soit convenu d'accorder l'invention aux Égyptiens, c'est le tambour[11]; et si l'on peut juger des anciens par les modernes, il n'y a peut-être eu aucun peuple au monde, excepté les Chinois, qui ait jamais eu autant d'espèces différentes de tambours, ni qui ait porté plus loin l'art de s'en servir et d'en varier les sons[12]. Mais ne nous écartons pas des temps seuls où nous pouvons retrouver quelques traces de ce que put être la musique des anciens Égyptiens, et surtout l'art de jouer des instrumens de musique, lequel caractérise spécialement le second état de l'art en Égypte.

L'époque de l'augmentation des cordes de la lyre ne

---

[1] Inventés par les Cappadociens, suivant Clém. Alex. *Strom.* lib. 1, pag. 307 et seqq. et par les Phéniciens, suivant Athénée, *Deipn.* l. iv, cap. 23.

[2] Inventé par les Assyriens. Clem. Alex. *Strom.* lib. 1, pag. 307.

[3] Inventé par les Siciliens. *Idem ibid.*

[4] Inventé par les Syriens. Athen. *Deipn.* lib. iv, cap. 9.

[5] Inventé par Sapho. Ath. *Deipn.* lib. iv, cap. 9.

[6] Inventé par Épigone d'Ambracie. *Athen.* lib. iv, cap. 25. Cet instrument ne serait-il pas une sorte de harpe? Épigone fut aussi le premier qui amena l'usage d'accorder la cithare avec la flûte. *Athen.* lib. xiv, cap. 9.

[7] Inventés aussi par Épigone. *Ath. ibid.*

[8] Inventé par les Assyriens. *Id. ibid.*

[9] Inventé par Terpandre de l'île de Lesbos. *Athen.* lib. xiv, cap. 9.

[10] Plin. *Hist. nat.* lib. vii, c. 56. Clem. Alex. *Strom.* lib. 1, p. 306, 307 et 308.

[11] Clem. Alex. *Pædag.* lib. ii, pag. 164.

[12] Voyez notre *Description des instrumens des Orientaux*, 3ᵉ partie, *des instrumens bruyans*, É. M.

remonte pas non plus au-delà de deux siècles avant la guerre de Troie, quelques années après l'existence d'Hyagnis. La lyre à quatre cordes, que les Grecs ont appelée aussi *lyre de Mercure*, n'a sans doute été adoptée par Orphée que depuis son retour d'Égypte en Grèce, et dans l'intention d'en faire un symbole des quatre saisons qui divisent l'année dans ce pays, à l'imitation de la lyre à trois cordes des Égyptiens, qui avait été inventée par Mercure comme un symbole des trois saisons de l'année en Égypte : c'est une conséquence nécessaire de ce que nous rapporte Diodore [1], en disant qu'Orphée, pour plaire aux Grecs, donna un caractère grec aux allégories des Égyptiens, qu'il substitua aux noms des dieux d'Égypte ceux de quelques anciens héros grecs, et qu'il introduisit à cet effet des innovations dans les mystères et les cérémonies religieuses des Égyptiens. Il aura donc agi de même à l'égard de la lyre; il lui aura donné aussi un caractère grec, en la montant de quatre cordes, et en faisant correspondre chacun de leurs quatre sons à une des quatre saisons de l'année : mais nous ne pouvons croire qu'il en ait été l'inventeur; nous pensons, au contraire, qu'elle tirait encore son origine de l'Asie.

Quand nous lisons dans Boëce [2], qu'au temps d'Orphée la lyre n'était encore montée que de quatre cordes, que Corœbe y en ajouta une cinquième, Hyagnis, une sixième, etc., ce récit présente un anachronisme trop frappant pour qu'on ne s'aperçoive pas d'abord qu'il y a nécessairement une erreur de la part de cet auteur, ou

---

[1] *Bibl. hist.* lib. I, cap. 23.   [2] *De Musica*, lib. I, cap. 20.

plutôt de celle de son copiste, qui aura, sans s'en être aperçu, transposé quelques mots d'une ligne à l'autre, et, par ce moyen, aura mis de la confusion dans les noms et dans les époques.

Hyagnis, qui vivait plus de deux cents ans avant la guerre de Troie, ne put ajouter une sixième corde à la lyre de Coroebe, qui n'exista que vers l'époque où cette ville fut détruite. Il faut donc placer l'addition de la quatrième corde à la lyre, dans le siècle qui précéda celui d'Orphée; et il y a grande apparence que cette innovation fut faite par le même Olympe qui, dit-on [1], enseigna aux Grecs l'art de toucher des instrumens à cordes; car il s'y était acquis un très-grand renom [2]. C'est lui, suivant le scholiaste d'Aristophane, qui établit les lois de la cithare et qui les enseigna : or, dès qu'on sait que, dans l'ancienne musique, ce qu'on appelait en cet art du nom de *lois*, n'était autre chose que les principes et les règles d'après lesquels on devait en diriger l'exécution, on concevra aisément qu'Olympe ayant ajouté une nouvelle corde à la lyre, dut établir aussi de nouveaux principes et de nouvelles règles pour en prescrire l'usage. Coroebe, par la suite, put ajouter aussi une autre corde à la lyre; mais, s'il ne vécut qu'au temps du siége de Troie, il nous semble que ce ne dut pas être la cinquième, que probablement la lyre avait déjà reçue antérieurement.

Si l'on en croit Pausanias [3], Amphion ajouta trois

---

[1] *Voyez* ci-dessus, pag. 325.
[2] Remarques sur le Dialogue de Plutarque, touchant la musique, art. xxx, *Mémoires de l'Académie des inscriptions et belles-lettres*, tom. x, pag. 254 et suivantes.
[3] *Graeciae Descriptio*, lib. ix, de Baetica, p. 550, Han. 1613. in-fol.

cordes aux quatre que la lyre avait. Ainsi, en attribuant ceci au premier Amphion, la lyre à sept cordes aurait été connue dès l'an 1417 avant l'ère chrétienne, c'est-à-dire dans le même siècle où avait vécu Hyagnis et à l'époque où pouvait exister son fils Marsyas. Si l'on ne rapportait cette innovation qu'au second Amphion, cela ferait remonter encore l'antiquité de cette lyre heptachorde à l'an 1226 avant J.-C.[1]; ce qui autoriserait à croire que la lyre à quatre cordes dut être déjà connue avant l'existence d'Orphée. Nous étions donc fondés à douter que cette lyre eût été inventée par celui-ci, et à penser qu'elle tirait son origine de l'Asie : en l'attribuant à Olympe, qui avait inventé les lois de la cithare, nous ne nous éloignions donc pas beaucoup de la vraisemblance.

Plus nous avançons, et plus les faits attestent le luxe de cette musique instrumentale en Asie : ses progrès étaient encouragés dans ce pays par une émulation générale. Il ne pouvait pas en être ainsi chez les Grecs, disciples et imitateurs des Égyptiens; les obstacles qui s'opposaient chez eux au succès de ces innovations en musique, étaient d'autant plus difficiles à surmonter, qu'ils y étaient maintenus par la sévérité des lois, lesquelles repoussaient les novateurs, ou les punissaient par des peines rigoureuses. On peut juger par-là de l'opiniâtre résistance des Égyptiens pour empêcher que toutes ces choses ne pénétrassent dans leur pays. Ces peuples luttèrent sans doute long-temps pour en dé-

[1] En effet, cette espèce de lyre fut connue d'Homère, qui vécut vers cette époque.

fendre l'accès chez eux; mais le temps et la force dûrent épuiser à la fin leur courage et détruire tous les obstacles.

Nous ne pourrions fixer avec une exactitude rigoureuse l'époque à laquelle la lyre à sept cordes fut introduite en Grèce; mais on peut présumer qu'elle n'y fut admise que plusieurs siècles après qu'elle eut été inventée en Asie. On l'appela aussi *lyre de Mercure*, probablement parce qu'on en avait fait un symbole astronomique, en établissant une correspondance entre chacun des sept sons de son accord et chacune des sept planètes. Homère est le premier ou du moins le plus ancien auteur que nous connaissions, qui ait parlé de cette lyre. Il décrit ainsi cet instrument [1] et l'aventure qui en fit imaginer l'invention à Mercure. Ce fut en voyant une tortue s'avancer vers lui que ce dieu conçut la première idée de la lyre [2]. Enchanté de ce projet, il s'empara aussitôt de l'animal, en vida le corps sur-le-champ, le couvrit d'une peau, y ajusta deux montans et un joug pour recevoir et retenir les sept cordes qu'il y attacha, et sa lyre se trouva ainsi construite. Homère, en donnant à cette lyre une origine divine, ne fit que ce qu'avaient fait avant lui les autres poëtes. De même que les Égyptiens, les Grecs avaient pour leur lyre de Mercure un respect religieux; et quand les poëtes voulaient leur

---

[1] *Hymn. in Mercur.*

[2] Philostrate, dans ses Tableaux, a fait aussi la description de cet instrument de l'invention de Mercure. D'autres racontent que ce fut en heurtant du pied le corps mort et desséché d'une tortue abandonnée sur le rivage après que le Nil, qui l'y avait apportée en se débordant, se fut retiré, que Mercure, ayant fait résonner les intestins de cet animal, conçut l'idée de l'instrument qu'il en composa.

faire adopter de nouveaux instrumens de cette espèce, il fallait bien, pour vaincre leurs scrupules, qu'ils les leur présentassent comme des lyres de Mercure : alors ils expliquaient, comme ils l'imaginaient, de quelle manière cette espèce d'instrument avait été inventée par ce dieu, et toutes les inquiétudes s'évanouissaient. On n'eût pas pris tant de précautions, si l'on n'avait pas craint l'opinion publique et les lois mêmes, qui rejetaient et condamnaient toute innovation de ce genre.

Cette supercherie des poëtes n'était, selon toute apparence, tolérée que pour ne pas paraître violer les anciennes institutions, et par ménagement pour le vulgaire, qu'on ne voulait pas détacher de ses idées religieuses, dans la crainte qu'il ne se détachât en même temps des principes de la religion et de ceux de la morale publique : mais les poëtes et les philosophes savaient toujours à quoi s'en tenir. Terpandre savait bien que cette lyre à sept cordes n'était pas la première qui eût été inventée : il n'ignorait pas qu'elle avait été substituée à une autre plus simple, et qu'elle avait remplacé la lyre à quatre cordes ; nous en avons pour preuve ces deux vers de lui, cités par Euclide dans son Introduction harmonique [1] :

Ἡμεῖς τοι, τετράγηρυν ἀποστέρξαντες ἀ'οιδὴν,
Ἑπτατόνῳ φόρμιϒγι νέους κελαδήσομεν ὕμνους.

At nos, quadrisono contempto carmine, posthac
Ritè novos cithará heptatono cantabimus hymnos.

Il est clair, par ces vers, que les Grecs avaient abandonné la lyre à quatre cordes, qui jusqu'alors avait servi

[1] Inter *Antiq. Mus. auctores septem*, vol. 1, pag. 19, *Amstelod.* 1652, in-4°.

à régler leurs chants, pour y substituer la lyre à sept cordes, laquelle, en donnant au musicien-poëte la facilité de varier et d'étendre davantage ses modulations, lui offrait par conséquent l'occasion de composer des hymnes nouveaux. Cependant nous devons faire observer qu'on n'employait point encore cette lyre dans les hymnes religieux qui se chantaient aux jours de fête, et particulièrement à la pleine lune du printemps, en l'honneur d'Apollon Carnien[1].

Quoique le décachorde (c'est-à-dire la lyre à dix cordes) fût connu en Asie et jouît d'une très-grande estime parmi les Hébreux, dès le dixième siècle avant J.-C., il paraît cependant qu'il était encore ignoré trois siècles plus tard en Grèce, c'est-à-dire à l'époque où vivait Terpandre; car ce poëte ne parle de la lyre à sept cordes que comme d'une nouvelle espèce de lyre qui avait été substituée tout récemment à celle de quatre cordes : d'où l'on pourrait conjecturer qu'Homère, qui avait composé la fable de la découverte que

---

[1] Πολλά σε μουσοπόλοι
Μέλψουσι, καθ' ἑπλάτονόν τ' ὀρείαν
Χέλυν, ἔν τ' ἀλύροις κλείοντες ὕμνοις,
Σπάρτᾳ κυκλὰς ἀνίκα Καρνείου
Περινίσσεται ὅρα
Μηνὸς, ἀειρομένας
Παννύχου σελάνας.

Multùm te poetæ
Canent, et in montana habente septem fides
Lyra, et in hymnis sine lyra cantatis celebrantes,
Spartæ quando circulare Carnei
Redit tempus vernum
Mensis, exoriente
Per totam noctem plenâ lunâ.
      Euripid. *Alcest.* v. 447 et seqq.

fit Mercure de cette lyre, en fut peut-être lui-même l'inventeur, si elle n'avait pas été inventée auparavant par Amphion. Mais pour le décachorde, le plus ancien poëte grec qui en ait parlé est Ion, qui vivait vers le cinquième siècle avant J.-C.; encore ce poëte était un Grec d'Éphèse en Asie. Il nous présente la lyre décachorde comme ayant été substituée en Grèce à l'heptachorde, dans ces vers de lui, rapportés encore par le même Euclide :

>Τὴν δεκαβάμονα τάξιν ἔχουσα
>Τὰς συμφωνούσας ἁρμονίας τριόδους.
>Πρὶν μὲν σ' ἑπτάτονον ψάλλον διατεσσάρα πάντες
>Ἕλληνες, σπανίαν μοῦσαν ἀειράμενοι.

>*Decimus tibi psallitur ordo,*
>*Concentuque placent harmoniæ triplices.*
>*Omnes heptatonon diatessara te ante canebant*
>*Græci, queis placuit rara Camœna nimis.*

On ne peut douter que toutes ces innovations n'aient passé en Égypte, dès qu'elles y auront eu un accès facile; mais on doit croire qu'elles y parvinrent plus tard qu'ailleurs, d'après toutes les raisons que nous avons alléguées jusqu'ici : les obstacles qui s'opposaient à ce qu'elles y pénétrassent, dûrent s'affaiblir par degrés et finir par disparaître entièrement, à mesure que les anciennes lois de ce pays perdirent de leur force, et que les anciennes mœurs cédèrent davantage à des mœurs nouvelles. On voit, en effet, des instrumens de toutes ces espèces peints et sculptés sur les monumens antiques de l'Égypte : on les voit entre les mains de personnages qui ont toute l'apparence de prêtres égyptiens; on en voit même entre les mains de personnages ou de divinités allégoriques dans l'action d'en jouer : donc ils furent en usage, non-seulement dans les cérémonies civiles ou politiques, mais encore dans les cérémonies religieuses; car nous ne prétendons pas dissimuler les raisons qui semblent militer contre notre opinion, et nous voulons, au contraire, mettre le lecteur à portée de juger lui-même d'après les faits.

Cependant il nous paraîtra toujours inconcevable que les anciens Égyptiens aient pu employer ces instrumens avant l'époque de leur invention en Asie. Il n'entrait nullement dans les mœurs et dans les principes sévères de religion et de politique de ces peuples, d'admettre ces sortes d'instrumens. Il n'y a aucune apparence de raison qu'ils eussent peint dans leurs tombeaux des divertissemens publics, des exercices de gymnastique, des danses, etc., comme on le remarque dans les catacombes qui avoisinent les pyramides de Gyzeh; qu'ils eussent représenté, dans ces sortes de lieux, des chasses aux oiseaux, des convois funèbres, des cérémonies nuptiales, des embaumemens, la pêche, les travaux de l'agriculture, etc., ainsi qu'on l'observe dans les grottes ou catacombes d'Elethyia, et qu'ils eussent négligé de le faire sur les murs de leurs palais et dans les autres circonstances qui pouvaient être regardées comme des occasions de plaisir et de réjouissance. C'eût été une inconvenance trop absurde de leur part d'avoir réuni, dans ces lieux de deuil et de tristesse, des meubles de luxe de tout genre à côté d'esclaves ou de criminels qu'on soumet à la torture, ou bien auxquels on fait subir la mort; de les avoir peints vis-à-vis de personnages dans l'action de jouer des instrumens de musique, comme on le voit dans les tombeaux des rois. Cet assemblage bizarre offre des disparates si choquantes, et si opposées à l'idée que les Égyptiens se faisaient de ces demeures de paix, d'oubli et d'un éternel silence, qu'il est absolument impossible de les concilier avec l'attention scrupuleuse qu'ils apportaient à mettre en tout de la décence, de l'ordre et de l'harmonie, et à observer rigoureusement les convenances jusque dans les plus petites choses. Il ne put certainement y avoir que l'indifférence ou le mépris pour leurs principes, qui fût capable de faire exécuter des choses semblables.

D'ailleurs, encore une fois, pourquoi les Égyptiens, qui rejetaient avec tant de dédain l'usage de la musique variée, par conséquent celui de la musique instrumentale, l'auraient-ils admis précisément dans les cérémonies funèbres, plutôt que dans toute autre circonstance? car il est à remarquer que les harpes qu'on voit peintes dans un seul des tombeaux des rois, tandis qu'on n'aperçoit aucune espèce d'instrumens de ce genre dans les autres, sont montées d'un grand nombre de cordes. Ensuite, pourquoi auraient-ils peint dans leurs tombeaux ces instrumens de musique, tandis qu'ils les avaient exclus de toutes les cérémonies lugubres et des chants qui s'y exécutaient? Pourquoi les prêtres égyptiens n'en auraient-ils pas fait usage pour accompagner les thrènes qu'ils chantaient sur le tombeau d'Osiris, ou ceux qu'ils chantaient, soit à la mort de leurs rois, soit à celle des particuliers? Pourquoi Diodore de Sicile et Hérodote, en nous parlant des chants qui s'exécutaient dans ces circonstances, auraient-ils négligé, comme de concert, de faire mention des instrumens de musique qui accompagnaient ces chants? Par quel singulier accord aurait-il pu se faire que parmi le grand nombre d'auteurs anciens, poëtes, philosophes, etc., qui, depuis Homère, ont visité l'Égypte, pas un n'eût fait mention de ces instrumens de musique des Égyptiens, et que tous ceux qui parlent de cet art fussent convenus unanimement de regarder ces innovations comme ayant été faites originairement en Asie ou par des Asiatiques? Nous ne connaissons pas d'autre moyen de résoudre toutes ces difficultés, que celui que nous avons adopté : il concilie tous les faits et se trouve appuyé par les témoignages de l'histoire, en même temps qu'il s'accorde avec la marche et les progrès de l'art musical.

En rappelant chaque fois l'époque où les diverses espèces d'instrumens reçurent quelque augmentation dans leurs moyens d'exécution, nous avons mis chacun à portée de déterminer d'une manière exacte et positive les temps où ils étaient encore inconnus en Égypte, et, par conséquent, celui où commença le second état de l'art musical dans ce pays; celui où, à l'imitation des Asiatiques, on y abandonna les principes de cette musique qui consistait uniquement dans la grâce et l'énergie de l'expression des paroles, pour se livrer davantage à l'étude de la musique instrumentale, dont le genre, purement factice et arbitraire, se communiqua promptement au chant, comme on va le voir.

Phérécrate[1], ainsi qu'Aristophane[2], poëtes comiques,

---

[1] Plutarque, *Dialogue sur la musique ancienne*, pag. 665.

[2] *Nub.* act. III, scen. 3. Nous regrettons que la crainte de devenir

et Platon[1] le philosophe, tous trois contemporains, s'accordent à attribuer toutes les innovations en musique introduites en Grèce depuis un siècle ou deux avant eux (ce qui correspond au temps où Cambyse conquit l'Égypte), et les désordres qui avaient corrompu cet art, à l'insuffisance des nouvelles lois qui avaient été établies lorsqu'on changea l'ancien gouvernement d'institution égyptienne, lequel subsistait encore environ quatre cents ans avant eux. Tous trois, ils se plaignent amèrement de ce qu'on n'avait pas conservé les lois qui réprimaient toutes les licences et les innovations en musique. Les mêmes causes auront donc produit les mêmes effets en Égypte, lorsque les Perses, imbus de toutes les innovations qui corrompaient cet art, changèrent aussi l'ancien gouvernement de ce pays, après l'avoir conquis.

Celui qui, suivant les anciens, porta au chant l'atteinte la plus directe et la plus dangereuse, fut Mélanippide[2]; ce qui donna lieu à Phérécrate[3] de faire paraître, dans une de ses comédies, la Musique en habit de femme, ayant le corps déchiré par les mauvais traitemens qu'elle avait reçus des musiciens, et se plaignant surtout de ce que Mélanippide, en jouant sur une lyre à douze cordes, l'avait rendue molle, lâche et sans force. Cependant on voit des harpes d'un nombre de cordes

trop diffus ne nous permette pas de mettre ici sous les yeux du lecteur les passages que nous indiquons de Platon, d'Aristophane et de Plutarque. Ils sont d'un grand intérêt pour ceux qui sont curieux de connaître l'état de la musique ancienne.

[1] *De Legib.* l. III. Plutarque, *ibid.* et *des Propos de table*, l. v, quest. 2.
[2] Mélanippide vivait quatre cent soixante ans avant J. C. et plus d'un demi-siècle après la conquête de l'Égypte par Cambyse.
[3] Plut. *ibid.*

plus considérable encore, peintes dans un des tombeaux des rois en Égypte ; dira-t-on que les anciens Égyptiens étaient moins difficiles et plus tolérans que ne l'étaient les Grecs en musique? Le témoignage de Platon détruirait cette assertion. Il faut donc nécessairement placer dans le second état de la musique en Égypte tous les instrumens de cette espèce.

On doit sans doute aussi, de même que l'a fait Platon, rapporter les écarts en musique aux poëtes[1], et surtout à ceux qui, ne songeant qu'à plaire au public, au lieu de l'instruire, firent perdre au chant sa noble gravité. Ainsi, quand Thespis[2], ou tout autre avant lui[3], changea en farces populaires les dithyrambes, poëmes religieux par lesquels on célébrait originairement la naissance de Bacchus[4], il ne put se dispenser de substituer aux chants graves de cette fête, des chants plus légers et propres à amuser le peuple : ces derniers

---

[1] Nous répétons que Platon entend par ce mot les auteurs en général, lesquels étaient tout-à-la-fois poëtes et musiciens.

[2] Thespis florissait en l'an 536 avant J. C.

[3] Platon, vers la fin du Traité intitulé *Minos*, nous apprend que la tragédie était très-ancienne à Athènes, qu'elle avait pris naissance dès avant le temps de Thespis et de Phrynique. Il ajoute que, si l'on en voulait faire la recherche, on trouverait qu'elle existait même avant la fondation de la ville d'Athènes, que c'était un genre de poésie qui plaisait beaucoup au peuple. Aristote, dans sa Poétique, pense que la tragédie est née d'un ancien genre de poésie appelé *dithyrambe*. Nous verrons, lorsqu'il s'agira des diverses espèces de chants et de poésies des anciens Égyptiens, que les dithyrambes sont d'origine égyptienne, et que le nom lui-même est égyptien.

[4] Plat. *de Legib.* lib. III. Bacchus était chez les Grecs la même divinité que celle qui était connue en Égypte sous le nom d'*Osiris*. Cette divinité égyptienne, dont Orphée transporta le culte en Grèce, et dont il changea le nom, suivant que nous l'apprennent Diodore de Sicile, *Biblioth. hist.* lib. I, cap. 33, et Lactance, *de falsa Religione*, lib. I, cap. 22, n'était autre chose qu'une divinité allégorique représentant le principe fécondant.

chants n'étant qu'une parodie des premiers, et devenant burlesques, les musiciens qui les exécutaient ne pouvaient être tenus de ne s'y permettre aucune licence; de là les abus qui se glissèrent dans le chant.

Cinésias, Phrynis et Timothée sont aussi accusés par la Musique, dans la comédie de Phérécrate, de l'avoir outragée. Le premier, musicien impie et débauché[1], augmenta encore le désordre que Mélanippide avait déjà fait naître dans l'art musical par les ornemens et les broderies dont il surchargea derechef la mélodie. Phrynis[2] fut encore plus hardi que les précédens; il osa imaginer de nouvelles combinaisons de sons, de nouvelles difficultés, de nouvelles modulations qui dénaturèrent le caractère primitif de la musique. Timothée vint ensuite, qui enchérit sur ses prédécesseurs et mit le comble à la dépravation de l'art : aussi fut-il condamné à Sparte par un jugement absolument conforme aux principes des Égyptiens, dont les motifs étaient *d'avoir enseigné aux enfans qu'il avait à instruire, une musique trop riche qui leur faisait perdre la retenue qu'inspire la vertu, et d'avoir substitué le genre*

---

[1] Voyez les *Mémoires de l'Académie des inscript. et belles-lettres*, tom. xv, in-4°, pag. 343, vers la fin. Platon ne paraît pas avoir eu non plus une opinion favorable de Cinésias, puisqu'il fait dire, par Socrate, dans son *Gorgias* : « Croyez-vous que Cinésias, fils de Mélès, se soucie beaucoup que ses chants soient propres à rendre meilleurs ceux qui les entendent, et qu'il vise à autre chose qu'à plaire à la foule des spectateurs? » Ailleurs, Platon en parle comme d'un homme de mauvaises mœurs. Athénée, *Deipn.* l. xii, cap. 13, pag. 551, dépeint Cinésias comme un homme corrompu et un auteur dangereux.

[2] La manière de chanter de Phrynis fut long-temps défendue dans les écoles d'Athènes. Aristoph. *in Nub.* act. iii, scène 3, v. 9, 10, 11, 12. Cet auteur parle souvent de Phrynis et de Cinésias, mais jamais en bien.

chromatique, qui est mou par lui-même, à l'harmonie modeste qu'il avait apprise.

Ce jugement porté contre un musicien asiatique[1], ainsi que la censure des comiques dont nous venons de parler, ne laissent donc plus subsister d'incertitude, ni sur l'espèce de musique dont les Égyptiens regardèrent l'usage comme dangereux pour les mœurs, ni sur le lieu de son origine, ni sur la cause de sa corruption. On voit clairement que c'était une musique variée, molle, lâche, qui tirait sa source des abus que l'on faisait des instrumens dans l'Asie mineure, par les soins qu'on mettait à la recherche de cette multiplicité de sons, d'ornemens et de broderies dont on enrichissait la musique, en énervant l'art et en épuisant ses ressources. Or, ce qui se passa à Sparte dut aussi avoir lieu en Égypte, chaque fois que les Asiatiques tentèrent d'y introduire leur musique, avant que les Perses s'en fussent emparés : mais, sitôt que ceux-ci en furent devenus les maîtres, rien ne put empêcher que cette musique dangereuse par la dépravation de l'art ne s'y répandît; et en effet, par la suite, elle s'y développa avec plus de rapidité encore qu'en Grèce.

Du nombre des premiers instrumens de musique qui furent introduits en Égypte, était sans doute la flûte, dont parle Hérodote dans le second livre de son His-

---

[1] Timothée florissait en l'an 357 avant J.-C. Il était de Milet en Ionie, contrée de l'Asie mineure, où les mœurs étaient le plus dissolues. Démosthène parle avec le dernier mépris des peuples de ce pays, dans sa harangue sur le gouvernement de la république. Eschyle appelle les chants ioniens, des chants langoureux et lamentables, φιλό-δυρτος, *qui aime les pleurs.*

toire, quand il dit qu'aux fêtes de Bacchus, des femmes ayant à leur tête un joueur de flûte allaient de village en village, chantant les louanges de ce dieu, ou lorsqu'il décrit la fête qu'on célébrait à Bubaste en l'honneur de Diane, et à laquelle on se rendait de tous côtés par le Nil dans des barques, hommes et femmes tout ensemble, les uns chantant et battant des mains, les autres jouant de la flûte[1], et les femmes agitant leurs crotales : car ici Hérodote parle, non de faits qu'il avait appris par tradition, mais de ce qui s'était passé sous ses yeux ; et il faut remarquer qu'à l'époque où cet historien voyageait en Égypte, il n'y avait pas encore un siècle que les rois perses avaient, pour la première fois, conquis ce pays, et qu'ils le gouvernaient. Or, il fallut au moins ce temps pour que les Égyptiens pussent se décider à recevoir dans leurs cérémonies religieuses, et pour accompagner leurs chants, l'usage d'un instrument qui, bien que déjà connu auparavant chez eux, était extrêmement simple, sans trous pour le doigter, et avait une autre destination. Si, alors, les harpes ou les lyres montées d'un grand nombre de cordes eussent été admises par eux, il n'est pas douteux qu'ils ne les eussent employées pour accompagner leurs chants dans les fêtes, et qu'Hérodote n'en eût fait mention ainsi que de la flûte dont nous venons de parler. Cela nous prouve donc

---

[1] On faisait alors des flûtes très-estimées des tiges du lotus, qui croit en Libye, comme le remarque le scholiaste d'Euripide, aux mots Λίβυν αὐλόν (*Alcest.* v. 346 et 347), qu'il explique de cette manière : Ἐκ γὰρ τῶν ἐν Λιβύῃ λωτίνων λεγομένων καλάμων ὁ αὐλὸς γίνεται, ἢ ὅτι ἐν Τρίτωνι, τῷ ποταμῷ τῆς Λιβύης, εὑρέθη. « Les flûtes se font de tiges du lotus qui se cueille en Libye, ou qui se trouve dans le Triton, fleuve de Libye. »

encore que les instrumens à cordes de cette espèce, qu'on voit sculptés ou peints sur les murs des anciens monumens en Égypte, ne peuvent avoir appartenu au premier état de la musique en ce pays, et qu'ils sont au contraire du second.

Les progrès de la musique instrumentale furent cependant arrêtés en Égypte par l'expulsion des Perses, environ trente ans après l'époque où nous sommes arrivés. Les Égyptiens, rentrés en possession de leur pays, y rétablirent l'ancien ordre de choses; mais, n'ayant pu s'y maintenir plus de soixante et quelques années, et les Perses, qui la leur enlevèrent pour la seconde fois, en ayant été dépouillés au bout de dix-neuf ans par Alexandre, qui la céda aux Ptolémées, ceux-ci, trois cents ans après, ayant été contraints de l'abandonner à Auguste, qui réduisit enfin l'Égypte en province romaine, le temps et l'habitude de nouvelles mœurs effacèrent entièrement à la longue de l'esprit de ces peuples jusqu'au souvenir de leurs anciens principes. Ils prirent du goût pour cette musique qu'ils avaient jadis rejetée; ils s'y livrèrent eux-mêmes avec autant de succès que d'ardeur; ils y firent des progrès tels, que bientôt ils surpassèrent par leur habileté dans cet art tous les autres peuples[1]. Les Alexandrins, surtout, y étaient généralement si exercés, que l'homme de la plus basse classe du peuple, celui qui ne connaissait pas même ses lettres, saisissait sur-le-champ la plus légère faute qu'on pouvait commettre, soit en pinçant de la cithare, soit en jouant de la flûte[2]. L'art de jouer de la flûte fut porté à

---

[1] Ath. *Deipn.* l. IV, p. 176, E, F.   [2] Id. ibid.

un tel degré de perfection dans la ville d'Alexandrie, que les flûteurs alexandrins étaient recherchés et appelés de toutes parts; on se trouvait heureux de les posséder; on ne croyait jamais payer leur art trop cher; leur renommée et leur gloire étaient célébrées par les poëtes.

Non-seulement les Ptolémées encouragèrent et protégèrent cet art de la manière la plus éclatante, mais ils ambitionnèrent encore de s'y distinguer eux-mêmes. Le dernier ne rougit pas de se montrer en public avec des vêtemens semblables à ceux des flûteurs, pour prouver le cas qu'il faisait de ceux-ci. C'est ce roi dont Strabon dit dans sa Géographie[1] : « Celui-ci, outre ses débauches, s'attacha particulièrement à jouer de la flûte; il en tira vanité à un tel point, qu'il n'eut pas honte d'en instituer des combats à sa cour, et d'y disputer le prix aux autres combattans. » De là lui vint le surnom de *Photingios* que les Égyptiens lui donnèrent par mépris, et celui d'*Auletes* qu'il reçut des Grecs.

Alors les Égyptiens bien loin de rejeter l'usage des instrumens de musique, en faisaient le plus grand cas, et ne devaient plus avoir aucun scrupule de s'en servir pour accompagner leurs chants religieux. C'est aussi ce que nous assurent plusieurs auteurs des derniers siècles de l'antiquité. Strabon[2] remarque *qu'on adorait Osiris à*

---

[1] Lib. xvii, pag. 923. *Hic, præter alia flagitia, etiam choraulam exercuit; et adeò eâ se jactavit, ut non pigeret eum certamina in regia celebrare, ad quæ et ipse cum aliis concertaturus prodiit.*

[2] Geogr. lib. xvii, pag. 941. Alexandre d'Alexandre (*Genial. Dier*. lib. iv, cap. 17) a répété mot pour mot ce que nous citons ici de Strabon, excepté qu'il a substitué la ville de Memphis à celle d'Abyde. Est-ce une erreur de l'écrivain, ou bien la même chose avait-elle également lieu à Abyde et à Memphis?

Abyde, mais que dans son temple il n'était permis, ni à un chanteur, ni à un flûteur, ni à un joueur d'instrument à cordes, de se faire entendre pendant les sacrifices [1], comme cela avait lieu pour toutes les autres divinités. Apulée, dans la description qu'il fait de la pompe d'Isis [2], nous apprend que *les joueurs de flûte consacrés au dieu Sérapis répétaient sur leur instrument recourbé et tirant vers l'oreille droite, quelques airs qu'on avait coutume de jouer dans les temples.* Claudien [3] rapporte qu'*à la mort du bœuf Apis, les rivages du Nil retentissaient du bruit des sistres, et que la flûte égyptienne dirigeait les chants qu'on adressait à Isis dans l'île du Phare.* Nous aurions beaucoup d'autres témoignages à citer, s'il s'agissait des tambours, des sistres ou autres crotales; mais nous ne parlons ici que des instrumens propres à la mélodie, et non des instrumens bruyans. Ceux-ci furent les premiers découverts et les premiers en usage; dès la plus haute antiquité, ils furent employés pour régler les mouvemens de la danse et de la pantomime, et pour en marquer le rhythme dans les temples ou ailleurs, ou pour conjurer Typhon et l'éloigner du lieu des prières; ce n'était non plus que par ce dernier motif qu'on en faisait quelquefois usage pour marquer la mesure des chants qu'on adressait aux dieux.

Ce serait ici le lieu de placer tout ce que nous apprennent les poëtes et les philosophes anciens relativement au second état de la musique en Égypte; mais

---

[1] Cela est assez d'accord avec le passage d'Euripide que nous avons cité dans la note de la page 338, ci-dessus.

[2] *Metam.* lib. II.

[3] *De* IV *cons. Hon. pan.* v. 685 et seqq.

nous nous sommes déjà beaucoup étendus sur les causes et les conséquences de cette dernière époque de l'art. Les faits que nous pourrions citer maintenant sont connus de tous les savans, et ils prolongeraient sans nécessité, comme sans fruit, cette discussion, que nous aurions voulu abréger, si, pour dissiper l'apparence de paradoxe qu'aurait pu avoir pour certaines personnes l'opinion qu'elle nous a fait embrasser, il ne nous eût semblé indispensable d'entrer dans quelques détails jusqu'ici négligés par ceux qui se sont occupés de recherches sur la musique ancienne.

La question que nous avions à résoudre était complexe : il s'agissait de prouver que les anciens Égyptiens avaient eu une musique ; que cette musique était fondée sur des principes qui assuraient leur bonheur ; que ce qu'ils rejetèrent en cet art, leur était étranger et contraire à leurs principes ; que c'était la musique instrumentale et variée ; que celle-ci prit naissance et reçut son accroissement en Asie ; qu'elle ne put pénétrer facilement en Égypte avant que ce pays eût été conquis par Cambyse ; que, depuis, ses progrès y furent arrêtés ou retardés, et ensuite se développèrent tout-à-coup avec une rapidité étonnante. Au défaut de preuves directes pour démontrer que la musique instrumentale était inconnue aux Égyptiens, nous avons établi notre jugement sur le silence de tous les auteurs anciens à l'égard des instrumens musicaux, lorsqu'ils ont eu occasion de parler de la musique de ces peuples, et sur l'état où se trouvait cet art chez les Hébreux à leur sortie d'Égypte. Afin de nous faire une idée des obstacles qui dûrent pendant long-temps en Égypte ôter toute espèce d'accès aux innovations relatives aux instrumens, nous avons pris pour moyen de comparaison la vigoureuse résistance que leur opposèrent les anciens Grecs, dont les institutions religieuses et politiques, ainsi que les mœurs, avaient une conformité très-grande avec celles des Égyptiens, et nous nous sommes convaincus que ces innovations étaient repoussées en Grèce avec la plus rigoureuse sévérité, et les novateurs punis. Ensuite nous nous sommes assurés, par des faits constatés, que la musique instrumentale passa d'Asie en Grèce, puis en Égypte, et qu'elle y dénatura absolument le premier caractère de l'art.

Nous n'avons pas considéré notre travail comme un objet de simple curiosité; nous nous sommes appliqués à en faire ressortir tous les résultats qui nous ont semblé avoir quelque utilité, soit pour l'avancement de l'art, soit pour l'intérêt de la société. Nous aurons atteint ce but, si nous avons réussi à prouver et à persuader que ce n'est qu'autant que la musique sera rétablie dans la première direction qui lui a été assignée par la nature, et qu'elle se rapprochera des principes du langage, qu'elle tendra à une véritable perfection et produira d'heureux effets, comme elle fit jadis; qu'en suivant au contraire une marche opposée, elle ne peut que se dépraver davantage et devenir encore plus nuisible. Ainsi respectée tant qu'elle conserva son premier caractère, l'expression énergique et vraie de son éloquente mélodie, pénétrant jusqu'à l'ame, exerçait sur le cœur toute sa puissance : telle fut en effet, comme nous l'avons vu, la musique de tous les anciens peuples dans leur premier et peut-être dans leur plus parfait état de civilisation, dans celui où ils se contentaient de la tradition orale et chantée. Mais lorsque l'art musical se borna à faire éprouver de pures sensations d'un plaisir vague et superficiel, lorsque la musique fut prostituée à tous les caprices d'un goût dépravé, elle ressembla à ces femmes débauchées qui ne plaisent qu'aux libertins, tandis qu'elles inspirent le plus profond mépris aux gens honnêtes : elle ne fut plus estimée que par des princes et des peuples corrompus, tels que l'étaient les derniers Ptolémées, et particulièrement celui qu'on surnomma, par dérision, *Photingios* ou *Auletes*, ainsi que les Alexandrins de ce temps; tels que l'étaient les Césars, et surtout Néron, ainsi que les Romains d'alors : mais elle fut constamment censurée et rejetée par les philosophes et par les peuples soumis à des lois sages.

Cette dernière espèce de musique fut toujours le présage de la dissolution des empires, ou du moins la précéda toujours. Née dans l'Asie mineure, les royaumes de ce pays furent aussi les moins stables et le plus tôt détruits. Peu de temps après qu'elle eut passé en Grèce, l'ancien gouvernement changea; ce pays fut agité par des guerres intestines, assailli par des ennemis extérieurs, enfin envahi et conquis par des peuples étrangers. La même chose arriva sous les derniers Ptolémées. Dès que les Romains eurent conquis la Grèce, l'Asie et l'Égypte, et que le luxe de cette musique, déjà répandu en Grèce et en Asie, eut pénétré jusqu'en Italie, on vit l'immense empire romain chanceler, s'ébranler de toutes parts, menacer quelque temps le monde entier de sa ruine, et finir par crouler en débris aux premiers coups que lui portèrent quelques hordes barbares.

Les peuples qui subsistèrent le plus long-temps paisibles, furent aussi ceux qui conservèrent davantage la musique dans son premier état de perfection. Platon a donc eu raison de dire qu'on ne pouvait toucher aux principes de la musique sans porter une atteinte dangereuse au gouvernement d'un État. Avant lui, un roi de Lydie, qui probablement en avait fait la malheureuse expérience, Crésus, paraissait tellement convaincu de cette grande vérité, qu'il répondit à Cyrus, qui se plaignait de ce que les Lydiens se révoltaient sans cesse contre son autorité : *Faites-leur commander de porter un manteau sur leurs habits et de chausser les brodequins ; ordonnez-leur de faire instruire leurs enfans à jouer des instrumens de musique, à chanter et à boire : ainsi vous trouverez bientôt des hommes convertis en femmes*[1]*, et il n'y aura plus rien qui puisse vous faire craindre qu'ils ne se révoltent contre vous.* C'était probablement aussi par la même raison que les anciens Chinois, dans leur art militaire, recommandaient, comme un stratagème utile à la guerre, *de faire entendre à leurs ennemis quelques airs d'une musique voluptueuse pour leur amollir le cœur, de leur envoyer des femmes pour achever de les corrompre; etc.*[2]

S'il est vrai que tout ce qui peut contribuer à amollir les mœurs, énerve le courage, étouffe le sentiment des

---

[1] Herod. *Hist.* lib. I.
[2] Mém. concernant l'histoire, les sciences, etc., des Chinois, t. VII, pag. 104, Paris, 1782, in-4°.

grandes vertus, qui sont le seul garant de la tranquillité publique et constituent la force des empires, il résulte de ce principe, que la musique des anciens Égyptiens, qui, dans son premier état, avait pour objet de modérer et de régler les passions, dut être très-favorable au bonheur de ces peuples, et qu'elle dut au contraire leur devenir funeste dans le second.

RECHERCHES
SUR LES BAS-RELIEFS
ASTRONOMIQUES
DES ÉGYPTIENS,

Par MM. JOLLOIS et DEVILLIERS,

Ingénieurs des Ponts et Chaussées, Chevaliers de l'Ordre royal
de la Légion d'honneur.

EXPOSITION.

LES bas-reliefs astronomiques des Égyptiens[1] ont été promptement reconnus aux signes du zodiaque qu'ils renferment, et dont la ressemblance avec ceux de notre sphère est telle, qu'il est impossible de s'y méprendre. Sans cette circonstance, ces monumens seraient peut-être restés dans la foule des antiquités muettes que les curieux ont vainement interrogées jusqu'à ce jour. Un premier pas fait dans l'explication de quelques-unes des pages les plus intéressantes de la langue hiéroglyphique a dû nous encourager à pousser nos recherches sur la route qui semblait s'aplanir devant nous; et nous avons

---

[1] *Voyez* l'Atlas de la Description de l'Égypte, *A.*, vol. I, pl. 79 et 87, et vol. IV, pl. 20 et 21.

essayé de trouver la signification des figures nombreuses qui accompagnent les douze astérismes principaux. De fortes inductions nous portaient à les considérer comme des constellations. Il était naturel, en effet, de penser que les figures que nous ne savions pas encore interpréter, et celles que nous avions déjà reconnues, avaient un sens analogue. En rapprochant de notre sphère les bas-reliefs égyptiens, nous y avons d'abord trouvé quelques constellations dans leur véritable situation. Mais pourquoi plusieurs autres, très-reconnaissables par leurs formes, avaient-elles été totalement déplacées? Pour lever cette difficulté, nous avons eu l'idée de recourir aux calendriers des anciens et à leurs poëmes astronomiques, qui sont tous fondés sur les aspects paranatellontiques des astres [1]. Nous avons reconnu alors que les bas-reliefs égyptiens sont des monumens du même genre. Cette considération, en effet, explique naturellement les transpositions que nous avons remarquées, et qui tiennent aux relations établies dans l'antiquité entre les astres qui étaient au même instant à l'horizon, soit au levant, soit au couchant; en sorte que des constellations très-éloignées dans le ciel, et même en opposition, avaient un sens emblématique analogue, et par conséquent pouvaient être rapprochées dans des bas-reliefs allégoriques.

Les tables des paranatellons sont susceptibles de variations, à raison des époques et des latitudes auxquelles ont été faites les observations dont elles se composent; en sorte qu'elles portent avec elles leur date, par la

---

[1] Nous verrons ci-après (sect. 1re, ch. 1) le sens que l'on doit attacher au mot de *paranatellon*.

nature même de leur construction. Cette considération nous a fait apercevoir que la table attribuée à Ératosthène, ou même à Hipparque[1], est d'une origine très-ancienne, et que les observations qu'on y a rassemblées remontent au même temps que le zodiaque d'Esné. Nous avons reconnu pour lors la possibilité de trouver des rapports entre les zodiaques d'Esné et les tables des paranatellons d'Ératosthène : nous avons examiné en même temps une sphère à pôles mobiles, montée à la même époque et à la latitude d'Esné. Nous avons étendu notre comparaison aux zodiaques de Denderah, parce que les différences des époques et des latitudes entre les monumens de ces deux villes ne sont pas assez considérables pour causer de grandes variations dans les aspects des paranatellons. Enfin, nous avons consulté aussi tous les monumens astronomiques des Orientaux qui ont pu nous fournir des renseignemens utiles.

Ce parallèle de nos dessins avec la sphère et avec les traditions anciennes nous a fait retrouver dans les bas-reliefs égyptiens la plus grande partie des constellations connues des Grecs. Nous n'avons point cherché à tout expliquer, et nous n'avons pas craint d'exposer nos doutes, parce que nous sommes convaincus que la plus grande réserve est indispensable, lorsque l'on s'engage dans le labyrinthe des antiquités égyptiennes, où la vérité ne se présente jamais qu'environnée d'une foule d'erreurs séduisantes. Mais nous avons fait connaître aussi les indices, même légers, qui nous ont paru ne devoir pas

[1] Petav. *Uranologion*, pag. 256, edit. 1630.

être négligés : ce sont des pierres d'attente pour continuer l'édifice dont nous espérons avoir fondé solidement quelques parties.

La suite de nos recherches nous a conduits à démontrer plusieurs faits, et entre autres, que le zodiaque circulaire est un planisphère céleste, construit suivant une méthode particulière et ingénieuse; que l'époque de son établissement peut se déduire de la situation de son écliptique, c'est-à-dire de la ligne circulaire excentrique sur laquelle les signes du zodiaque sont placés; que les zodiaques rectangulaires sont aussi des planisphères, mais construits suivant une autre méthode de projection; enfin, que le centre du planisphère circulaire et la partie supérieure des autres appartiennent à l'hémisphère boréal, tandis que le cercle de bordure du premier et la ligne inférieure des seconds représentent l'hémisphère austral.

Cette dernière considération explique de quelle manière les anciens ont pu se représenter que l'édifice céleste était porté de tous côtés sur la mer.

Nous avons fait voir aussi comment l'observation des paranatellons a fourni les moyens de distinguer et de désigner chacune des parties du zodiaque, qui fut divisé successivement en douze signes, en trente-six décans et en trois cent soixante degrés : car toutes ces subdivisions de la route du soleil avaient des noms dans l'antiquité; noms qui se rattachaient, ainsi que ceux du zodiaque, aux circonstances de la vie civile, aux fêtes religieuses, et à tout ce que les hommes ont de plus essentiel dans leurs usages et de plus solennel dans leur culte. Nous avons fait voir les rapports qui existaient dans l'origine entre les douze divisions solaires et les vingt-huit maisons lunaires; enfin, nous avons essayé de reconnaître les emblèmes sous lesquels les Égyptiens ont représenté les planètes.

SECTION PREMIÈRE.

Notions générales sur les monumens astronomiques anciens qui ont servi à nos recherches.

Après avoir indiqué les résultats principaux de notre travail, et avant d'entrer dans le développement de toutes les preuves sur lesquelles il est appuyé, nous croyons devoir exposer quelques considérations générales sur les monumens astronomiques de l'antiquité qui ont servi à nos recherches. Ce sera l'objet de cette première section, que nous diviserons en trois chapitres.

CHAPITRE Ier.

Raisons qui portent à croire que les monumens astronomiques des Égyptiens sont fondés, comme tous ceux de l'antiquité, sur des observations paranatellontiques.

La confusion dont on est d'abord frappé à la première vue des bas-reliefs astronomiques des Égyptiens, disparaît devant une analyse méthodique de ces compositions; et l'on s'aperçoit bientôt que les douze astérismes principaux sont environnés d'un plus ou moins grand nombre de représentations d'hommes, de femmes, d'animaux, de plantes et d'instrumens, au milieu desquels on ne les distingue facilement qu'à cause de leur ressemblance avec les signes du zodiaque qui nous a été transmis par les Grecs. Quant aux figures accessoires, la première idée qui nous vint à l'esprit, fut qu'elles étaient aussi des constellations. Toutes nos recherches et nos réflexions nous ont de plus en plus confirmés dans notre opinion, et nous ont même conduits à des résultats plus étendus que nous ne l'avions espéré ; car nous avons retrouvé parmi ces figures la majeure partie des constellations dont les calendriers des anciens ont conservé des souvenirs. Si ces constellations ne sont pas, au premier abord, aussi faciles à reconnaître que les douze signes du zodiaque, cela tient à des circonstances dont l'explication exige que nous entrions dans quelques détails.

Les dénominations des groupes d'étoiles qui font partie de la bande zodiacale, et notamment les douze signes, n'ont point éprouvé de variations ; l'ordre suivant lequel ils sont rangés dans les catalogues, n'a point été interverti, parce que le soleil, en parcourant l'écliptique dans son mouvement annuel, les présentait périodiquement et régulièrement aux yeux des observateurs. Non-seulement le soleil, mais la lune et les planètes, dont les divers mouvemens étaient connus des anciens, attiraient sans cesse les regards vers la région du ciel qu'ils parcouraient.

Il n'en est pas de même des constellations extrazodiacales. Leur succession n'étant pas invariablement fixée par la marche du soleil ou des corps planétaires, on la fit dépendre d'autres considérations. On les observa aux instans de leurs levers et de leurs couchers, et on les associa aux constellations zodiacales qui se levaient ou se couchaient en même temps qu'elles. On remarqua aussi les étoiles qui se levaient tandis que les signes du zodiaque se couchaient, ou qui se couchaient tandis que ces signes montaient sur l'horizon. Ces diverses observations servirent à construire les tables des paranatellons[1], qui furent d'un usage très-répandu dans l'antiquité, et qui servirent de base à tous les calendriers des anciens; car, lorsque Virgile prescrivait aux laboureurs de régler leurs travaux sur les observations des astres[2], il se servait d'une méthode employée bien long-temps avant lui, et qui consistait à considérer avec attention les étoiles dont les levers et les couchers indiquaient les saisons, et par conséquent les travaux de la campagne.

Pour concevoir les variations qui peuvent exister dans les tables des constellations extrazodiacales, construites d'après l'observation des paranatellons ou d'autres phénomènes semblables, il est nécessaire de se représenter comment ces phénomènes s'offrent aux yeux des ob-

---

[1] *Paranatellon*, παρὰ ἀνατέλλων, *se levant ensemble* ou *au même moment*.

Les paranatellons sont les astres pris hors du zodiaque à droite ou à gauche, qui montent sur l'horizon, ou descendent au-dessous, durant le même temps que chacun des degrés de chaque signe met à monter ou à descendre.

Les paranatellons étaient encore les astres ou constellations qui se levaient lorsque les signes se couchaient, ou qui se couchaient lorsque les signes se levaient.

On voit que l'acception que l'on a donnée au mot de *paranatellon*, est plus étendue que l'étymologie de ce mot ne le comporte, puisque l'on appelle *paranatellons* les astres qui sont en même temps à l'horizon, soit au levant, soit au couchant. On y a même compris quelquefois ceux qui sont dans le même temps au méridien supérieur.

La manière dont les constellations tiennent aux douze signes par leurs levers et leurs couchers, est ce que l'on appelle la théorie des paranatellons. C'est le fond astronomique des poëmes mythologiques, comme des calendriers sacrés, dont les époques étaient marquées par les levers et les couchers des constellations. Les calendriers anciens sont basés sur la théorie des paranatellons. (Dupuis, *Orig. des cult.*, t. III, part. II, p. 191.)

[2] Virg. *Georg.* lib. I.

servateurs. Sous l'équateur, il n'y aurait pas de raison pour que les tables des paranatellons dressées dans la plus haute antiquité eussent éprouvé plus d'altération que l'ordre des constellations zodiacales. Les étoiles qui se lèvent au même moment, passent ensemble au méridien, et le soir se couchent à la même heure; car les cercles qu'elles décrivent, sont coupés en deux parties égales par l'horizon. Mais dans la sphère oblique, c'est-à-dire pour un observateur placé sur un point de la terre sensiblement distant de l'équateur et du pôle, ces cercles étant inégalement coupés par l'horizon, les mêmes phénomènes n'ont plus lieu. Les étoiles qui sortent ensemble de l'horizon oriental, ne passent pas à la même heure au méridien, et les différences sont encore plus notables pour les heures de leurs couchers; car les astres paranatellons sont compris dans des fuseaux formés par deux grands cercles qui ne se croisent pas aux pôles dans ce cas, comme dans celui de la sphère droite[1]. Il ré-

---

[1] Nous devons prévenir le lecteur que, pour bien concevoir ce que nous disons ici, et même la plus grande partie de ce mémoire, il est presque indispensable qu'il ait sous les yeux un globe céleste *à pôles mobiles*. Celui qui a été imaginé par Dupuis, nous ayant paru insuffisant, nous en avons fait construire un qui a plus de solidité, qui est plus facile à manœuvrer, et qui, par conséquent, donne plus promptement des résultats très-exacts. Il est monté entre deux cercles concentriques en cuivre. Le cercle intérieur est réuni au globe, au moyen d'un axe qui passe par les pôles de l'écliptique; et les deux cercles tournent l'un dans l'autre, sur deux tourillons dirigés vers le centre de la sphère, et situés de part et d'autre à 23° 30′ de l'axe passant par les pôles de l'écliptique.

Le grand cercle, qui est un méridien, est encastré dans l'horizon; et le plus petit, qui représente toujours le colure des solstices, se meut entre l'horizon, le méridien et le globe. On voit que, par cette disposition, on peut faire parcourir à ce colure toutes les positions possibles autour du pôle de l'écliptique, et suivre, par conséquent, tous les changemens qui résultent de la précession des équinoxes. Par un moyen fort sim-

suite de là que les apparences célestes de cette nature varient à raison des latitudes, et que des tables de paranatellons, dressées à la même époque, mais à des latitudes différentes, ne se ressembleraient pas. Il est évident que les différences seraient d'autant plus sensibles que les constellations seraient plus éloignées de l'équateur. De plus, si l'on suppose que ces observations ont été faites à une même latitude, mais à des époques éloignées de quelques siècles les unes des autres, les tables des levers et des couchers qui en résulteraient, différeraient encore, à cause du mouvement rétrograde des étoiles fixes.

Toutes ces considérations expliquent le peu de conformité qui doit exister entre des tables des paranatellons dressées à diverses époques, partie sur des tables plus anciennes, partie sur des observations réelles. C'est peut-être aussi la cause à laquelle on doit attribuer la dissemblance des zodiaques égyptiens entre eux [1]; car nous pensons que ce sont des tableaux paranatellontiques

---

ple, et qu'il serait trop long de décrire ici, on fixe à volonté le colure dans toutes les positions possibles autour de l'écliptique; en sorte que le globe n'est plus mobile que sur les deux tourillons qui se trouvent aux positions correspondantes des pôles. Comme l'horizon est distant du globe de toute l'épaisseur du petit cercle, on se sert d'une plaque en cuivre bien dressée, qu'on pose sur l'horizon et qu'on pousse contre la sphère, afin d'avoir la facilité d'observer très-exactement les levers et les couchers des astres. Nous avons montré notre globe à M. Poirson, et l'avons engagé à faire monter dans le même système ceux qu'il va publier.

Nous avons aussi adapté à notre sphère un petit appareil propre à suivre les observations qui se rapportent aux levers héliaques des étoiles; mais il serait superflu d'en donner ici la description.

[1] Les deux zodiaques d'Esné ont entre eux beaucoup plus de ressemblance qu'avec ceux de Denderah, et réciproquement ceux de Denderah ont entre eux des analogies qu'on ne retrouve pas dans ceux d'Esné.

ou des calendriers plus ou moins complets. Le cercle d'or du tombeau d'Osymandyas, où étaient représentés, suivant Diodore[1], les levers et les couchers naturels des astres, était un monument de même nature.

Ces bas-reliefs instructifs, que les premiers astronomes grecs avaient probablement consultés, dûrent leur servir à construire les tables des levers et des couchers des étoiles et les calendriers qu'on leur attribue.

CHAPITRE II.

Nécessité de comparer les différens monumens astronomiques de l'antiquité avec la sphère, considérée à diverses époques et à diverses latitudes, et conséquences particulières qui en résultent pour la Table des paranatellons attribuée à Ératosthène.

Malgré les dissemblances qui existent entre les tables des paranatellons qui nous sont parvenues de plusieurs côtés, c'est de leur rapprochement que nous pouvons espérer de déduire quelques connaissances sur les bas-reliefs astronomiques des Égyptiens. La marche que nous suivrons dans cette comparaison et dans nos recherches sera aussi simple que le permet ce genre de travail. Nous nous occuperons successivement de chacun des signes du zodiaque, et nous ferons voir d'abord ce que leurs représentations ont de particulier à chaque monument astronomique, ou ce qu'elles ont de commun à tous. Nous passerons ensuite à l'examen des figures nombreuses qui

[1] Diod. Sic. *Bibl. hist.* lib. 1, pag. 59, edit. 1746.

les avoisinent; nous étudierons les rapports qu'elles ont entre elles dans les compositions égyptiennes, et nous observerons avec quelles constellations des Grecs elles ont le plus d'analogie.

Pour tirer des conclusions rigoureuses de la comparaison des tableaux astronomiques des Égyptiens avec les tables des paranatellons des Grecs, il faut avoir égard à l'époque et au lieu pour lesquels les uns et les autres ont été construits, puisque des tables de ce genre ne peuvent être parfaitement semblables que lorsqu'elles résultent d'observations faites dans le même temps et sous la même latitude, ainsi que nous l'avons dit ci-dessus.

§. I. *Époques et latitudes auxquelles appartiennent les zodiaques égyptiens.*

Avant de faire usage des zodiaques égyptiens, il faut, d'après ce que nous venons de dire, établir à quels siècles et à quels climats ils appartiennent.

Quant à la latitude ou au climat, on ne peut guère douter que le lieu où les observations ont été faites ne soit très-voisin du monument où se trouve le zodiaque. C'est au moins l'hypothèse la plus simple que l'on puisse former, et rien n'autorise suffisamment à en admettre une autre.

Quant à l'époque des observations, c'est le problème vers la solution duquel doivent tendre presque toutes les recherches sur les zodiaques égyptiens. Nous ne nous proposons pas de l'approfondir ici; mais, pour indiquer

d'une manière distincte la position de la sphère que nous
considérons, nous admettrons que l'astérisme qui est en
tête du zodiaque, est celui que le soleil parcourt après
le lever héliaque de Sirius. L'apparition de cette étoile
suivait de peu de jours le solstice d'été : elle annonçait
alors la crue des eaux et le commencement de l'année
rurale des Égyptiens. En donnant cette position à la
sphère, on fait remonter le zodiaque de Denderah au
temps où le Lion était le premier des signes que le soleil
parcourait après le commencement de l'année agricole,
et le zodiaque d'Esné, à l'époque où cet astérisme n'é-
tait pas encore, mais était sur le point de devenir chef
des constellations zodiacales[1]. L'antiquité qu'il faut admettre avec cette dernière conséquence ne sort pas des
limites fixées par les chronologistes les plus recomman-
dables. Au reste, cette position que nous donnons à la
sphère, se vérifie d'elle-même par les résultats qu'elle
fournit.

§. II. *Époques et latitudes auxquelles appartient la
Table des paranatellons attribuée à Ératosthène.*

Nous ne devons pas non plus faire usage de la table
des paranatellons attribuée à Ératosthène, sans en examiner l'origine, et sans vérifier si elle se rapporte à
l'époque où cet astronome vivait, et à la latitude sous
laquelle il observait. On ne s'étonnera pas de nous voir
élever cette difficulté, qui, au premier abord, il est vrai,
semblerait ne pas devoir exister, si l'on considère le peu

[1] *Voyez* ci-après, section II, chap. III, §. II.

de connaissances qu'avaient les premiers Grecs en astronomie. N'ayant point su distinguer, dans l'origine, le mouvement des équinoxes, ils adoptaient, sans les vérifier, les observations des levers et des couchers des étoiles, qu'ils avaient recueillies dans leurs voyages, ou sur les monumens, ou dans les manuscrits anciens, ou enfin par tradition. Ils publiaient ces observations, sans s'apercevoir qu'elles correspondaient à des temps antérieurs. Ils ont ainsi réuni des fragmens de calendriers dont on peut encore à présent reconnaître les époques[1]. La première est celle où le zodiaque fut transporté dans la Grèce, ce qui remonte aux temps fabuleux de cette nation (1500 ans avant J.-C.), et peut-être beaucoup au-delà. Une autre époque est celle d'Hésiode (944 ans avant J.-C.). Dans la suite, Meton (446 ans avant J.-C.) fit un calendrier qui indiquait les levers et les couchers des étoiles, et il est prouvé que plusieurs observations de ce calendrier remontent au temps d'Hésiode, et même au-delà. Eudoxe (568 ans avant J.-C.) rassembla des observations faites dans différens pays sur les levers et les couchers des étoiles, et il en forma un calendrier dont il n'aperçut pas l'inexactitude. On sait que le poème d'Aratus est établi sur des observations de la sphère d'Eudoxe, dont nous n'avons que des fragmens, qui nous ont été conservés par Hipparque dans son commentaire sur Aratus.

Le livre de Ptolémée qui a pour titre, *Inerrantium stellarum Significationes*[2] contient des observations de

---

[1] Bailly, *Histoire de l'astronomie ancienne*, pag. 429.
[2] Petav. *Uranol.* pag. 94.

toutes les époques. Enfin, les levers et les couchers des astres, que Columelle nous a fait connaître, n'avaient pas lieu au siècle où il vivait (43 ans après J.-C.). Il s'y trouve des observations qui sont même antérieures au siècle d'Hésiode; d'où l'on doit conclure que la base du calendrier de Columelle est du temps d'Hésiode, si elle n'est encore plus ancienne [1]. Toutes ces considérations suffisent bien pour autoriser à ne pas ajouter une confiance entière aux témoignages des Grecs; mais la table attribuée à Ératosthène mérite surtout notre attention, à cause de la facilité avec laquelle ce bibliothécaire d'Alexandrie a pu consulter les livres égyptiens dont il était le gardien.

EXAMEN CRITIQUE DE LA TABLE D'ÉRATOSTHÈNE.

Pour nous assurer si Ératosthène nous a donné ses propres observations [2], ou s'il nous a seulement transmis celles qu'on avait faites avant lui, nous comparerons ses tables avec la sphère dans diverses situations. Quoique les changemens ne soient pas très-sensibles quand il n'y a pas une grande différence entre les époques et les latitudes, et que l'on ne doive pas considérer ces tables

---

[1] Bailly, *Histoire de l'astronomie ancienne*, pag. 454.

[2] Les tables d'Ératosthène ou d'Hipparque, publiées par le P. Petau (*Uranolog.* pag. 258), sont accompagnées de la note suivante, qui se lit à la p. 256 : *Pseudepigraphus hic libellus, nam neutrius est.*

Si ces tables ne sont ni d'Hipparque ni d'Ératosthène, nous en conclurons que ce n'est pas l'un d'eux qui, dans cette circonstance, a copié les Égyptiens; mais cette table n'en est pas moins curieuse. Seulement, dans le cours de ce mémoire, il faudra substituer au nom d'Ératosthène celui de l'auteur anonyme auquel nous devons ce précieux document.

comme construites avec une exactitude mathématique, cependant, si nous reconnaissons des erreurs toujours de même nature dans la position de la plus grande partie des constellations, nous en conclurons qu'entre l'époque où les observations ont été faites et celle où vivait Ératosthène, la sphère avait éprouvé un changement dont il ne s'est pas aperçu. C'est en effet ce qui arrive. Ératosthène vivait deux cent cinquante-cinq ans avant J.-C., au temps où le solstice était encore dans la constellation du Cancer[1]. Il habitait Alexandrie, sous le 31e degré de latitude. En plaçant la sphère dans la position qui résulte de ces deux conditions, on s'aperçoit bientôt qu'elle n'est point d'accord avec la table des paranatellons d'Ératosthène. Nous ferons connaître les différences qui existent ; mais nous avons voulu rechercher aussi la latitude et l'époque qui conviennent le mieux à l'aspect du ciel qu'il a décrit : quelques calculs auraient pu nous y conduire, si, dans la présomption où nous étions que les Grecs ont copié les Égyptiens, nous n'avions pas eu de fortes raisons d'essayer la latitude et l'époque d'Esné[2]. On jugera cet essai par les résultats auxquels nous sommes parvenus, et que nous allons mettre sous les yeux du lecteur, en même temps que ceux que donne la sphère au siècle d'Ératosthène. Nous rappellerons en premier lieu les observations transmises par le biblio-

---

[1] Le solstice est passé de la constellation du Cancer dans celle des Gémeaux, au commencement de l'ère chrétienne.

[2] Nous entendons par l'époque d'Esné celle où la Vierge était restée le chef des constellations zodiacales, quoique le solstice fût déjà hors de cet astérisme, parce que le point solsticial, dans sa marche rétrograde, n'avait pas encore atteint le centre de figure de la constellation du Lion. (*Voyez* ci-après, section II, chapitre III.)

thécaire d'Alexandrie; nous rapporterons après successivement celles qu'on aurait pu faire soit à l'époque et à la latitude d'Esné, soit au temps d'Ératosthène et à la latitude d'Alexandrie; nous considérerons d'abord le lever de chaque signe, et ensuite son coucher. Nous adopterons le même ordre que la table d'Ératosthène, en commençant par le Cancer.

Pour suivre ce que nous allons dire, il est indispensable d'avoir sous les yeux un globe céleste à pôles mobiles; il serait bon que ce globe ne représentât que les constellations de la sphère des Grecs : il serait préférable d'avoir deux globes du même genre, dont l'un serait monté à la latitude et à l'époque d'Esné, et l'autre à la latitude d'Alexandrie et à l'époque d'Ératosthène.

1er *signe*, LE CANCER.

Lever.

Suivant *Ératosthène*, lorsque le Cancer se lève, Orion tout entier sort de l'horizon, ainsi que l'Éridan.

La sphère à l'époque et à la latitude d'Esné, que nous appellerons, pour abréger, *la sphère d'Esné*, représente fort bien cet état du ciel : en effet, au lever du Cancer, c'est-à-dire lorsque le cercle de l'horizon passe par le milieu de cet astérisme, *Rigel*, principale étoile d'Orion, et toutes les étoiles remarquables de cette constellation, sont au-dessus de l'horizon, en sorte que les expressions employées par Ératosthène sont très-convenables pour décrire la situation de ces paranatellons.

Si, au contraire, on considère la sphère à l'époque d'Ératosthène et sous la latitude d'Alexandrie, que nous appellerons, pour abréger, *la sphère d'Alexandrie*, on voit que lorsque le Cancer est à l'horizon, toute la constellation d'Orion et celle de l'Éridan en sont trop éloignées pour que l'on puisse dire qu'elles sortent de l'horizon.

Coucher.

Suivant *Ératosthène*, au lever du Cancer, on doit trouver à l'horizon opposé la couronne boréale, le poisson austral jusqu'au dos, le serpentaire jusqu'aux épaules, le cou du serpent, et le bouvier presque entier.

La *sphère d'Esné* présente en effet à l'horizon, du côté du couchant, la couronne boréale, le bouvier et le poisson austral. La conformité avec la table d'Ératosthène est parfaite et très-remarquable, surtout pour la couronne boréale et le poisson austral, qui, étant de part et d'autre à une grande distance de l'équateur, sont d'autant plus susceptibles d'éprouver des variations sensibles par le déplacement des colures. Les constellations du serpentaire et du serpent viennent de disparaître; mais on voit encore à l'horizon leurs dernières étoiles.

La *sphère d'Alexandrie*, au contraire, n'offre pas de conformité avec l'état du ciel indiqué par Ératosthène. La couronne boréale et le poisson austral ne sont pas exactement à l'horizon : l'une est au-dessous, de douze à quinze degrés; et l'autre au-dessus, de cinq à six degrés. Le bouvier est plus inégalement partagé par la ligne d'horizon, et le serpentaire est tout-à-fait au-dessous.

2e signe, LE LION.

Lever.

Suivant *Ératosthène*, lorsque le Lion se lève, Procyon tout entier se dégage de l'horizon, ainsi que le lièvre, la tête de l'hydre, et les pieds de devant du chien.

Dans l'hypothèse de la *sphère d'Esné*, le lièvre vient de se lever. Procyon se lève avec la tête du Lion, et Sirius, ainsi que la tête de l'hydre, sortent de l'horizon un peu avant Régulus, et ne le précèdent que de cinq ou six degrés.

Pour la *sphère d'Alexandrie*, lorsque Régulus est à l'horizon, Sirius est à plus de quinze degrés au-dessus : les différences qui, dans cette hypothèse, existent pour les étoiles des autres constellations, sont aussi plus considérables que dans la première.

Coucher.

Selon *Ératosthène*, lorsque le Lion se lève, on doit avoir vu disparaître à l'horizon opposé les restes des constellations qui se couchaient avec le signe précédent, la couronne, le serpentaire, le serpent, le poisson, la baleine, et l'Hercule, hormis sa jambe gauche.

Suivant la *sphère d'Esné*, la couronne et l'Hercule, ainsi que la tête du serpent et celle du serpentaire, sont à plusieurs degrés au-dessous de l'horizon, ainsi que le poisson : la baleine, au contraire, est beaucoup au-dessus.

D'après la *sphère d'Alexandrie*, on ne trouve pas la couronne à l'horizon du côté du couchant, lorsque Régulus se lève. Hercule est presque entièrement caché sous l'horizon ; et l'erreur que nous avons remarquée dans la première hypothèse sur la position du serpent, du serpentaire et du poisson, est plus forte dans celle-ci.

Nous ne donnerons pas ici [1] tous les résultats aux-

---

[1] Voici les autres résultats de notre comparaison : nous n'avons pas cru devoir les insérer dans le courant de notre mémoire, dans la crainte de détourner trop long-temps l'attention du lecteur de la question principale.

3e *signe*, LA VIERGE.

LEVER. *Ératosthène*. La Vierge se lève avec l'hydre jusqu'à la coupe, les pieds de derrière du grand chien, et la poupe du vaisseau.

Sphère d'Esné. En mettant l'étoile de l'épi de la Vierge à l'horizon, on trouve au-dessus les constellations que nous venons de nommer.

Sphère d'Alexandrie. Toutes les constellations citées par Ératosthène comme paranatellons de la Vierge, sont plus avancées au-dessus de l'horizon que dans la sphère d'Esné.

COUCHER. *Ératosthène*. Lorsque la Vierge se lève, on trouve en opposition à l'horizon, la lyre, le dauphin, la flèche, le cygne jusqu'à la queue, les parties antérieures de l'Éridan, la tête et le cou du cheval.

Sphère d'Esné. Le coucher du dauphin et de la flèche est en avance de près d'un signe sur le lever de l'épi de la Vierge ; et le coucher de la lyre, du cygne jusqu'à la queue, et de la tête du cheval, coïncide avec le lever de la tête de la Vierge : cela ferait croire que l'épi n'était pas pour les anciens l'étoile principale de cette constellation, mais que c'était celle de la tête. (Nous ferons voir comment cela peut s'expliquer, sect. II, chap. 1er, §. VI, LA VIERGE.) En effet, en mettant cette étoile à l'horizon, on reconnaît bien mieux le tableau donné par Ératosthène, tant pour les levers que pour les couchers des paranatellons de la Vierge.

Sphère d'Alexandrie. Les différences avec le tableau d'Ératosthène ne sont pas moindres : et elles seraient d'autant plus fortes, que l'horizon serait plus éloigné de la tête de la Vierge du côté de l'épi.

4° *signe*, LES SERRES.

LEVER. *Ératosthène*. Les serres se levant, le bouvier tout entier se lève, le vaisseau entièrement, l'hydre, la coupe, le corbeau, la jambe droite d'Hercule jusqu'au genou, la moitié de la couronne, et l'extrémité de la queue du centaure.

Sphère d'Esné. Le vaisseau, l'hy-

ASTRONOMIQUES DES ÉGYPTIENS.

quels nous sommes parvenus en continuant cette comparaison : nous nous bornerons à quelques faits principaux qui suffiront, avec ce que nous venons de dire, pour fixer l'opinion que l'on doit se former à ce sujet.

dre, Hercule, le bouvier et la couronne, sont placés conformément à la description d'Ératosthène; mais le centaure est un peu en avance, ainsi que le corbeau et la coupe. Nous ferons observer que le tableau donné par Ératosthène ne peut être parfaitement exact. Parmi les constellations qu'il dit se lever ensemble, il y en a pour lesquelles cela ne saurait avoir lieu dans aucun cas. Ératosthène veut dire sans doute que ces constellations se sont montrées depuis le lever du signe précédent. C'est probablement ce qu'il exprime par cette phrase, Παρεῖται κρατὴρ, κόραξ. On appliquera facilement cette remarque aux circonstances semblables qui se présenteront pour les paranatellons des autres signes.

Sphère d'Alexandrie. Les apparences célestes sont à peu près les mêmes que pour la sphère d'Esné; ce qui tient à ce que, pour ce cas particulier, l'horizon est le même dans les deux hypothèses, parce que le pôle de l'écliptique est à la même hauteur au-dessus de l'horizon : il en résulte que la comparaison des paranatellons de ce signe ne fournit aucun argument pour ou contre notre opinion.

Coucher. *Ératosthène.* Quand les serres se lèvent, on voit se coucher à l'horizon opposé les restes du cheval, la queue du grand oiseau, la tête d'Andromède, la baleine jusqu'au cou, la tête, les épaules et les mains de Céphée.

Sphère d'Esné. La queue du grand oiseau et le cheval sont déjà couchés depuis quelque temps quand la Balance se lève : ils sont suivis de près par Andromède et par la baleine, qui viennent de se coucher. Il n'y a que Céphée qui soit dans la position indiquée par Ératosthène. Il est vrai que c'est la constellation principale parmi toutes celles qu'il indique dans cette circonstance. La remarque que nous avons faite précédemment, trouve ici son application. Les constellations qui sont en avance, sont sorties de l'horizon depuis le lever de la Vierge jusqu'à celui de la Balance.

L'horizon de la *sphère d'Alexandrie* est le même, à peu de chose près, que celui d'Esné, ainsi que nous l'avons dit ci-dessus : il ne nous fournit donc aucune nouvelle observation.

5ᵉ signe, LE SCORPION.

Lever. *Érastosthène.* Le Scorpion se lève avec la 2ᵉ partie de la couronne, la queue de l'hydre, le corps et la tête du centaure, ainsi que l'animal qu'il tient dans la main droite; la tête du serpentaire, sa main et le premier pli du serpent; l'Hercule tout entier, excepté sa tête et sa main gauche.

Sphère d'Esné. L'horizon passant par *Antarès*, étoile principale et centrale du Scorpion, la couronne et la queue de l'hydre sont déjà en

6ᵉ *signe*, LE SAGITTAIRE.

Lever.

Ératosthène. Le Sagittaire se lève avec la lyre, etc.

Sphère d'Esné. La lyre, constellation très-remarquable, est parfaitement à l'horizon.

Sphère d'Alexandrie. La lyre est à plus de dix degrés au-dessus de l'horizon.

avance au-dessus de l'horizon : quant aux situations des autres constellations, elles sont parfaitement décrites par Ératosthène.

Sphère d'Alexandrie. La différence dans la position de la couronne et de la queue de l'hydre, est encore plus sensible, et les autres constellations s'éloignent de la situation donnée par la table d'Ératosthène.

COUCHER. *Ératosthène.* On doit trouver à l'horizon, au couchant, le fleuve en entier, Orion presque en totalité, le cou de la baleine, Andromède, le triangle, Cassiopée et Céphée depuis la tête jusqu'aux reins. *Le triangle est passé,* Παρεῖται δ'ἐλ-τωτὸν. (*Voyez* ce que nous avons dit au signe précédent, à l'occasion d'une phrase semblable.)

Sphère d'Esné. La baleine, Andromède, le triangle et Céphée sont couchés depuis long-temps quand le Scorpion se lève. Ces constellations sont à peu près autant en avance que la couronne et l'hydre pour le lever. Le fleuve et Orion, constellations très-remarquables, sont à l'horizon, ainsi que le dit Ératosthène.

La *sphère d'Alexandrie* n'offre pas de différence avec celle d'Esné.

6ᵉ *signe*, LE SAGITTAIRE.

Nous l'avons inséré dans le texte.

7ᵉ *signe*, LE CAPRICORNE.

LEVER. *Ératosthène.* Avec le Capricorne se lèvent l'aigle tout entier, la flèche, l'autel, le dauphin et le cygne.

Sphère d'Esné. L'horizon passant par le milieu du Capricorne, à égale distance à peu près des deux étoiles α et β de la tête, et γ et δ de la queue, toutes ces constellations se lèvent en effet, ainsi que le dit Ératosthène, à l'exception de l'autel, qui se lève avec le signe précédent.

Sphère d'Alexandrie. Toutes ces constellations sont déplacées.

COUCHER. *Ératosthène.* Lorsque le Capricorne se lève, on doit voir se coucher à l'horizon opposé les restes du cocher, c'est-à-dire sa tête seulement et sa main gauche, dans laquelle sont la chèvre et les chevreaux; le vaisseau tout entier, l'hydre jusqu'à la coupe, et les pieds de derrière du centaure.

Sphère d'Esné. Le cocher est en avance de deux signes au moins; le centaure est en arrière d'à peu près

Coucher.

Ératosthène. Lorsque le Sagittaire se lève, on voit se coucher le chien, etc.

Sphère d'Esné. Toutes les constellations indiquées viennent en effet de se coucher, et l'astre qui présente

autant : il n'y a que l'hydre et le vaisseau qui soient bien placés.

Sphère d'Alexandrie. Le cocher est beaucoup en avance, ainsi que le vaisseau. L'hydre et le centaure sont bien placés. L'hydre est une constellation qui a une si grande étendue, qu'il n'est pas étonnant qu'on la trouve à l'horizon dans l'une et l'autre hypothèse : on peut en dire à peu près autant du centaure.

8ᵉ *signe*, LE VERSEAU.

LEVER. *Ératosthène.* Le Verseau se lève avec la tête du cheval et ses pieds de devant. *Cassiopée est passée*, Κασσιοπεία παρεῖται.

Sphère d'Esné. L'horizon passant par α du Verseau près du vase d'où s'épanche l'eau, le cheval est placé absolument comme le dit Ératosthène ; mais Cassiopée est sous l'horizon, au lieu d'être au-dessus.

Sphère d'Alexandrie. Le cheval est plus avancé au-dessus de l'horizon que pour la sphère d'Esné, et que ne paraît l'indiquer la table d'Ératosthène ; mais Cassiopée est parfaitement à l'horizon. C'est probablement une observation faite et intercalée du temps d'Ératosthène.

COUCHER. *Ératosthène.* Quand le Verseau se lève, on voit se coucher la dernière partie du centaure, l'hy-

dre et la coupe jusqu'au corbeau. *La coupe est passée*, Παρεῖται κρατήρ.

Sphère d'Esné. Les constellations sont un peu en arrière.

Sphère d'Alexandrie. On remarque un peu plus d'exactitude ; ce qui indique des observations faites du temps d'Ératosthène.

9ᵉ *signe*, LES POISSONS.

LEVER. *Ératosthène.* Au lever des Poissons, le poisson austral se lève tout entier, ainsi que la partie droite d'Andromède.

Sphère d'Esné. Cela n'est exact que parce que la constellation des Poissons occupe un grand espace ; car le poisson austral et Andromède ne sont pas placés de manière à pouvoir se lever en même temps.

Sphère d'Alexandrie. L'horizon passant par le nœud des Poissons, le poisson austral est mieux placé que dans la sphère d'Esné ; mais Andromède est en avance.

COUCHER. *Ératosthène.* On doit voir se coucher, au lever des Poissons, le centaure, l'hydre, le corbeau et la coupe.

Sphère d'Esné. Cette disposition est assez exacte.

Sphère d'Alexandrie. Les constellations sont plus en avance.

le plus d'exactitude, est Sirius ; cette étoile, étant la plus brillante du ciel, doit avoir été observée avec soin.

Sphère d'Alexandrie. Toutes ces constellations sont en avance de plusieurs degrés, et l'étoile de Sirius particulièrement, de dix degrés, etc.

Il est bien remarquable que les positions d'un grand nombre d'étoiles, dans la sphère d'Esné, coïncident presque parfaitement avec la table des paranatellons d'Ératosthène ; cela est surtout frappant pour les étoiles principales, telles que Sirius, Régulus, la lyre, le poisson austral, etc. Dans la deuxième hypothèse, au contraire, c'est-à-dire dans la situation de la sphère à l'époque d'Ératosthène et sous la latitude d'Alexandrie, cette coïncidence n'existe plus.

On pourrait désirer de savoir si, en se reportant à une époque antérieure à celle d'Esné, on ne trouverait pas de coïncidence encore plus parfaite : pour nous satisfaire à ce sujet, nous avons placé le solstice d'été au milieu de la Balance, et nous avons noté les différences de cet

10° signe, LE BELIER.

LEVER. *Ératosthène.* Le belier doit se lever avec la tête et les épaules de Persée, et la partie gauche d'Andromède. *Le triangle est passé,* Δελτωτὸν παρεῖται.

Sphère d'Esné. L'horizon passant par le milieu du belier, toutes les circonstances décrites par Ératosthène ont lieu ; seulement Andromède est en avance.

Sphère d'Alexandrie. Toutes les constellations sont plus en avance, et surtout Andromède.

COUCHER. *Ératosthène.* Lorsque le belier se lève, l'autel et le bouvier doivent se coucher.

Sphère d'Esné. Cela se vérifie assez bien.

Sphère d'Alexandrie. Le bouvier est en retard.

Le 11° et le 12° *signe* ne présentent rien de particulier, par une raison semblable à celle que nous avons donnée au quatrième signe, c'est-à-dire que l'horizon est à peu près le même dans les deux hypothèses. Nous n'en ferons donc pas mention ici.

état du ciel avec la table d'Ératosthène ; elles sont à peu près égales à celles que présente la sphère d'Alexandrie, mais en sens inverse. Nous ne donnerons ici que les résultats principaux pour les étoiles de première grandeur et les constellations les plus remarquables.

Suivant *Ératosthène*, au lever du Cancer, on doit trouver à l'horizon opposé la couronne boréale et le poisson austral.

La *sphère d'Esné* présente ce résultat remarquable avec exactitude, tandis que, dans la nouvelle hypothèse, la couronne boréale est à six degrés au-dessus de l'horizon, et le poisson austral, à la même distance au-dessous.

Selon *Ératosthène*, Régulus est à l'horizon du levant, en même temps que Sirius.

Ce résultat se vérifie dans la *sphère d'Esné* : dans la nouvelle hypothèse, au contraire, Sirius est encore à dix degrés au-dessous de l'horizon, lorsque Régulus y est presque exactement.

Suivant *Ératosthène*, le Sagittaire se lève avec la lyre, et au même instant Sirius se couche.

Ces apparences remarquables se retrouvent dans la *sphère d'Esné* : dans la nouvelle hypothèse, la lyre est à six degrés au-dessus de l'horizon, et Sirius, à trois degrés au-dessous.

L'hypothèse la plus vraisemblable est donc celle qui se rapporte à l'époque d'Esné, puisque les erreurs augmentent à mesure que l'on s'en éloigne, soit en se rapprochant du siècle d'Ératosthène, soit en remontant dans l'antiquité.

Il résulte de ce qui précède, que la table paranatellontique attribuée à Ératosthène diffère des observations que cet astronome aurait pu faire à Alexandrie, tandis qu'au contraire elle se rapproche beaucoup de celles qui auraient été faites à la latitude et à l'époque d'Esné. Nous sommes donc en droit d'en conclure que cette table n'est pas le résultat d'observations faites du temps d'Ératosthène, mais qu'elle a été copiée sur des manuscrits égyptiens, que cet astronome a pu consulter dans la bibliothèque d'Alexandrie.

Nous aurions fait aussi facilement la comparaison de la sphère dans ses différentes positions, avec les observations paranatellontiques extraites du poëme d'Aratus; mais nous avons préféré celles d'Ératosthène, parce que, s'il est vrai que ces auteurs aient copié des manuscrits anciens, ce dernier était par ses fonctions plus à portée de le faire avec exactitude. Au reste, il est facile de s'assurer que les observations rapportées par Aratus ressemblent en beaucoup de points à celles du bibliothécaire d'Alexandrie : cependant il en donne quelques-unes qui ne sont pas dans Ératosthène, telles que l'indication du coucher de l'aigle lorsque le Lion se lève [1], observation qui se vérifie parfaitement pour l'époque et la latitude d'Esné.

Sans doute on a lieu d'être étonné de ce que les Grecs ont transcrit machinalement d'anciennes tables astronomiques sans les comprendre. Les observations qu'ils y ont consignées pouvaient être vérifiées chaque année; il fallait donc être aveuglé par un grand respect pour les

[1] Arat. *Phænom.* v. 590 et 591.

anciens, ou par de grands préjugés, ou par une profonde ignorance en astronomie, pour ne pas s'apercevoir des changemens très-sensibles que les siècles y apportaient[1] : au reste, c'est un fait bien avéré actuellement que le défaut de connaissances astronomiques des premiers Grecs. On sait comment Eudoxe et Aratus ont décrit un état de la sphère, qui remonte à mille quatre cent cinquante ans avant J.-C. Il paraîtrait, suivant Fréret[2], qu'au temps d'Hésiode, où les idées astronomiques devinrent plus familières aux Grecs par suite de leurs communications avec les Orientaux, on fit quelques changemens à l'ancien calendrier; celui qui avait été dressé à cette époque fut reçu en Grèce et en Italie sans examen, comme s'il eût été fait pour les climats et le temps où il se trouvait transporté. La sphère, toutefois, ne fut pas entièrement rectifiée du temps d'Hésiode; car Eudoxe et Aratus, dans celles qu'ils donnent, conservent des traditions antérieures à Hésiode même, qui remontent, en conséquence, à l'époque où les saisons étaient au quinzième degré des signes. Fréret pense que la sphère où les saisons étaient ainsi placées, avait été réglée par quelque astronome égyptien ou phénicien qui était venu avec les fondateurs des colonies orientales. Il est étonnant, dit Lalande, qu'on ne fût pas plus avancé dans la

---

[1] Pline expose, dans le 25ᵉ chapitre de son XVIIIᵉ livre, tous les embarras et toutes les contradictions qui se trouvent dans les calendriers rustiques, où l'on marquait, à certains jours, les levers et les couchers des étoiles fixes. Columelle et plusieurs autres s'aperçurent bien de ces différences; mais ils n'y attachèrent pas assez d'importance pour oser rien changer aux traditions populaires et aux calendriers rustiques.

[2] *OEuvres diverses*, t. x, p. 231, édition in-12, 1796.

Grèce au temps d'Eudoxe[1]. Nous voyons que les connaissances d'Ératosthène, sous ce rapport, n'étaient guère plus étendues que celles d'Eudoxe : on remarque dans ses tables quelques constellations intercalées d'après les observations faites de son temps ; mais la majeure partie, on peut même dire la presque totalité, a conservé la disposition qui convient à des siècles plus anciens. Cependant le ciel d'Alexandrie est pur ; l'horizon n'est pas borné par des montagnes qui auraient forcé les astronomes de calculer et d'observer par des moyens indirects ou incertains les levers paranatellontiques des astres ; il n'y avait aucun principe d'erreur. Il paraît donc évident que les Grecs commençaient seulement à observer à l'époque d'Ératosthène (255 ans avant J.-C.), pour composer leurs calendriers : jusque-là, ils avaient adopté, par respect, peut-être par insouciance, ou bien plus probablement encore par ignorance, ceux de leurs prédécesseurs.

CHAPITRE III.

Des divers monumens astronomiques que l'on peut mettre en parallèle.

Nous partageons en trois classes tous les monumens astronomiques que nous allons considérer.

Nous plaçons les plus anciens et les plus authentiques dans la première classe : ce sont les zodiaques que nous avons recueillis en Égypte, et la table des paranatellons, dont nous avons recherché ci-dessus l'origine.

[1] *Astronomie*, art. 1619.

Dans la deuxième classe, nous comprendrons ceux dont nous ne pouvons fixer les époques, mais qui paraissent avoir pris leur origine dans des connaissances astronomiques fort anciennes.

Enfin, dans la troisième classe, nous rangerons un assez grand nombre de ces monumens qui sont moins anciens et moins authentiques.

§. I. *Des monumens astronomiques les plus anciens et les plus authentiques.*

Les monumens astronomiques les plus anciens et les plus authentiques sont d'abord les zodiaques égyptiens, et ensuite la table des paranatellons attribuée à Ératosthène. Cette table est du même temps que les deux zodiaques d'Esné, ainsi que nous l'avons démontré. Ces deux zodiaques et la table des paranatellons sont donc comparables à ce que nous avons appelé *la sphère d'Esné*. On peut même étendre la comparaison aux zodiaques de Denderah. La différence de latitude entre les temples d'Esné et de Denderah, et celle des époques indiquées par leurs bas-reliefs astronomiques, ne sont pas assez considérables pour que des tables de paranatellons, dressées pour ces lieux et ces époques, n'aient pas les plus grandes analogies.

On doit observer que la ville de Thèbes, dont les ruines annoncent encore tant de splendeur et de magnificence, une civilisation si perfectionnée, des arts et des sciences poussés à un si haut degré d'avancement; que cette première capitale de l'Égypte est située entre Esné et Denderah, à une distance à peu près égale de ces deux villes : en sorte que ce que l'on conclura à-la-fois pour Esné et pour Denderah, c'est-à-dire pour une latitude intermédiaire, se rapportera naturellement à Thèbes. C'est donc, à bien dire, la sphère à l'époque où Thèbes florissait, qui nous occupe en ce moment. C'est le temps où le solstice d'été était vers le milieu de la constellation du Lion, où les deux équinoxes étaient au Scorpion et au Taureau, et le solstice d'hiver au Verseau. Des bas-reliefs astronomiques recueillis à Thèbes rappellent en effet cette époque [1].

§. II. *Des monumens astronomiques anciens, d'époques et d'origines incertaines.*

ZODIAQUE DE KIRCHER.

Kircher a publié un planisphère égyptien [2], auquel nous renverrons souvent. Ce planisphère, très-curieux, est original dans beaucoup de ses parties. Il a été construit sur des fragmens hiéroglyphiques copiés en Égypte par le Qobte Michel Schalta, d'après d'anciens monumens. Il est fâcheux que Kircher ne nous ait pas donné exactement les dessins qui lui ont été envoyés d'Égypte. On peut craindre qu'en voulant les rectifier, comme il le dit lui-même, page 213, il ne nous ait privés de plusieurs détails précieux, et n'ait altéré des emblèmes qu'il aura mal compris.

[1] Voyez *A.*, vol. 1, pl. 96, fig. 2, et pl. 82, *A.*, vol. 11. *Voyez* aussi la planche B jointe à ce mémoire.

[2] *OEdip. Ægypt.* t. 11, part. 11, pag. 204.

SPHÈRES D'ABEN-EZRA.

Les sphères indienne, persique et barbarique d'Aben-Ezra, qui nous ont été transmises par Scaliger dans ses notes sur Manilius[1], nous ont fourni beaucoup d'éclaircissemens.

Nous nous en servirons sans nous occuper de rechercher à quelles époques elles appartiennent. Bailly[2] pense que la sphère indienne est la plus ancienne, et qu'elle est la sphère primitive; que la sphère persique date de trois mille ans avant J.-C., époque où *Aldébaran*, *Antarès*, *Régulus* et *Foumalhaut* marquaient les quatre colures, et qu'elle fut portée en Grèce et en Égypte; enfin, que la sphère barbarique est la plus récente.

ZODIAQUE DIVISÉ PAR DÉCANS ET PAR DEGRÉS.

Le zodiaque divisé par décans et par degrés, que Scaliger rapporte dans ses notes sur Manilius, et qu'il dit avoir extrait des antiquités égyptiennes[3], était aussi fort important à consulter, quoique Bailly le juge un ouvrage d'astrologie des Assyriens, dont il ne fixe pas l'époque.

---

[1] Scaliger, *Notæ in sphæram Manilii*, pag. 336.

[2] Bailly, *Histoire de l'astronomie ancienne*, pag. 489.

[3] *Antequam verò hinc discedimus, depromemus quædam priscæ Ægyptiorum περιεργίας ex eorum myriogenesi et monomœriis, ut quidem ea Arabes malè feriati à malè feriatis acceperunt.* (Scalig. *Monomœriarum ascendentes in singulis signis cum significationibus et decanis suis Ægyptiacis*, pag. 442.)

DIVISIONS LUNAIRES.

Le zodiaque, qui fut divisé en douze signes que le soleil parcourait successivement, fut aussi partagé en vingt-sept ou en vingt-huit stations lunaires, qui portent les noms de *natchtrons* chez les Indiens, de *maisons lunaires* chez les Arabes, de *sou* chez les Chinois, et de *kordeh* chez les Persans. Les relations des maisons lunaires avec les constellations doivent être considérées avec soin, surtout lorsque les noms de ces maisons sont tirés des parties des constellations auxquelles elles correspondent. On observe que les différens peuples ont placé les mêmes étoiles dans les mêmes divisions lunaires ; que toutes les séries commencent à la tête du Bélier, si ce n'est celle qui a été adoptée par les Chinois, et qui commence au point diamétralement opposé ; enfin, qu'il y a souvent de l'analogie entre les noms des mêmes divisions chez les différens peuples. D'après cela, l'on concevra facilement que ce n'est pas sans fruit que nous avons étudié les listes des dénominations des stations lunaires. Les noms qui y sont inscrits et qui n'ont point d'analogie avec ceux des constellations de la sphère grecque, paraissent appartenir cependant à des portions de la sphère céleste, et sont ceux d'astérismes qui n'ont point été inscrits dans les autres catalogues parvenus jusqu'à nous. C'est ce que nous avons démontré par plusieurs exemples.

Les rapports des divisions lunaires avec les constellations sont sensibles chez les Indiens. Leurs natchtrons, au nombre de vingt-sept, sont désignés par divers emblèmes ; des quadrupèdes, des oiseaux ou des plantes leur sont affectés, et l'on connaît les principales étoiles qui appartiennent à chaque natchtron[1]. Dupuis a fait remarquer, dans son Zodiaque chronologique[2], que le cortége symbolique qui accompagne les vingt-sept natchtrons des Indiens a pour base la théorie des paranatellons, tellement que les animaux ou les plantes attachés à tel ou tel natchtron sont des paranatellons des constellations, soit zodiacales, soit extrazodiacales, qui se lient à ce natchtron par leur lever, par leur coucher, ou par leur passage au méridien supérieur. Cela prouve encore l'emploi général et ancien des paranatellons. Il est donc curieux de comparer ces figures symboliques avec les constellations de la sphère grecque; il en résulte que l'on ne peut douter que beaucoup d'images célestes qui sont dans nos sphères, n'aient existé déjà dans les sphères orientales. Cette comparaison a été faite par Dupuis dans l'ouvrage cité : il a même fait entrer dans son travail quelques observations sur le zodiaque de Denderah, dont les dessins qui étaient alors publiés, n'avaient pu lui procurer qu'une connaissance imparfaite.

Les noms de la plupart des maisons lunaires des Arabes paraissent, au premier abord, avoir des rapports directs avec les constellations zodiacales; mais, en les examinant de plus près, on voit que ces constellations ne peuvent pas être absolument les mêmes que celles de la sphère grecque, et que plusieurs noms des maisons lunaires qui n'ont pas de rapports avec cette sphère, semblent en avoir avec celle des Égyptiens. La considé-

[1] *Recherches asiatiques*, t. II, pag. 336.
[2] *Mémoire explicatif du zodiaque chronolog.*, Paris, 1806; p. 7...12.

ration de ces noms des maisons lunaires nous a conduits à des rapprochemens qui ne sont pas sans intérêt, et qui donneront peut-être lieu à des applications plus heureuses, quand M. Sédillot aura publié ses recherches sur la sphère des Arabes.

SPHÈRE ACTUELLEMENT EN USAGE.

En retranchant de la sphère actuellement en usage les constellations introduites par les astronomes modernes, on peut la considérer comme une tradition très-ancienne et très-authentique. Nous en ferons le plus fréquent emploi, en montant le globe à une époque et à une latitude convenables.

En effet, quoique les figures des constellations aient quelque chose d'arbitraire, il existe cependant des points fixes, dont on n'a jamais pu s'écarter. Si l'on compare la sphère actuelle à celles qui ont été le plus anciennement publiées, on apercevra des différences, mais elles ne sont pas très-considérables.

On trouve dans l'Uranographie d'A'bd el-Rahman, manuscrit arabe de la Bibliothèque du roi, n°. 1111, les configurations des constellations. Ces figures sont données probablement d'après des dessins plus anciens : elles sont conformes aux indications de l'Almageste de Ptolémée, ouvrage qui pourrait encore, si nous n'avions aucun dessin des constellations, servir à les tracer, à peu près comme nous les représentons actuellement.

Ératosthène même donne, dans ses Catastérismes, des descriptions assez détaillées des constellations, pour que l'on puisse les représenter avec une exactitude suffisante, en s'assujettissant à remplir toutes les conditions de ses descriptions. D'ailleurs, les dessins de la sphère ont dû être toujours entre les mains des astronomes ou des astrologues.

C'est par tous ces moyens réunis que ces figures nous sont parvenues presque sans altération.

Nous essaierons un jour de faire coïncider les indications données par Ératosthène et les situations respectives des étoiles, avec les figures des bas-reliefs astronomiques des Égyptiens; et nous construirons ensuite une sphère entièrement égyptienne, dont l'étude pourra donner lieu à d'autres rapprochemens, et conduire à de nouveaux éclaircissemens sur la mythologie des anciens Égyptiens.

§. III. *De quelques autres monumens astronomiques moins anciens ou moins authentiques.*

ZODIAQUES ÉGYPTIENS.

Le planisphère de Bianchini, dont nous n'avons malheureusement qu'un fragment, est bien certainement égyptien. Nous croyons seulement qu'il n'est pas antérieur au règne des Ptolémées. Sa composition était fort intéressante, et nous devons beaucoup regretter qu'il ne nous soit pas parvenu dans son entier[1].

Pococke nous a laissé une description fort incomplète d'un bas-relief qu'il dit avoir entrevu à Akhmym dans la haute Égypte, et qu'il croit être un zodiaque; ce que rien ne prouve. MM. Fourier et Lancret, nos collègues,

---

[1] Ce monument fut découvert en 1705 à Rome, et publié dans l'Histoire de l'Académie des sciences pour l'année 1708.

l'ont cherché dans les ruines d'Akhmym : ils ont retrouvé le monument qui paraît avoir induit Pococke en erreur, et n'y ont reconnu aucun des signes du zodiaque.

Le dessin publié par le P. Montfaucon[1], dont parle Bailly[2], n'a de commun avec un zodiaque que le nombre *douze* des figures qui le composent. Ces figures n'ont probablement pas de rapports plus directs avec l'astronomie que les *trente-six* figures de la table isiaque. Il paraît que le dessin de Montfaucon représente une parcelle d'une très-longue bandelette en toile, qui a été partagée entre divers curieux[3]. Cela est devenu presque évident par le rapprochement qui a été fait de plusieurs morceaux semblables conservés dans le riche cabinet de M. l'abbé de Tersan. Cette bandelette avait été envoyée d'Égypte par de Maillet, consul de France au Kaire[4].

ZODIAQUES GRECS OU ROMAINS.

Le zodiaque grec ou romain le plus authentique que nous ayons, est celui de Palmyre. Les douze signes y sont placés dans un cercle, et marchent en sens inverse de l'ordre connu[5]; c'est-à-dire, par exemple, que le Sagittaire décoche sa flèche du côté du Capricorne, tandis que, dans le ciel, c'est le Scorpion qu'il semble menacer. Ce monument a au moins quinze cents ans d'antiquité, puisqu'il remonte au règne de Dioclétien.

Des médailles d'Alexandrie et un médaillon de Nicée

---

[1] *Antiquité expliquée*, Supplément, tom. II, pag. 202, pl. 54.

[2] *Histoire de l'astronomie ancienne*, pag. 495.

[3] Caylus, *Recueil d'antiquités*, tom. I, pag. 67, pl. 21 et suivantes.

[4] *Mém. de Trévoux*, avril 1704.

[5] *Voyez* la planche A jointe à ce mémoire, II.ᵉ partie, ligne 1.ʳᵉ, fig. *a.a.a....*

de Bithynie, qui sont du règne d'Antonin, représentent les zodiaques. Quelquefois il n'y a qu'un signe sur chaque médaille[1]; d'autres fois, ce qui est plus rare, les douze signes sont réunis. Dans ce dernier cas, ils sont rangés dans l'ordre accoutumé.

Il existe une grande quantité de zodiaques sur des pierres gravées[2] : mais les antiquaires s'accordent à penser qu'on ne peut fixer avec certitude l'époque de ces sortes de monumens. Quelques-unes de ces pierres gravées, et particulièrement celles dont les compositions sont les plus riches, paraissent être de l'école florentine.

Dans les zodiaques grecs et romains, on voit presque toujours les planètes associées aux signes du zodiaque, comme dans le fragment de la sphère de Bianchini dont nous avons parlé, et qui paraît être le passage du zodiaque égyptien à celui des Grecs.

Les représentations des signes du zodiaque, employées, comme elles l'ont été par les Grecs et les Romains, à de simples décorations, ont dû s'altérer, parce que les artistes cherchaient plutôt à donner de la grâce aux contours et à la pose des figures qu'à conserver les formes primitives, et parce qu'ils n'étaient point retenus par la considération de la situation respective des étoiles, comme dans les planisphères : aussi voit-on beaucoup de variété dans tous ces zodiaques. Nous n'en excepterons même pas la sphère portée par l'Atlas du musée Farnèse, publiée par Passeri, et qui représente presque toutes les constellations anciennes. En effet, c'est plutôt

---

[1] *Voy.* la pl. A jointe à ce mémoire.   [2] *Ibid.* fig. c. c. c. . . . et Passeri, IIe partie, lig. 1.re, fig. *b. b. b.* . . . *Gemmæ astriferæ.*

une production des arts qu'un monument astronomique, comme on peut le démontrer, 1°. par l'altération des figures; 2°. par celle de l'ensemble, dont une partie est cachée sous les mains de l'Atlas qui porte le globe; 3°. par la situation des colures, qui ne convient qu'au temps d'Hipparque, époque à laquelle on ne peut raisonnablement faire remonter ce monument.

ZODIAQUES DE L'INDE.

M. John Call a dessiné dans une pagode, lors d'un voyage qu'il a fait de *Madura* à *Twenwely* près du cap Comorin, un zodiaque dont on trouve la description et la représentation dans les Transactions philosophiques[1]. Nous en avons donné les douze figures sur une planche jointe à ce Mémoire[2] dans la bande qui comprend les zodiaques de l'Inde. M. John Call dit que, dans son voyage, il visita plusieurs autres pagodes pour découvrir de semblables sculptures, mais qu'il ne se souvient d'en avoir vu d'aussi complètes que dans le milieu d'une fontaine ou abreuvoir, devant la pagode de *Treppecolum*, près de *Madura*. Il a souvent reconnu des signes du zodiaque représentés isolément.

On ne voit pas la possibilité de fixer l'époque de ces tableaux astronomiques. Quelques pagodes de l'Inde paraissent fort anciennes, et, suivant M. John Call, aucune partie du monde ne présente plus de témoignages d'antiquité pour les arts, les sciences et la civilisation, que la péninsule de l'Inde, depuis le Gange jusqu'au cap

---

[1] Année 1772, pag. 353 et 359. ce mémoire, 11ᵉ partie, ligne 2,
[2] *Voyez* la planche A jointe à fig. *d.d.d....*

Comorin. Nulle part, si ce n'est en Chine ou en Europe, on ne voit un pays d'un plus bel aspect, ni une terre mieux habitée, et remplie de plus de villes, de temples et de villages. Quelques-unes des pagodes de cette presqu'île surpassent tout ce qui a été fait de nos jours, soit par la délicatesse des sculptures, soit par l'étendue des constructions, soit par la distance à laquelle il a fallu transporter les matériaux, et par la hauteur à laquelle ils ont été élevés : mais si ces édifices prouvent la grande antiquité des arts dans l'Inde, ils ne peuvent cependant servir à fixer aucune époque précise ; car, de tout temps, on les a construits à peu près de la même manière : encore de nos jours on en élève sur le même système, et l'on ne peut savoir à quels temps appartiennent tels ou tels édifices, pour peu qu'ils soient anciens. Les signes du zodiaque dessiné par M. John Call ne peuvent pas non plus, par leur disposition, servir à déduire l'époque de ce zodiaque [1]. Ils sont placés quatre par quatre sur les côtés d'un quadrilatère, de telle sorte que, dans chaque angle, il y en a un de commun à deux côtés. Le premier de tous se trouve-t-il dans un angle, ou au milieu d'un des côtés ? Et quand on saurait même quel est le premier signe du zodiaque, serait-on assuré que c'est celui dans lequel se trouvait telle

---

[1] Le Gentil, dans un mémoire inséré parmi ceux de l'Académie des sciences pour l'année 1785, a entrepris de démontrer que la Vierge ne pouvait être le premier signe, ainsi que le prétend Dupuis (*Origine des cultes*, tom. III, 1ʳᵉ partie, pag. 352 et 353). Il fait remarquer que les figures vont en sens contraire de celui qu'elles doivent tenir, et il est d'avis que l'on n'en peut rien conclure de plus que pour les zodiaques des édifices gothiques. Dupuis a insisté, et a défendu son opinion dans son Mémoire explicatif du Zodiaque chronologique, page 58.

ou telle époque de l'année solaire, soit un équinoxe, soit un solstice? Un si grand vague dans les hypothèses que l'on peut former, ne permet d'établir aucun calcul positif sur l'antiquité du zodiaque dessiné par M. John Call. Ce zodiaque n'a pas autant d'analogie avec ceux des Égyptiens que celui des Grecs; il n'en a même pas autant que les figures zodiacales représentées sur les monnaies d'Agra. Cela nous ferait croire que la copie faite par M. John Call n'est point parfaitement exacte, et que la configuration des signes du zodiaque s'est mieux conservée dans l'Inde depuis l'époque où cette contrée était en communication avec l'Égypte, que ne semble l'indiquer le dessin de ce voyageur.

Les monnaies zodiacales d'Agra ont été frappées par l'empereur Djehanguir, de 1018 à 1032 de l'hégire (de 1609 à 1622 de J.-C.). D'un côté, ces médailles portent une inscription qui signifie: *L'or a trouvé de la beauté par le nom de l'empereur Djehanguir, fils de l'empereur Akbar, à Agra.* De l'autre côté est un des signes du zodiaque[1]. Il y a deux collections de ces monnaies au Cabinet des médailles: nous en avons vu une troisième entre les mains d'un officier hollandais, revenu de Batavia il y a quelques années; nous en avons donné les dessins dans une des planches jointes à ce Mémoire[2]. Sur ces médailles, l'Écrevisse est dessinée comme celle du zodiaque de M. John Call; les deux Gémeaux sont représentés par deux enfans en bas âge qui s'embrassent

---

[1] *Voyez* l'Abrégé historique des souverains de l'Indoustan, par le colonel Genty, pag. 235, *manuscrit de la Bibliothèque du roi.*

[2] *Voyez* la planche A jointe à ce mémoire, IIe partie, ligne 2, fig. c c c....

à peu près comme dans le planisphère de Kircher : le Taureau ressemble plutôt à un bubale; il a une bosse sur le dos, comme les vaches d'Arabie : le Belier est parfaitement semblable à celui des zodiaques égyptiens ; les deux Poissons sont dessinés comme dans le zodiaque grec; le Verseau est représenté par un homme qui verse l'eau d'un grand vase; le Capricorne a, comme dans le zodiaque grec, une queue de poisson repliée; le Sagittaire diffère peu de celui des zodiaques grecs et égyptiens; le Scorpion est comme celui des Égyptiens; la Balance est la même sur les médailles et sur les zodiaques indiens et égyptiens; la Vierge des médailles ressemble plutôt à celle des zodiaques grecs qu'à aucune autre; le Lion est à peu près semblable à celui des Égyptiens.

On trouve, dans les Mémoires de la société établie au Bengale [1], un zodiaque indien, dessiné sous les yeux d'un membre de cette société, et une description en vers de ce zodiaque, donnée par un poëte contemporain. Les signes du zodiaque sont les mêmes que sur les médailles, à l'exception de la Vierge, de la Balance et du Verseau [2].

ZODIAQUES DES ARABES.

Les dessins des constellations qui nous sont venus des Arabes, ont été copiés d'après Ptolémée, ou composés sur ses descriptions. L'Uranographie d'Abd el-Rahman est l'ouvrage arabe le plus intéressant à comparer aux bas-reliefs égyptiens. On y trouve quelques différences

---

[1] *Recherches asiatiques*, tom. II, pag. 332.

[2] *Voyez* la planche A jointe à ce mémoire, II⁰ partie, ligne 2. fig. *f.f.f.*...

entre les configurations qu'il donne des constellations et celles du planisphère grec, ainsi que des notes curieuses sur des constellations qui ne sont pas dessinées. La traduction complète de cet ouvrage, travail long et difficile dont s'occupe M. Sédillot, sera, sous ce rapport, infiniment utile.

Nous avons donné, dans la planche A ci-jointe [1], les figures des constellations telles que nous les avons trouvées dans différens manuscrits d'A'bd el-Rahman, et notamment dans celui qui appartient à M. Langlès, et que ce savant a bien voulu mettre à notre disposition.

Il existe encore plusieurs autres monumens astronomiques des Arabes. Ces monumens sont fort curieux, quoique grossiers, parce qu'ils sont authentiques : ce sont la sphère en cuivre de Dresde, dont il n'a encore été publié, ou du moins dont nous ne connaissons aucun dessin; celle du musée Borgia, publiée par Assemani, et celle qui a été récemment apportée de Constantinople par le général Andréossy : cette dernière présente une singularité que M. Caussin de Perseval a le premier remarquée; c'est qu'au lieu de la lyre, on y a placé une tortue. En cela, cette sphère est conforme au dessin d'un des manuscrits d'A'bd el-Rahman que nous avons consultés.

ZODIAQUES GOTHIQUES.

Plusieurs monumens gothiques sont décorés de zodiaques : le plus remarquable est celui de Notre-Dame

---

[1] *Voyez* la planche A jointe à ce mémoire, 1re partie, ligne 6.

de Paris; il est du XIIe siècle. Le Gentil l'a décrit dans le volume de l'Académie des sciences pour l'année 1785. Les signes sont dans l'ordre accoutumé, si ce n'est que le Lion occupe la place du Cancer, et réciproquement, et que la Vierge est remplacée par un sculpteur ou tailleur de pierre, à côté duquel est un moissonneur : on voit aussi une moissonneuse près du Taureau. Nous en avons donné les dessins [1]. Il y a d'autres figures assez remarquables; entre autres, un personnage à deux visages, près du Taureau; un homme qui poursuit ou assomme un porc, etc. Sont-ce des constellations [2]? c'est ce qu'il est assez difficile de décider. Les figures des douze signes ne ressemblent pas à celles des zodiaques grecs ou égyptiens : la seule analogie remarquable avec ces dernières se trouve dans la femme portant la balance, qui rappelle celle du grand zodiaque d'Esné; et dans la Vierge portant l'enfant Jésus, qui a du rapport avec le groupe d'Isis et Horus des zodiaques de Denderah.

Les signes supérieurs sont le Lion et le Cancer; et les signes inférieurs, le Verseau et le Capricorne.

La rose en verres peints qui est au-dessus de l'orgue de Notre-Dame à Paris, et dont la construction date à peu près du même temps, offre, au milieu d'une multitude d'autres figures, celles des signes du zodiaque.

Au portail de Saint-Denis, on voit un autre zodiaque: la description qui en a été donnée par Le Gentil est très-inexacte [3]. Le signe situé en bas à gauche est le Verseau,

---

[1] *Voyez* la planche A jointe à ce mémoire, IIe partie, ligne 3.

[2] Il y a, dans les zodiaques égyptiens, des figures qui ont quelque analogie avec celles-ci, et qui sont des constellations.

[3] *Mémoires de l'Académie des sciences*, pour 1785, pag. 20.

et celui qui est à droite est le Capricorne; au-dessus du Verseau sont les Poissons, le Belier et le Taureau; et, au-dessus du Capricorne, le Sagittaire, le Scorpion, très-mal dessiné, et ressemblant assez à un crapaud; la Balance, portée par une femme, et les Gémeaux : nous n'avons pu retrouver ni le Cancer, ni le Lion, ni la Vierge.

On a reconnu plusieurs signes du zodiaque sur les vitraux de la cathédrale de Chartres.

Il existe un zodiaque à la cathédrale d'Amiens, à Strasbourg [1], à Issoire dans l'église de Saint-Austremoine des bénédictins, à Souvigny sur un fût de colonne, dans l'église de Walmagate à York : on en voit aussi dans de vieux livres de liturgie et d'anciennes heures manuscrites [2].

Il n'est pas douteux qu'on ne trouvât beaucoup de zodiaques semblables dans les monumens gothiques, si l'on se donnait la peine de les chercher; mais nous ne croyons pas que, relativement à la question qui nous occupe, on puisse rien conclure de la recherche ou de l'étude de tous ces monumens, dont l'antiquité ne remonte pas au-delà du IXe siècle : c'est pourquoi nous ne nous en occuperons pas plus long-temps. M. Pasumot, dans une notice courte, mais très-bien faite, nous paraît avoir montré ces zodiaques sous le seul aspect qui leur convienne. Nous pensons, comme lui, que ce sont des calendriers vulgaires; mais il faut remarquer qu'en cela c'est encore l'idée égyptienne et primitive qui s'est conservée.

---

[1] *Voyez* les *Mémoires de l'Institut*, première classe, tome V.

[2] *Mémoire du président de Saint-Vincens*, pag. 26, *Magasin encyclopédique*, septembre 1815.

SECTION DEUXIÈME.

Des situations et des figures des constellations égyptiennes; de leur nombre; de l'origine de leurs noms. De l'établissement du zodiaque, et des symboles affectés aux planètes.

DANS la section précédente, nous avons fait connaître les principes d'après lesquels les monumens astronomiques des anciens avaient été construits, et les aspects sous lesquels il faut les considérer pour les comparer utilement entre eux. Dans celle-ci, que nous diviserons en quatre chapitres, nous établirons le parallèle général de tous ces monumens anciens, et nous exposerons les principales conséquences que l'on peut en déduire.

CHAPITRE Ier.

Parallèle général des différens monumens astronomiques anciens, et examen particulier de chaque constellation, d'où résulte la connaissance de la majeure partie des astérismes égyptiens.

La table des paranatellons attribuée à Ératosthène étant de la même époque que les zodiaques égyptiens, ainsi que nous l'avons démontré ci-dessus[1], nous pourrons sans difficulté la comparer à ces zodiaques. Il en sera de même des catastérismes du même auteur, dont

---

[1] *Voyez* section Ire, chapitre II, §. II.

nous ferons un très-fréquent usage. Quant aux autres monumens astronomiques dont nous ne pouvons fixer les époques, nous supposerons toujours qu'ils renferment les débris des plus anciennes connaissances astronomiques, et que les observations que l'on y trouve consignées peuvent se rapporter aux premiers temps de l'étude du ciel.

Ce que nous disons des observations astronomiques est encore applicable aux fables racontées par les anciens, et notamment par Ératosthène dans ses Catastérismes; car ces fables ont presque toujours pour origine les apparences célestes, c'est-à-dire les mouvemens des astres, observés soit à leur lever, soit à leur coucher, soit à leur passage au méridien.

Nous commencerons notre comparaison par le signe du Lion, et nous parlerons successivement des constellations qui sortent de l'horizon oriental, en imprimant à la sphère son mouvement naturel du levant au couchant. Nous supposerons que la sphère est montée à la latitude de Thèbes, et à l'époque où le solstice d'été était vers le milieu de la constellation du Lion.

§. I. LE LION.

Le Lion de nos sphères est debout, et regarde l'occident; il est placé sur la tête de l'hydre, et s'étend jusqu'au milieu de cette constellation.

Les Lions des quatre zodiaques égyptiens sont représentés dans la même situation, c'est-à-dire debout, et regardant le couchant.

Nota. Les douze signes du zodiaque étant très-faciles

à reconnaître, nous nous y arrêterons moins qu'aux constellations extrazodiacales.

§. 2. L'HYDRE.

Le Lion du zodiaque circulaire est monté sur un grand serpent situé absolument comme l'hydre de nos sphères.

Dans le grand zodiaque de Denderah, il y a un serpent analogue, mais dont la tête n'est point dessinée : on voit, en outre, derrière le Lion, et au milieu d'un parallélogramme, un grand serpent replié sur lui-même.

Le petit zodiaque d'Esné offre une représentation semblable.

En avant de la Vierge du grand zodiaque d'Esné, est une espèce de sphinx à corps de lion et à tête de femme, dont l'attitude est la même que celle du Lion, et au-dessous duquel sont deux serpens.

Les serpens que l'on voit ainsi aux environs et particulièrement au-dessous du Lion dans tous les zodiaques, rappellent naturellement l'hydre; mais cette constellation est surtout parfaitement reconnaissable sur le planisphère circulaire : s'il restait encore quelques doutes à ce sujet, ce que nous dirons des constellations du corbeau et de la coupe, les leverait entièrement.

On a pris l'hydre pour une image du Nil, parce que la tête de cette constellation se levait avec le soleil, au moment de l'accroissement des eaux de ce fleuve, et sa queue avec la dernière partie du signe de la Vierge, dont le lever cosmique avait lieu vers l'époque de la retraite des eaux. Cette correspondance n'a existé que pendant les siècles où le solstice avait rétrogradé jusque vers les premiers degrés de la constellation du Lion, époque présumée de la construction des temples de Denderah : elle n'avait pas lieu lorsque le solstice n'était pas encore aussi avancé dans le Lion, c'est-à-dire lors de l'érection du temple d'Esné ; c'est pour cela sans doute que l'hydre n'y est pas aussi bien caractérisée; ce sont seulement des serpens. Il est évident qu'à Denderah l'idée première n'avait pas été totalement abandonnée, mais seulement modifiée. Cette idée première est celle de serpens monstrueux réunis au signe du Lion.

§. 3. LE CORBEAU.

On sait que l'hydre est une constellation fort étendue, au-dessus de laquelle sont deux autres astérismes, indépendamment du Lion : savoir, la coupe et le corbeau.

Le corbeau semble becqueter la queue de l'hydre. Suivant Théon [1], il indique par sa couleur noire la terre d'Égypte lorsque le Nil se retire.

Or, on remarque sur le zodiaque circulaire, en arrière du Lion, et au-dessus de l'extrémité de la queue de l'hydre, un oiseau dont la forme ne diffère pas de celle du corbeau.

La fable rapportée par Théon ne peut se vérifier que pour l'époque où le solstice était aux premiers degrés de la constellation du Lion. On ne doit donc pas être étonné de ne point trouver le corbeau dans les zodiaques d'Esné. On le verrait probablement sur le grand zodiaque de Denderah, si la partie du bas-relief où il devrait être, et qui correspond à celle du zodiaque circulaire où il est représenté, n'était pas dégradée.

[1] Theon. *Scholia in Arati Phænomena*, tom 1, p. 302, Lipsiæ, 1793.

§. 4. LA COUPE.

Entre le corbeau et le Lion, au-dessus de l'hydre, est la coupe.

Cette dernière constellation, sous le nom de *coupe de Mastusius*, a rapport au sacrifice d'une jeune fille, suivant Hygin [1].

C'est le symbole de l'inondation du Nil, suivant Théon [2].

Le sacrifice annuel d'une jeune fille, au moment du débordement des eaux du Nil, est une tradition bien connue, et qui s'est perpétuée jusqu'à nos jours, puisqu'à l'ouverture du canal du Kaire on jette encore, tous les ans, dans le Nil, le simulacre d'une jeune fille.

Peut-on douter, d'après cela, que la figure de femme qui, dans tous les zodiaques égyptiens, est à la suite du Lion, et notamment, sur le planisphère circulaire, entre le Lion et le corbeau; peut-on douter, disons-nous, que cette figure ne corresponde à la constellation de la coupe?

La représentation d'une coupe et celle d'une jeune fille seraient donc, dans le langage hiéroglyphique, et dans les circonstances que nous avons décrites, deux synonymes qui exprimeraient également un sacrifice à l'époque de l'inondation.

Lorsque le solstice était aux premiers degrés de la constellation du Lion, la coupe se levait en même temps que la belle étoile de Canopus, dieu des eaux chez les Égyptiens.

---

[1] Hygin. *Poetic. astronom.* l. II, cap. 40.

[2] Theon. *Scholia in Arati Phænomena*, tom. I, pag. 302.

On désigne par le nom de *canopes*, dans les cabinets d'antiquités, des vases dont le couvercle est décoré de la tête d'une jeune fille. C'est une allégorie composée de toutes les idées que l'on attachait à Canopus et à la jeune fille qui suit le Lion; et c'est peut-être à la correspondance paranatellontique de ces deux constellations que la dernière doit le nom de *coupe* qu'elle porte en ce moment.

§. 5. LE PHALLUS.

Dans le petit zodiaque d'Esné, en arrière du Lion, on voit un phallus bien dessiné, et qui paraît s'élever et planer au-dessus des autres figures, au moyen de deux ailes étendues. Cet emblème singulier est situé entre le Lion et la Vierge, puisque cette dernière constellation serait la première de la bande qui fait suite à celle du Lion. C'est exactement la place qui conviendrait à l'étoile de la queue du Lion de notre zodiaque actuel. Or, selon A'bd el-Rahman, cette belle étoile, que les Arabes, dit-il, désignent sous le nom de QALB EL-ASAD, *le Cœur du Lion*[1], aurait porté le nom de وِعاءُ القَضيب OUIA'A EL-QASYB, *le Fourreau du Phallus*. Nous transcrivons le texte et la traduction de cette curieuse indication de l'astronome arabe, que M. Sédillot a bien voulu nous communiquer:

---

[1] Sous ce nom de QALB EL-ASAD, *le Cœur du Lion*, que porte actuellement Régulus, l'étoile β appartient à un autre lion que celui de nos sphères; celui-ci a quarante degrés d'étendue, tandis que celui-là occupe dans le zodiaque un espace de plus de cent degrés. (*Note communiquée par M. Sédillot.*)

وتسمّى السابع والعشرين الذى على الذنب قلب الاسد وهو وعآ القضيب ،

« Et l'on a nommé la 27e, qui est à la queue, Qalb el-Asad, *le Cœur du Lion*; c'est la même que Ouia'a el-Qasyb, *le Fourreau du Phallus*. » (Mss. Ar. de la Bibliothèque du roi, n°. 1111.)

Cette rencontre extraordinaire ne peut être un effet du hasard, et il faut croire qu'il existait dans la sphère égyptienne une constellation que l'on pourrait appeler *le Phallus*, dont le nom s'est perpétué chez les Arabes sous celui d'*el-Qasyb*, et dont la configuration nous a été conservée sur le monument astronomique d'Esné.

§. 6. LA VIERGE.

La constellation de la Vierge s'appelle encore *Cérès* et *Isis*[1].

Son étoile principale est l'épi. Tous les zodiaques égyptiens représentent une femme portant un épi, qu'elle tient, soit à deux mains, soit d'une seule main. Ces femmes diffèrent par leurs costumes et leur coiffure; cependant il n'y a aucun doute qu'elles ne représentent toutes la constellation à laquelle appartient l'étoile de l'épi de la Vierge.

Une autre étoile de la même constellation est appelée *la Vendangeuse*. Elle est moins brillante, et de troisième grandeur seulement; elle appartient aux épaules de la

---

[1] Eratosth. *Cataster.* ix.

Vierge. Suivant Kircher, avec le premier décan du signe de la Vierge, dans les sphères des Perses et des Égyptiens, monte une vierge ayant des cheveux longs, et tenant à la main deux épis ; elle est placée sur un trône, et nourrit un enfant [1]. On lit, en effet, dans la sphère persique [2], au premier décan de la Vierge : *Virgo pulchra, capillitio prolixo, duas spicas manu gestans, sedens in seliquastro, educans puerulum, lactans et cibans eum.* Avicenne [3] en fait Isis, mère du jeune Horus. Dans le grand zodiaque de Denderah, on remarque, entre le Lion et la Vierge, une femme qui porte d'une main un enfant, et semble faire de l'autre un signe d'adoration. Le bas de ce groupe est détruit. On voit la même figure dans le petit zodiaque de Denderah : elle est assise sur un trône, et immédiatement au-dessous de l'espace qui sépare le Lion de la Vierge, en sorte qu'il est impossible de méconnaître la deuxième partie de la description donnée dans la sphère des Perses. Le zodiaque de Kircher renferme aussi une Isis portant Horus ; mais cette figure n'est pas à la place qui lui convient. C'est peut-être le résultat d'un des malheureux changemens faits par Kircher au dessin de Schalta.

Il paraît donc certain que les deux étoiles de la Vierge appelées *l'Épi* et *la Vendangeuse* appartenaient, suivant la sphère égyptienne, à deux constellations différentes : l'une représentait la déesse de la moisson, portant un épi ; et l'autre était Isis nourrissant Horus. Ces deux as-

---

[1] Kircher, *OEdip. Ægyptiacæ*, tom. II, part. II, pag. 203.

[2] Scalig. *Notæ in sphæram Manilii*, pag. 341.

[3] *Voyez* Schmidt, *De zodiaci nostri origine Ægyptia*, pages 49 et 50.

térismes ont été confondus dans les sphères des Grecs et dans celle des Perses; mais il est évident que cette dernière les rappelle tous deux, par les attributs compliqués qu'elle donne à la Vierge.

L'étoile ε, que nous appelons *la Vendangeuse*, et peut-être l'étoile β, qui est très-voisine du Lion, ainsi que les étoiles γ, δ, η, toutes les cinq de troisième grandeur, appartenaient à la femme assise portant un enfant, qui, suivant Avicenne, est Isis allaitant Horus. Il est impossible, en effet, de ne pas reconnaître ces deux divinités dans les bas-reliefs de Denderah.

Les autres étoiles dépendaient de la Vierge portant un épi.

Les deux constellations étaient zodiacales. Lorsque l'on eut partagé la sphère en douze divisions égales, elles se trouvèrent appartenir, pour la plus grande partie, au même fuseau, et par la suite furent réunies en une seule constellation. Cela explique l'étendue extraordinaire que la Vierge a dans le ciel.

§. 7. LA CHEVELURE DE BÉRÉNICE.

La chevelure de Bérénice, qui est près de la queue du Lion[1], semble avoir quelque rapport avec le caractère décrit dans la sphère des Perses, *capillitio prolixo*, et qu'on attribue à la Vierge portant un enfant.

Cette constellation aurait donc dépendu de celle d'Isis, et serait antérieure aux Ptolémées. Les flatteurs de ces princes en auraient modifié le nom, sans le rendre tout-

---

[1] Eratosth. *Cataster.* XII.

à-fait méconnaissable, et les sphères orientales nous en auraient conservé seulement quelque souvenir.

§. 8. LE BOUVIER.

Le bouvier accompagne Cérès ou la vierge qui porte l'épi. Suivant quelques traditions fabuleuses, c'est Icare qui fut placé aux cieux par Cérès sa mère, à cause de ses talens en agriculture. Il y est représenté dans l'attitude d'un homme qui travaille à la terre. Le premier il fabriqua un chariot et y attela des bœufs [1].

Cette constellation est encore appelée *le Gouverneur et Nourricier d'Horus*, ou *le Vendangeur* [2].

Dans les zodiaques égyptiens, on voit un homme à tête de bœuf, qui suit immédiatement Cérès ou la vierge portant un épi.

Au-dessous de celle-ci, parmi les figures du zodiaque circulaire, et derrière la femme assise portant un enfant, qui est Isis avec Horus, on remarque aussi un homme à tête de bœuf, tenant un instrument d'agriculture.

Du premier l'on a fait évidemment Icare, fils de Cérès; et du second le gardien d'Horus. Ces deux constellations ont été par la suite réunies en une seule, sous le nom du *Bouvier*, de la même manière que Cérès et Isis l'ont été sous celui de *la Vierge*.

Le dessin de Kircher représente le buste d'un homme à tête de bœuf, à la place qui conviendrait le mieux au bouvier. Au-dessus est une petite barque qui est là sans objet. Le texte de Kircher ferait croire que c'est une

---

[1] Hyg. *Poet. astr.* lib. II, cap. 4, pag. 431, edit. 1742.
[2] Salmas. *Ann. clim.* pag. 594.

erreur du graveur : car il désigne cette figure par ces mots : *Numen βμμοϱφὸν*, *sive bovino capite...... cui supereminet trabs in formam aratri*[1]. Il en résulte une ressemblance plus parfaite avec le bouvier des zodiaques égyptiens.

Le voisinage où le bouvier se trouve de la Balance et de la Vierge, appelée quelquefois *Thémis*, l'a fait passer, dit-on, pour un homme fameux par sa justice. Or, on remarquera que le personnage du zodiaque circulaire est placé entre la Vierge et la Balance, et touche presque à ces deux constellations.

Le même personnage est très-voisin d'une grande figure chimérique qui, ainsi que nous le démontrerons plus loin, tient la place de la grande ourse. Ceci explique parfaitement la fable d'Arcas, fils de Jupiter et de Calisto, qui fut placé dans la constellation du bouvier, et qui semble s'attacher aux pas de l'ourse[2].

La sphère persique[3] donne l'indication suivante, au deuxième décan de la Vierge : *Homo dimidiatæ figuræ, capite instar taurini*. C'est évidemment l'homme à tête de bœuf du zodiaque égyptien, et le bouvier de la sphère des Grecs, que l'on a voulu désigner.

Ce personnage à tête de bœuf, tenant un instrument d'agriculture, et qui n'est autre chose que le bouvier ou une partie de cette constellation, paraît avoir servi à nommer trois des subdivisions du grand catalogue que Scaliger dit avoir tiré des antiquités égyptiennes[4]; sa-

---

[1] Kirch. *OEdip. Ægyptiac.* t. II, part. II, pag. 204 et 210.
[2] Dupuis, *Origine des cultes*, tom. III, part. II, pag. 105 et suiv.
[3] Scalig. *Notæ in sphæram Manilii*, pag. 341.
[4] *Ibid.* pag. 443, 449 et 452.

voir, la seizième du Bélier, qui se lève quand le bouvier se couche; la vingt-sixième du Lion, qui se lève en même temps que lui; et la vingt-huitième de la Balance, qui se couche en même temps que lui. Il est désigné dans le catalogue par ces mots, *Vir ligone operans*, ou *Vir terram rimans*. Voyez ci-après, *chap. III, §. IV*, ce que nous avons dit de la méthode employée pour donner des noms aux subdivisions du zodiaque.

§. 9. JANUS.

Janus ouvrait la marche des constellations[1]; il était caractérisé par un vaisseau. On le représentait avec deux visages.

L'étoile de Janus se lève en même temps que le vaisseau. C'est pourquoi ce dieu a pour attribut un vaisseau.

Le Sagittaire des zodiaques égyptiens a deux visages, et il a, soit les pieds de derrière, soit ceux de devant, posés sur une espèce de barque : mais sa position ne convient nullement à Janus.

Dans le grand zodiaque de Denderah, on voit un autre personnage à deux visages près de la constellation qui, ainsi que nous le démontrerons, tient la place du triangle. Or Janus se lève quand le triangle se couche, et réciproquement.

Nous trouverons beaucoup d'autres exemples de semblables rapprochemens de constellations entièrement opposées dans le ciel. Leur réunion dans une même

---

[1] *Jane biceps, anni tacitè labentis origo.*
Ovid. *Fast.* lib. 1, v. 65.

scène avait un sens qui dérivait de leur aspect paranatellontique.

Parmi les figures des petits zodiaques d'Esné et de Denderah, on voit aussi un homme avec deux visages : celui d'Esné porte un serpent; mais il n'a point de rapport avec le serpentaire par sa situation. Ce personnage est en avant des Poissons. On remarquera que sa position correspond à celle des astres qui se levaient le soir, quand le soleil était au solstice d'été et dans le milieu de la constellation du Lion. Il peut donc avoir désigné, lors de l'établissement du zodiaque, une constellation qui, par son lever acronique, indiquait le commencement et la fin de l'année rurale. On l'aura en conséquence caractérisé par deux visages qui, dans la suite, ont été donnés au dieu Janus, dont les fonctions étaient les mêmes, suivant le calendrier et la mythologie des Romains.

§. 10. LE VAISSEAU.

Le vaisseau est un des attributs de la vierge Isis et de Janus.

Le vaisseau, dont la principale étoile est Canopus, se levait en même temps que la constellation de la Vierge.

On ne voit pas de vaisseau dans les zodiaques égyptiens. On remarque dans le zodiaque circulaire, près d'Isis, et sous le Lion et l'hydre, une femme assise, qui tient de chaque main un vase semblable à ceux du Verseau. Dans le grand zodiaque de Denderah, près du Cancer, on a représenté un personnage debout dans une barque, tenant aussi de chaque main un vase d'où il sort de l'eau. Ces sortes de vases, surmontés d'un couvercle représentant une tête de femme, sont connus sous le nom de *canopes*, ainsi que nous l'avons dit à l'occasion de la constellation de la coupe.

Canopus n'est pas au nombre des plus anciens dieux de l'Égypte. Le vaisseau, que nous appellerions plutôt *le vase* ou *le canope*, peut donc être aussi une constellation moins ancienne que les autres; et, sous ce rapport, il n'est pas étonnant de ne pas la retrouver dans les zodiaques d'Esné, qui sont les plus anciens.

§. II. LA COURONNE BORÉALE.

La couronne boréale se levait avant le coucher du Taureau, et le Taureau se levait avant le coucher de la couronne.

Cette circonstance remarquable a frappé les Égyptiens, qui l'ont consignée sur le petit zodiaque d'Esné, en plaçant près du Taureau une couronne d'étoiles aussi bien dessinée que l'est dans le ciel la couronne boréale; et c'est ainsi que deux constellations absolument opposées dans le ciel, se sont trouvées voisines l'une de l'autre sur le monument.

On sait de quelle manière ingénieuse Dupuis a expliqué la fable de la naissance de Proserpine[1], et l'on se rappelle que son interprétation est basée sur l'aspect paranatellontique du Taureau, de la couronne boréale et du serpent. La réunion du Taureau et de la couronne

[1] *Origine des cultes*, tom. III, part. II, pag. 114 et suiv.

dans le bas-relief astronomique du petit temple d'Esné est une allégorie égyptienne de même nature.

§. 12. LA BALANCE.

Dans les zodiaques égyptiens, la Balance n'est point omise, ni remplacée par les serres du Scorpion, comme on aurait pu le présumer : elle occupe une des douze places réservées aux signes du zodiaque, et elle est représentée avec deux bassins.

Au grand temple d'Esné, la balance est portée par une femme qui n'est pas la Vierge[1].

Ce signe est un de ceux qui sont tombés avec une partie du plafond du petit temple d'Esné.

Nous n'entreprendrons pas de longues discussions pour prouver que la constellation de la Balance était connue des Égyptiens antérieurement aux siècles d'Hipparque, d'Ératosthène et d'Eudoxe : la question nous semble résolue par le fait de l'existence de cet astérisme aux plafonds des temples d'Esné et de Denderah; car, dans l'état actuel de nos connaissances relativement aux antiquités égyptiennes, il n'est plus possible de croire que l'érection de ces temples soit postérieure à Hipparque.

Néanmoins, nous résumerons en peu de mots les opinions contradictoires savamment exposées par Dupuis et par M. Testa, et nous y ajouterons seulement quelques observations.

---

[1] A'bd el-Rahman dit qu'on avait aussi dessiné sur quelques sphères, au lieu d'une balance isolée, la figure d'un homme portant une petite balance à la main. (*Note communiquée par M. Sédillot.*)

Eudoxe et Aratus ne font pas mention de la Balance. Le commentaire que l'on a attribué à Hipparque, et même à Ératosthène, et dans lequel on trouve une indication de la Balance, n'est pas, dit-on, d'une authenticité bien démontrée[1]. Nous avons vu que, s'il n'est ni d'Hipparque ni d'Ératosthène, il n'en est pas moins d'une haute antiquité; et peut-être le doute que l'on a eu sur son authenticité, ne vient-il originairement que de la désignation qu'on y trouve de la Balance sous le nom de ζυγὸς; ce qui contrarierait les idées que l'on avait à ce sujet.

Au temps de Varron, de Cicéron et de Manilius, on se servait indifféremment des mots de *chelæ* ou de *libra*.

On s'est singulièrement trompé quand on a voulu voir deux constellations différentes dans la Balance et dans les serres. Il est évident que c'est la même constellation qui a changé de nom. Macrobe et Achille Tatius le disent positivement, et l'on ne peut le nier sans admettre l'absurdité de treize signes du zodiaque.

Le changement du nom de χηλὴ, *chelæ*, serres, en celui de ζυγὸς, *libra*, balance, s'est fait dans l'école d'Alexandrie; cela n'est point douteux : mais il s'agit de savoir si ce nom était tout-à-fait nouveau, ou si la constellation a seulement repris son ancien nom égyptien.

Il est probable que les savans d'Alexandrie, soit en fréquentant les Égyptiens, soit en consultant leurs manuscrits, ont retrouvé la Balance avec sa figure et sa

---

[1] *Voy.* la *Dissertat.* de M. Testa sur *deux zodiaques nouvellement découverts en Égypte*, page 62 et suivantes de la traduction française, Paris, 1807.

dénomination anciennes, et l'ont donnée comme une de leurs inventions, ainsi qu'ils l'ont fait pour beaucoup de choses bien plus importantes.

D'ailleurs, on doit remarquer que la Balance a deux bassins : cet instrument simple, et tout-à-fait dans le goût égyptien, est représenté de la même manière sur un grand nombre de bas-reliefs, soit dans les temples, soit dans les hypogées et sur les papyrus des momies. Elle est employée dans son sens propre, comme une représentation de l'instrument en usage, et dans un sens figuré et allégorique. Il était donc naturel que les Égyptiens l'employassent dans leurs zodiaques, pour annoncer l'équinoxe.

§. 13. LE CENTAURE ET LE LOUP.

Les zodiaques égyptiens n'offrent rien qui ressemble au centaure, si ce n'est le Sagittaire. Mais le Sagittaire des Égyptiens a la même forme que celui des Grecs, dont il est évidemment le type. On ne peut donc y voir en même temps l'origine du centaure, dont la place dans le ciel est d'ailleurs assez éloignée de celle du Sagittaire; on remarque seulement qu'ils se regardent, et sont tous les deux tournés du côté de l'autel et du Scorpion.

Il existe une tradition qui porterait à croire que le centaure a pu être transporté près des Poissons, comme paranatellon de ce signe, qui se lève quand le centaure se couche. Hygin[1] prétend que ce personnage, l'animal qu'il tient renversé devant lui, et l'autel, sont les sym-

---

[1] Hygin. *Poet. astronom.* lib. II, cap. 38.

boles d'un sacrifice. Suivant Ératosthène[1], le centaure tient dans ses mains, près de l'autel, un certain animal qu'il paraît vouloir sacrifier. En effet, dans le grand zodiaque de Denderah, on voit, près du Verseau et des Poissons, un homme qui tient d'une main un couteau de sacrifice, et de l'autre, un animal ressemblant à un loup ou à un chacal, qu'il est prêt à immoler; à côté, sont des victimes déjà frappées. Le zodiaque circulaire présente aussi à la même place une scène semblable.

Le planisphère du P. Kircher renferme plusieurs figures analogues à celles dont nous venons de parler. Sous le n°. 15, est un homme qui sacrifie un quadrupède : cet emblème est parfaitement reconnaissable dans les deux zodiaques de Denderah; seulement sa place n'est pas la même. Sous le n°. 25, on voit un personnage qui frappe d'un coup de lance un animal typhonien : cet emblème rappelle l'homme menaçant une espèce de bœuf, du grand zodiaque de Denderah; mais il est dans une situation entièrement opposée. Ces transpositions résultent peut-être des changemens faits par Kircher au dessin de Schalta.

Observation.

Nos principales inductions, dans quelques-uns des articles précédens, sont tirées de la situation respective des constellations; et nous avons eu recours surtout au zodiaque circulaire, parce qu'il a, plus qu'aucun autre, l'apparence d'un planisphère céleste. En effet, si l'on suppose la sphère projetée sur un cercle dont le pôle du

[1] Eratosth. *Cataster.* XL.

monde occuperait le centre, et dont les méridiens formeraient les rayons, on aura une représentation tout-à-fait analogue au planisphère de Denderah. Cela est surtout remarquable pour la bande zodiacale, qui, suivant cette méthode de projection, doit être tracée entre deux cercles dont le centre commun est au pôle de l'écliptique; car, dans le bas-relief de Denderah, les douze signes sont situés de cette manière par rapport au milieu du tableau. Si l'on cherche à tracer un anneau qui renferme le plus exactement possible les douze signes, on trouve que son centre doit être sur un rayon passant par le cancer, cet astérisme étant au-dessus de la tête du Lion et plus voisin du pôle qu'aucune autre constellation zodiacale. Cette disposition correspond évidemment à l'époque où le point solsticial était dans la partie du Cancer la plus voisine du Lion.

En admettant que le zodiaque circulaire est un planisphère céleste, on peut s'en servir avec avantage pour reconnaître les constellations, ainsi que nous l'avons fait pour le centaure; mais on doit bien se garder de croire qu'une exactitude mathématique a présidé à sa construction. Une circonstance prouve le contraire d'une manière incontestable : c'est que le cercle dont le centre est au pôle du monde, et qui serait tangent intérieurement à l'anneau des signes, passe par le centre de cet anneau, qui est le pôle de l'écliptique, avec une telle exactitude, que l'on croirait qu'il y a eu de l'intention de la part de l'auteur. Cependant cela ne peut pas être exact, puisque l'un des points est à 23 degrés et demi du pôle du monde, et que l'autre est à 51 degrés 30 minutes du même pôle, en supposant 30 degrés de largeur totale à la zone de l'écliptique qui renferme les signes.

Les zodiaques par bandes sont aussi des planisphères ; mais ils sont construits suivant une autre méthode : c'est simplement la zone zodiacale que l'on a développée, en plaçant en haut le côté du nord. Les méridiens, dans ce cas, sont représentés par des perpendiculaires à la ligne d'horizon du tableau, c'est-à-dire à celle sur laquelle les figures sont censées marcher.

§. 14. LE SERPENTAIRE ET LE SERPENT.

Le serpentaire est représenté par un homme tenant dans ses deux mains un serpent[1]. La sphère des Maures y représente une cigogne ou une grue placée sur un serpent[2].

Dans le grand zodiaque de Denderah, on voit immédiatement derrière le Taureau, un homme portant un serpent qu'il tient à deux mains : c'est le serpentaire et le serpent, qui se levaient au coucher du Taureau. Ce personnage ne se trouve qu'une fois dans le zodiaque égyptien, et l'on peut dire que par lui-même il est aussi reconnaissable qu'aucun des signes du zodiaque. Quant à la situation qu'il occupe sur le monument, elle vient de son aspect paranatellontique avec le Taureau. Son déplacement serait tout-à-fait inexplicable sans cette considération.

A la place correspondante du petit zodiaque de Den-

---

[1] Eratosth. *Cataster.* vi.
[2] Dupuis, *Origine des cultes*, tom. iii, part. ii, pag. 129.

derah, on a représenté un homme qui tient quelque chose d'analogue à un serpent ; mais, ce qui est plus remarquable, on voit au-delà, sur le même rayon, passant derrière le Taureau, un grand serpent à tête d'ibis.

Cet emblème est le même que la cigogne montée sur un serpent de la sphère des Maures. Nous avons eu l'occasion de reconnaître plusieurs fois que les Égyptiens, au lieu de représenter l'un au-dessous de l'autre deux animaux différens, ne dessinaient qu'un seul animal, ayant la tête de l'un et le corps de l'autre. Nous en citerons un exemple : près de la tête du bouvier du zodiaque circulaire, on voit, l'un au-dessous de l'autre, un épervier et un bœuf. Le dessinateur du grand zodiaque a mis, comme pour abréger, à la place correspondante, un épervier à tête de bœuf. Ces sortes d'abréviations devaient être fort communes dans l'écriture hiéroglyphique.

Au coucher du quatrième natchtron, correspondant au Taureau, lequel a pour symbole la *couleuvre*, est le serpent du serpentaire, qu'on trouve, dit Dupuis[1], dans le zodiaque du P. Kircher et dans celui de Denderah, comme paranatellon du Taureau.

Près du Taureau et de son opposé le Scorpion, on voit dans les divers zodiaques beaucoup de serpens, qui peuvent ainsi avoir rapport au dragon voisin du pôle, dont le lever a lieu avec celui du serpent.

La trentième division du Scorpion, dans le catalogue de Scaliger, porte la désignation de *serpens magno capite*.

[1] *Mémoire explicatif du zodiaque chronologique*, pag. 7.

§. 15. LE SCORPION.

Le Scorpion se lève droit et se couche la tête la première. Il a près de lui, suivant Firmicus[1], le renard et Ophiuchus à sa droite, et à sa gauche le cynocéphale et l'autel.

Le Scorpion des zodiaques égyptiens est représenté de la même manière. Il tourne la tête du côté de la Balance ou du couchant; mais il ne peut avoir Ophiuchus à sa droite, à moins qu'on ne suppose qu'il a le dos tourné du côté opposé au centre de la sphère. Cette hypothèse est sans fondement et sans probabilité. Il est plus croyable que Firmicus avait sous les yeux un globe céleste, d'après lequel il a fait sa description, et qu'il n'a pas fait attention qu'il se trouvait ainsi dans une position tout-à-fait contraire à celle de l'observateur. Les projections des Égyptiens sont plus commodes que des sphères, parce qu'elles représentent les astres dans la même situation où le ciel les offre à nos regards.

Ophiuchus, dont la position est bien connue, nous met à portée de rectifier une autre erreur de Firmicus; et il est évident que, par la droite du Scorpion, cet auteur a voulu dire le nord, et que la gauche est le midi. Cela est encore démontré par un second passage du même auteur[2]. « A gauche du Belier, dit-il, se lève Orion. » Or on sait qu'Orion est une constellation australe[3]. Cette

---

[1] Firmic. *Astronomic.* lib. VIII, cap. 26.
[2] *Ibid.* cap. 6.
[3] Les auteurs arabes, pour éviter les méprises du genre de celle qui a été faite par Firmicus, ont soin, dans leurs livres, de représenter deux fois chaque constellation; une fois *suivant la sphère*, et une autre fois *suivant le ciel*. On voit qu'une

explication était indispensable pour comparer le récit de Firmicus aux zodiaques égyptiens.

§. 16. LE RENARD.

Près du Scorpion du grand zodiaque de Denderah, et un peu au-dessus des autres figures, c'est-à-dire plus au nord, on voit sur le timon d'une espèce de charrue égyptienne un renard : c'est celui dont parle Firmicus. Dans le zodiaque circulaire, un renard semblable est au centre du planisphère, c'est-à-dire bien certainement au nord; mais il est fort éloigné du Scorpion. Théon nous apprend [1] que le renard fait partie du timon du chariot. Cet astre est, par conséquent, voisin du pôle.

Nous parlerons encore de ce symbole à l'occasion de la petite ourse.

§. 17. LE CYNOCÉPHALE.

Au midi du Scorpion du petit zodiaque de Denderah, et parmi les figures de la bande inférieure du grand zodiaque, qui est aussi la partie méridionale de cette représentation du ciel, on voit un cynocéphale et un autel.

L'accord qui existe entre l'exposé de Firmicus, dont nous avons parlé, et les scènes des zodiaques de Denderah, est infiniment remarquable. Il ne manque à ces dernières qu'Ophiuchus; mais il n'est pas extraordinaire que nous ne le trouvions pas près du Scorpion, puisque cette constellation a été réunie au Taureau, son parana-

---

des deux figures est la contre-épreuve de l'autre.

[1] Théon. *Scholia in Arati Phænomena*, tom. 1, pag. 68.

tellon, ainsi que nous l'avons vu ci-dessus à l'article du serpentaire.

Le cynocéphale est une constellation égyptienne que les Grecs n'ont point connue, ou n'ont point conservée.

§. 18. L'AUTEL.

L'autel est, suivant Ératosthène [1], celui sur lequel les dieux cimentèrent leur union contre les Titans [2]. Les mortels juraient en portant la main droite sur l'autel [3]. Les devins en faisaient autant, lorsqu'ils voulaient prédire l'avenir [4].

Nous avons vu, à l'article du Scorpion, que l'autel du zodiaque circulaire est facile à reconnaître par sa position : c'est une espèce de piédestal terminé par une corniche; au-dessus est une tête de belier, et à gauche une tête d'homme. La forme de l'autel du grand zodiaque n'est pas aussi bien caractérisée; c'est simplement un assemblage de trois montans traversés par une tablette horizontale repliée aux deux extrémités : mais la position de cet emblème auprès du cynocéphale, et les accessoires qui l'environnent, ne laissent point de doute. On voit en effet au-dessus un bras droit étendu, symbole des sermens des hommes et des conjurations des devins, et plus haut une tête humaine. Au nombre des hiéroglyphes adjacens, on remarque un autel, une coupe et des couteaux de sacrifice.

---

[1] Eratosth. *Cataster*. XXXIX.
[2] Hygin. *Poeticon astronomicum*, lib. II, cap. 39; Theon. *Scholia in Arati Phænomena*, t. 1, pag. 298.
[3] Eratosth. *Cataster*. XXXIX.
[4] Theon. *Scholia in Arati Phænomena*, tom. I, pag. 298 et 299.

Le dix-septième natchtron des Indiens, qui correspond au Scorpion, et par conséquent à l'autel, a pour un de ses symboles, *Offrande aux Dieux*.

La vingt-troisième station lunaire se nomme, chez les Qobtes, *Brachium sacrificii;* elle correspond au Capricorne[1], qui se lève quand l'autel passe au méridien, et la huitième station, qui se couche au même moment, porte le nom de *Cubitus*[2]. Ces symboles ont de l'analogie avec le bras étendu sur l'autel du zodiaque du portique de Denderah.

L'autel existe dans le zodiaque du P. Kircher, sous le n°. 36; mais il est déplacé.

Observation.

C'est peut-être ici le lieu de faire remarquer que les constellations australes dont nous venons de parler, savoir, le cynocéphale et l'autel, sont montées sur des barques, et qu'il en est de même de toutes les autres figures des deux bandes inférieures ou australes du grand zodiaque de Denderah. Cela nous fait voir que toute la partie du ciel qui environne le pôle antarctique, était considérée par les Égyptiens comme une grande mer.

Lorsque les anciens disaient que le ciel était appuyé de toutes parts sur la mer, ils n'entendaient pas parler de l'aspect du ciel par rapport à l'horizon terrestre : l'erreur aurait été trop grossière; et l'idée même serait fausse, puisque, pour le plus grand nombre des hommes, l'horizon est borné par la terre et non par la mer. Nous

[1] Kirch. *OEdip. Ægyptiac.* tom. II, part. II, pag. 246.
[2] *Ibid.* pag. 244.

croyons, au contraire, que cette tradition rappelle un système ingénieux. En effet, en construisant le dessin de la sphère céleste d'après leurs observations, les astronomes d'Égypte remarquèrent une lacune qui se trouvait dans la partie australe du ciel invisible pour eux. Donnant alors un libre cours à leur imagination, ils en formèrent une vaste mer qui limitait le ciel de ce côté, et sur laquelle ils supposèrent que la voûte céleste était en quelque sorte appuyée de toutes parts. Cette espèce d'édifice mythologique avait sa base au cercle polaire austral, et son sommet au pôle boréal; et en effet, on observe que presque toutes les figures des constellations ont leurs parties inférieures tournées vers le pôle antarctique.

§. 19. LE CROCODILE.

Les Grecs n'ont pas connu de constellation sous ce nom; mais on peut croire qu'il en existait une dans la sphère égyptienne, lorsque l'on voit un crocodile représenté sur le dos d'une figure typhonienne, entre le Scorpion et le Sagittaire du petit zodiaque d'Esné, au-dessus de la queue du Scorpion du grand zodiaque d'Esné, et au sud du Scorpion dans le planisphère du P. Kircher.

La place que cet amphibie occupe sur tous ces monumens, près du pôle austral et du Scorpion, s'accorde parfaitement avec le système mythologique des Égyptiens.

§. 20. NEPHTÉ.

On peut croire aussi qu'il a existé dans la sphère égyptienne une constellation sous le nom de *Nephté*, lorsque l'on voit, dans les deux zodiaques de Denderah et dans le petit d'Esné, une figure de Nephté près du Sagittaire. Suivant Kircher, la station ou mansion solaire qui correspondait au Sagittaire, était consacrée à Nephté[1].

§. 21. HERCULE.

La constellation connue d'Ératosthène sous le nom d'ἐν Γόνασιν[2], *Engonasin*, *Ingeniculus*, et dont on a fait Hercule, Thésée, Orphée ou Prométhée, est représentée par un homme portant une massue.

Elle se couche avec le Capricorne et le Verseau, et est suivie immédiatement par la lyre ou le vautour.

Dans le zodiaque circulaire au-dessus du Capricorne, est un personnage qui porte une massue ou un bâton, lequel n'est pas terminé comme l'est ordinairement le bâton augural. Derrière lui, et du côté du Verseau, est un épervier ou un vautour.

Dans le grand zodiaque d'Esné, en avant des Poissons et du côté du Capricorne, on voit un personnage qui tient également à deux mains une espèce de massue.

En avant du Capricorne du petit zodiaque d'Esné, on remarque aussi un personnage coiffé d'un casque et armé d'un bâton.

Ce personnage n'existe pas dans le grand zodiaque de Denderah; mais à une place correspondante, c'est-à-dire en avant du Capricorne, on voit un homme armé

---

[1] Kirch. *OEdip. Ægyptiac.* tom. II, part. II, pag. 156.
[2] Eratosth. *Cataster.* IV.

d'une lance, qui frappe un monstre typhonien à tête de bœuf. Cette scène se trouve semblablement située sur le planisphère de Kircher.

§. 22. LE SAGITTAIRE.

Le Sagittaire est appelé *Centaure* par un grand nombre d'auteurs. On l'a fait petit-fils de l'Océan[1]. Son amour pour la navigation s'était perpétué parmi les hommes. Il est observé de ceux qui voguent sur les mers; son vaisseau en est la preuve, dit Ératosthène[2].

Le Sagittaire des quatre zodiaques égyptiens est dessiné sous la forme d'un centaure; et dans trois de ces bas-reliefs, il a une barque sous les pieds.

Suivant Firmicus[3], à droite du Sagittaire se lève le navire Argo. Le vaisseau, et notamment l'étoile Canopus, se couchent quand le Sagittaire se lève : on ne voit donc pas ce que Firmicus a voulu dire; seulement on observe que cet auteur avait remarqué un rapport entre le Sagittaire et le vaisseau.

Le vingtième *sou* des Chinois est affecté de l'emblème d'une barque : il correspond au Sagittaire.

Firmicus ajoute : *in parte sinistra Sagittarii canem.* Nous avons vu, à l'article du Scorpion, que la gauche, suivant les descriptions de Firmicus, est la droite dans le planisphère de Denderah. En effet, sur ce planisphère, derrière le cynocéphale et à droite du Sagittaire, est un personnage à tête de chien.

[1] Germanici Cæsaris *Commentarii in Arati Phænomena*, t. II, pag. 72, edit. Lips. 1793.
[2] Eratosth. *Cataster.* XXVIII.
[3] *Astronom.* lib. v, cap. 27.

Sous le dix-neuvième natchtron indien, qui correspond au Sagittaire, on a placé une chienne.

Il est à remarquer que, lorsque le Sagittaire se lève, le grand chien se couche. Le personnage à tête de chien, et le cynocéphale, sont donc probablement les représentations de constellations secondaires, qui tiraient leurs noms de leur aspect paranatellontique avec Sirius. Ces constellations se levaient immédiatement après le Scorpion, et dans le même temps Sirius se couchait à la suite du Taureau. C'est sans doute pour cela que les deux points équinoxiaux étaient représentés par deux chiens.

Première observation.

Le goût que l'on attribue au Sagittaire pour la navigation, la barque ou le vaisseau dont on l'accompagne, et son voisinage du pôle austral à l'époque où le solstice était près du centre de la constellation du Lion, époque de l'établissement du zodiaque, tendent à prouver que les Égyptiens représentaient cette partie du ciel comme une grande mer, ainsi que nous l'avons dit ci-dessus à l'article du Scorpion. Le Capricorne à queue de poisson, le Verseau et les Poissons, étaient les signes les plus voisins du même pôle : aussi ont-ils les uns et les autres, comme le Sagittaire, plus ou moins de rapports avec les eaux.

Seconde observation.

En examinant l'ensemble du planisphère de Denderah et de la sphère grecque, on trouve une nouvelle preuve que ces monumens des connaissances astronomiques des anciens ont à peu près la même origine, et sont de l'époque où le Sagittaire, le Capricorne, le Verseau et les Poissons, étaient fort près de l'horizon austral, époque à laquelle on ne voyait en Égypte que peu d'étoiles au-delà de ces constellations. En effet, il y en a moins que partout ailleurs dans le planisphère de Denderah, et la sphère grecque n'en indique point.

Troisième observation.

Le Sagittaire du grand zodiaque de Denderah a deux faces; l'une est celle d'une femme, et l'autre celle d'un lion : en outre, il a une queue de scorpion jointe à celle de cheval. En formant cet emblème, n'aurait-on pas considéré l'époque où, le solstice passant de la Vierge dans le Lion, l'équinoxe passait du Sagittaire au Scorpion?

§. 23. LA LYRE OU LE VAUTOUR.

La constellation dont *Wega* est l'étoile principale, et qui est connue sous le nom de *la lyre*, est désignée aussi, dans les Commentaires de Hyde sur les tables d'Ulughbeig [1], sous le nom de سلحفاة, *testudo*, traduit du grec χέλυς, qui veut dire aussi bien *la lyre* que *la tortue*. Dans un manuscrit d'A'bd-el-Rahman, n°. 1110 des Mss. Ar. de la Bibliothèque du roi, nous avons vu une tortue; dans un autre du même auteur, n°. 1111, le plus an-

---

[1] Ulugh-beig. *Tab. cum comment. Th. Hyde*, pag. 18.

cien que l'on ait à la Bibliothèque du roi, nous n'avons pu reconnaître l'objet qu'on a voulu représenter, quoique la constellation y soit désignée sous le nom de *sulhafât* (la tortue). La sphère en cuivre dernièrement rapportée par le général Andréossy, et celle du musée Borgia, représentent une tortue au lieu de la lyre.

Dans la région du Sagittaire, les zodiaques égyptiens ne renferment rien qui représente une lyre, un vautour ou une tortue; mais, au point opposé du ciel, ou, pour mieux dire, à celui qui se couche quand *Wega* se lève, on trouve des emblèmes qui ont évidemment rapport à la tortue, au vautour, et même à la lyre.

En effet, ce point du ciel correspond aux Gémeaux; et au-dessus des Gémeaux du petit zodiaque d'Esné, on voit une tortue d'autant plus digne d'attention, que c'est le seul animal de cette espèce qu'offrent les quatre zodiaques. Dans le catalogue donné par Scaliger, à la troisième division des Gémeaux, on lit *vir testudine canens*. Il paraît, d'après cela, qu'il existait près des Gémeaux une constellation de la tortue, qui était paranatellon de la lyre, et qui se perdait sous l'horizon quand la lyre se levait. *Voyez* ci-après, à l'article de la tortue. C'est l'origine de la fable relative à l'invention de la lyre, que l'on devait, disait-on, à la destruction d'une tortue: car on raconte que les eaux ayant laissé à sec une tortue, elle tomba en putréfaction, à l'exception de ses nerfs, qui, étant touchés par Mercure, rendirent des sons[1]. Beaucoup de fictions de la mythologie des Grecs s'expliquent de la même manière. Nous n'en citerons qu'une.

[1] Germ. Cæsar. *Comm. in Arati Phæn.* tom. II, pag. 66.

Lorsque la lyre se couche, la Vierge monte sur l'horizon. De là est née la fable de la descente d'Orphée aux enfers avec sa lyre, pour chercher Eurydice. Cette explication est de Dupuis. Il aurait pu ajouter : Orphée perdit de nouveau son épouse au moment de franchir la limite des enfers. En effet, aussitôt que la lyre reparaît sur l'horizon, la Vierge, qui alors est au méridien, commence à descendre, et se précipite vers l'horizon occidental.

Dans les deux zodiaques de Denderah, on voit près des Gémeaux un épervier ou un vautour sur une tige de lotus.

Entre les Gémeaux et le Cancer du grand zodiaque d'Esné, est un grand vautour à tête de crocodile, les ailes étendues, et posé à terre. Il existe aussi au petit zodiaque; mais il n'est pas tout-à-fait à la place correspondante.

Cette partie du ciel où les Égyptiens ont représenté un vautour, se couchait quand la lyre se levait. Il n'est donc pas étonnant de trouver au nombre des noms de la lyre ceux de *vultur cadens*[1] et de *vultur deferens psalterium*.

Kircher définit ainsi la neuvième figure du planisphère qu'il a publié : *Simulacrum est tutulo insignitum, manibus instrumentum musicum portans, loco cujus Græci lyram posuerunt.* La lyre est en opposition paranatellontique avec le personnage indiqué, qui se trouve près des Gémeaux, comme la tortue et le vautour des zodiaques égyptiens. Le petit zodiaque d'Esné présente aussi, près de la tortue, un personnage portant un instrument de musique : le même personnage se retrouve encore au

---

[1] Ulugh-beig. *Tab. cum comment. Th. Hyde*, pag. 18.

grand zodiaque d'Esné; mais il est près des Poissons, et, par conséquent, totalement déplacé.

Le 2ᵉ décan des Gémeaux de la sphère persique donne l'indication suivante, *Homo tenens instrumentum musicum aureum, quo canit;* et le 3ᵉ décan fait mention d'un personnage analogue[1]. Ces figures, qui rappellent parfaitement celles des zodiaques d'Esné et du P. Kircher, se trouvent, comme on voit, assez près de la tortue et des Gémeaux.

§. 24. LA COURONNE AUSTRALE.

La couronne australe est jetée aux pieds du Sagittaire : c'est un petit cercle d'étoiles qui ressemble assez à une couronne.

Les zodiaques égyptiens ne présentent rien de semblable à la couronne australe, si ce n'est peut-être le petit vaisseau demi-circulaire qui est aux pieds du Sagittaire, ou le demi-cercle d'étoiles qui est au-dessous du Taureau dans le petit zodiaque d'Esné. En effet, lorsque le Taureau se lève, la couronne australe se couche, et réciproquement : c'est par une considération semblable que l'on a rapproché du Taureau la couronne boréale, ainsi que nous l'avons dit à l'article de cette constellation.

Quelques Arabes nomment la couronne australe *el-Kubba*[2], qu'on a traduit par *testudo, tabernaculum*, à cause de sa forme arrondie. *El-Kubba* veut dire propre-

---

[1] Scalig. *Notæ in sph. Manilii*, pag. 338 et 339.

[2] Ulugh-beig. *Tab. cum comment.* Th. Hyde, pag. 68.

ment *le dôme* ou *la voûte*. Ce nom peut s'appliquer aussi à la tortue, à cause de la forme et de la solidité de son écaille.

Si l'on observe que la couronne australe se levait en même temps que la lyre, et, par conséquent, lorsque la tortue se couchait, on concevra facilement comment elle a pu, de même que la lyre, porter un nom analogue à celui de la *tortue*.

§. 25. L'AIGLE.

L'aigle que l'on voit au ciel est, dit la fable, celui qui enleva Ganymède. Il volait contre le soleil sans en redouter les rayons [1].

Si l'on rapproche bout à bout les deux parties du petit zodiaque d'Esné, le Verseau, dont les Grecs ont fait Ganymède, se trouvant la dernière figure de l'un des tableaux, et un grand oiseau qui vole en sens inverse de la marche des signes, étant la première de l'autre tableau, ces deux figures seront à peu près l'une au-dessus de l'autre. Le grand oiseau volant au-dessus du Verseau est le seul emblème remarquable qui soit tourné du côté du levant, c'est-à-dire contre le soleil : ces circonstances ne paraissent-elles pas avoir un rapport frappant avec la fable de l'aigle et de Ganymède?

L'aigle était appelé *vultur volans* [2], peut-être par opposition au *vultur cadens*, qui se couchait quand l'aigle se levait. *Voyez* ce que nous avons dit ci-dessus, à l'article de la lyre.

---

[1] Eratosth. *Cataster.* xxx.
[2] Ulugh-beig. *Tab. cum comment. Th. Hyde*, pag. 24 et 25.

§. 26. LA FLÈCHE.

La flèche, dit la fable, est une de celles dont se servit Hercule pour tuer le vautour.

Le vautour était, comme nous l'avons vu ci-dessus, une constellation située près des Gémeaux, et, par conséquent, du Cancer, qui se couchent quand la flèche se lève. C'était donc ce vautour appelé *vultur cadens*, qui, allégoriquement parlant, était tué par la flèche.

C'est sans doute aussi par suite de cet aspect paranatellontique, que, dans le petit zodiaque de Denderah, on a représenté au-dessous du Cancer une femme qui porte un arc et une flèche.

Un personnage portant un arc et une flèche d'une main, et de l'autre une espèce de cimeterre, est derrière le Cancer du petit zodiaque d'Esné : le même personnage est au-dessus du Cancer du grand zodiaque d'Esné ; mais il ne porte pas de flèche : ne serait-ce point Hercule destructeur du vautour et libérateur de Prométhée ?

Près des Gémeaux, dans le zodiaque de Kircher, on voit un homme qui porte une flèche.

Le huitième natchtron des Indiens correspond à la première partie du Cancer, et a pour symbole une flèche.

§. 27. LE CAPRICORNE.

Le Capricorne a une tête de chèvre avec des cornes, des pieds de bête fauve et une queue de poisson[1].

C'est absolument de cette manière que les Égyptiens

---

[1] Eratosth. *Cataster.* XXVII.

ont représenté cette constellation. Les Grecs ont recourbé la queue du Capricorne; ce qui fait qu'elle a une forme bien moins naturelle que celle du zodiaque égyptien. La queue droite a été conservée dans la figure d'un manuscrit très-ancien d'Abd el-Rahman, Mss. Ar. de la Bibliothèque du roi, n°. 1111. Nous l'avons représentée sur la planche A jointe à ce mémoire, dans la colonne du Capricorne.

§. 28. LE CYGNE.

Firmicus[1] associe le cygne au Sagittaire et aux Poissons. En effet, cette constellation se lève avec le Sagittaire, et se couche en même temps que les Poissons.

Au-dessous du Verseau du zodiaque circulaire, c'est-à-dire entre le Sagittaire et les Poissons, est un cygne.

Dans le grand zodiaque de Denderah, on voit, à quelque distance en avant du Verseau, et du côté du Sagittaire, un homme monté sur un cygne.

Enfin, il y a un cygne entre le Verseau et le Capricorne du petit zodiaque d'Esné, c'est-à-dire à égale distance du Sagittaire et des Poissons.

Il paraît donc certain que la constellation du cygne a une origine égyptienne. Nous devons faire observer toutefois que, dans les deux petits zodiaques d'Esné et de Denderah, elle est parmi les constellations australes; ce qui ne devrait pas être. Sa situation est mieux observée sur le grand zodiaque de Denderah, puisqu'elle appartient à la bande supérieure.

[1] *Astronomic.* lib. VIII, cap. 14 et 17.

§. 29. LE DAUPHIN.

La constellation du dauphin est composée d'un nombre d'étoiles égal à celui des muses [1].

Le zodiaque circulaire de Denderah présente un groupe de neuf étoiles au-dessous du Cancer, qui se couche quand le dauphin se lève.

§. 30. LE VERSEAU.

Quelques-uns prétendent que le Verseau est Ganymède, que Jupiter fit enlever au ciel par son aigle [2]. *Voyez* ce que nous avons ci-dessus, à l'article de l'aigle.

Trois des figures qui représentent le Verseau dans les zodiaques égyptiens, ont une ceinture nubienne, et deux sont coiffées de lotus. On sait que le lotus est l'attribut principal du Nil. La ceinture nubienne indique les contrées méridionales d'où ce fleuve apporte, avec ses inondations, les principes de la fécondité de l'Égypte.

Dans le zodiaque circulaire, on voit, un peu en arrière du Verseau, sous les Poissons, un homme qui porte à deux mains une espèce de cage ou de nid sur lequel est un oiseau; et le catalogue publié par Scaliger [3] indique, à la première division du Verseau, un homme portant des oiseaux. Ce rapprochement est d'autant plus remarquable, que le personnage du zodiaque est très-extraordinaire par lui-même, et qu'on n'en voit guère de semblables parmi les bas-reliefs égyptiens.

[1] Eratosth. *Cataster.* XXXI.
[2] Id. *Cataster.* XXVI.
[3] Scalig. *Notæ in sphæram Manilii*, pag. 456.

Les 23ᵉ et 25ᵉ natchtrons, sous lesquels on trouve le lion et la lionne, sont compris dans la constellation du Verseau, qui se couche quand le Lion se lève, et réciproquement[1].

Le 24ᵉ natchtron, sous lequel on a placé une *jument*, correspond au Verseau; et sous celui-ci, dans le zodiaque circulaire, on voit un cheval sans tête.

Le passage au méridien de la couronne australe, qui est un cercle d'étoiles placé entre l'autel et le Sagittaire, fixe le lever du 24ᵉ natchtron, qui a reçu pour symbole un *cercle d'étoiles* ou un *joyau circulaire*[2].

Enfin, on a affecté le corbeau au 24ᵉ natchtron, parce que le corbeau céleste se couche au lever de ce natchtron[3].

Le 25ᵉ natchtron est affecté du symbole *tête à deux faces*. Dupuis fait remarquer que le lever du 25ᵉ natchtron est annoncé par le passage au méridien de la tête du Sagittaire, qui a deux faces dans le zodiaque de Denderah[4]. Nous ferons observer que derrière le Verseau, dans les deux petits zodiaques d'Esné et de Denderah, on voit un personnage *à deux faces*, qui n'est pas le Sagittaire, et qui, probablement, est l'origine du symbole du 25ᵉ natchtron. *Voyez* ce que nous avons dit de ce personnage à deux faces, à l'article de Janus.

§. 31. LE POISSON AUSTRAL.

Le poisson austral boit l'eau qui sort du vase du Verseau[5].

---

[1] *Zodiaque chronologique*, p. 8.
[2] *Ibid.* pag. 12.
[3] *Ibid.* pag. 9.
[4] *Zodiaque chronologique*, p. 12.
[5] Eratosth. *Cataster.* xxxviii.

L'étoile principale de cette constellation, *Foumalhaut*, est située au-dessous et entre les deux signes du Verseau et du Capricorne.

Dans le zodiaque circulaire de Denderah, entre le Capricorne et le Verseau, à l'extrémité de l'eau qui tombe des vases du Verseau, et par conséquent aux pieds de ce personnage, on voit un poisson au-dessous duquel est une étoile remarquable. Ce poisson est la seule figure qui se trouve entre le Capricorne et le Verseau : c'est évidemment le poisson austral.

§. 32. LES SACRIFICES.

Au-dessous du Verseau du zodiaque circulaire, sont huit figures agenouillées et les mains liées derrière le dos : au-dessus, on a représenté un homme qui sacrifie une gazelle, et un cheval sans tête (*voyez* l'article du centaure, §. 13). Le même sacrificateur se trouve parmi les figures du grand zodiaque de Denderah en avant du Verseau, et à côté de lui est un autre personnage sans tête. Derrière le Verseau du zodiaque du grand temple d'Esné, on voit un homme assis, les deux bras étendus, et dont la tête est remplacée par une espèce de palme. Enfin, dans le zodiaque du petit temple d'Esné, on remarque, au-dessous du Verseau, neuf personnages à genoux, les mains liées derrière le dos, environnés de couteaux et sans tête. Si l'on ouvre le catalogue donné par Scaliger[1], à l'article du Verseau, on lit, viie division, *Evaginatus cultellus humi jacens;* x[e] division, *Vir*

---

[1] Scalig. *Notæ in sphæram Manilii*, pag. 456 et 457.

stans sine capite; xie division, *Vir armatus sine capite;* xixe division, *Vir caput amputatum manu tenens.*

Il est impossible que les scènes de sacrifices représentées par les Égyptiens près du Verseau, et celles qui sont décrites à différentes divisions de ce signe par Scaliger, n'aient point une origine commune. On la trouverait dans les sacrifices qui se faisaient au Nil, représenté par le Verseau, à l'époque de l'inondation; sacrifices dont la tradition est parfaitement conservée, puisqu'encore actuellement on en fait tous les ans le simulacre à l'ouverture du canal du Kaire. Cette époque était marquée par le lever acronyque d'une constellation que nous appellerons *les sacrifices.*

§. 33. PÉGASE.

Le cheval Pégase fit jaillir d'un coup de pied, sur le mont Hélicon, la fontaine fameuse appelée *Hippocrène* [1].

On remarque au ciel, entre les Poissons, un carré formé par quatre belles étoiles, appelé vulgairement *le carré de Pégase.*

Dans les deux zodiaques de Denderah, on voit, entre les deux Poissons, un parallélogramme rectangulaire, tout couvert du caractère hiéroglyphique qui représente l'eau. On ne saurait mieux exprimer, dans le langage symbolique des Égyptiens, un bassin ou une fontaine; et cet emblème est probablement l'origine de la fable de l'Hippocrène et de Pégase.

[1] Eratosth. *Cataster.* xviii.

§. 34. LES POISSONS.

Les Poissons étaient réunis par un lien [1].

Dans le planisphère de Denderah, ils sont attachés par la queue ; à Esné, ils sont liés par la tête.

§. 35. LE PORCHER.

On rapporte que les Égyptiens ne labouraient pas, mais qu'ils se bornaient à lâcher des pourceaux sur le limon, après la retraite des eaux. Ce dernier période de l'inondation correspondait aux Poissons lors de l'établissement du zodiaque. N'est-il pas curieux, d'après cela, de trouver au-dessous des Poissons du petit zodiaque de Denderah, et en arrière de ceux du grand zodiaque, un personnage tenant d'une main, par les pattes de derrière, un porc qu'il semble prêt à lâcher? Les auteurs anciens ne sont pas d'accord relativement à l'usage des Égyptiens dont nous avons parlé ; en sorte qu'il serait possible que la tradition qui subsiste à ce sujet, provînt seulement d'un symbole mal compris ou mal interprété ; mais il n'est pas douteux que le symbole et la tradition n'aient une origine commune.

La constellation du porcher n'a point été conservée par les Grecs, ou même ils ne l'ont point connue.

§. 36. CÉPHÉE.

Céphée était roi d'Éthiopie [2]. On le représente les bras et les mains étendus ; ses pieds sont écartés [3]. Les

---

[1] Eratosth. *Cataster.* XXI.
[2] *Ibid.* XV.
[3] Hygin. *Poet. astronom.* lib. III, cap. 8.

Grecs l'appelaient quelquefois *le vieux marin*. On lui donnait une ceinture et une tiare.

Sur le petit zodiaque d'Esné, on voit un personnage représenté dans une attitude très-animée; ce qui a rarement lieu dans les bas-reliefs égyptiens. Il a les jambes écartées et les bras étendus, et il est coiffé d'un bonnet en forme de mitre; il a une ceinture remarquable. Il est placé entre le Taureau et les Gémeaux.

Dans le grand zodiaque de Denderah, ce même personnage, monté sur une barque, a une main levée en arrière, et, de l'autre, il tient un bâton augural. Il est près des Gémeaux.

Le même personnage se trouve encore entre le Taureau et les Gémeaux, mais au-dessous de ces constellations, dans le zodiaque circulaire. Derrière lui est une sorte de sceptre de lotus, surmonté d'un épervier ou d'un vautour. Nous en avons parlé à l'article de la lyre.

Si les attributs de ce personnage, que nous retrouvons dans trois zodiaques égyptiens, nous portent à croire qu'il peut être celui dont les Grecs ont fait Céphée, il n'en est pas de même de la situation qu'il a dans ces bas-reliefs. La place qu'il occupe, entre le Taureau et les Gémeaux, ne convient, sous aucun rapport, à Céphée, qui se lève avec le Verseau lorsque le Lion se couche, et qui se couche avec le Belier quand la Vierge se lève. Ce déplacement nous laisse des doutes que nous avons dû manifester ici. Les autres constellations qui ont, ainsi que Céphée, rapport à la fable d'Andromède, présentent la même incertitude, comme on va le voir.

§. 37. CASSIOPÉE.

Cassiopée est représentée assise sur un trône[1] ; ce qui la fit nommer *la femme au trône*, ou simplement *le trône*. Elle est renversée, et se couche la tête la première.

Près du centre du planisphère circulaire de Denderah, et au-dessus de la Balance et du Scorpion, qui se lèvent quand Cassiopée se couche, on voit une petite figure assise sur une espèce de trône, et qui porte les bras en avant; une autre figure semblable est dans un disque, au-dessus de la Balance. Ces personnages sont en quelque sorte renversés, par rapport au plus grand nombre des figures voisines.

§. 38. ANDROMÈDE.

La constellation d'Andromède est plus étendue que celle de Cassiopée; elle est renversée dans le même sens, c'est-à-dire qu'elle se couche la tête la première. Elle est plus éloignée du pôle. Elle se couche aussi quand la Balance se lève.

Toutes ces considérations nous ont fait croire que cette constellation peut être représentée par la deuxième figure assise du zodiaque circulaire dont nous avons parlé à l'article précédent, et qui est renfermée dans un disque au-dessus de la Balance; d'autant mieux que le monstre auquel la fable dit qu'Andromède fut exposée, est, comme on le verra à l'article de la baleine, le lion marin, placé immédiatement au-dessous de la Balance.

[1] Eratosth. *Cataster*. XVI.

Dans ce cas, le personnage très-voisin de là, qui est assis et dans une barque, ne pourrait-il pas avoir été *le vieux marin* dont on a fait Céphée? Alors celui que nous avons appelé *Céphée*, serait *Persée*.

§. 39. PERSÉE.

Persée fut armé par Vulcain d'un *harpé*, sabre recourbé, d'un métal très-dur[1]; il se couvrait d'un casque qui avait la vertu de le rendre invisible, etc.

Un personnage qui tient d'une main un sceptre, et de l'autre un sabre arrondi par le bout, est au nombre des figures du grand zodiaque d'Esné : il est au-dessus du Lion et du Cancer. Le même personnage se retrouve dans le petit zodiaque d'Esné. Seulement, au lieu d'un sceptre, il porte un arc et des flèches, et il a un casque sur la tête; genre de coiffure que l'on ne voit ordinairement, sur les monumens égyptiens, que dans les bas-reliefs relatifs à la guerre, et qui, par conséquent, n'est pas ici sans un motif particulier.

Les attributs de ce personnage sont bien ceux de Persée; mais la place qu'il occupe, n'est pas analogue à celle que cette constellation a dans le ciel. En effet, elle se lève avec le Bélier, quand la Vierge et la Balance se couchent; et elle se couche avec le Taureau, quand la Balance se lève.

La situation du personnage auquel nous avons reconnu des attributs de Céphée, s'accorderait mieux avec celle de Persée.

[1] Eratosth. *Cataster.* XXII.

ASTRONOMIQUES DES ÉGYPTIENS.

Observation.

On voit qu'il n'est pas possible de retrouver dans les bas-reliefs astronomiques des Égyptiens l'origine de la fable de Persée et d'Andromède, qui doit être presque entièrement d'invention grecque. Cependant, comme il y a quelques analogies entre plusieurs symboles représentés sur les monumens égyptiens et les personnages de la fable grecque, nous avons cru devoir les signaler : elles pourront par la suite conduire à des explications plus satisfaisantes.

§. 40. LE TRIANGLE.

Le triangle est placé dans le ciel immédiatement au-dessus de la tête du Belier : il se lève et se couche presque en même temps que lui. Suivant une des traditions rapportées par Érathostène [1], cette constellation représente la figure de la basse Égypte, appelée *le Delta*, et la triple propriété du fleuve qui la défend, la nourrit et sert à naviguer.

Au-dessus du Belier du zodiaque circulaire, on voit un groupe de trois figures infiniment remarquable, parce qu'on ne le retrouve dans aucun bas-relief égyptien, si ce n'est à la place correspondante du grand zodiaque de Denderah. La position de ce groupe dans le zodiaque circulaire est absolument la même que celle du triangle relativement au Belier; et de plus, deux étoiles sont situées l'une au-dessus de l'autre dans la

---

[1] Eratosth. *Cataster.* xx.

constellation, comme le cynocéphale et l'épervier dans le groupe égyptien; la troisième figure est celle d'un loup, d'un chacal ou d'un chien. L'assemblage de trois belles étoiles qui sont très-voisines l'une de l'autre, n'est-il pas mieux représenté par un groupe de trois figures que par trois lignes insignifiantes? et trois personnages symboliques ne sont-ils pas plus propres à représenter trois propriétés, celles du Nil, ou toutes autres, qu'une figure de géométrie? Nous ferons remarquer que l'épervier était consacré au soleil, le cynocéphale à la lune, et que le chien était un des attributs d'Isis ou de la terre.

Une autre circonstance assez remarquable, c'est que l'aigle aussi appelé VULTUR VOLANS, ou *l'épervier, le cynocéphale*, tel que nous croyons qu'il était placé, et Sirius ou *le grand chien*, forment, avec *le triangle* que les Égyptiens ont représenté par l'assemblage d'un *épervier*, d'un *cynocéphale* et d'un *chien*, quatre grandes divisions du ciel, de la même manière que Régulus, Antarès, Foumalhaut et Aldébaran [1]. Ces divisions tombent presque exactement au milieu des autres; de manière que le ciel serait partagé en huit divisions à peu près égales par des méridiens qui passeraient sur Antarès, Altaïr, Foumalhaut, le triangle, Aldébaran, Sirius, Régulus, et enfin le cynocéphale, dont la place ne nous est pas parfaitement connue. Ce dernier point de division serait mieux marqué par l'étoile de l'épi de la Vierge.

[1] Ce sont à peu près celles que traçaient les colures dans la sphère rapportée par Eudoxe.

§. 41. LA TÊTE DE MÉDUSE.

Un symbole remarquable du petit zodiaque de Denderah semble avoir quelque rapport avec les deux yeux représentés près des couronnes et du Taureau dans le petit zodiaque d'Esné, et avec la tête de Méduse : c'est un œil renfermé dans un disque placé au-dessus du Belier, à peu près comme la tête de Méduse l'est dans le ciel. Méduse, dit la fable, est une des trois Gorgones auxquelles était confiée la garde du fameux belier, et qui n'avaient pour elles trois qu'*un seul œil,* lequel était toujours ouvert[1].

§. 42. LE BELIER.

Le Belier est accroupi. Il a la tête tournée et regarde derrière lui : ses pieds se couchent les premiers[2].

Les deux zodiaques d'Esné et le planisphère circulaire représentent le Belier accroupi. Celui du grand zodiaque de Denderah est debout et semble courir.

Dans les quatre zodiaques, le Belier a la tête tournée et regarde en arrière.

Suivant le grand zodiaque de Denderah et le petit d'Esné, il est tourné du côté du couchant ; au contraire, selon le grand zodiaque d'Esné et le planisphère circulaire, il est dirigé vers le levant. Cette indétermination dans la situation du Belier, qui est indifféremment tourné d'un côté ou de l'autre, est remarquable. Elle

---

[1] Eratosth. *Cataster.* XXII.
[2] Hygin. *Poet. astronom.* lib. III, cap. 19.

n'existe que pour ce signe et pour le Taureau ; elle rappelle assez naturellement une tradition ancienne [1], relativement au belier, qui se couche, dit-on, six mois sur un côté et six mois sur l'autre, à l'imitation du mouvement du soleil.

En opposition au Belier du zodiaque circulaire de Denderah, on voit,

1°. Une femme armée d'un arc et d'une flèche ;

2°. Une femme assise sur un trône, ayant la main droite élevée devant un enfant qu'elle tient de l'autre main : nous en avons parlé à l'article de la Vierge ;

3°. Une autre femme tenant dans chaque main des vases semblables à ceux du Verseau : nous en avons parlé à l'article du vaisseau ;

4°. Un laboureur travaillant avec une houe qu'il tient à deux mains : nous en avons parlé à l'article du bouvier ;

5°. Un lion : nous en parlerons à l'article de la baleine.

Il est remarquable que le catalogue de Scaliger [2] donne les indications suivantes :

ARIES. VIIe division, *Cataphractus sagittam manu gestans.*
XVIIIe division, *Mulier throno insidens, dextrâ manu elevatâ.*
XVIe division, *Vir ex urceolo aquam effundens.*
XVIe division, *Vir ligone operans.*
XXIe division, *Canis clunibus insidens, ore ad leonem.*

Ce sont probablement des constellations qui ont servi pour les dénominations de ces diverses divisions du signe

---

[1] Ælian. *de Animalibus*, lib. x, cap. 18.

[2] Scalig. *Notæ in sphœram Manilii*, pag. 443.

du Bélier, dont elles étaient paranatellons[1]. Il est assez curieux de retrouver ces constellations dont les Grecs n'ont point parlé, parmi celles d'un zodiaque égyptien. Ces rapprochemens et ceux que nous avons faits précédemment, notamment à l'article du Verseau, sont de nature à nous donner une grande confiance dans les catalogues qui nous ont été transmis par Scaliger.

§. 43. LA BALEINE OU LE LION MARIN.

Cette constellation est appelée par les anciens du nom générique de *Cetos*. Les Hébreux l'appellent *le lion marin*[2]. Elle se lève quand la Balance se couche, et réciproquement.

On voit, près du cercle de bordure du zodiaque circulaire de Denderah, un lion accroupi, les pieds de devant posés sur un carré renfermant de l'eau; il est absolument dans la même situation, par rapport à la Balance et au pôle austral, que le lion monté sur une barque du zodiaque de Kircher. C'est *le lion marin;* et nous apprenons par-là que les Égyptiens lui donnaient l'épithète de *marin*, parce qu'il était voisin du pôle austral. Il paraît que les Grecs, trompés par ce nom, ont cru qu'il se rapportait à ces phoques qui étaient désignés chez eux par le nom de *lion marin*.

Dans le zodiaque égyptien, le lion marin et la Balance sont rapprochés à raison de leur opposition paranatellontique.

---

[1] *Voyez* ci-après, ch. III, §. IV, ce que nous disons de la manière dont ces dénominations ont été données.
[2] Kircher, *OEdip. Ægyptiacus*, tom. II, part. II, pag. 199.

Dans la sphère persique, au premier décan du Taureau, on lit, *navis magna, supra eam leo, etc.* C'est sûrement le lion marin, ou la baleine, qui se lève avec les premiers degrés du Taureau.

Dans le zodiaque du P. Kircher, on voit près du pôle austral, et dans le même fuseau que la Balance, un lion dans une barque; c'est évidemment le lion marin, dont la principale étoile, *Markab*, se lève quand la Balance se couche.

Ce lion a reçu l'épithète de *marin*, et il est monté sur une barque, parce qu'il est voisin de la partie australe du ciel, où les anciens représentaient une mer, et où se trouvaient le vaisseau, l'Éridan et le poisson austral, constellations qui ont toutes plus ou moins de rapports avec les eaux.

§. 44. LA GRANDE ET LA PETITE OURSE.

Une des constellations les plus remarquables est la grande ourse.

Suivant Hésiode, elle était fille de Lycaon; elle fut séduite par Jupiter. La grosseur de son ventre la trahit; elle perdit sa figure de fille et prit celle d'ourse[1]. Ératosthène, d'après Aratus, dit que les ourses furent les nourrices de Jupiter[2]. Les Égyptiens appelaient la grande ourse *l'astre de Typhon*[3]. Les étoiles du dos de l'ourse sur le quadrilatère se nomment *le cercueil*, FERETRUM; et les trois étoiles de la queue se nomment *les filles du*

---

[1] Eratosth. *Cataster.* 1.
[2] *Ibid.* 11.
[3] Plutarch. *de Iside et Osiride*, p. 359, edit. Xyland. Francof. 1599.

cercueil : ces dernières dénominations se sont conservées chez les Arabes [1].

La petite ourse s'appelle aussi *cynosura* ou *canis* [2]. Cette constellation est peu importante ; les Arabes la désignent sous le nom de *petit cercueil* [3].

On voit, près du centre du planisphère circulaire, une grande figure typhonienne et chimérique, qui est remarquable surtout par la grosseur de son ventre et de ses mamelles pendantes, semblables à celles des femmes en Égypte, surtout lorsqu'elles sont nourrices. En prenant pour esquisse la forme donnée par la position des étoiles de la grande ourse, on dessinerait facilement le monstre égyptien dans la situation où le présente le zodiaque circulaire ; c'est un travail que nous nous proposons de faire pour toutes les constellations égyptiennes. Au centre même du planisphère est un chien, ou un chacal, ou un renard ; car ces animaux sont à peu près de même forme. Près et au-dessus du Scorpion, qui est en opposition paranatellontique avec le Taureau, on voit, dans le grand zodiaque de Denderah, un animal de même nature, et de plus une figure typhonienne qui a de l'analogie avec celle du planisphère circulaire.

Voilà sans doute les deux ourses : cependant, comme la petite est peu remarquable, il serait possible que l'animal qui est au centre du planisphère circulaire, et au-dessus du Scorpion dans l'autre bas-relief, fût le

---

[1] Kirch. *OEdip. Ægypt.* tom. II, part. II, pag. 210; Scaliger, *Notæ in sphæram Manilii*, pag. 429; Ulugh-beig. *Tab. cum comm. Th. Hyde*, pag. 11 et 12.

[2] Eratosth. *Cataster.* II.

[3] Ulugh-beig. *Tab. cum comm. Th. Hyde*, pag. 9.

renard, ainsi que nous l'avons dit à l'article de cette constellation.

Entre le Belier et le Taureau du grand zodiaque d'Esné, on voit une momie. Dans le petit zodiaque, au-dessous du Belier, on aperçoit d'abord une espèce de niche en forme de sarcophage, renfermant une figure qui a l'attitude d'une momie; puis, au-dessus de ce sarcophage, une petite momie couchée; et enfin, au-dessous du Taureau, une momie étendue sur une barque.

Si l'on remarque à présent que la grande ourse se lève avec le Belier et le Taureau, toutes ces représentations de momies n'expliquent-elles pas les noms de *cercueil, filles du cercueil,* donnés aux étoiles de la grande ourse? Il est important d'observer que nulle part ailleurs, dans les zodiaques égyptiens, il n'y a de semblables momies.

Nous ajouterons qu'au premier décan du Taureau de la sphère persique, on lit : *Subter navi dimidium cadaveris mulieris mortuæ.*

Il est à remarquer que les momies des zodiaques d'Esné ne se trouvent pas dans ceux de Denderah, et que le monstre typhonien et le renard des zodiaques de Denderah n'existent pas dans ceux d'Esné.

§. 45. LE COCHER.

Le cocher se couche entre le Taureau et les Gémeaux; il tient à sa main la chèvre.

On dit qu'il attelait dans sa jeunesse des beliers ou

des agneaux à son char [1], sans doute parce qu'il se lève à la suite du Belier et de la chèvre.

Entre le Taureau et les Gémeaux des deux zodiaques d'Esné, on voit un homme qui tient à deux mains un bâton, et semble faire marcher devant lui un petit belier. Dans le grand zodiaque de Denderah, près de la Balance, qui se couche quand la chèvre se lève, on a représenté un personnage qui tient aussi un bâton de la même manière, mais on ne voit pas de petit belier à ses pieds : c'est peut-être une omission. Dans le planisphère circulaire, entre le Taureau et les Gémeaux, mais un peu au-dessus de ces figures, est aussi un petit belier dans la même attitude que celui du zodiaque.

De là on peut conclure avec quelque probabilité que toutes les fables relatives à la chèvre et au cocher sont d'invention grecque, et que primitivement chez les Égyptiens la constellation remarquable de la chèvre était représentée par un second belier, ou par un homme conduisant un belier, un simple berger; ce qui est plus dans le goût égyptien, et s'accorde mieux avec les hypothèses que l'on a formées sur l'invention et l'établissement du zodiaque. Cette constellation, en effet, annonçait très-bien l'ouverture des pâturages, qui se fait en Égypte un mois environ après le labourage, puisque son lever acronyque suivait celui du Taureau.

La huitième figure de la sphère du P. Kircher est désignée de la manière suivante : *Simulacrum in forma humana, hædum portans, unâque manu baculum, alterâ serpentem gestans.* Il paraît que Schalta a confondu et

---

[1] Nonn. *Dionys.* lib. xxxviii.

réuni les deux constellations du serpentaire et du cocher. Ces deux constellations sont en opposition paranatellontique dans le ciel.

§. 46. LE TAUREAU.

Le Taureau, selon Aratus, était représenté couché [1]; sur quelques monumens, il est dessiné dans l'attitude d'un taureau furieux : il est tourné vers le soleil levant, et se couche par conséquent à contre-sens.

Dans tous les zodiaques égyptiens, le Taureau est debout : celui du zodiaque circulaire semble courir du côté du couchant, mais il regarde en arrière; celui du grand zodiaque regarde devant lui le couchant. A Esné, le Taureau du grand zodiaque est en travers du plafond; mais il est tourné à droite comme sur le zodiaque circulaire, et regarde aussi derrière lui : celui du petit zodiaque est en sens inverse.

Ovide [2] dit que l'on ignore si c'est un bœuf ou une vache qu'on a voulu placer dans cette partie du ciel. L'animal représenté par les Égyptiens est évidemment un Taureau.

Ce Taureau, dit la fable, donna naissance à Orion. C'est lui dont les organes de la génération sont rongés par le Scorpion d'automne. Il est à remarquer qu'Orion se lève à la suite du Taureau, et que le Taureau disparaît quand le Scorpion se lève.

---

[1] Arat. v. 167, πεπληότα, expansum, incurvum.

[2] *Vacca sit an taurus, non est cognoscere promptum.*
Fast. lib. IV, v. 721.

Quelques-uns y voient le Taureau de Pasiphaé[1], l'une des pléiades, *mère du Minotaure, composé des parties de l'homme et de celles du bœuf.* En effet, lorsque le Taureau se couche, le bouvier, que les Égyptiens ont représenté par un homme à tête de bœuf, vient de se lever.

Le Taureau, dit-on, surprit Europe, et l'enleva dans le temple d'Esculape ou du serpentaire Cadmus. Quand le Taureau se lève, le serpentaire se couche, et réciproquement. Immédiatement après le Taureau du grand zodiaque de Denderah, on voit un personnage qui tient un serpent ; c'est le serpentaire, ainsi que nous l'avons démontré à l'article de cette constellation.

§. 47. LES PLÉIADES ET LES HYADES.

Les pléiades sont placées sur le dos du Taureau. L'une d'elles, dit la fable, s'enfuit vers le cercle polaire, pour éviter les poursuites d'Orion ou celles du Soleil. Elle y est connue sous le nom du *renard*. Nous en avons parlé à l'article de cette constellation et de la petite ourse. Les hyades sont au nombre de cinq, ou même de sept. Elles sont les étoiles du front du Taureau. L'une d'elles, remarquable par sa grosseur et son éclat, est placée sur l'œil du Taureau : les Arabes l'ont nommée *Aldébaran.*

Au-dessus du Taureau du petit zodiaque d'Esné, on voit un groupe de quinze étoiles placées en couronne sur un cercle complet. Au-dessous sont deux yeux dans un

---

[1] Germ. Cæs. *Comm. in Arat. Phænomena,* tom. II, p. 55, ed. 1793.

ovale, et plus bas encore sept étoiles rangées sur une portion de cercle. On pourrait être tenté de chercher là les pléiades et les hyades; mais il est plus probable que ce sont les couronnes boréale et australe, ainsi que nous l'avons dit en parlant de ces constellations.

On voit une sorte de poule en arrière du Taureau du zodiaque circulaire de Denderah. Un des symboles du cinquième natchtron, qui correspond au Taureau, est une poule. Dans le planisphère de Kircher, il y a, à la place correspondante[1], une figure désignée dans le texte sous le nom de *gallina cum pullis;* emblème sous lequel les Hébreux représentaient les pléiades.

§. 48. ORION.

Orion est représenté par la plus belle de toutes les constellations. Il était fils de Neptune, et avait la faculté de marcher sur les eaux[2]. Il est placé sur le fleuve Éridan, non loin du Belier, et renferme deux étoiles de première grandeur.

Cette constellation est si brillante, qu'il est impossible que les Égyptiens ne lui aient pas donné une des dénominations importantes de leur mythologie : c'était celle d'Horus[3]. On peut donc la chercher avec assurance sur les monumens astronomiques d'Esné et de Denderah.

Dans le grand cercle de bordure du planisphère, on voit, immédiatement au-dessous du Belier, un enfant

---

[1] Kirch. *OEdip. Ægypt.* tom. II, part. II, pag. 209.
[2] Eratosth. *Cataster.* XXXII.
[3] Plutarch. *de Iside et Osiride,* pag. 359.

ou un jeune homme accroupi sur une fleur de lotus, et portant son doigt sur sa bouche : c'est un des caractères les plus remarquables d'Horus et d'Harpocrate, qui ont souvent été pris l'un pour l'autre; tellement que plusieurs antiquaires pensent que c'était la même divinité sous des attributs différens. Ils étaient nés tous les deux l'index sur la bouche; mais Harpocrate avait un flocon de cheveux roulés sur l'oreille droite, signe distinctif que n'a point la petite figure du zodiaque. Comme on applique le plus souvent à Horus tout ce qui est relatif aux représentations d'un enfant assis sur un lotus, nous devons croire que c'est plus particulièrement Horus que l'on a voulu représenter sur le planisphère circulaire de Denderah.

Au-dessous du Belier du grand zodiaque de Denderah, on voit aussi deux Horus assis sur des lotus, dans des barques voisines l'une de l'autre. L'un est simplement assis; l'autre est accroupi.

On voit de même, immédiatement au-dessous du Belier du petit zodiaque d'Esné, un Horus accroupi sur une fleur de lotus.

Orion, qui, suivant la fable, avait la faculté de marcher sur les eaux, et dont la constellation était la même que celle d'Horus, n'offre-t-il pas une traduction fidèle de cet emblème égyptien d'Horus assis sur la fleur d'une plante aquatique?

§. 49. LE LIÈVRE.

Le lièvre fut mis au nombre des constellations comme un emblème de la fécondité[1]. Les Arabes l'appellent *le trône d'Orion*[2].

Nous avons vu que, chez les Égyptiens, Horus, assis sur une fleur de lotus, représentait la constellation d'Orion. Dans le ciel, le lièvre est au-dessous d'Orion, et au-dessus du fleuve Éridan, qui est le Nil, suivant Ératosthène[3].

Il est évident, d'après cela, que le trône d'Orion et le lotus étaient la même constellation. Le lotus des zodiaques égyptiens, dont l'idée est inséparable de celle du Nil et de la fécondité que l'Égypte doit à ce fleuve, et le lièvre de la sphère grecque, emblème de la fécondité, étaient deux symboles différens d'idées semblables: ils occupaient la même place dans le ciel. Il n'est donc pas douteux que ces deux noms appartiennent à la même constellation; et nous chercherions vainement le lièvre dans les zodiaques égyptiens où est le lotus, parce que ce dernier en tient la place.

On trouve aussi dans quelques catalogues[4] le nom de *nihâl* pour la constellation du lièvre. Or *nihâl* en persan veut dire *rejeton*, *jeune pousse*, et, en arabe, *nihâl* est le pluriel de NEHEL, *potus*, boisson, ou de NAHIL, *potans*, buveur. Ces diverses interprétations du mot *nihâl*, dans les langues orientales, ne peuvent-elles

---

[1] Arat. *Phænom.* tom. 1, p. 85.
[2] Ulugh-beig. *Tab. cum comm.* *Th. Hyde*, pag. 49.
[3] Eratosth. *Catasler.* xxxvii.
[4] Ulugh-beig. *Tab. cum comm.* *Th. Hyde*, pag. 49.

pas nous autoriser à appliquer ce nom à la jeune tige du lotus, plante qui se plaît en Égypte, dans les *eaux douces*, et qui était par cela même un emblème de l'inondation?

Nous avons néanmoins des raisons de croire que cette constellation était aussi connue des Égyptiens sous le nom et la configuration du lièvre. Nous les trouvons dans l'examen des bas-reliefs d'origine égyptienne, très-multipliés dans les cabinets d'antiquités, et qui représentent une divinité tenant d'une main un Scorpion et de l'autre un lièvre. Cette allégorie représentait l'état du ciel lorsque le Scorpion se levait et que le lièvre se couchait, et lorsque le point de l'écliptique qui correspondait au solstice pour l'époque de Thèbes, était au zénith.

§. 50. LES GÉMEAUX.

Les Arabes nomment les Gémeaux, *les Époux* (جوزا *Gauzâ*). En effet, les Égyptiens ont partout représenté cet astérisme par un homme et une femme.

A Esné, ils marchent tous les deux du même côté et regardent le Taureau : ils semblent se frapper la poitrine.

A Denderah, ils se donnent la main. Ils se regardent dans le zodiaque du portique, au lieu qu'ils marchent à la suite l'un de l'autre sur le planisphère circulaire.

Ceci est une nouvelle preuve que les Égyptiens n'étaient pas astreints à des formes absolument invariables, même dans les représentations des signes du zodiaque, qui semblaient cependant exiger plus d'exactitude que d'autres emblèmes.

Le deuxième décan des Gémeaux de la sphère persique donne l'indication suivante[1] : *Homo tenens instrumentum musicum aureum, quo canit.* Le troisième décan fait mention d'une figure analogue. Presque au-dessus des Gémeaux, et par conséquent assez près du Taureau du zodiaque d'Esné, on voit une figure assise portant un sistre.

Le deuxième et le troisième décan des Gémeaux de la sphère indienne désignent des hommes portant des flèches[2]; et dans le petit zodiaque d'Esné, on voit près du Cancer, et non loin des Gémeaux, un personnage qui porte des flèches.

Ces rapprochemens sont de la même nature que ceux que nous avons faits aux articles du Verseau et du Belier, et nous confirment de plus en plus dans l'opinion que les sphères publiées par Scaliger ont véritablement une origine égyptienne.

§. 51. LA TORTUE.

On trouve dans le petit zodiaque d'Esné, au-dessus des Gémeaux, une tortue. C'est le seul animal de ce genre que l'on rencontre sur tous les bas-reliefs astronomiques.

Parmi les figures qui accompagnent les signes du zodiaque autour de l'autel rond découvert à *Gabies*, l'on voit une tortue ailée entre les Gémeaux et le Cancer[3].

---

[1] Scalig. *Notæ in sph. Manilii*, pag. 338 et 339.
[2] *Ibid.*
[3] On voit aussi, sur le monument

Nous avons fait voir, à l'article de la constellation de la lyre ou du vautour, les raisons que nous avions de croire que les anciens Égyptiens avaient une constellation de la tortue, voisine de celles des Gémeaux et du Cancer. Cet emblème pouvait avoir quelque rapport avec la marche lente du soleil à l'approche du solstice.

Les Arabes ont souvent représenté une tortue au lieu de la lyre[1]. Cette substitution de la tortue à la lyre peut avoir eu lieu par suite de l'opposition paranatellontique de ces constellations.

La tortue pourrait encore avoir été la même constellation que la lyre, sans qu'il y eût rien de changé à tout ce que nous avons dit : seulement alors le symbole du zodiaque d'Esné, au lieu d'être à sa véritable place, serait transposé comme plusieurs autres, tels que le serpentaire et la baleine, et reporté à un autre point de l'horizon. La tortue voisine du solstice d'hiver ne serait pas moins significative que près du solstice d'été, pour exprimer la marche lente du soleil.

§. 52. L'ÉRIDAN OU LE FLEUVE.

L'Éridan, nommé ainsi par Aratus, paraît avec plus de vraisemblance devoir représenter le Nil, suivant Ératosthène[2].

---

de Gabies, qui fait aujourd'hui partie du Musée royal, d'autres figures étrangères aux signes du zodiaque, qui, par leur forme et leur situation, semblent être des constellations. *Voyez*, pour la description de ce monument, M. Visconti, *Villa Borgia*, tom. III, pag. 49, et pl. 16 et 16 *bis*; et M. Millin, *Galerie mythologique*, tom. I, pag. 21 et 22.

[1] *Voyez* ce que nous avons dit à l'article du vautour.

[2] Ératosthène, *Cataster.* XXXVII.

Les zodiaques égyptiens n'ont aucune figure de cette constellation sous une forme qui caractérise le Nil. Tous les auteurs s'accordent à dire que c'était un fleuve ou une mer, qui formait, du côté du pôle austral, un amas d'eau considérable. D'après cela, nous croyons que les deux larges bandes qui enveloppent les zodiaques de Denderah, et où l'on a représenté de l'eau, sont la mer ou le fleuve dont les Grecs ont fait l'Éridan.

Orion, la baleine, le poisson austral, le vaisseau, et toutes les constellations *aquatiques*, si l'on peut se servir de cette expression, occupent la partie méridionale du ciel, et plusieurs d'entre elles posent sur l'Éridan. Les pieds d'Orion étant très-voisins de cette mer ou de ce fleuve, il n'est pas étonnant que l'on ait dit, ainsi que nous l'avons rapporté ci-dessus, §. 48, que ce personnage avait la faculté de marcher sur les eaux.

§. 53. LE CANCER.

L'animal qui occupe la place du Cancer dans les zodiaques égyptiens, a toujours plus ou moins de ressemblance avec le crabe ou écrevisse de mer. Celui du grand zodiaque de Denderah représente un scarabée dont les pattes finissent en pinces de crabe. Sur le petit zodiaque, ce signe est retourné. Il rentre un peu dans l'intérieur du cercle suivant lequel sont placés les signes, et ne laisse aucun doute sur l'intention que l'on a eue de présenter le Lion comme le chef ou le conducteur des onze autres signes.

Les différences qui existent entre les diverses représentations du Cancer, sont assez notables pour prouver encore que les Égyptiens n'avaient pas astreint à des formes invariables, aussi rigoureusement que plusieurs personnes l'ont cru, les représentations de leurs figures allégoriques, même de celles qui ont trait à l'astronomie.

§. 54. LE GRAND CHIEN.

L'étoile la plus brillante du ciel est Sirius, qui indique la mâchoire inférieure du grand chien. La tête a une étoile que l'on appelle *Isis*[1]. On donne même le nom d'*astre d'Isis* à Sirius[2].

A la fin de la bande des signes du grand zodiaque de Denderah, où se trouvent le Verseau, les Poissons, le Belier, le Taureau, les Gémeaux et le Cancer, on voit une tête d'Isis enveloppée dans les rayons du soleil. M. Fourier explique cet emblème par le lever héliaque de Sirius, qui, à l'époque que nous considérons, arrivait au solstice d'été, au commencement de l'année rurale des Égyptiens, et au moment de la crue des eaux.

Il serait difficile, en effet, dans le génie de la langue allégorique des Égyptiens, d'exprimer d'une manière plus satisfaisante et plus ingénieuse un phénomène céleste de cette nature.

Le grand zodiaque de Denderah est le seul où l'on voie ainsi une tête d'Isis : elle ne peut représenter la constellation remarquable du grand chien, mais seulement le phénomène particulier du lever héliaque de

---

[1] Eratosth. *Cataster.* xxxiii.
[2] Plut. *de Iside et Osiride*, pag. 359, 365 et 376.

l'étoile d'Isis. Nous avons retrouvé cette constellation sous une forme très-reconnaissable : elle est au-dessous du Cancer du zodiaque circulaire, et un peu en avant du Lion. Là, en effet, on voit une vache dans un bateau, ayant une étoile entre ses cornes. L'étoile de Sirius, ou l'astre d'Isis, est exactement dans la même situation par rapport au Lion et au Cancer; et l'on sait que les attributs d'Isis sont particulièrement des cornes de vache et un vaisseau.

Le même emblème se voit encore dans le grand zodiaque de Denderah, entre le Lion et le Cancer; on le trouve aussi dans le petit zodiaque d'Esné.

Le grand chien Sirius, ou l'astre d'Isis, étant très-voisin du pôle austral, on dut le placer sur un bateau, comme le Lion marin et le Sagittaire.

On retrouve le même emblème dans la même place sur le zodiaque de Kircher; seulement la vache est debout sur la barque, et elle n'a pas d'étoile entre les cornes. Cette place convient parfaitement à la constellation de Sirius, qui est, comme l'on sait, dans l'hémisphère méridional, au-dessous des Gémeaux et du Cancer. L'auteur du zodiaque publié par Kircher a placé le grand chien dans l'hémisphère septentrional, au-dessus du Capricorne, à cause de l'opposition paranatellontique de ces deux points du ciel.

Un des symboles du huitième natchtron, qui correspond au Cancer, est le *buffle*.

§. 55. LE DRAGON.

Dans le zodiaque circulaire, à la place que devrait occuper la constellation du dragon, on voit un petit serpent replié sur lui-même, de la même manière que le dragon l'est autour du pôle : c'est presque le point central de ce planisphère. Si la position de cette figure convient bien à notre explication, il n'en est pas de même de ses dimensions; car ce serpent est loin d'avoir un développement comparable à celui du dragon de nos sphères.

Tout-à-fait à l'extrémité de la bande du Cancer dans le zodiaque rectangulaire de Denderah, on voit un serpent dressé sur sa queue et sortant d'une fleur de lotus : or, dans la *sphère de Thèbes*, la tête du dragon se lève au moment où se couche le lièvre, qui est, comme nous l'avons vu, la même constellation que le *trône d'Orion* ou le *lotus*. Dans le même instant, le point solsticial est au méridien supérieur. De quelque manière que l'on explique cette allégorie, c'est une chose remarquable de trouver ainsi réunies, au point solsticial du zodiaque de Denderah, deux constellations également distantes de ce point, et qui sont en opposition paranatellontique dans la sphère de Thèbes.

CHAPITRE II.

Du nombre des constellations égyptiennes.

Il résulte des rapprochemens que nous avons faits, que les figures accessoires des bas-reliefs astronomiques des Égyptiens sont des constellations, aussi bien que les signes du zodiaque. En effet, si l'on n'a aucun doute sur les douze astérismes principaux, pourquoi en aurait-on sur un grand nombre d'autres emblèmes que nous avons désignés, et qui ne sont pas moins reconnaissables, soit par leur forme, soit par leur position, soit par le sens symbolique qu'on peut leur attribuer? Une fois la coïncidence avérée pour quelques constellations extrazodiacales, on n'a plus de répugnance à la supposer pour les autres, en se laissant conduire par l'analogie; et ce qui paraissait problématique, devient un moyen de recherche et un guide certain.

Nous devons faire remarquer que nous n'avons point été entraînés par le désir d'accumuler des preuves à l'appui d'un système que nous aurions formé d'avance. Ce système est plutôt le résultat que le motif de nos recherches : les explications que nous avons données, se sont offertes naturellement, et nous ont rarement laissé d'incertitude. Les constellations que nous avons retrouvées, sont représentées par des figures qui n'ont point été répétées dans les zodiaques à d'autres places que celles qui satisfont à nos explications; en sorte que nous n'avons pas eu à choisir entre plusieurs symboles celui qui convenait le mieux, et que nos premières inductions ont presque toujours été confirmées.

On aurait donc une idée bien fausse de la matière que nous avons traitée, si l'on croyait qu'en l'examinant sous de nouveaux aspects, on pourrait en déduire un nombre indéfini d'explications aussi plausibles que celles que nous avons données.

Si toutes les constellations ne se retrouvent pas dans chacun des zodiaques égyptiens, on doit l'attribuer à ce que ce ne sont pas des tableaux généraux ou des planisphères complets, mais des scènes particulières, qui ont rapport à divers phénomènes célestes, à diverses fêtes religieuses, ou aux honneurs à rendre à diverses divinités. Ceci est démontré par les tableaux astronomiques d'Erment et des tombeaux des rois [1]. Ces tableaux, qui renferment seulement quelques constellations, paraissent destinés à représenter les deux équinoxes dans le Scorpion et le Taureau, tels qu'ils sont signalés dans le planisphère de Denderah [2]. Cette époque, fameuse dans l'antiquité, est celle où les quatre étoiles, *Antarès* du Scorpion, *Foumalhaut* du poisson austral, *Régulus* du Lion, et *Aldébaran* du Taureau, présidaient aux quatre grandes divisions égales du ciel par les colures; c'est celle qui est retracée dans le monument de Mithras, décrit par Hyde [3], Montfaucon [4] et Dupuis [5], et où l'on voit, comme au plafond du temple d'Erment,

---

[1] *Voyez* ci-dessus, pag. 385.
[2] *Voyez* notre Description des monumens astronomiques, *Appendice aux Descriptions*, n°. 11, p. 15.
[3] *Historia relig. veterum Persarum*, c. 4, p. 113, ed. Oxon. 1700.
[4] *Antiq. expl.* Supplément, t. 1, pag. 227, pl. 82.
[5] *Origine des cultes*, tom. III, 1ʳᵉ partie, pag. 42.

le Scorpion et le Taureau, accompagnant un personnage principal dans une attitude très-animée. On voit de plus, sur ce monument du culte des Perses, un lion représenté dans la même situation que celui du bas-relief des tombeaux des rois. Cette époque est encore consignée ou rappelée sur le devant d'une petite statue de Sérapis publiée par Pluche[1], où l'on voit distinctement quatre signes du zodiaque, savoir, le Taureau, le Lion, le Scorpion et le Verseau, entre les replis d'un serpent qui enveloppe la statue. Il y a quelques autres signes sur les côtés; et peut-être y étaient-ils tous, car sur d'autres figures semblables les douze signes sont représentés. Dans ce dernier cas, ceux qui sont dans la ligne principale, c'est-à-dire, dans celle du milieu sur le devant, sont encore le Taureau, le Lion, le Scorpion et le Verseau, caractère par lequel ils sont tout aussi bien distingués que s'ils existaient seuls. Enfin les bas-reliefs du musée Borgia à Velletri[2], celui d'Axum[3], ceux du cabinet du roi, publiés par Caylus[4], et d'autres semblables, où l'on voit Harpocrate qui tient dans ses mains un lion, un scorpion, des serpens, ainsi qu'un lièvre plus ou moins bien dessiné, indiquent aussi le solstice à l'époque où il était dans le Lion, époque à laquelle, en effet, lorsque le Lion était au zénith, on voyait en même temps, à l'horizon oriental, le Scorpion, le serpent du serpentaire et la tête du dragon, et à l'horizon

---

[1] *Histoire du ciel*, tom. 1, p. 71.

[2] M. du Bois-Aymé nous a procuré la connaissance de ces monumens, qui ne sont point encore publiés.

[3] Bruce, *Voyage en Nubie*, etc., Atlas, pl. 7.

[4] Caylus, *Recueil d'antiquités*, tom. IV, pl. 15 et 16; et tom. VII, pl. 6.

opposé la constellation du lièvre. Le même Harpocrate a sous les pieds des crocodiles qui sont là pour indiquer le Nil, ou le Verseau, représenté sur les zodiaques égyptiens par un personnage coiffé de lotus : en effet, lorsque le Lion est au méridien supérieur, le Verseau est au point le plus bas de l'hémisphère inférieur. Le travail de tous ces bas-reliefs n'est peut-être pas également ancien ; mais la composition est très-certainement une conception égyptienne de la plus haute antiquité. Nous avons réuni, dans une planche que nous joignons à ce mémoire, les principaux monumens astronomiques anciens où l'on retrouve les signes des équinoxes et des solstices suivant la sphère de Thèbes.

Pour résumer tout ce que nous avons exposé dans le chapitre 1er de cette section, nous avons joint à ce mémoire un tableau synoptique des constellations semblables dans les différens planisphères. C'est une espèce de table à double entrée, dont la première ligne renferme les noms de toutes les constellations groupées sous chacun des douze signes du zodiaque, et rangées dans l'ordre où nous en avons parlé. La première colonne verticale, à gauche, présente les noms des divers monumens astronomiques. Il eût été plus exact de dresser ce tableau en suivant l'ordre de droite à gauche, afin de mettre les figures dans leurs situations véritables les unes par rapport aux autres ; car c'est dans ce sens que le soleil parcourt le zodiaque et que les symboles sont dessinés. Peut-être l'usage des Orientaux, et notamment des Égyptiens, d'écrire de droite à gauche, n'est-il pas étranger à cette espèce de lecture des symboles astronomiques.

Dans notre tableau, on voit comment les constellations ont successivement changé de forme, parce que toutes celles qui portent le même nom, sont les unes au-dessous des autres dans une même colonne verticale. On peut y reconnaître aussi jusqu'à quel point chacun des planisphères est complet, puisque toutes les figures qui appartiennent au même planisphère, sont dans une même ligne horizontale.

Nous avons placé au bas de la même planche plusieurs zodiaques grecs, romains, indiens, arabes et gothiques. Il nous eût été facile d'étendre beaucoup ce tableau; cela nous a paru superflu pour l'objet que nous avons en vue. Nous nous sommes bornés aux monumens les plus authentiques et les mieux conservés.

Il résulte de ces divers rapprochemens une comparaison prompte et facile des symboles semblables; comparaison que l'on ne pourrait faire que très-péniblement sur des dessins séparés.

Des quarante-deux constellations connues d'Ératosthène, il n'y en a qu'une seule, Procyon, à laquelle nous n'ayons rien trouvé à comparer dans les zodiaques égyptiens. Il nous reste quelques doutes sur huit autres constellations; savoir, Hercule, Céphée, Cassiopée, Andromède, Persée, les pléiades, la flèche et l'Éridan. Toutes les autres ont été reconnues avec certitude.

Ératosthène, dans ses Catastérismes, ne fait pas mention séparément des constellations de la Balance, de la coupe, du serpent, du loup, de la couronne australe et de la chevelure de Bérénice; il en parle en même temps que du Scorpion, de l'hydre, du serpentaire, du centaure, du Sagittaire et du Lion. Nous retrouvons ces six constellations secondaires, plus ou moins clairement indiquées, dans les zodiaques égyptiens.

Il n'est pas douteux que le nombre des constellations des Égyptiens ne fût bien plus considérable. Au moyen des rapprochemens que nous avons faits, nous en avons reconnu plusieurs, telles que le cynocéphale et le porcher; mais nous sommes loin de croire les avoir toutes retrouvées.

Il est vrai qu'il y a dans les deux zodiaques de Denderah des personnages qui se répètent fréquemment, et qui, par cela même, semblent ne pouvoir représenter des constellations; ce sont, dans celui du portique, des figures d'Isis, au nombre de vingt-trois, presque toutes dans la même attitude et le même costume. Elles appartiennent à la bande supérieure, et sont les seules de cette bande que nous n'ayons pas reconnues pour des constellations. Elles ont été distribuées assez régulièrement entre les signes, et le plus souvent deux par deux. Dans le planisphère circulaire, ce sont des hommes à tête d'épervier, au nombre de neuf[1]. Quand bien même on admettrait que ces personnages ne sont pas des constellations, les autres figures seraient encore beaucoup plus nombreuses que les astérismes de la sphère grecque. Cette circonstance seule, à notre avis, prouverait l'antériorité du zodiaque des Égyptiens. En effet, à quelle époque ceux-ci auraient-ils amplifié une production

---

[1] Il est remarquable que les figures accessoires qui supportent le planisphère circulaire de Denderah, sont des Isis et des hommes à tête d'épervier.

grecque, pour la graver sur leurs temples ? Il est bien plus naturel de croire que les Grecs], pour composer leur sphère, ont choisi parmi les nombreuses constellations des Égyptiens, les plus remarquables, ou celles qui convenaient le mieux à leur mythologie. Le témoignage suivant d'Achille Tatius est positif à cet égard[1] : *In Ægyptiaca sphæra, neque draco in censum nominaque siderum venit; neque ursæ, neque Cepheus; sed aliæ sunt simulacrorum formæ, nominaque illis indita : ita neque in Chaldæorum astrologia. Græci porrò vocabula ista de insignibus heroïbus transtulerunt, ut comprehendi et agnosci faciliùs possent.*

CHAPITRE III.

De l'origine des noms des constellations; de l'époque des monumens astronomiques d'Esné, et de l'établissement du zodiaque.

§. I. *Des douze constellations zodiacales.*

Il est facile de remarquer que les constellations ne ressemblent pas aux personnages, aux animaux ou aux objets dont elles portent les noms. Les seuls exemples contraires que l'on pourrait citer, sont peut-être la couronne boréale, qui est assez bien représentée par l'assemblage d'étoiles auquel on a donné ce nom : les Gémeaux, qui le sont aussi convenablement par deux étoiles à peu près de la même grandeur; l'arc du Sagit-

---

[1] Petav. *Uranolog.* pag. 164.

taire et le Scorpion, dont les formes ont quelque analogie avec la situation des étoiles dans les constellations qui sont ainsi appelées. Un si petit nombre d'exceptions ne peut suffire pour faire croire que les noms des astérismes proviennent des contours fortuits que l'on aurait cru reconnaître aux groupes d'étoiles qui les composent; et il est évident que ce n'est pas dans le ciel qu'il faut rechercher l'origine de ces dénominations.

Les douze signes du zodiaque ont attiré presque uniquement l'attention des savans qui se sont occupés de recherches sur l'astronomie des anciens; et l'on a trouvé les motifs de leurs noms, en comparant les époques des travaux de l'agriculture et du changement périodique des saisons, avec les différentes apparences de la sphère céleste[1]. Par une application ingénieuse de cette remarque au climat de l'Égypte, Dupuis fait remonter l'établissement du zodiaque à une époque extraordinairement ancienne, à celle où le solstice était dans le Capricorne, c'est-à-dire à treize mille ans au moins avant J.-C.

Cependant, comment admettre une semblable antiquité, lorsque l'histoire, les monumens et la fable même, sont muets pendant un si grand nombre de siècles? Dupuis, que cette difficulté n'a point arrêté, expose pourtant[2] les raisons que l'on pourrait donner pour expliquer son système, sans avoir recours à une si haute antiquité. Une de ces raisons mérite une attention particulière, d'autant plus que Dupuis, après l'avoir déve-

---

[1] M. Fourier, qui a traité ce sujet dans ses Recherches sur les monumens astronomiques, a recueilli en Égypte beaucoup de faits qui n'avaient point été observés, et les a rapprochés avec un soin particulier.

[2] *Origine des cultes*, tom. III, part. 1ʳᵉ, pag. 340.

loppée, ne la combat par aucune objection. Voici les expressions de ce savant et ingénieux écrivain : « On pourrait dire que les inventeurs du zodiaque avaient placé les symboles représentatifs de l'état du ciel et de la terre dans chaque mois, non pas dans le lieu qu'occupait le soleil, mais dans la partie du ciel opposée; de manière que la succession des levers du soir de chaque signe eût réglé le calendrier et eût exprimé la marche des nuits, comme le disent Aratus et Macrobe. L'invention de l'astronomie appartiendrait encore incontestablement à l'Égypte, mais ne remonterait pas plus loin que l'époque où le Taureau était le signe équinoxial du printemps, deux ou trois mille ans avant l'ère vulgaire. Ainsi, dans cette hypothèse, lorsque le soleil, en conjonction avec le Taureau, arrivait le soir à l'horizon, le premier signe qui se trouvait alors à l'orient au-dessus de l'horizon, et qui finissait de se lever, eût été la Balance; et l'ascension de cette constellation eût ainsi désigné l'équinoxe de printemps. De même l'entrée du soleil au Lion eût été marquée le soir par le lever total et acronyque du Capricorne; l'entrée au Verseau ou au solstice d'hiver, par l'ascension du Cancer; l'entrée au Bélier, répondant aux moissons, par le lever du soir de l'épi, ainsi des autres; et tous les emblèmes recevraient le même sens. »

Cette explication est celle dans laquelle nous nous renfermons : c'est, d'après les témoignages de l'histoire, la seule que l'on puisse admettre; et d'ailleurs, il est certain que les premières observations furent celles des levers acronyques ou du soir. Ces observations étaient plus naturelles et plus faciles, et on les retrouve encore souvent en usage dans l'Orient. Ainsi, les mois chez les Indiens ne prennent pas leurs noms des signes ou des constellations que le soleil parcourt dans ces mois, ni des natchtrons où la lune se renouvelle, mais de ceux qui leur sont opposés : le calendrier chinois est réglé de la même manière [1].

Cependant les noms de quelques constellations furent aussi donnés d'après l'observation de leurs levers cosmiques. L'hydre, par exemple, qui se levait avec Sirius et le Lion, et qui s'étend jusqu'à la Balance, représentait le Nil, dit-on, parce qu'elle correspondait aux trois signes que le soleil parcourait lors de l'inondation : aussi remarque-t-on que la tête du Capricorne se levait quand celle de l'hydre se couchait, et que les dernières étoiles de cette constellation ne disparaissaient que lorsque le nœud des Poissons sortait de l'horizon. Les extrémités des tuyaux des fontaines en Égypte portaient l'effigie du Lion [2], et les gouttières des terrasses du temple de Denderah sont terminées de la même manière, parce que le Lion est le signe sous lequel le Nil sortait de son lit, c'est-à-dire, dans lequel le soleil se trouvait lors du débordement du fleuve : ceci se rapporte, comme on voit, à une observation de lever du matin. Enfin, on sait avec quel soin et quelle exactitude les Égyptiens ont observé le lever héliaque de Sirius. L'observation des levers du matin n'était donc pas étrangère à leur astronomie ; mais elle suppose dans la science un perfection-

[1] *Zodiaque chron.* pag. 14 et 15.
[2] Plutarch. *de Iside et Osiride*, pag. 366.

nement qui n'existait pas lorsque l'on a donné les premiers noms aux constellations.

§. II. *Remarque importante sur la disposition des signes des zodiaques d'Esné.*

Il y aurait une contradiction évidente entre les deux hypothèses que l'on formerait, l'une sur l'établissement du zodiaque, et l'autre sur l'époque de l'érection des édifices d'Esné, si l'on supposait qu'à cette époque le solstice d'été était dans la Vierge considérée comme signe et restreinte à trente degrés. Dans ce cas, en effet, la Balance n'aurait pas pu être inventée pour annoncer l'équinoxe du printemps, ni le Cancer pour annoncer le solstice d'hiver ; et toutes les explications des noms des constellations par les phénomènes naturels propres au climat de l'Égypte, seraient inadmissibles. Ce n'est donc point ainsi que l'on doit interpréter le zodiaque d'Esné. Pour expliquer la disposition des signes qu'il présente [1], il faut trouver la position de la sphère qui satisfait aux deux conditions suivantes : 1°. que la Vierge soit à la tête des douze constellations zodiacales ; 2°. que ces constellations se lèvent acronyquement au moment

---

[1] Depuis la remise de ce mémoire à la Commission, M. Fourier nous a fait connaître de quelle manière il explique la différence remarquable de la disposition des zodiaques d'Esné et de Denderah. Son explication est fondée sur diverses considérations qui conduisent toutes aux mêmes conséquences : elles résultent principalement de ce que les figures qui sont placées à la fin du zodiaque rectangulaire de Denderah, y représentent la première apparition de l'étoile d'Isis, et de ce que le premier signe doit être celui que le soleil parcourait tout entier après le commencement de l'année agricole. *Voyez* les Recherches de M. Fourier sur les monumens astronomiques de l'Égypte.

où arrivent les phénomènes naturels auxquels les signes se rapportent.

Pour concevoir comment ces deux conditions peuvent être remplies à la fois, on doit considérer que ce n'est pas au moment où le solstice a pénétré dans la constellation du Lion, que cet astérisme est devenu le chef des douze autres : il fallut pour cela que la totalité du Lion fût dépassée par le colure; ou peut-être seulement que son étoile la plus remarquable, Régulus, fût sous le colure, ce qui est arrivé 2250 ans avant J.-C.; ou tout au moins que le solstice eût parcouru la moitié de l'espace que le Lion occupe dans le ciel. Dans le premier cas, le zodiaque d'Esné n'aurait que douze cents ans d'antiquité avant J.-C., puisque le commencement du Lion est à quatorze degrés à l'ouest de Régulus. S'il fallait seulement que Régulus fût sous le colure, le zodiaque d'Esné ne pourrait avoir moins de 2250 ans avant J.-C. Enfin, dans l'hypothèse où il suffisait que la moitié de la constellation du Lion fût dépassée par le colure, le centre de figure du Lion étant à cinq degrés à l'est de Régulus, la situation des colures qui en résulte est antérieure de 360 ans à la précédente, et la Vierge aurait cessé d'être le chef des constellations zodiacales, 2610 ans avant J.-C. C'est l'époque qui convient le mieux à l'état du ciel décrit par Ératosthène [1].

Mais, dans tous les cas, on ne pourrait faire remonter la date du monument d'Esné beaucoup au-delà de vingt-six ou vingt-sept siècles avant J.-C., et, par exemple, l'éloigner de trois cents ans; car alors les levers

---

[1] *Voyez* ci-dessus, pag. 369 et suivantes.

acronyques des constellations zodiacales cessent visiblement de correspondre avec les phénomènes naturels, et le lever total du soir de la Balance n'arrive pas au moment de l'équinoxe.

L'auteur du zodiaque d'Esné nous paraît avoir indiqué l'époque où le point initial n'avait pas encore dépassé la moitié du Lion; car la Vierge n'est réellement pas en tête du tableau. Un sphinx à tête de femme et à corps de lion semble marquer le point de séparation des deux constellations, et il est dans la partie inférieure en avant de la Vierge. Dans la bande supérieure, au contraire, deux petits lions mis à l'extrémité du bas-relief, semblent signifier que le Lion occupe tout cet emplacement. L'auteur, à moins de partager en deux la figure du Lion, ce qui eût été tout-à-fait inusité, ne pouvait pas mieux rendre sa pensée. On peut remarquer encore que la rétrogradation de la première figure se propage dans presque tout le bas-relief : la Balance est en arrière du Cancer, comme la Vierge est en arrière du Lion; le Sagittaire est en arrière du Taureau; le Capricorne est en arrière du Belier, et le Verseau est en arrière des Poissons : ces symboles devraient se correspondre, si les deux bandes étaient interrompues exactement aux points de séparation du Lion d'avec la Vierge, et du Verseau d'avec les Poissons.

Dans le petit zodiaque d'Esné, on voit aussi que le Lion et le Verseau étaient absolument à la fin du tableau, tandis qu'à l'extrémité opposée les Poissons étaient précédés par d'autres figures. Il en était de même probablement pour la Vierge ; mais cette partie du bas-relief est détruite.

Cette digression, que nous n'aurions pu placer ailleurs dans le cours de notre mémoire, était cependant indispensable pour qu'on ne se méprît pas sur notre opinion, relativement à l'antiquité des monumens d'Esné.

§. III. *Des constellations extrazodiacales.*

Nous avons vu, dans le paragraphe précédent, que les constellations n'ont pas en général de formes assez bien caractérisées dans le ciel, pour que leurs noms en soient dérivés ;

Que les noms des douze signes du zodiaque sont tirés de la correspondance des phénomènes naturels propres au climat de l'Égypte, avec les aspects des étoiles ;

Que les observations faites à cette occasion sont les levers acronyques et totaux des constellations ;

Que ce genre d'observation, plus naturel et plus facile, était plus à la portée des premiers observateurs ;

Que les zodiaques d'Esné, qui commencent par la Vierge, s'accordent avec cette explication, et ne remontent pas à trois mille ans avant J.-C.

Nous nous occuperons actuellement des dénominations des constellations extrazodiacales. Elles ont été déduites des mêmes considérations que celles des douze signes ; car, à proprement parler, ces douze signes n'étaient que des fragmens du grand tableau du ciel, dont toutes les parties étaient également significatives. Une saison était annoncée non-seulement par le signe du zodiaque qui lui correspondait, mais encore par toutes les constellations qui se trouvaient à l'horizon en même temps que lui.

Il n'est pas douteux qu'antérieurement à tout système astronomique, à l'établissement du zodiaque et à sa division en douze parties égales, les noms des constellations existaient à peu près tels qu'ils ont été conservés. Ces noms avaient été inventés par les hommes les plus intéressés à être avertis des phénomènes qu'annonçait la marche progressive des astres, c'est-à-dire par les cultivateurs.

Les levers du soir des étoiles furent les premiers phénomènes astronomiques dont les yeux de ces observateurs furent frappés. Bientôt ils s'aperçurent que les étoiles qui se levaient à l'opposé du soleil quand cet astre se couchait, n'étaient pas toujours les mêmes. Ces phénomènes sont à peine remarqués par la plupart des hommes réunis dans les villes; ils sont mieux connus des habitans de la campagne, même dans nos climats, où, pendant la moitié de l'année, le ciel est couvert de nuages, et quoiqu'ils soient bien moins utiles pour régler les travaux des champs qu'ils ne l'étaient dans l'origine, lorsqu'il n'existait pas de calendriers écrits; mais ils devaient nécessairement être familiers aux habitans de l'Égypte, pour lesquels les constellations sont constamment visibles aussitôt que le soleil est descendu sous l'horizon, et qui n'avaient pas d'autres moyens pour régler leurs travaux agricoles.

Ces premières observations, d'où résulte la connaissance du mouvement propre du soleil, fournirent le moyen de partager l'année en espèces de saisons très-courtes et inégales en durée, qui ne furent dans l'origine que la succession des phénomènes les plus remarquables, tels que les diverses périodes de l'inondation, les temps du labour, de la moisson, etc., etc.

Ce que l'on peut donc imaginer de plus simple relativement à la classification des principaux astérismes, c'est qu'un groupe d'étoiles qui se trouvait au-dessus de l'horizon, au coucher du soleil, prit un nom analogue au phénomène terrestre ou à l'opération agricole ou à toute autre circonstance qui avait lieu à cette époque. La durée des phénomènes n'étant pas la même, les constellations dûrent nécessairement être inégales.

§. IV. *De la division de la sphère en parties égales entre elles.*

Les pasteurs ou les habitans des campagnes ayant primitivement nommé toutes les constellations de la manière que nous venons d'indiquer, lorsqu'ensuite les sciences se perfectionnèrent, et lorsque les astronomes voulurent diviser la marche du soleil en douze mois égaux, chaque division prit le nom de la constellation qui la remplissait en entier ou qui en faisait la plus grande partie, ainsi que nous l'avons expliqué. Les coïncidences ne purent être parfaites. Il est vraisemblable même qu'il se trouva sur la route du soleil plus de douze constellations; mais on les réunit, comme nous l'avons fait voir à l'article de la Vierge.

Cette division primitive doit être celle pour laquelle

douze divisions égales de l'écliptique correspondent le mieux avec les douze figures du zodiaque. On trouve, par une opération graphique sur la sphère, que la correspondance la plus exacte possible a lieu lorsqu'une des divisions passe entre l'arc du Sagittaire et le Scorpion, une autre entre les Gémeaux et le Cancer, une autre sur les pléiades, et une autre sur l'étoile du cœur du Lion, appelée *Régulus*. Ces divisions passent à 3 degrés 50 minutes à l'ouest de celles que l'on tracerait pour la division des signes en 1816. La précession étant d'un degré en soixante-douze ans, il y a mille neuf cent huit ans que la correspondance des divisions des signes avec la division primitive avait lieu. Elle existait aussi il y a quatre mille soixante-huit ans; elle se renouvellera dans deux cent cinquante-deux ans, puis encore dans deux mille quatre cent douze ans, et ainsi de suite tous les deux mille cent soixante ans.

La division qui correspondait à la constellation du Belier, il y a mille neuf cent huit ans, a pris le nom de *signe du Belier;* celle qui correspondait au Taureau, a pris le nom de *signe du Taureau,* et ainsi des autres : mais, par suite du mouvement rétrograde des points solsticiaux et équinoxiaux, les signes se sont trouvés déplacés par rapport aux constellations, de telle sorte qu'actuellement le signe du Belier correspond presque exactement au Taureau; celui du Taureau, aux Gémeaux, et ainsi des autres. La série des *constellations* compose le zodiaque *visible* ou *sensible;* la série des *signes* compose le zodiaque *rationnel*.

La correspondance qui existait, il y a mille neuf cent

huit ans, entre les signes et les constellations, ne peut pas nous donner la clef des symboles égyptiens; car on sait très-bien que ce n'est pas à cette époque, qui est à peu près celle où Hipparque observait, que le zodiaque a été inventé.

Pour trouver l'origine des noms des constellations, il faut remonter de deux mille cent soixante ans plus haut dans l'antiquité, et recourir à la correspondance qui eut lieu alors entre les douze divisions égales de l'écliptique et les constellations, en raisonnant dans l'hypothèse que nous avons établie plus haut, page 477. C'est l'époque de l'établissement du zodiaque, celle où le colure du solstice passait par Régulus, et celui des équinoxes, par la queue du Scorpion : c'est celle où Thèbes florissait, ainsi qu'Esné et Tentyris. Le même déplacement des signes par rapport aux constellations, qui a eu lieu depuis Hipparque jusqu'à nous, s'était déjà fait remarquer entre l'époque égyptienne et le siècle d'Hipparque; et il se renouvellera tous les deux mille cent soixante ans. L'époque d'Hipparque et la nôtre tombent à peu près à deux coïncidences des douze signes avec la division primitive.

On ne se contenta point de diviser l'écliptique en douze maisons solaires; chacune d'elles fut ensuite subdivisée en trois. Jamblique[1] fait mention de cette subdivision en trente-six parties égales, auxquelles on donna les noms de trente-six génies, qui variaient dans leurs formes et dans leurs attributs, et sous chacun desquels étaient trois autres génies inspecteurs.

---

[1] *De Myster. Ægyptior.* cap. 39.

Enfin chacune des trente-six divisions fut partagée en dix parties, à chacune desquelles présidait un génie particulier, sous le nom de *décan*[1].

Tous ces génies, tous ces personnages allégoriques, tiraient leurs noms des constellations : mais, celles de l'écliptique ne pouvant suffire à tant de dénominations, on-eut recours aux constellations australes et boréales qui se levaient ou se couchaient, c'est-à-dire qui étaient à l'horizon, en même temps que chacune des subdivisions des signes du zodiaque, ainsi que nous l'avons fait voir dans beaucoup de circonstances[2]; et comme, dans la sphère oblique, les astres qui se lèvent ensemble, ne se couchent point à la même heure, il en est résulté une foule de combinaisons, qui ont procuré une grande variété de dénominations.

C'est de la même manière que l'on a divisé l'écliptique en maisons lunaires auxquelles on a souvent donné les noms des constellations ou des portions de ces constellations qui s'y trouvaient comprises, comme on peut s'en assurer en cherchant l'interprétation de ces noms. Le nombre des divisions fut de vingt-sept et de vingt-huit. Le nombre de vingt-sept divisions vient, comme on l'a fait remarquer[3], de la relation que l'on a cherché à établir entre les stations de la lune et les décans. On associa pour cela, quatre par quatre, les génies inspecteurs des décans, et l'on eut exactement vingt-sept groupes qui représentèrent les stations lunaires. Nous pensons que cette division est plus récente que la divi-

---

[1] Salmas. *Ann. clim.* pag. 558 et 600.
[2] *Voy.* pag. 411 et 448.
[3] *Zodiaque chronologique*, p. 88.

sion en vingt-huit stations, qui a été bien plus en usage, que l'on retrouve chez les Chinois, les Perses et les Arabes, et qui remonte, comme on peut le démontrer, à l'époque de l'établissement des zodiaques, de même que la division de l'écliptique en douze parties égales. En effet, les maisons lunaires des Arabes et des Perses, au nombre de vingt-huit, occupent chacune 12 degrés 51 minutes 26 secondes ; elles commencent, comme on sait, à l'étoile du Belier, qui est à 116 degrés et demi à l'ouest de Régulus, ce qui fait neuf divisions lunaires ; en sorte que, si une des divisions lunaires passe par Régulus, une autre division passera à moins d'un degré de l'étoile γ du Belier. Dupuis[1] ne peut se résoudre à admettre comme point primordial une étoile si peu remarquable ; mais il aurait bien promptement changé d'avis, s'il eût observé la relation existante entre cette étoile et Régulus, qui est un des astres les plus brillans du ciel, qui se trouve presque sur l'écliptique, et dont toute l'importance se manifeste dans son nom Βασιλίσκος. Il est évident que, dans l'origine, le point de départ pour les vingt-huit maisons lunaires, comme pour les douze divisions solaires, était *Régulus*. Cette étoile n'a cédé le premier rang, comme chef de la division lunaire, que lorsque, l'étoile γ du Belier étant arrivée sous le colure des équinoxes, on a commencé l'année à l'équinoxe du printemps.

On voit, par ce que nous venons de dire, que les vingt-huit maisons lunaires correspondaient avec les douze divisions solaires, de manière que, dans l'origine, les co-

[1] *Zodiaque chronologique*, pag. 21.

lures se confondaient avec les première, septième, quatorzième et vingt-unième divisions lunaires, dans lesquelles se trouvaient *Régulus*, *Antarès*, *Foumalhaut* et *Aldébaran*. On voit également que, d'un équinoxe à un solstice, on comptait sept maisons lunaires. On pourrait donc trouver aussi à ce système quelques rapports avec l'institution de la semaine, qui est d'origine égyptienne, selon Dion Cassius [1].

CHAPITRE IV.

Des emblèmes sous lesquels les Égyptiens paraissent avoir représenté les planètes.

La période de sept jours, que l'on retrouve la même chez tous les peuples, prouve que les astronomes de l'antiquité avaient des notions sur la durée des révolutions des planètes, soit qu'on attribue l'ordre des jours de la semaine à la consécration des planètes à chacune des heures de la journée, soit qu'on le rapporte à une autre raison donnée par Dion Cassius et tirée de l'harmonie planétaire [2]. Dans l'un et l'autre cas, en effet, l'application des noms des planètes aux jours de la semaine résulte de l'ordre ci-après : Saturne, Jupiter, Mars, le Soleil, Vénus, Mercure, la Lune [3].

---

[1] Dion Cassius, *Histor. Roman.* liv. xxxix, §. xviii, p. 123, edit. Hamb. 1750.

[2] *Ibid.* et Dupuis, *Origine des cultes*, tom. iii, part. ii, p. 310.

[3] Pythagore, dans son système des douze sphères, adoptait l'ordre suivant : *Saturne, Jupiter, Mars, Mercure, Vénus, le Soleil, la Lune.* Dans son système de l'harmonie planétaire, il suit celui que nous avons indiqué, et d'où résulte l'institution de la semaine. (*Voyez* Bailly, *Hist. de l'astron. ancienne*, p. 211 et 215.)

On peut croire que le *domicile* et l'*exaltation* des planètes ont aussi pris naissance dans la mythologie des Égyptiens. Il serait donc assez extraordinaire de ne pas rencontrer dans les bas-reliefs astronomiques de l'Égypte, des sujets qui eussent rapport aux corps planétaires. Peut-être le mouvement de ces astres, par rapport aux étoiles fixes, a-t-il empêché les Égyptiens de les placer dans des tableaux qui semblent plus particulièrement consacrés à la représentation des constellations dans leurs situations respectives.

Serait-ce pour fixer en quelque sorte ces astres errans, et pour les rattacher à tout leur édifice astronomique, que les Égyptiens auraient affecté à certains signes du zodiaque l'exaltation des planètes? Nous savions qu'ils avaient représenté le soleil par un disque rayonnant; nous devions donc supposer qu'ils avaient représenté la lune et les autres planètes d'une manière analogue; et comme, en effet, plusieurs disques se trouvent dispersés parmi les constellations de divers zodiaques, nous avons eu l'idée de chercher s'ils n'auraient point de rapports avec quelques circonstances de l'exaltation des planètes. Voici ce que nous avons remarqué.

La Lune avait son exaltation dans le Taureau; or, au-dessus de trois des Taureaux des zodiaques égyptiens, on voit un disque soutenu sur un croissant; l'image est frappante et ne peut laisser aucun doute. Mais, dans le petit zodiaque d'Esné, on voit, en outre, au-dessus de plusieurs autres figures, et notamment du Belier, plusieurs disques semblables: il est vrai qu'ils sont pour la plupart voisins du Taureau.

Mars avait son exaltation sous le Capricorne; et l'on remarque, au-dessous du Capricorne du zodiaque circulaire, un grand disque dans lequel sont huit prisonniers enchaînés et à genoux.

Vénus avait son exaltation sous les Poissons; et sous les Poissons du planisphère circulaire, de même que près de ceux du grand zodiaque, les Égyptiens ont placé un disque dans lequel est un personnage qui tient un pourceau : dans le premier c'est une femme, et dans le second un homme.

Saturne avait son exaltation dans la Balance; et, sur la Balance du planisphère circulaire, de même qu'entre les plateaux de la Balance du grand zodiaque, on voit un disque dans lequel est un Harpocrate assis.

Le Soleil avait son exaltation au Belier. Au-dessus du Belier du zodiaque circulaire, on voit un disque où est renfermé l'œil d'Osiris. Dans les deux zodiaques d'Esné, il y a un disque au-dessus du Belier : le croissant qui environne le disque du Belier dans le petit zodiaque, provient peut-être d'une erreur du dessinateur.

Jupiter avait son exaltation dans le Cancer, et *Mercure* dans la Vierge. Nous n'avons rien trouvé qui corresponde à cela dans aucun des monumens astronomiques; mais, dans le grand zodiaque de Denderah, près de la Balance, et sous le Sagittaire, nous avons remarqué des disques qui ne se rapportent à aucune exaltation de planète. Celui qui est sous le Sagittaire renferme le cynocéphale; c'est peut-être Mercure qui est déplacé, ou placé là par d'autres considérations. Malgré ces exceptions, et d'après tout ce que nous avons dit, il paraîtrait assez probable que les Égyptiens représentaient toutes les planètes par des disques, ainsi que le soleil et la lune, pour lesquels cela n'est pas douteux.

Plusieurs considérations nous forcent à terminer ici notre travail. Nous sentons cependant combien de recherches intéressantes il reste à faire sur les bas-reliefs astronomiques, qui sont en quelque sorte la clef de toutes les antiquités égyptiennes. La carrière est ouverte; mais il faut craindre de s'y laisser entraîner par l'attrait qu'elle présente : on ne doit pas perdre de vue, surtout, que c'est à l'astronomie à fixer les époques auxquelles on pourra se rattacher avec confiance, pour éviter de s'égarer dans une trop haute antiquité, ou de renfermer l'histoire ancienne dans des limites trop resserrées.

FIN DU TOME HUITIÈME.

Plafond du Temple d'Hermonthis.

Plafond d'un des Tombeaux des Rois de Thèbes.

Serapis Soleil.   Mithra.   Serapis.

Pluche, Histoire du Ciel. Pag. 7 Tol. 1er.   Historia Relig. Persar. Th. Hyde.   Page 113.   Montfaucon Ant. exp. sup. Vol. II. Pl. 42.

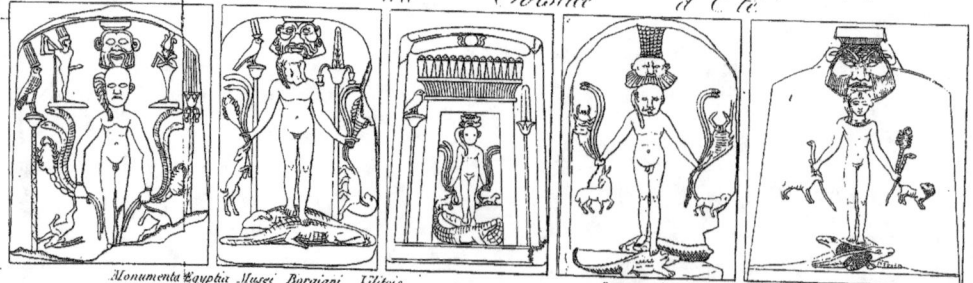
Emblêmes du Solstice d'Été.

Monumenta Egyptia Musei Borgiani Velitris.   Bruce. Axum.   Cabinet du Roi.

Divers Emblêmes des Solstices et des Equinoxes.

TABLE

DES MATIÈRES DU TOME VIII.

ANTIQUITÉS — MÉMOIRES.

	Pages.
ESSAI d'explication d'un tableau astronomique peint au plafond du premier tombeau des rois de Thèbes, à l'ouest de la vallée, suivi de recherches sur le symbole des équinoxes; par M. Jomard.	1
§. Ier. Du tableau astronomique.	Ibid.
§. II. Du symbole des équinoxes.	13
NOTICE sur la branche Canopique, par feu Michel-Ange Lancret.	19
ADDITION.	23
NOTICE sur les ruines d'un monument persépolitain découvert dans l'isthme de Suez; par M. de Rozière, ingénieur en chef des mines.	27
§. Ier. Découverte du monument.	Ibid.
§. II. Bas-relief représentant un sujet persan.	29
§. III. Inscriptions en caractères cunéiformes.	31
§. IV. A quel peuple appartient la construction de ce monument.	34
§. V. Époque de l'érection du monument.	36
§. VI. Essai sur le déchiffrement d'une portion des inscriptions de ce monument.	37
§. VII. Quelques observations sur l'écriture persépolitaine.	41
MÉMOIRE sur les anciennes branches du Nil et ses embouchures dans la mer, par M. du Bois-Aymé, correspondant de l'Institut de France, membre de la Commission des sciences et arts d'Égypte, de l'Académie des sciences de Turin, etc., ancien officier supérieur.	49
Des embouchures du Nil.	Ibid.
De la branche Pélusiaque.	53
De la branche Canopique.	58
De la branche Bolbitine.	62
De la branche Sébennytique.	64
De la branche Tanitique ou Saïtique.	66
De la branche Mendésienne.	70
De la branche Bucolique ou Phatmétique.	71

TABLE DES MATIÈRES.

	Pages
Différence entre la branche Bucolique et la Phatmétique.	73
Différence entre la branche Sébennytique d'Hérodote et celle de Strabon.	*Ibid.*

NOTICE *sur le séjour des Hébreux en Égypte et sur leur fuite dans le désert*, par M. du Bois-Aymé, correspondant de l'Institut de France, membre de la Commission des sciences et arts d'Égypte, de l'Académie des sciences de Turin, etc., chevalier de la Légion d'honneur.. 77

SECTION PREMIÈRE. — *Introduction*........................... *Ibid.*
    Du Pentateuque.. 81
    Des Nomades.. 82
    Abraham... 84

SECTION DEUXIÈME.. 92
    Des Hébreux jusqu'à l'époque de leur entrée en Égypte....... *Ibid.*
    De la conquête de l'Égypte par les pasteurs, et des Hébreux depuis la mort de Joseph jusqu'à leur fuite dans le désert... 98
    Fuite des Hébreux dans le désert............................. 107
    Marche des Hébreux dans le désert, jusqu'à l'endroit où ils traversèrent la mer Rouge....................................... 111
    Passage de la mer Rouge..................................... 114
    Les eaux amères devenues douces............................. 124
    De la nuée, de la colonne de feu, et de quelques autres événemens remarquables.. 126
    La Loi est donnée sur le mont Sinaï.......................... 133
    Mort de Moïse.. 139

MÉMOIRE *sur les mesures agraires des anciens Égyptiens*, par M. P. S. Girard, ingénieur en chef des ponts et chaussées, directeur du canal de l'Ourcq et des eaux de Paris, membre de l'Institut royal de France et de celui d'Égypte, Chevalier de la Légion d'honneur.. 145

SECTION PREMIÈRE. Des mesures agraires de l'Égypte sous les anciennes dynasties. — On retrouve l'unité de mesure agraire contenue exactement dans la surface de la base de la grande pyramide... *Ibid*

SECTION DEUXIÈME. Des mesures agraires de l'Égypte sous les Perses et les Grecs........................ 165

SECTION TROISIÈME. Des mesures agraires en Égypte après la conquête des Romains.............................. 169

SECTION QUATRIÈME. Des mesures agraires des Égyptiens depuis la conquête des Arabes. — Résumé de ce mémoire... 193

TABLE DES MATIÈRES.

Pages.

TABLEAU des mesures agraires de l'Égypte, depuis leur origine jusqu'à ce jour.................................... 209

MÉMOIRE sur la musique de l'antique Égypte, par M. Villoteau. 211

ARTICLE PREMIER. Motifs, moyens, plan et distribution de ce travail, ou introduction dans laquelle on examine quels sont les faits, les témoignages et les preuves dont on peut tirer quelques conséquences utiles, pour parvenir à connaître ce que fut la musique des anciens Égyptiens, et où l'on discute en même temps les doutes qu'on a coutume d'élever contre la perfection de cet art dans les siècles de la haute antiquité........................... *Ibid.*

ARTICLE DEUXIÈME. *Première époque de l'art musical en Égypte.* 229
De l'origine, de l'inventeur et de l'invention de l'antique musique d'Égypte, suivant les traditions sacrées de ce pays. — De la haute idée que ces traditions nous font concevoir de la première musique de l'Égypte. — Combien cette idée devient invraisemblable, quand on la compare avec l'opinion que nous a donnée l'usage qu'on fait aujourd'hui de l'art musical. — De la nécessité où cela nous met de rappeler succinctement en quoi consistait la musique ancienne, et principalement le chant, dans des temps intermédiaires entre ceux dont nous avons à nous occuper............................ *Ibid.*

ARTICLE TROISIÈME. Exposé succinct de la nature de la musique, et principalement du chant, chez les anciens. — Principal objet de cet art chez eux. — Usage exclusif de la tradition orale et chantée chez tous les peuples de la haute antiquité. — Réflexions sur l'inventeur et l'invention de l'écriture et des hiéroglyphes. — Conséquences qui résultèrent de l'invention des lettres, par rapport aux arts de la musique et de la poésie, ainsi que relativement aux mœurs. — Première cause de la dépravation de la musique, et de l'aversion que les Égyptiens conçurent pour cet art.............................. 242

ARTICLE QUATRIÈME. Origine de l'art musical en Égypte suivant l'histoire ou les traditions vulgaires. — Institution philosophique de cet art. — Son caractère et son premier objet. — En quoi il consistait. — Manière de l'enseigner et de l'exécuter. — Usage qu'on en fit dans les premiers temps. — Monumens admirables de poésie chantée, d'après lesquels on peut juger de l'excellence de la musique des anciens Égyptiens..... 264

ARTICLE CINQUIÈME. *Second état de la musique antique en Égypte.* 309 Premières causes qui l'occasionèrent. — L'origine et la source de cette espèce de musique étaient étrangères à l'Égypte. — Elle avait pris naissance en Asie; elle dérivait de la musique instrumentale, dont elle avait emprunté le genre, soit pour l'agrément, soit pour la difficulté. — Cette musique, rejetée d'abord par les Égyptiens comme n'étant propre qu'à énerver l'ame et à corrompre les mœurs, fut, dans les derniers temps, adoptée et cultivée par eux avec passion et avec succès. *Ibid.*

RECHERCHES *sur les bas-reliefs astronomiques des Égyptiens*, par MM. Jollois et Devilliers, ingénieurs des ponts et chaussées, chevaliers de l'ordre royal de la Légion d'honneur........... 357

EXPOSITION... *Ibid.*

SECTION PREMIÈRE. *Notions générales sur les monumens astronomiques anciens qui ont servi à nos recherches*............. 362

Chapitre premier. Raisons qui portent à croire que les monumens astronomiques des Égyptiens sont fondés, comme tous ceux de l'antiquité, sur des observations paranatellontiques............. *Ibid.*

Chapitre deuxième. Nécessité de comparer les différens monumens astronomiques de l'antiquité avec la sphère, considérée à diverses époques et à diverses latitudes, et conséquences particulières qui en résultent pour la Table des paranatellons attribuée à Ératosthène................. 367

§. Ier. Époques et latitudes auxquelles appartiennent les zodiaques égyptiens........................... 368

§. II. Époques et latitudes auxquelles appartient la Table des paranatellons attribuée à Ératosthène............ 369

Examen critique de la table d'Ératosthène......... 371

1er signe, *le Cancer.* — Lever.................... 373

Coucher........................... 374

2e signe, *le Lion.* — Lever.................... 375

Coucher........................... *Ibid.*

6e signe, *le Sagittaire.* — Lever.................. 378

Coucher........................... 379

Chapitre troisième. Des divers monumens astronomiques que l'on peut mettre en parallèle............... 384

TABLE DES MATIÈRES. 495

Pages.

§. Ier. Des monumens astronomiques les plus anciens et les plus authentiques.......................... 385
§. II. Des monumens astronomiques anciens, d'époques et d'origines incertaines........................ 386
    Zodiaque de Kircher........................ *Ibid.*
    Sphères d'Aben-Ezra........................ 387
    Zodiaque divisé par décans et par degrés........... *Ibid.*
    Divisions lunaires........................ 388
    Sphère actuellement en usage.................... 390
§. III. De quelques autres monumens astronomiques moins anciens ou moins authentiques................... 391
    Zodiaques égyptiens........................ *Ibid.*
    Zodiaques grecs ou romains.................... 392
    Zodiaques de l'Inde........................ 394
    Zodiaques des Arabes........................ 397
    Zodiaques gothiques........................ 398

SECTION DEUXIÈME. *Des situations et des figures des constellations égyptiennes; de leur nombre; de l'origine de leurs noms. De l'établissement du zodiaque, et des symboles affectés aux planètes.* 401

Chapitre premier. Parallèle général des différens monumens astronomiques anciens, et examen particulier de chaque constellation, d'où résulte la connaissance de la majeure partie des astérismes égyptiens............................ *Ibid.*

§. 1. Le Lion............................ 402
§. 2. L'hydre............................ 403
§. 3. Le corbeau............................ 404
§. 4. La coupe............................ 405
§. 5. Le phallus............................ 406
§. 6. La Vierge............................ 407
§. 7. La chevelure de Bérénice.................... 409
§. 8. Le bouvier............................ 410
§. 9. Janus............................ 412
§. 10. Le vaisseau............................ 413
§. 11. La couronne boréale.................... 414
§. 12. La Balance............................ 415
§. 13. Le centaure et le loup.................... 417
§. 14. Le serpentaire et le serpent.................. 420
§. 15. Le Scorpion............................ 422
§. 16. Le renard. — §. 17. Le cynocéphale.............. 423
§. 18. L'autel............................ 424
§. 19. Le crocodile. — §. 20. Nephté.................. 426

TABLE DES MATIÈRES.

	Pages.
§. 21. Hercule...	427
§. 22. Le Sagittaire.......................................	428
§. 23. La lyre *ou* le vautour..............................	430
§. 24. La couronne australe................................	433
§. 25 L'aigle...	434
§. 26. La flèche. — §. 27. Le Capricorne...................	435
§. 28. Le cygne..	436
§. 29. Le dauphin. — §. 30. Le Verseau.....................	437
§. 31. Le poisson austral..................................	438
§. 32. Les sacrifices......................................	439
§. 33. Pégase..	440
§. 34. Les Poissons. — §. 35. Le Porcher. — §. 36. Céphée...	441
§. 37. Cassiopée. — §. 38. Andromède.......................	443
§. 39. Persée..	444
§. 40. Le triangle...	445
§. 41. La tête de Méduse. — §. 42. Le Belier...............	447
§. 43. La baleine *ou* le lion marin.......................	449
§. 44. La grande et la petite ourse........................	450
§. 45. Le cocher...	452
§. 46. Le Taureau..	454
§. 47. Les pléiades et les hyades..........................	455
§. 48. Orion...	456
§. 49. Le lièvre...	458
§. 50. Les Gémeaux...	459
§. 51. La tortue...	460
§. 52. L'Éridan *ou* le fleuve.............................	461
§. 53. Le Cancer...	462
§. 54. Le grand chien......................................	463
§. 55. Le dragon...	465
Chapitre deuxième. Du nombre des constellations égyptiennes....	466
Chapitre troisième. De l'origine des noms des constellations ; de l'époque des monumens astronomiques d'Esné, et de l'établissement du zodiaque...........	472
§. Ier. Des douze constellations zodiacales..............	*Ibid.*
§. II. Remarque importante sur la disposition des signes des zodiaques d'Esné...................................	476
§. III. Des constellations extrazodiacales..................	479
§. IV. De la division de la sphère en parties égales entre elles.	481
Chapitre quatrième. Des emblèmes sous lesquels les Égyptiens paraissent avoir représenté les planètes......	486

FIN DE LA TABLE

PUBLICATIONS

Par M. C. L. F. Panckoucke, au mois de décembre 1821.

Dictionaire des sciences médicales, soixante volumes avec beaucoup de planches : ouvrage terminé. Prix : 9 fr. chaque volume, pour les Souscripteurs, 6 fr.

Flore médicale, cent sept livraisons, quatre cent vingt-huit planches coloriées : ouvrage terminé. Prix : 214 fr.

Journal complémentaire du Dictionaire des sciences médicales, quarante-huit cahiers et quarante-huit portraits de médecins, à 30 fr. l'année, quatre années complettes.

Biographie médicale, tomes 1, 2, 3, 4 : l'ouvrage sera complet en huit volumes. Le prix de chaque volume est de 6 fr.

Victoires et Conquêtes des Français, vingt-sept volumes, avec plans et une grande carte : ouvrage terminé. Prix 175 fr. 50 cent.

Victoires des Français, des Gaulois à 1792, tomes 1, 2, 3, 4. Introduction à l'ouvrage ci-dessus, ce recueil se composera seulement de six volumes. Prix de chaque volume : 6 fr. 50 c.

Portraits des généraux français (première collection), douze livraisons, contenant quarante-huit portraits : collection terminée. Chaque livraison se paie 2 fr. 50 c.

Portraits des généraux français (deuxième collection), vingt-six livraisons, contenant cent quatre portraits : collection terminée : même prix de 2 fr. 50 c. par livraison.

Monumens des Victoires et Conquêtes, vingt-cinq livraisons, cent planches : ouvrage complet. Prix : 62 fr. 50 c.

Correspondance inédite de Napoléon, sept volumes in-8°, ouvrage terminé. Le prix de chaque volume est de 6 fr.

Seize portraits pour la Correspondance, quatre livraisons complettes. Prix : 10 fr.

Leçons de Flore, dix-sept livraisons, soixante-huit planches coloriées : ouvrage complet. Prix : 34 fr.

Abrégé du Dictionaire des sciences médicales, tomes 1 à 7. Prix de chaque volume, 6 fr. Il n'y aura que douze volumes, et l'éditeur s'engage à livrer gratis le seizième et les suivans.

Barreau français, livraisons 1 à 8, l'ouvrage se composera de seize volumes. Prix de chaque volume, 6 fr.

Œuvres de Napoléon, cinq volumes : collection complette. Prix : 30 fr.

Abrégé de la Flore médicale, livraisons 1 à 10. Cet ouvrage n'aura que vingt-cinq livraisons, contenant cent planches coloriées. Chaque livraison coûte 2 fr.

www.ingramcontent.com/pod-product-compliance
Lightning Source LLC
Chambersburg PA
CBHW050555230426
43670CB00009B/1137